UTB 882

W0085795

**Eine Arbeitsgemeinschaft der Verlage**

Beltz Verlag Weinheim · Basel
Böhlau Verlag Köln · Weimar · Wien
Wilhelm Fink Verlag München
A. Francke Verlag Tübingen und Basel
Haupt Verlag Bern · Stuttgart · Wien
Hüthig Fachverlage Heidelberg
Verlag Leske + Budrich GmbH Opladen
Lucius & Lucius Verlagsgesellschaft Stuttgart
Mohr Siebeck Tübingen
Ernst Reinhard Verlag München und Basel
Ferdinand Schöningh Verlag Paderborn · München · Wien · Zürich
Eugen Ulmer Verlag Stuttgart
UVK Verlagsgesellschaft Konstanz
Vandenhoeck & Ruprecht Göttingen
Verlag Recht und Wirtschaft Frankfurt am Main
VS Verlag für Sozialwissenschaften Wiesbaden
WUV Facultas Wien

Hans Schlosser

# Grundzüge der Neueren Privatrechtsgeschichte

Rechtsentwicklungen im europäischen Kontext

10., völlig neu bearbeitete und erweiterte Auflage

C.F. Müller Verlag
Heidelberg

*Hans Schlosser*, Dr. iur., Universitätsprofessor, em. Ordinarius für Bürgerliches Recht und Rechtsgeschichte an der Juristischen Fakultät der Universität Augsburg.

Übersetzung ins Spanische von Ángel Martínez Sarrión, Barcelona 1980, ins Japanische von Masao Ohki, Tokyo 1993.

Bibliografische Information Der Deutschen Bibliothek

Die Deutsche Bibliothek verzeichnet diese Publikation in Der Deutschen Nationalbibliografie; detaillierte bibliografische Daten sind im Internet über http://dnb.ddb.de abrufbar.

© 2005  C.F. Müller, Verlagsgruppe Hüthig Jehle Rehm GmbH, Heidelberg
Einbandgestaltung: Atelier Reichert, Stuttgart
Satz: Textservice Zink, Schwarzach
Druck und Verarbeitung: Druckerei Lokay, Reinheim

ISBN 3-8252-0882-6

# Vorwort

Das Buch wurde für die Neuauflage vollständig umgearbeitet und inhaltlich erweitert. Das leitende Ziel war, die Bandbreite der gesamteuropäischen Zusammenhänge zwischen dem kontinentalen Gesetzesrecht und dem angelsächsischen Common Law noch konkreter und transparenter zu gestalten. Im Vordergrund der historischen Rechtsvergleichung stehen erneut die Informationen über die Wurzeln des gegenwärtigen Privatrechts und über die komplexe Entwicklungsgeschichte der modernen Rechtswissenschaft im Fokus von Politik, Theologie, Philosophie, Ideen- und Gesetzgebungsgeschichte sowie Rechtsdogmatik.

Grundlage der heutigen europäischen Rechtskultur ist das historische Erbe des römisch-kanonischen Rechts. Diese universelle Rechtsordnung war mit ihrer Wertewelt das „Gemeine Recht" und die eigentliche Keimzelle der verschieden gestalteten nationalen Rechte. Als sog. „Ius commune" erhielt es in der Aufklärung jene rational-säkulare Härtung, in der es bis heute die Zivilrechtswissenschaft prägt. Sich mit ihm erneut und intensiv zu beschäftigen, ist vor dem Hintergrund einer geplanten europäischen Rechtseinheit eine Aufgabe, die – allen krisenhaften Erscheinungen zum Trotz – an Aktualität nichts eingebüßt hat.

Auch könnte auf diese Weise nachhaltig inflationären Tendenzen begegnet werden, in deren Gefolge das juristische Grundlagenfach „Rechtsgeschichte" derzeit Gefahr läuft, vor allem im akademischen Lehr-, Studien- und Forschungsbetrieb in die Schattenlage der sog. „Orchideenfächer" abgedrängt zu werden. Welche Folgen ein derart verkümmertes, bonsaihaft neo-rechtspositivistisches Bildungs- und Wissenschaftsverständnis für das internationale Ansehen dieser Rechtsdisziplin künftig haben könnte, ist derzeit kaum einschätzbar. Die unbeirrt beschworene Forderung nach dem „schlanken" Profil eines „europäischen Juristen" geriete vor dem Hintergrund einer ungehemmt sich ausbreitenden Geschichtsfeindlichkeit jedenfalls zwangsläufig zur Farce.

Deshalb wurde das Studienbuch vor allem für die Studierenden der Rechtswissenschaft geschrieben, die ein Rechtsstudium erwarten, das nicht ausschließlich aus einem gefälligen, weitgehend kritik- und geschichtsfernen mechanischen Erlernen einer Vielzahl unterschiedlicher

Rechtsregeln besteht. Es ist das Ergebnis praktischer Erfahrungen im Rechtsunterricht. Beim ersten Zugang zur Rechtsgeschichte sollte es in gleicher Weise wie bei der Vertiefung von Kenntnissen und bei der Vorbereitung auf Prüfungen eine zuverlässige, nützliche Hilfe sein.

In den äußeren Formen folgt die Darstellung der rhetorischen Devise: „Sprachkürze gibt Denkweite!" (Jean Paul). Kritiken der Hörerinnen und Hörer wurden ebenso berücksichtigt wie solche der Fachwissenschaft, wenn sie überzeugten. Neben der Vermittlung von Grundinformationen will das Studienbuch vor allem alle historisch Interessierten über die wechselvolle, farbige und spannende Geschichte des Rechts aufklären, die tatsächlich mehr ist, als ein traditionell narratives Protokoll des historischen Geschehens zu vermitteln vermag.

München, im Juni 2005                                        *Hans Schlosser*

# Inhaltsverzeichnis

# Abkürzungsverzeichnis

| | |
|---|---|
| AcP | Archiv für die civilistische Praxis |
| AöR | Archiv für öffentliches Recht |
| ARSP | Archiv für Rechts- und Sozialphilosophie |
| DA | Deutsches Archiv zur Erforschung des Mittelalters |
| DRG | Deutsche Rechtsgeschichte |
| FamRZ | Zeitschrift für das gesamte Familienrecht |
| FS | Festschrift |
| GG | Grundgesetz für die Bundesrepublik Deutschland |
| Handbuch | Helmut Coing (Hg.), Handbuch der Quellen und Literatur der neueren europäischen Privatrechtsgeschichte |
| HRG | Handwörterbuch zur Deutschen Rechtsgeschichte |
| HWPh | Historisches Wörterbuch der Philosophie |
| HZ | Historische Zeitschrift |
| Index | Quaderni camerti di studi romanistici – International Survey of Roman Law, Napoli |
| IRMAE | Ius Romanum Medii Aevi, Mediolanum |
| Ius Commune | Ius Commune, Veröffentlichungen des Max-Planck-Instituts für Europäische Rechtsgeschichte, Frankfurt/Main |
| Jura | Juristische Ausbildung |
| JuS | Juristische Schulung |
| JZ | Juristenzeitung |
| KritVj | Kritische Vierteljahresschrift für Gesetzgebung und Rechtswissenschaft |
| *Lange*, Römisches Recht I | Heinrich Lange, Römisches Recht im Mittelalter |
| LexMA | Lexikon des Mittelalters |
| MGH | Monumenta Germaniae Historica |
| NJW | Neue Juristische Wochenschrift |
| Quaderni Fiorentini | Quaderni Fiorentini per la storia del pensiero giuridico moderno, Firenze |
| RabelsZ | Zeitschrift für ausländisches und internationales Privatrecht, begründet von Ernst *Rabel* |
| Rechtstheorie | Zeitschrift für Logik, Methodenlehre, Kybernetik und Soziologie des Rechts |
| SBAK | Sitzungsberichte der Akademie der Wissenschaften |
| Speculum | Speculum. A journal of medieval studies |
| SZ (Germ, Rom, Kan) | Zeitschrift der Savigny-Stiftung für Rechtsgeschichte (Germanistische, Romanistische, Kanonistische Abteilung) |
| TRG | Tijdschrift voor Rechtsgeschiedenis |

| | |
|---|---|
| Viator | Medieval and Renaissance Studies, University of California, Los Angeles |
| Vorträge und Forschungen | Vorträge und Forschungen, hg. v. Konstanzer Arbeitskreis für mittelalterliche Geschichte |
| VSWG | Vierteljahrschrift für Sozial- und Wirtschaftsgeschichte |
| Wissenschaft und Kodifikation I-VI | Helmut Coing u.a. (Hg.), Wissenschaft und Kodifikation des Privatrechts im 19. Jahrhundert, 1974 ff. |
| ZEuP | Zeitschrift für Europäisches Privatrecht |
| ZHF | Zeitschrift für Historische Forschung |
| ZHR | Zeitschrift für das gesamte Handelsrecht und Konkursrecht |
| ZNR | Zeitschrift für Neuere Rechtsgeschichte |
| ZRP | Zeitschrift für Rechtspolitik |
| ZStW | Zeitschrift für die gesamte Strafrechtswissenschaft |
| ZZP | Zeitschrift für Zivilprozeß |

# Literaturhinweise

Im Gegensatz zu den Vorauflagen wird unter „*Schrifttum*" grundsätzlich nicht mehr gesondert auf Biographien, Handwörterbücher und Lexika hingewiesen.

## 1. Grundlagenliteratur

*Bellomo, Manlio*, Europäische Rechtseinheit. Grundlagen und System des Ius Commune, 2005.

*Caroni, Pio*, Privatrecht. Eine sozialhistorische Einführung, 2. A. 1999.

*ders.*, Gesetz und Gesetzbuch. Beiträge zu einer Kodifikationsgeschichte, 2003.

*Coing, Helmut (Hg.)*; Handbuch der Quellen und Literatur der neueren europäischen Privatrechtsgeschichte, Bde. I (1973), II 1 (1977), II 2 (1976), III 1 (1982), III 2 (1982), III 3 (1986), III 4 (1987), III 5 (1988).

*Coing, Helmut*, Europäisches Privatrecht, 2 Bde., 1985, 1989.

*David, René/Grasmann, Günther*, Einführung in die großen Rechtssysteme der Gegenwart, bearb. v. G. Grasmann u.a., 2. A. 1988.

*Eisenhardt, Ulrich*, Deutsche Rechtsgeschichte, 4. A. 2004.

*Flossmann, Ursula*, Österreichische Privatrechtsgeschichte, 5. A. 2005.

*Kaufmann, Arthur/Hassemer, Winfried (Hg.)*, Einführung in Rechtsphilosophie und Rechtstheorie der Gegenwart, 6. A. 1994.

*Lange, Heinrich*, Römisches Recht im Mittelalter, Bd. I – Die Glossatoren, 1997.

*Lovisi, Claire*, Introduction historique du droit, Cours Dalloz, 2001.

*Nörr, Knut Wolfgang*, Zwischen den Mühlsteinen. Eine Privatrechtsgeschichte der Weimarer Republik, 1988.

*Petronio, Ugo*, La lotta per la codificazione, 2002.

*Stolleis, Michael (Hg.)*, Staatsdenker im 17. und 18. Jahrhundert, 2. A. 1987.

*Trusen, Winfried*, Anfänge des gelehrten Rechts in Deutschland, 1962.

*Waldstein, Wolfgang/Rainer, Michael*, Römische Rechtsgeschichte, 10. A. 2005.

*Weimar, Peter (Hg.)*, Die Renaissance der Wissenschaften im 12. Jahrhundert, 1981.

*Wesel, Uwe*, Recht, Unrecht und Gerechtigkeit. Von der Weimarer Republik bis heute, 2003.

*Wesenberg, Gerhard/Wesener, Gunter*, Neuere deutsche Privatrechtsgeschichte im Rahmen der europäischen Rechtsentwicklung, 4. A. 1985.

*Wieacker, Franz*, Privatrechtsgeschichte der Neuzeit, 2. A. 1967.

*Willoweit, Dietmar*, Deutsche Verfassungsgeschichte, 5. A. 2005.

*Zweigert, Konrad/Kötz, Hein*, Einführung in die Rechtsvergleichung auf dem Gebiete des Privatrechts, 3. A. 1996.

## 2. Lexika, Nachschlagewerke

*Brauneder, Wilhelm (Hg.)*, Juristen in Österreich 1200–1980, 1987.

Handwörterbuch zur Deutschen Rechtgeschichte (HRG), 1. A. 1971 ff., 2. A. 2004 ff.

*Kleinheyer, Gerd/Schröder, Jan (Hg.)*, Deutsche und Europäische Juristen aus neun Jahrhunderten, 4. A. 1996.

Lexikon des Mittelalters (LexMA), 1980 ff.

*Ritter, Joachim u.a. (Hg.)*, Historisches Wörterbuch der Philosophie, 1971 ff.

*Schmoeckel, Mathias u.a. (Hg.),* Historisch-kritischer Kommentar zum BGB, 2003 ff.

*Stolleis, Michael (Hg.)*, Juristen. Ein biographisches Lexikon, 1995.

# § 1 Die Anfänge einer europäischen Rechtskultur

## I. Römisch-kanonisches Recht als Grundlage

Die heutigen Privatrechtsordnungen Europas sind Ergebnisse eines einzigartigen rechtskulturellen Austauschs. Sie haben ihre gemeinsamen Wurzeln in dem in Ostrom zu einer Sammlung redigierten römischen Recht sowie im sog. kanonischen Recht der römischen Universalkirche. Die rechtshistorische Forschung verwendet für den komplexen historischen Prozess der Begegnung der europäischen Territorien mit beiden Rechtsordnungen und für das Phänomen ihrer Übernahme die inzwischen international geläufige Chiffre „Rezeption des römischen Rechts".

Grundlage dieses im 12. Jahrhundert von Oberitalien aus exportierten römischen Rechts war im Wesentlichen die Rechtsordnung des 476 untergegangenen weströmischen Imperium Romanum. Sie wurde auf Veranlassung des oströmischen Kaisers *Justinian I.* (527–565) aus einer Vielzahl juristischer Texte in einer Rechtssammlung amtlich festgestellt und in Kraft gesetzt. Damit wurde die bereits bestehende verfassungsrechtliche Kontinuität zwischen Westrom und Ostrom zusätzlich legitimiert. Das kirchliche Recht erhielt nach einer Zeit systemloser, unübersichtlich gewordener Sammlungen unterschiedlichster Herkunft ebenfalls seit dem 12. Jahrhundert feste wissenschaftliche Formen und wurde als universelle Rechtsordnung fortan neben der römischen Gegenstand einer europaweiten Verbreitung.

Römisches und kanonisches Recht wurden im Mittelalter an den Rechtsschulen und späteren Universitäten nach wissenschaftlichen Methoden bearbeitet und als *„utrumque ius"* (beide Rechte) gelehrt. Deshalb erfand die rechtshistorische Wissenschaft ungeachtet gewichtiger Kritiken (*K. Pennington*) für beide die Bezeichnung „gelehrtes Recht". Damit sollte der Gegensatz zu dem „ungelehrten" und Gewohnheitsrecht der rezipierenden Territorien charakterisiert werden.

Die gelehrten Rechte wurden in zwei großen Rechtssammlungen konserviert. Hauptquelle des römischen Rechts war das justinianische *„Corpus iuris civilis"*. An ihm hatte sich die Rechtsordnung der römischen Universalkirche bereits seit ihren Anfängen orientiert. Diese Abhängigkeit belegt der klassisch gewordene Satz: „Die Kirche lebt nach

1

römischem Recht" (*ecclesia vivit iure romano – lege romana*). Am Beginn seiner Verdichtung zu einer homogenen Rechtssammlung bestand das kirchliche Recht vorerst noch aus einzelnen Teilordnungen, die auf die Initiative der Päpste für einzelne Rechtsmaterien erarbeitet worden waren. Sie wurden später zusammengeführt und seit 1580 in dem „*Corpus iuris canonici*" genannten Gesetzeswerk überliefert.

In Kontinentaleuropa war vom 14. bis zum 16. Jahrhundert der Prozess der wechselseitigen Beeinflussung und Durchdringung zwischen dem römisch-kanonischen Recht auf der einen und dem „ungelehrten" Rechtswesen und Rechtsdenken der Territorien und Städte auf der anderen Seite voll im Gange. Das Ergebnis war die Grundlegung einer elementaren Bausubstanz, von der ausgehend sich eine einheitliche echte „Wissenschaft" vom Recht entwickeln konnte. Bei dieser Genese wurde zum Medium und Instrument des Aufbaues die „Jurisprudenz", ihrem Wesen und eigenem Verständnis nach ursprünglich eine Art elementarer „Rechtsklugheit" (*iuris prudentia*). Sie widmete sich vornehmlich an den mittelalterlichen Universitäten der wissenschaftlichen Pflege, Fortbildung und Vermittlung des römisch-kanonischen Rechts und verkörperte die zeitgenössische Rechtskultur schlechthin. Ihre vornehmsten Ziele waren die wissenschaftliche Aufbereitung des gelehrten Rechts, die Erarbeitung eines Grundvorrats an Rechtsgrundsätzen, Rechtsfiguren und rechtsethischen Grundwerten, die ständig verfeinert und fortgebildet werden konnten. Die auf diese Weise entstandene allgemeine, einheitliche und zeitgemäße Rechtsordnung trug deshalb die Bezeichnung „*Ius commune*". Sie sollte europaweit als neues „Leitrechtssystem" fungieren, unter ihrem Dach auch die innerlich weitgehend unverbundenen Sammlungen des überlieferten geschriebenen wie ungeschrieben Rechts der Territorien harmonisieren und auf diese Weise für die Bedürfnisse der Praxis ein stets aktuelles Recht bereit halten.

Die Erträge dieser der Doktrin (Theorie) gleichermaßen wie der forensischen Praxis verpflichteten Arbeiten zeigten sich in einer umfangreichen, wissenschaftlich hoch stehenden Rechtsliteratur. Den Lehren vom römischen (*ius civile*) und kirchlichen Recht (*ius canonicum*) gelang zum Beispiel die Konzeption eines allgemeinen Vertrags-, Bereicherungs- und Schadensersatzrechts. Für den mittelalterlichen, auf feudale Verfassungsstrukturen gegründeten Lehensstaat und für seine Gesellschaft mit weit reichenden Treuepflichten und feierlicher Investitur mit dem Lehengut (Vasallität) schuf die gelehrte Doktrin ein zeitgemäßes System von Verfügungs- und Nutzungsrechten an Grund und

2

Boden. Deren Funktionen fanden ihre zeitgerechte Anverwandlung etwa in den beschränkten dinglichen Rechten sowie in dem Rechtsinstitut des geteilten Eigentums. Auf dem Gebiet des Ehe- und Erbrechts entwickelte die kirchliche Rechtslehre völlig neue Rechtsgrundsätze und Rechtsinstitutionen, die das ursprünglich allein auf alten Familienbindungen beruhende Herkommen und Recht verdrängten. Rechtsfiguren, wie Verlöbnis, Eheschluss, Konsens- und Sakramentalcharakter der Ehe oder Erbberufungen durch Testament, sind nur einige Zeugnisse eines grundlegenden und richtungweisenden Wandels.

Ähnlich tief greifende Brüche mit dem traditionellen Rechtsdenken bewirkte das geistliche Recht auf dem Gebiet des Strafrechts. Beispiele der einzigartigen Wirkmächtigkeit der kirchlichen Rechtsideen sind die Entdeckung der persönlichen Verantwortlichkeit (Schuld) als Voraussetzung der Strafbarkeit und als Gegensatz zum archaischen Erfolgsstrafrecht, die Herausbildung der Lehre vom Vorsatz (*dolus*) und von der Fahrlässigkeit (*culpa*), die Suche nach der objektiven Wahrheit im Inquisitionsprozess oder die moraltheologisch reflektierte Rechtfertigung des grausamen Vergeltungsstrafrechts, das als Strafzweckprinzip bis zu seiner Überwindung durch das rationale Naturrecht unangefochten galt.

Den europäischen Stil und Charakter dieser neu entstandenen Rechtswissenschaft verstärkten seit dem 16. Jahrhundert zusätzlich weitere Faktoren. Spätscholastik, juristischer Humanismus, Usus Modernus und schließlich die Historische Rechtsschule zusammen mit der Pandektistik haben maßgeblich zur Formung der universellen Rechtsordnung des Ius commune und ihrer Bewahrung – im deutschen Sprachraum unter dem Etikett „*Gemeines Recht*" – bis in das 19. Jahrhundert beigetragen.

## 1. Ius proprium und Ius commune

Nach dem Wirksamwerden des römisch-kanonischen Rechts im Rechtswesen der europäischen Territorien begann ein Prozess der Angleichung und Anpassung zwischen dem Ius commune und den bestehenden königlichen, feudalen, territorialen. städtischen oder lokalen geschriebenen oder gewohnheitlich geltenden Rechten. Das gelehrte Recht mit seinem auf Systemkonformität und dogmatischer Stringenz gegründeten Lehrgebäude war die Verkörperung einer theoretisch gleichermaßen wie technisch hoch stehenden Rechtsordnung. Es verfügte über einen Vorrat rational begründeter Rechtsgrundsätze, methodisch reflektierter Auslegungsregeln und allgemeiner Rechtslehren. In dieser Gestalt traf es auf ein geradezu archaisches Rechtsdenken und wissenschaftlich völlig unbedarftes Rechtswesen.

Die Rechtsgeschichtswissenschaft verwendet für dieses Gegenmodell zum Ius commune die Bezeichnungen „*Ius proprium*" oder „*Ius patrium – Ius particulare*". Sie etikettiert damit pointiert die sowohl örtlich begrenzte Geltung wie auch den sachlich engen Wirkungskreis dieser partikularen Rechtsordnungen. Das Ius proprium war nämlich unsystematisch, überwiegend mündlich überliefert, aus den Bedürfnissen des Einzelfalles entstanden und zumeist in den Händen ungelehrter Rechtsanwender. Es unterschied örtlich wie sachlich nach eigenen Rechtskreisen (Land-, Stadt-, Lehens-, Hof- oder Dienstrecht). Seine Quellengrundlage war (vorwiegend) das ungeschriebene Gewohnheitsrecht (*ius consuetudinarium, consuetudo*) oder (seltener) das z.B. in Stadtrechts- oder Landrechtsbüchern aufgezeichnete Recht (*ius scriptum*). Im Rechtsalltag musste das Ius proprium für jeden Rechtsstreit durch rechtskundige Autoritäten aufgrund ihrer praktischen Rechtserfahrungen neu „gefunden" werden und zeichnete sich auch deshalb durch eine in der Regel kurzlebige Regelungsvielfalt aus.

Demgegenüber vermittelte das Ius commune den Zeitgenossen die Gewissheit, sein Ideen- und Normenvorrat würde auf jede nur denkbare Rechtsfrage konkrete Antworten geben und in jedem Rechtsstreit zu einer überzeugenden Begründung des eigenen Rechtsstandpunkts herangezogen werden können. Garanten dieser Rechtssicherheit waren die Schriftlichkeit des Ius commune und seine ständige Kontrolle in der aktuellen wissenschaftlichen Diskussion.

Das Ergebnis dieser von Wechselwirkungen und Verflechtungen begleiteten Begegnung des Ius commune mit dem Ius proprium war eine Erweiterung der materiellen wie theoretischen Grundlagen des Ius commune. Aufgenommen wurden insbesondere Rechtsinstitute des Ius proprium, die typischerweise auf die mittelalterliche Gesellschaft zugeschnitten waren, wie z.B. die Gütergemeinschaft zwischen Ehegatten, neue Vertragstypen des kaufmännischen Wirtschaftsverkehrs zu Lande und zur See sowie das der feudalen Gesellschaft entsprechende Lehensrecht.

Angesichts dieser Nähe beider Rechte in der Rechtspraxis bekam notwendigerweise bald schon die Frage ihres Verhältnisses zueinander höchste Aktualität. Im Vordergrund stand das Problem der Begründung des Geltungsvorrangs des Ius commune sowie der Fortgeltung des Ius proprium nach seiner Verdrängung durch das Ius commune. Die Doktrin kam zu den unterschiedlichsten Lösungen. Im Dickicht der Kontroversen sind als zentrale Alternative die Universalität (*ius commune – universale, generale*) oder die Spezialität (*ius particulare – speciale*) erkennbar. Schließlich ging aus der mit viel argumentativem Aufwand geführten Diskussion der prozessuale Rechtsgrundsatz vom Beweisvorzug des Ius commune als allgemein anerkannte und praktizierbare Kompromissformel hervor. Die zeitgenössische Rechtsanwendungslehre argumentierte nämlich: *„Qui habet regulam juris communis pro se, habet intentionem fundatam"*. Danach sollte jeder, der sich auf einen römischen Rechtsgrundsatz berief, bis zum Beweis des Gegenteils (d.h. Nichtrezeption oder Derogation) die Vermutung seiner Geltung für sich beanspruchen dürfen (*fundata intentio*).

## 2. „Rezeption" des römisch-kanonischen Rechts

Der Begriff „Rezeption" bezeichnet nach der traditionellen und noch herrschenden Interpretation der Forschung einen besonderen komplexen kulturgeschichtlichen und sozialhistorisch-soziologischen Prozess. Er habe sich im Wesentlichen in der Auf- und Übernahme des römisch-kanonischen Rechts in ganz Europa verwirklicht. Sein Kennzeichen war die Verwissenschaftlichung des Rechtsdenkens und der Rechtspraxis, orientiert vor allem an der Systematik, Dogmatik und Methode der Quellen des Ius commune. Der früheste Beginn der Rezeption als gesamteuropäisches Rechtsphänomen wird allgemein bereits für die zweite Hälfte des 12. Jahrhunderts registriert (sog. Frührezeption). Einen ersten Höhepunkt soll sie dann im 15. Jahrhundert erreicht haben. Dies wird mit dem in den Quellen erstmals verlässlich nachweisbaren Wirksamwerden des Ius commune im Ius proprium begründet. Der klassische Beleg dafür wird in der Aufnahme der Rechtsprechung des 1495 gegründeten Reichskammergerichts gesehen, das dezidiert römisches Recht zur Anwendung zu bringen hatte.

Nach dieser Ansicht kennzeichnete den komplexen Rezeptionsgang das allmähliche Eindringen der Begriffe, Rechtsinstitute, Lehren und Argumentationsweisen des römisch-kanonischen Rechts in das Rechtswesen der mittelalterlichen Staaten, Territorien und autonomen

Städte. Die Folge davon waren unmittelbare transformatorische Auswirkungen auf das Rechtsdenken, das Verfahren und die Rechtsprechung der Obergerichte sowie auf das gewohnheitliche oder geschriebene Recht, das im Sinne des gelehrten Rechts „reformiert" wurde (sog. Vollrezeption).

Diese Sinndeutung des Begriffs „Rezeption" ist jedoch nicht unproblematisch, möglicherweise sogar unhistorisch. Sie hat sich gleichwohl in der modernen Rechtsgeschichtsschreibung durchgesetzt. Durch die Forschung überholt sind allerdings krude Sinngebungsversuche der Rezeption, wie sie vor allem Historiker und Rechtshistoriker im 19. Jahrhundert vertreten haben. Dazu zählt die Meinung, die Rezeption habe sich ausschließlich in der Übernahme der materiell-rechtlichen Regelungen des römisch-kanonischen Rechts als positive Rechtsordnung erschöpft. Ebenso sachlich abwegig ist die frühere Annahme, vor allem im Heiligen Römischen Reich hätte es eine durch einen besonderen kaiserlichen Rechtsakt legitimierte sog. „theoretische" Rezeption gegeben. Durch neue Forschungen widerlegt ist schließlich auch die Charakterisierung der Rechtsrezeption als volksfremdes „Juristenrecht" und deshalb nationales Unglück. Dies hatten abwertend und lange Zeit unwidersprochen eine romantisch verklärende, peinlich nationaltümelnde, verquaste Geschichts- und Rechtsgeschichtsschreibung ebenfalls im 19. Jahrhundert propagiert.

Die derzeitigen Erkenntnisse zu den Auswirkungen und Folgen der Rezeption für die Ausgestaltung der nationalen Rechte auf den Gebieten des Privat-, Straf- und Staatsrechts sind im Detail weiterhin korrektur- und ergänzungsbedürftig. Echte Desiderate der modernen Forschung sind immer noch Antworten auf die Frage, welche sozialen Schichten außerhalb der Wissenschaftseliten das Ius commune eigentlich tatsächlich erreicht hat.

Die europäische Rechtswissenschaft verdankt ihre Entstehung indessen nicht allein der Rezeption. Die Rechtskultur des Ius commune ruht auf dem Erbe der römischen Spätantike. Ohne diese historischen Säulen wäre die spätere Europäisierung des römischen Rechts nicht möglich geworden. Deshalb sind für eine wirklichkeitsgerechte Bewertung der Rezeption Kenntnisse von diesen spätantiken Wegbereitern des Ius commune sowie von weiteren Kontinuitätsbrücken zum Mittelalter unverzichtbar.

**Schrifttum:** *Lange*, Römisches Recht I, 461 ff. – *W. Wiegand*, Studien zur Rechtsanwendungslehre der Rezeptionszeit (1977), 6 ff., 178 ff. – *H. Coing*,

Europäisches Privatrecht I (1985), 7 ff., (38 f.) – *J. Fried*, Die Rezeption Bologneser Wissenschaft in Deutschland während des 12. Jahrhunderts, Viator 21 (1990), 103 ff. – *K. Pennington*, Learned Law, Droit Savant, Gelehrtes Recht: The Tyranny of a Concept, in: Rivista Internazionale di Diritto Commune 5 (1994), 197 ff. – *W. Sellert*, Zur Rezeption des römischen und kanonischen Rechts in Deutschland von den Anfängen bis zum Beginn der frühen Neuzeit, in: Recht und Verfassung im Übergang vom Mittelalter zur Neuzeit, hg. v. H. Boockmann u.a., I. Teil (1998), 115 ff. – *M. Bellomo*, Europäische Rechtseinheit (2005), 155 ff. – *M. Caravale*, Alle Origini del Diritto Europeo (2005), 4 ff. (31 ff.).

## II. Spätantikes römisches Recht und germanische Volksrechte als Wegbereiter

### 1. Römisches Vulgarrecht

Bevor im 13. Jahrhundert die ersten konkreten Spuren des römischen Rechts in Europa sichtbar wurden, war dieses bereits mit den elementaren Rechtsvorstellungen der germanischen Völkerverbände in Berührung gekommen, die mit der Invasion und Okkupation der vormaligen weströmischen Landmassen begonnen hatten. Umfang, Intensität und die Folgen dieser Kontakte wurden von der rechtshistorischen Forschung lange unzutreffend bewertet.

Die einstige Ansicht von einem naht- und ansatzlosen Aufgehen der germanischen Stammesrechte in den mittelalterlichen territorialen und landschaftlichen Rechten ist wissenschaftlich überholt. Die germanischen Rechte haben vielmehr seit dem 5. Jahrhundert in unterschiedlichem Umfang Anleihen bei einer Textschicht des römischen Rechts genommen, die sie vorfanden und die sich von ihren klassischen Vorläufern aus der Zeit des 1. bis 3. Jahrhunderts grundlegend unterschied. Für die Pflege und Verwaltung dieses „nachklassischen" römischen Rechts waren nun nicht mehr Fachjuristen zuständig, sondern rechtlich unzureichend gebildete Literaten und Sammler. Auch deshalb erfand die rechtshistorische Forschung für diese besonderen Erscheinungsformen des römischen Rechts den Begriff „Vulgarrecht". Damit charakterisierte sie seine mindere Qualität und verstand darunter das nach der diocletianischen und konstantinischen Reichsreform in den weströmischen Provinzen geltende Recht.

Dieses Vulgarrecht hatte sich während des 3. und 4. Jahrhunderts nach einem Niveauabfall und der Verflachung der klassischen römischen

7

Rechtswissenschaft in der Zeit des Niedergangs des Imperium Romanum allgemein als die fortan maßgebliche Rechtsordnung durchgesetzt. Mit seiner das klassische Recht rückbildenden, vereinfachenden, es also vulgarisierenden Begrifflichkeit und Regelungsmechanik fand es Eingang in die Kaisergesetzgebung. Diese wurde damit zu einer hervorragenden Erkenntnis- und Forschungsquelle dieser besonderen Stilstufe des römischen Rechts.

Unmittelbar ursächlich für den zivilisatorisch-kulturellen Niedergang, mit dem wirtschaftlich ein Rückfall auf die Stufe einer primitiven Naturalwirtschaft einherging, war letztlich die endgültige Teilung des Imperium Romanum. Es zerfiel in eine westliche von *Honorius* (395–423) und eine östliche von *Arcadius* (395–408) regierte Hälfte. Den Auflösungsprozess hatte bereits *Diocletian* (284–305) mit seiner Praxis der Vierkaiserherrschaft (Tetrarchie) eingeleitet. Unter *Theodosius I. d. Gr.* (379–395) stand das Reich zum letzten Mal unter einheitlicher Regentschaft und Gesetzgebungshoheit. Nach seinem Tode war auch die Gesetzgebungszuständigkeit zweigeteilt.

Einen letzten Versuch zu einer reichseinheitlichen Gesetzgebung unternahm der oströmische Kaiser *Theodosius II.* (408–450). Auf seine Veranlassung (429) wurde durch eine Kommission kaiserlicher Beamten der „*Codex Theodosianus*" geschaffen und (438) in Konstantinopel amtlich verkündet. Der aus 16 Büchern bestehende, überwiegend Materien des öffentlichen Rechts regelnde Codex brachte eine bereinigte Fassung des bereits im 4. Jahrhundert ungeordneten Rechts. Er ergänzte zwei aus dem Osten des Reichs stammende, gegen Ende des 3. Jahrhunderts (292/294) gefertigte Sammlungen. Sie wurden nach ihren Bearbeitern „*Codex Gregorianus*" und „*Codex Hermogenianus*" genannt.

Beide in Fragmenten überlieferten Codices enthielten Kaisergesetze (*constitutiones*) aus der Zeit *Hadrians* (117–138) bis zu Diocletian. Sie wurden durch eine Zusammenstellung von Konstitutionen vervollständigt, die seit *Konstantins I.* (306–337) Erhebung zum Augustus (312) ergangen waren. Der für Ostrom geplante Codex Theodosianus gelangte in Abschriften auch nach Westrom. Im Jahre 439 setzte ihn *Valentinian III.* (425–455), der Mitkaiser des Theodosius, auch für die westlichen Reichshälfte in Kraft. Die Rechtssammlung ist eine wichtige Quelle des Verfassungs- und Verwaltungsrechts des spätantiken Staates in seinem schrittweisen Übergang zum frühmittelalterlichen Feudalstaat. Die Texte sind jedoch nicht einfach zu benutzen und häufig unklar. Deshalb musste das Gesetz im Westen durch „Interpretationen" ergänzt werden, mit deren Hilfe sein Inhalt in einfacherer Sprache erklärt wurde.

## 2. Germanische Landnahmen und Reichsgründungen

Ostrom verhielt sich gegenüber der im 4. und 5. Jahrhundert einsetzenden Völkerbewegung politisch klug und handelte weitsichtig. Die in Wellen aus dem Osten einfallenden Ethnien wurden entweder schon an den Grenzen abgewehrt und entlang der Nordgrenze nach dem Westen abgedrängt oder durch geschickte diplomatische Verträge als Verbündete (*foederati*) oder Söldner (*mercenarii*) zur Anerkennung der oströmischen Oberherrschaft bewogen.

Dem Westen fiel dabei die Rolle eines Auffangbeckens für die anbrandenden Stämme zu. Die Geschichtswissenschaft bezeichnet diese Invasionen „Völkerwanderung". Bereits im 5. Jahrhundert stand die gesamte ehemals westliche Reichshälfte unter der Herrschaft germanischer Heerführer. Sie nannten sich Könige und gründeten eigene staatsähnliche „Reiche".

Das dadurch entstandene politische Ungleichgewicht zwischen dem westlichen und östlichen Reichsteil brachte Ostrom einen gewaltigen Machtzuwachs. Nur folgerichtig nahm deshalb der Osten für sich in Anspruch, der einzige legitime Nachfolger und Fortsetzer des antiken Imperium Romanum zu sein und erklärte dies zum übergeordneten Staatsziel. Vor allem unter *Justinian I.* (527–565) konzentrierte sich in der neuen Hauptstadt Konstantinopolis (*Byzanz*) bei wirtschaftlicher Prosperität das gesamte kulturelle und wissenschaftliche Leben. Hier befand sich das eigentliche politische Machtzentrum des Reichs. Erst die Eroberung durch die Osmanen im Jahre 1453 setzte dem ein Ende.

Den Germanen gelang es, auf römischem Reichsboden fünf große Staatswesen zu gründen, die einem „Reich" ähnliche Strukturen besaßen:

- *Tolosanisches Westgotenreich* in Südfrankreich/Aquitanien mit der Hauptstadt Toulouse (419–507).
- *Toledanische Westgotenreich* in Spanien mit der Hauptstadt Toledo (507–711).
- *Reich der Ostgoten* unter Theoderich d. Gr. (493–526) in Italien mit der Hauptstadt Ravenna (493–553).

– *Reich der Burgunder* an Rhône und Saône (443–534).
– *Reich der Langobarden* in nahezu ganz Italien mit der Hauptstadt Pavia (572–774).

## 3. Leges barbarorum

Das Rechtswesen dieser germanischen Völkerverbände wurde maßgeblich von der kulturellen Nachbarschaft zur romanischen Bevölkerung beeinflusst. Das Ergebnis dieses ethnischen Nebeneinander war eine gemischte Rechtskultur. In ihr verschmolzen germanische Rechtsvorstellungen mit Elementen des vulgarisierten spätantiken römischen Rechts. Das Vordringen christlichen Ideenguts schuf eine zusätzliche gemeinsame Wertebasis. Um das Zusammenleben von Germanen und Romanen auf eine einheitliche rechtliche Grundlage zu stellen und damit auch die eigene Herrschaft nach Innen zu stabilisieren, befahlen einzelne Germanenherrscher die Aufzeichnung dieses Mischrechts. Die Sprache der Rechtssammlungen ist durchgehend Latein, auch ein Beweis für das ungebrochene Fortwirken der römischen Kulturelemente. Die dort enthaltenen Hinweise und Bezugnahmen auf römisches Recht betreffen ausnahmslos das Vulgarrecht des 4. und 5. Jahrhunderts.

Die Forschung bezeichnet diese Akte der Rechtsetzung „Volks-" oder „Stammesrechte". Diese galten teils streng getrennt für den einen oder den anderen Bevölkerungsteil (so bei den Westgoten und Burgundern), teils für beide gemeinsam (so bei den Ostgoten) oder nur für die Germanen (bei den Franken). Die Germanenrechte nannten sich *„Leges"*. Die für die römischen Bevölkerungsteile bestimmten Regelungen verwendeten die Bezeichnung „Leges Romanae". Erst im 15. Jahrhundert kreierte humanistischer Sprachgebrauch für sie wegen ihrer vulgarisierten Sprache das negative Etikett „Leges barbarorum". Die Humanisten betrachteten die Germanen nämlich als „barbari" und Zerstörer des antiken Imperium Romanum.

Im *tolosanischen Westgotenreich* entstanden einige für die weitere Rechtsentwicklung besonders wichtige Gesetzeswerke. Das bedeutendste war das „Edictum Theodorici regis Italiae". In dem für Römer und Germanen geltenden Gesetz sieht die neuere Forschung eine eindeutig westgotische Gesetzessammlung und identifiziert sie als älteste innerhalb der Germanenrechte. Demzufolge habe die Kompilation lange Zeit fälschlicherweise als Werk des Ostgotenkönigs *Theoderich d. Gr.* (493–526) gegolten. Tatsächlich sei sie jedoch auf Weisung des römischen Kaisers *M. Iulius Maiorianus* (457–461) zwischen 459 und 461 als Edikt eines römischen Statthalters für die im Süden Galliens als Bündnispartner Westroms siedelnden Westgoten unter ihrem König *Theoderich II.* (453–466) erlassen worden (*G. Vismara*).

Als weitere bedeutende westgotische Gesetzessammlung folgt der um 475, also kurz vor dem Ende Westroms (476) erlassene „Codex Euricianus". Er gilt allgemein als Schöpfung des Westgotenherrschers *Eurich* (466–484), des Nachfolgers Theoderichs II., und ist in einem Pariser Palimpsest (d.h. eine nach Abschaben/Abkratzen des ursprünglichen Textes erneut beschriebene Pergamenthandschrift) als Bruchstück erhalten. Die „Pariser Fragmente" genannten Texte enthalten Bestimmungen über Kauf, Schenkung, Leihe sowie zum Ehe- und Erbrecht. Der Codex Euricianus wurde für zahlreiche spätere germanische Gesetzgebungsakte bestimmend. Insbesondere trifft dies für die „Lex Romana Visigothorum" zu.

Diese im Jahre 506 durch den Westgoten *Alarich II.* (484–507), einen Sohn Eurichs, vorgenommene amtliche Sammlung des revidierten theodosianischen römischen Rechts mit Fragmenten aus den Codices Gregorianus und Hermogenianus war für die galloromanische Bevölkerung seines Reichs bestimmt. Im Spätmittelalter wurde das Werk „Breviarium Alarici" (*Breviarium Alaricianum*) genannt. Dieses noch vor der justinianischen Kodifikation (529–534) geschaffene letzte offizielle Gesetz des römischen Rechts galt in der Praxis vor allem Südfrankreichs als wichtigste Rechtsquelle bis zu der ab dem 12./13. Jahrhundert einsetzenden Rezeption des oströmischen Rechts.

Das Breviar Alarichs verkörperte vor allem auf dem Gebiet des Privatrechts beispielhaft den Übergang vom Vulgarrecht zum mittelalterlichen Recht. Im Jahre 654 wurde es förmlich aufgehoben und durch die „Lex Visigothorum" des Königs *Reccesvinth* (653–672) abgelöst. Dieses Gesetzbuch beanspruchte im westgotischen Spanien reichseinheitliche Geltung und unterstellte Goten und Hispano-Romanen unterschiedslos dem gleichen Recht.

Mit einer Neubewertung der Herrscherpersönlichkeit des Westgotenkönigs Alarich II. durch die Forschung wird auch seine Leistung als Gesetzgeber differenzierter gesehen. Unter anderem erscheint die Urheberschaft Eurichs an dem Codex Euricianus zweifelhaft. Vereinzelt wird das Gesetz als ein Werk Alarichs identifiziert. Dieser habe mit diesem Codex – zurückgreifend auf Vorarbeiten seines Vaters Eurich – das Parallelgesetz zur „Lex Romana Visigothorum" für die westgotische Bevölkerung geschaffen (*H. Nehlsen*).

Nachweislich am Codex Theodosianus und vermutlich auch am Codex Euricianus orientiert ist die um 500 entstandene „Lex Burgundionum" des *Burgunder*königs *Gundobad* (480–516) für den burgundischen Bevölkerungsteil. An die königliche Urheberschaft erinnern noch karolingische Quellen, die dieses Gesetz als „Lex Gundobada" (französ. *Loi Gombette*) bezeichnen. Das dazu parallele Rechtsbuch für die im Burgunderreich lebenden Romanen, die „Lex Romana Burgundionum", entstand erst gegen Ende der Regierungszeit Gundobads. Es verknüpfte theodosianisches römisches Recht mit zeitgenössischen Rechtsgewohnheiten.

Als nächste in der zeitlichen Abfolge der germanischen Leges steht die von der westgotischen und burgundischen Gesetzgebung beeinflusste „Lex Salica" für den Teilstamm der *Salfranken* in Nordfrankreich. Sie entstand zwischen 507 und 511 und gilt als Schöpfung des fränkischen Reichsgründers *Chlodwig I.* (481–511). Unter den Volksrechten hatte sie die wohl nachhaltigste Wirkung. Inhaltlich überwiegt bei ihr fränkisches Recht mit einem hohen Anteil volkssprachlicher Rechtswörter. Diese hatten vermutlich die Verbindung zwischen der fränkischen Gerichtssprache und dem lateinischen Text der Lex bei der Gerichtsverhandlung (*in mallobergo*) herzustellen und werden deshalb „Malbergische Glossen" genannt. Dagegen erfolgten Rückgriffe auf theodosianisches römisches Recht sehr selten.

Eine revidierte Fassung dieses salfränkischen Stammesrechts entstand im 7. Jahrhundert als „Lex Ribuaria" für die in Ribuarien (etwa im Gebiet der spätantiken civitas Köln) siedelnden *Franken*. Sie hatte großen Einfluss auf die späteren, zum Frankenreich gehörenden westgermanischen Stammesrechte, die *Karl d. Gr.* (747–814) auf dem Reichstag in Aachen im Jahre 802/03 aufzeichnen ließ.

Die fränkischen und karolingischen Volksrechte stehen in enger textlicher Verwandtschaft zu Stammesrechten der *Alemannen* und *Bayern*, die beide dem fränkischen Herrschaftsbereich angehörten. Das in zwei Fassungen überlieferte Alemannenrecht entstand als „Pactus Legis Alamannorum" im frühen 7. Jahrhundert unter *Chlotar II.* (584–629). Im Jahre 725 folgte die „Lex Alamannorum", die den umfangreichen

Bußenkatalog des „Pactus" übernahm und die Rechtsmaterien nach Kirchen-, Herzogs- sowie Volkssachen gliederte, dabei die Kirche umfassend privilegierte. Nach 740 entstand die von der Forschung kontrovers beurteilte „Lex Baiuvariorum". Ihr Vorbild war – neben dem Codex Euricianus und anderen westgermanischen Rechten – die „Lex Alamannorum". Das bayerische Volksrecht folgte der Lex sowohl in der Kirchenfreundlichkeit vieler Bestimmungen wie auch in der Stoffanordnung.

Eine bis dahin unerreichte Stilhöhe in der Gesetzgebungskunst gelang den aus Pannonien über friaulische Pässe und Venetien in die Po-Ebene (Lombardei) einfallenden *Langobarden*. Ihre volksrechtliche Gesetzgebung fand ihre Vollendung im „Edictum Rothari" von 643, einer ersten Aufzeichnung der alten, mündlich überlieferten Stammesrechtsgewohnheiten. In ihnen spiegeln sich langobardische Rechtsvorstellungen, politische Tendenzen und Gesellschaftsstrukturen seit der italienischen Invasion unter der Führung des Königs *Alboin* im Jahre 569 wider. Als Urheber des Edikts gilt König *Rothari* (636–656). Das Gesetz sollte die öffentliche Ordnung und die innere Sicherheit des Langobardenreichs stärken. Zu diesen Zwecken wurde etwa durch das Strafrecht, das den Hauptinhalt des Edikts bildete, an die Stelle der Selbsthilfe in Form der archaischen „Fehde" die Abgeltung der Rache durch Zahlung der „Bussen" an den Verletzten angeordnet (sog. Kompositionensystem). Dass Rothari die Niederschrift nach Befragung Rechtskundiger als Ergebnis eines Zusammenwirkens zwischen Herrscher und approbierendem Volk veranlasst hätte, ist ein Mythos. Spätere Könige haben das in seinen Grundlinien im Edikt festgeschriebene Langobardenrecht wiederholt ergänzt und fortgebildet (Grimoald, Liutprant, Ratchis und Aistulf). Der Gesamtbestand dieser Königsgesetzgebung überdauerte als „Edictum regum Langobardorum" die fränkische Eroberung (773) und wurde noch im 10. Jahrhundert an einer eigenen Schule in Pavia wissenschaftlich bearbeitet (*Liber Papiensis*).

Die Leges-Forschung ermöglicht heute eine Neubestimmung der lange Zeit auch aus ideologisch-nationalistischen Motiven als rein germanisch ausgegebenen Rechtsaufzeichnungen. Nach dem gegenwärtigen Erkenntnisstand lassen sich die Volksrechte ihrem Regelungsinhalt nach nur ungenau voneinander absetzen. Vulgarrechtliche römische Elemente sind mit germanischen Rechtsschichten zu einer kaum entwirrbaren Einheit verschmolzen. Die Dichte der Verflechtung ist naturgemäß dort am größten, wo die Germanen nach ihrer Landnahme mit der Kultur und Zivilisation des zerfallenden Westreiches in unmittelbare Berührung kamen, sei es als auf römischem Reichsboden siedelnde Föderaten (Westgoten, Ostgoten, Burgunder) oder als kriegerisch-gewaltsame Okkupanten römischer Herrschaftsräume (Alemannen, Franken, Bayern, Langobarden, Angelsachsen).

Wege und Ausmaß der Romanisierung der Germanenrechte sind als Akkulturationsphänomen gegenwärtig nur in Ansätzen erforscht. Die wechselseitige Annäherung und Durchdringung wurde entscheidend durch die römische Kirche vorangetrieben. Dies geschah vor allem durch die Missionierung der ursprünglich romfreien Siedlungsgebiete, die Propagierung einer neuen Moral und Sozialethik sowie durch die zeitgemäße Fortsetzung von Resten profaner Administration, des Ämterwesens und der allgemeinen Bildung im geistlichen Amtsbereich. Auf diese Weise hatte die Kirche Anteil an der Formung einer universalen europäischen Rechtskultur.

**Schrifttum:** *Lange*, Römisches Recht I, 106 ff. – *G. Vismara*, Edictum Theoderici, IRMAE I 2 b aa a (1967) – *D. Nörr*, Zu den geistigen und sozialen Grundlagen der spätantiken Kodifikationsbewegung, SZRom 80 (1963), 109 ff. – *H. Nehlsen*, Alarich II. als Gesetzgeber, in: Gedächtnisschrift f. W. Ebel (1982), 143 ff. – *D. Liebs*, Die Jurisprudenz im spätantiken Italien (1987), 134 ff. – R. Lambertini, La codificazione di Alarico II, ed. 2 (1991) – *A. Iglesia Ferreirós*, La creación del derecho, Manual I, ed. 2 (1996), 183 ss., 201 ff. – *E. Cortese*, Il diritto nella storia medievale I (1996), 51 ff., 125 ff. – *T. Honoré*, Law in the Crisis of Empire 379–455 AD (1998), 1 ff. – *C. Petit*, Iustitia Gotica (2001) – *P. Landau,* Die Lex Baiuvariorum (2004).

## 4. Recht und Karolingischer Kulturstil

Die merowingischen und karolingischen Dynasten entdeckten bei der Begründung und Verfestigung einer neuen Staatlichkeit im römischen Erbe den Gedanken der imperialen Herrschaft als einen besonderen, bislang ungenutzten Machtfaktor. Im Herzen Europas, auf ehemals provinzrömischem und fränkisch-rechtsrheinischem Boden verbanden sich Sprache, Bildung, Kultur- und Lebensformen von Galloromanen, Germanen und missionierenden Sendboten der römischen Kirche zur Erreichung eines gemeinsamen Ziels. Die Nachahmung der hegemonialen Formen des spätantiken Imperium Romanum unter Einbeziehung des Papstes wurde als zentrales welt- und machtpolitisches Programm verfolgt.

Eine moderne Übereinkunftsbezeichnung nennt diesen Prozess „Karolingische Renaissance". Damit wird nicht ganz zutreffend etwas umschrieben, was richtigerweise und in Wahrheit eine karolingische Bildungserneuerung bzw. Bildungsreform war. Die Vorkämpfer einer umfassenden Modernisierung der Bildung im Reich waren nämlich *Karl d. Gr.* (747–814) und *Alkuin* (um 730–804), sein gelehrter Berater und Leiter der angesehenen Hofschule. Die bewusst und zielstrebig betriebenen Reformen nahmen ihren Ausgang von weltlichen (Hofschulen) und bischöflichen oder klösterlichen Bildungszentren (Kathedral- und Klosterschulen). Neben dem Aufschwung der Geschichtsschreibung, der Reinigung (*correctio*) der lateinischen Sprache, der Schaffung und Durchsetzung einer neuen Schrift (sog. Karolingische Minuskel) fanden die für die Rechtswissenschaft nicht unwesentlichen Begleitwirkungen ihren Ausdruck in dem Wiederanknüpfen an die römische Reichsidee. Von ihr führt ein geradliniger Weg zum imperialen Kaisertum der Staufer, legitimiert durch das justinianische Staatsrecht als Leitbild des mittelalterlichen Kaiserrechts.

Zwar konnte Karl sein großes Programm der Sammlung und Feststellung des geltenden Rechts nicht vollenden. Immerhin gelang ihm jedoch 802/803 auf dem erwähnten Reichstag in Aachen die Revision und Aufzeichnung der wichtigsten Stammesrechte, wie der Friesen, Franken, Sachsen und Thüringer (*Lex Francorum Chamavorum, Lex Frisionum, Lex Saxonum, Lex Thuringorum*). Diese Rechtstexte mit ihren Ergänzungen durch königliche Erlasse und Anordnungen (sog. „*Kapitularien*", weil zumeist in Kapitel gegliedert) waren frühe Akte gesetzgebungsähnlicher Tätigkeit. Sie verloren jedoch in der Folgezeit nicht zuletzt auch wegen ihrer schweren Beherrschbarkeit im Rechtsalltag an Bedeutung und mussten ungeschriebenen Rechtsgewohnheiten weichen. Allein die lateinische Sprachfassung dieser karolingischen Stammesrechtsquellen blieb künftig Modell für alle schriftlichen Rechtsaufzeichnungen.

**Schrifttum:** LexMA V (*H. Mordek*), 943 ff. – *J. Fleckenstein*, Grundlagen und Beginn der deutschen Geschichte, 2. Aufl. (1980), 69 ff. – *F.L. Ganshof*, Was waren die Kapitularien? (1961) – *R. Schneider*, Zur rechtlichen Bedeutung der Kapitularientexte, DA 23 (1967), 273 ff. (294) – *ders.*, Schriftlichkeit und Mündlichkeit im Bereich der Kapitularien, Vorträge und Forschungen 23 (1977), 257 ff. – *W. Ebel/F. Ebel*, Geschichte der Gesetzgebung in Deutschland, 2. Aufl. (1988), 36 ff.

## III. Schriftlichkeit und Geltungsweise des mittelalterlichen Rechts in Europa

*Rgwohnheit!*

## 1. Aufzeichnungen des Gewohnheitsrechts

Nach den karolingischen Kapitularien (9. Jahrhundert) und der quellenarmen Zeit unter den Ottonen-Kaisern (10. Jahrhundert) brach die Epoche der Herrschaft des ungeschriebenen Gewohnheitsrechts (*consuetudo, ius consuetudinarium*) an. Es beruhte auf der allgemeinen Rechtsübung und auf lokalem Gerichtsgebrauch. Diese immer noch nicht hinreichend ausgeleuchtete Schattenlage der Rechtsgeschichte wurde zu Ausgang des 12. und während des 13. Jahrhunderts von einer Gesamteuropa überziehenden Rechtsdokumentationswelle abgelöst. Die aufgezeichnete, in Schriftform gebrachte Gewohnheit (*consuetudo in scriptis redacta*), die Schriftlichkeit des Rechts, wurde zum Symbol des Rechtlichen schlechthin.

In *Deutschland* wurde das Gewohnheitsrecht in sog. Rechtsbüchern erfasst. Diese nannten sich selbst „Spiegel" oder „Kaiserrecht" und brachten damit anschaulich ihre Funktion für die Adressaten (Abbild und Vorbild des Rechts) sowie ihre Legitimation durch die Autorität des Kaisers (Staufisches „Rechtskaisertum") zum Ausdruck. Das wohl bedeutendste Rechtsbuch war der „Sachsenspiegel". Er entstand zwischen 1220 und 1227 und fasste das gesamte geltende sächsische Land- und Lehensrecht zusammen. Abhängigkeiten vom römisch-kanonischen Recht sind nur spurenhaft nachweisbar. Autor dieses hohes Ansehen genießenden und weit verbreiteten Rechtsbuchs war der ostsächsische Ritter *Eike von Repgow* (um 1180 – nach 1233). Die ursprünglich private Aufzeichnung galt wie ein Gesetzbuch in einem Gebiet zwischen Rhein und Dnjepr (Russland, Ukraine).

*1234*

Auf den Sachsenspiegel folgte fast zeitgleich zwischen 1224 und 1231 das „Mühlhäuser Reichsrechtsbuch". Entgegen der üblichen Bezeichnung enthält es keineswegs Reichsrecht, sondern das aus fränkischen Bereichen stammende Recht der Stadt Mühlhausen in Thüringen sowie zusätzlich landrechtliche Normen.

Um 1275 verfassten – vermutlich in Augsburg – unbekannt gebliebene Kleriker (Franziskaner) das „Kayserlich Rechtsbuch" oder „Kaiserrecht", das seit dem 17. Jahrhundert die Bezeichnung „Schwabenspiegel" führt. Seine Grundlage war der Sachsenspiegel, der im 13. Jahrhundert in Augsburg offenbar intensiv studiert wurde. Ein weiteres

Ergebnis dieser Sachsenspiegelrezeption ist der ebenfalls in Augsburg entstandene, mit dem Schwabenspiegel eng verwandte „Deutschenspiegel" (eigentlich „Spiegel aller deutschen Leute"). Beide Rechtsbücher wurden deutlich vom römisch-kanonischen Recht beeinflusst.

1335/1346 erließ der römisch-deutsche Kaiser *Ludwig IV. d. Bayer* aus dem Hause Wittelsbach (1314–1347) für sein Stammland Oberbayern das „Oberbayerische Landrecht". Dieses Rechtsbuch galt auch als Musterstadtrecht – neben München – in verschiedenen Gebieten Süddeutschlands und in Tirol teilweise bis Anfang des 19. Jahrhunderts. Anlehnungen an gelehrtes Recht sind nur vereinzelt feststellbar.

In der Markgrafschaft Meißen entstand zwischen 1357 und 1387 für den städtischen Bereich das „Meißener Rechtsbuch", das zahlreiche nicht nur nord- und mitteldeutsche Städte zum Vorbild ihrer Stadtrechte nahmen. Seine Verbreitung reichte bis nach Preußen, Böhmen und Mähren.

Diese Rechtsaufzeichnungen waren allerdings nur ein unbedeutender Ausschnitt aus der Flut europäischer Dokumentationen. Bereits 1231 hatte der Stauferkaiser *Friedrich II.* (1215–1250) für sein *Königreich Sizilien* (Regnum Siciliae) die „Constitutiones Regni" verkündet. Unter der Bezeichnung „Konstitutionen von Melfi" erinnerten sie an die süditalienische Stadt Melfi und den dort abgehaltenen Hoftag, auf dem die Endfassung des Gesetzes beraten und vom Kaiser promulgiert worden war. Das Werk schöpfte vorwiegend aus dem justinianischen Corpus iuris, ferner aus normannischen Assisen (*assisae – constitutiones regiae*) sowie aus Friedrichs älteren Rechtsvorschriften. Im Mittelpunkt standen das Prozess-, Straf- und Verwaltungsrecht, gefolgt vom Privat- und Lehensrecht. Die (seit dem 19. Jahrhundert) auch „Liber Augustalis" genannte Kodifikation war der erste Versuch einer umfassenden staatlichen Normierung des aufgeklärten Absolutismus Friedrichs sowie seines zentralistischen Beamtenstaates. In Teilen galt sie in Neapel und in Sizilien noch bis Anfang des 19. Jahrhunderts fort.

In *Frankreich* (Clermont) fasste zwischen 1280 und 1288 der Bailli (Richter) *Philippe de Beaumanoir* (1252/54–1296) in den berühmten „Coutumes" das lokale Gewohnheitsrecht des Beauvaisis zusammen. In *Spanien* entstanden fast zeitgleich ähnliche, die Gewohnheitsrechte aufzeichnenden „fueros" (*breves* und *extensos*; von lat. *forum* – Gericht), „consuetuts" und „usatges" von León, Kastilien, Navarra, Aragón und Valencia, in *Portugal* die „foros" von Coimbra, Santarém und

Lissabon. Eine erste umfassende Kodifikation veranlasste der gelehrte König von Kastilien-León *Alfonso X el Sabio* (d. Weise, 1252–1284). Sein Gesetzbuch „Siete Partidas" (*Libro de las Siete Partidas* – Buch der Sieben Teile) entstand 1265. Als Quellen verwendete es das Ius commune, kirchliche und antik-philosophische Werke sowie der orientalischen Literatur entnommene Texte. Die Siete Partidas bewirkten eine Vereinheitlichung der kastilischen Gesetzgebung.

In *England* waren es die titelgleichen Traktate „De legibus et consuetudinibus regni Angliae", die erstmals das gesamte Common Law in der Form darstellten, die königliche Gerichte ihm gegeben hatten. Als ihre Verfasser gelten *Ranulf de Glanville* (†1190), königlicher Richter und Staatsmann, sowie *Henry de Bracton* (Bratton/Bretton, 1210–1268), gelehrter Jurist, Richter und Domkanzler. Nach neueren Forschungen ist ihre Urheberschaft zwar nicht zweifelsfrei. Gleichwohl waren die Traktate erste erfolgreiche Versuche, das englische Recht systematisch und nach scholastischer Distinktionsmethode für die Rechtspraxis verfügbar zu machen. In *Schottland* war der Glanville zugeschriebene Traktat Vorbild des Rechtsbuchs „Regiam Majestatem". Es wurde im 14. Jahrhundert verfasst und genoss im 15. Jahrhundert ebenfalls in der Praxis großes Ansehen. Dabei wurde nicht zwischen den auf Glanville zurückgehenden Teilen und solchen unterschieden, die römisch-kanonischen Rechtstexten entlehnt waren.

Ebenfalls in diese Zeit fallen die durch „Rechtssprecher" überlieferten *skandinavischen* Rechtsaufzeichnungen: in Dänemark das Landrecht von Schonen – „Skanske Lov" (1203/12), in Schweden die Rechtsbücher der Landschaften Östergötland von (um) 1286 (*Östgötalag*) und Västergötland von 1220–1225 (*Västgötalag*).

**Schrifttum:** *A. Wolf*, Gesetzgebung in Europa 1100–1500 (1996), 101 ff. – *A. Iglesia Ferreirós*, La creación del derecho, Manual II., ed. 2 (1997), 18 ss. – *D. Tamm*, Roman law and european legal history (1997), 216 ss. – *H. Lück*, Über den Sachsenspiegel. Entstehung, Inhalt und Wirkung des Rechtsbuches (1999) – *H. Schlosser/I. Schwab*, Oberbayerisches Landrecht Kaiser Ludwigs d. Bayern von 1346 (2000), 172 ff. – *K.-P. Schroeder*, Vom Sachsenspiegel zum Grundgesetz (2001), 1 ff.

## 2. Mittelalterliches Recht als offenes Recht

Bezeichnend für das mittelalterliche Recht vor seiner Begegnung mit dem römisch-kanonischen Recht ist das völlige Fehlen fester Begriffe sowie einer systemähnlichen Geschlossenheit. Mittelalterliches Recht ist (zum geringen Teil) aufgezeichnetes oder Gewohnheitsrecht und in beiden Erscheinungsformen offenes Recht (H. Krause). Sein Formenreichtum war das Ergebnis einer ständigen gewohnheitlichen Rechtsfindung aus dem jeweiligen Lebensbedürfnis heraus und für die Entscheidung eines Einzelfalles. Erst im Prozess zeigte sich, was für den in Streit stehenden Lebenssachverhalt allgemein verbindlich als Recht zu gelten hatte. Nur für diese konkrete Streitsache erging ein Spruch des Gerichts, in der Regel in der Form eines urteilsähnlichen Beschlusses. Ihn fällten sog. „Rechtshonoratioren" (Schöffen, Urteilsfinder), Personen von hohem gesellschaftlichen Ansehen und mit großer Erfahrung in Rechtsangelegenheiten. Sie fanden aus den auf Gewohnheiten gegründeten Rechtsüberzeugungen kraft ihrer sozialen Autorität, was rechtens sein sollte. Die Offenheit des mittelalterlichen Rechts ist deshalb das Gegenteil einer rationalen, aus abstrakten Normen bestehenden, zu einem System verdichteten, geschlossenen Rechtsordnung.

Ein weiteres Instrument mittelalterlicher Rechtsgestaltung war das sog. „Weistum", entstanden aus der am konkreten Fall notwendig gewordenen öffentlichen Feststellung des fortan verbindlichen Rechts. Durch Rechtsweisung wurden in den strengen äußeren Formen des Prozesses Rechtsstreitigkeiten, die für die Allgemeinheit von Belang waren (z.B. wechselseitige Rechte und Pflichten der Grundherren und Hintersassen), entschieden oder Unklarheiten über bestehende Rechtsverhältnisse beseitigt. Das Weistum war seinem Wesen nach feststellende Aufzeichnung des bis dahin mündlich überlieferten gewohnheitlichen Rechtszustandes, keineswegs jedoch gesetztes Recht im modernen Sinne.

Im Mittelpunkt der mittelalterlichen, in einen Rechtssatz eingegangenen Vorstellung von „Recht" stand stets der Mensch, eingeboren und eingebunden in seinen durch ständische Gliederung fixierten, typischen Lebensbereich, dem stets ein besonderer, umfassender Herrschafts- und Rechtskreis zugeordnet war (Land, Dorf, Stadt, Grundherrschaft). Jeder Herrschaftskreis bildete zugleich einen eigenen Rechtsentstehungskreis (Land-, Dorf-, Stadt-, Lehensrecht). In dieser Vielfalt des mittelalterlichen Rechts lag seine vitale Kraft. Mit ihr wurde das methodisch wie dogmatisch hoch entwickelte gelehrte Recht konfrontiert.

**Schrifttum:** *H. Krause*, Königtum und Rechtsordnung in der Zeit der sächsischen und salischen Herrscher, SZGerm 82 (1965), 1 ff. – *H.M. Klinkenberg*,

Die Theorie der Veränderbarkeit des Rechtes im frühen und hohen Mittelalter, Miscellanea Mediaevalia 6 (1969), 157 ff. – *R.C. van Caenegem*, Das Recht im Mittelalter, in: Entstehung und Wandel rechtlicher Traditionen, hg. v. A. Kaufmann u.a. (1980), 609 ff. – *U. Eisenhardt*, Deutsche Rechtsgeschichte, 4. Aufl. (2004), 49 ff.

## 3. Territoriales statt personales Recht

Das Recht der frühmittelalterlichen germanischen Leges war personales Stammesrecht. Seine Geltung bestimmte sich ausschließlich nach der mitgliedschaftlichen Zugehörigkeit einer Person zu einer Gemeinschaft. Der einzelne war in das Recht seines Stammes hineingeboren. Die an Abstammung und Heimatrecht anknüpfende Rechtsordnung dieses Personenverbandes kam für ihn zur Anwendung, und zwar ganz gleich, ob er sich innerhalb oder außerhalb der Stammesgrenzen aufhielt (*Personalitätsprinzip*). Einen Überrest dieser personalen Geltungsvoraussetzungen enthält noch die Goldene Bulle von 1356. Sie unterschied (cap. V 1) bei der Einteilung des Reichs entsprechend den beiden wichtigsten Stammesrechtsgebieten zwischen Ländern des fränkischen (*ius Franconicum*) sowie des sächsischen Rechts (*ius Saxonicum*).

Mit der zunehmenden allgemeinen Mobilität und gesellschaftlichen Differenzierung änderte sich notwendigerweise auch dieser Rechtsgeltungsgrundsatz. Nach der Auflösung der alten Stammesverbände setzte sich zur Zeit der Rechtsbücher allmählich die Vorstellung von der Territorialität des Rechts durch. Fortan band das Recht alle Bewohner eines räumlich umgrenzten Herrschaftsgebietes (Land, Provinz, Stadt). Die Abstammung trat in den Hintergrund, personales Stammes- und Heimatrecht wurde zum Landrecht (*consuetudo terrae*, *ius provinciae*), dem auch Fremde ausnahmslos unterworfen waren (*Territorialitätsprinzip*).

## 4. Geltungsdauer des Rechts

Das mittelalterliche Recht war seinem Wesen nach altes Recht. Es hatte aber zugleich möglichst neu, d.h. aktuell zu sein. Auf diesen nur scheinbaren inneren Widerspruch hat erst die neuere Forschung hingewiesen (*H. Krause*). Anlass dazu boten Beobachtungen der immer wieder neu eingeholten Bestätigungen erteilter Privilegien – ausgestellt von Königen, Päpsten, weltlichen und geistlichen Fürsten – und ergangener Gerichtsurteile (Konfirmationen). Das Ziel dieser permanent sich wiederholenden Rechtsbestätigungen war, sich des Bestandes des verliehenen Rechts über die Lebensdauer des Beliehenen und Verleihenden hinaus zu versichern. Diese Sichtweise hat die Vorstellung korrigiert, mittelalterliches Recht sei stets das gute alte, ungesetzte und ungeschriebene Recht gewesen (*F. Kern*).

Beeinflusst durch das Vorbild des universellen kanonischen Rechts verstärkte sich im 13. Jahrhundert allgemein die Vorstellung von der Schriftlichkeit als Ideal des Rechts. Sie gab den Anstoß zu den Aufzeichnungen des überlieferten Gewohnheitsrechts. Dies erfolgte in den privaten Sammlungen der Rechtsbücher, die bald schon gesetzesgleiches Ansehen erwarben. Auch die frühen Stadtrechte waren anfänglich überwiegend unsystematische Niederschriften der durch Herkommen und Gerichtsgebrauch bestimmten, im städtischen Gerichtsbezirk zur Anwendung kommenden Rechtsgewohnheiten.

Alle diese Erscheinungsformen des mittelalterlichen Rechts standen im scharfen Gegensatz zu dem durchgeformten römisch-kanonischen Recht. Allerdings waren nach neueren Forschungen erste und folgenreiche Anstöße zu einer elementaren Vereinheitlichung und Fortbildung des gewohnheitlichen wie gesetzten mittelalterlichen Reichs- und Partikularrechts bereits von der Rechtsprechung des „Königs-" und „Hofgerichts" (*curia regis*) ausgegangen. Parallel zu dieser obersten Rechtsprechungsinstanz des Reichs wurde im 14. Jahrhundert ein weiterer zentraler Spruchkörper installiert, der erstmals 1415 als „Königliches Kammergericht" begegnet. Dieses Gericht verdrängte nach einer durch die Wormser Kammergerichtsordnung 1495 initiierten grundlegenden Reform unter der Bezeichnung „Reichskammergericht" schließlich die Jurisdiktion des alten Königs- und Hofgerichts. Das Reichskammergericht als höchstes deutsches Reichsgericht hat mit seiner Rechtsprechung wesentlich zur Überwindung der Rechtszersplitterung beigetragen.

**Schrifttum:** *F. Sturm*, HRG (Personalitätsprinzip), 1587 ff. – *F. Kern*, Recht und Verfassung im Mittelalter, HZ 120 (1919), 1 ff. (Buchausgabe 1952) – *H. Krause*, Dauer und Vergänglichkeit im mittelalterlichen Recht, SZGerm 75 (1958), 206 ff. – *S.L. Guterman*, The principle of the personality of law in the germanic kingdoms of western Europe from the fifth to the eleventh century (1990), 181 ff. – *R. Seyboth*, Vom mittelalterlichen Reichshofgericht zum

Reichskammergericht v. 1495, in: Frieden durch Recht, hg. v. I. Scheurmann (1994), 68 ff. – *B. Diestelkamp*, Rechtsfälle aus dem Alten Reich (1995), 11 ff. – *D. Willoweit*, Vom alten guten Recht, Jahrbuch des Historischen Kollegs 1997, 23 ff.

## IV. Recht der Römischen Universalkirche

## 1. Theologie, Scholastik und Jurisprudenz

Über der nationalen Verschiedenheit der europäischen Rechte stand als Leitbild die supraregionale, universelle Rechtsordnung der römischen Kirche. Dies entsprach der Einheitlichkeit des herrschenden Weltbildes. Die Kirche gründete ihre Rechtstradition auf die unterschiedlichsten Quellen. Die Theologie hatte den unübersichtlich gewordenen Stoff nach zwei großen Kategorien unterteilt. Dem unveränderbaren heilbringenden und heilvermittelnden göttlichen Recht stand das innerkirchlich gesetzte, auf die Welt bezogene, veränderbare Recht gegenüber.

Diese grundlegende Trennung warf die Frage nach dem Verhältnis des ewigen göttlichen Rechts zum natürlichen Recht auf, das im Einzelfall „gefunden" werden musste. Ihre Beantwortung führte zur theoretischen Erfassung einer Gesetzgebungsidee sowie zur Formulierung einer allgemeinen Gesetzgebungslehre. Die entscheidenden Impulse hierzu waren von der in das Lateinische übertragenen und rezipierten „Politica" des Platon-Schülers *Aristoteles* (384–322 v. Chr.) ausgegangen. Auf aristotelischer Grundlage hatte dann *Thomas von Aquino* (1224/5–1274) der Lehre vom Gesetz und von der Gesetzgebung die für das ganze Mittelalter maßgebliche Gestalt verliehen. Papst *Bonifaz VIII.* (1294–1303) legitimierte mit ihr seinen Anspruch auf den Gesetzgebungsprimat. In der Bulle „Unam sanctam" (1302) nutzte er sie auch politisch zur Begründung des Weltherrschaftsanspruchs der Kurie.

Mit dem wachsenden Einfluss der Kirche stellte sich im hohen Mittelalter immer dringlicher die Forderung nach einer wissenschaftlichen Erfassung und Fundierung ihrer gesamten rechtlichen Ordnung. Das technische Instrumentarium hierfür lieferte die „Scholastik". Als Inbegriff der Wissenschaften hatte sie sich im 12. Jahrhundert als Folge eines allgemeinen Rationalitätsstrebens entwickelt. Ihre zentralen Prinzipien waren Autorität, Logik und Rationalität. Die Grundlage bildete die Wissenschaftslehre des *Aristoteles*. Der römische politische Beamte, Philosoph und Theologe *Boethius* (zwischen 475/480–524) sowie arabische Gelehrte aus dem islamischen Kulturraum, wie *Avicenna* (973/980–1037) und *Averroes* (1126–1192), hatten sie dem Abendland durch Übersetzungen und Kommentierungen der aristotelischen Schriften sowie der Hauptwerke von *Platon* und *Hippokrates* vermittelt.

Die Scholastik war die mittelalterliche Form von Wissenschaft schlechthin. Die entstehenden Universitäten wurden Zentren ihrer Pflege und Verbreitung. Zuerst innerhalb der autoritäts- und dogmengebundenen Theologie aufgekommen, beherrschte sie auch die Jurisprudenz, das ursprüngliche Unterfach der Theologie. Scholastisches Denken bewegte sich stets im Spannungsbogen der Autorität (*auctoritas*) des anerkannten Textes sowie der Vernunft (*ratio*). Bei der Herstellung der Konkordanz zwischen „auctoritas" und „ratio" verschmolzen Theologie, Philosophie und Jurisprudenz.

Gegenstände scholastisch-analytischer Interpretation waren primär die Aussagen und Sätze des Glaubens, göttlich geoffenbarte Wahrheiten. Diese autoritativen Texte wurden mit Hilfe antikphilosophischer Denkregeln (Plato, Aristoteles) und durch die streng methodisch operierende Vernunft logisch abgeleitet, begründet und damit rational begreifbar. Das wissenschaftliche Programm der Scholastik hat *Anselm Erzbischof von Canterbury* (1033–1109) mit dem Satz formuliert: „*fides quaerens intellectum*" (Fragen des Glaubens an den Verstand). In ihrem Bemühen um das verstandesmäßig erschließbare Sachproblem löste sich die Scholastik von der rein metaphysischen, theologischen Schrifterklärung, von der ohne Rücksicht auf praktische Brauchbarkeit terminologisierenden Textexegese. In ihrer Anwendung auf den göttlichen oder göttlich geoffenbarten, stets autoritativen Text (Bibel, Kirchenväter, Konzilien, Aristoteles) musste sich die Übertragung ihrer Methoden auf die Jurisprudenz geradezu aufdrängen. Zum bevorzugten Objekt scholastischer Bearbeitung in der Form der Kommentierung wurde vor allem das von der Kirche gesetzte Recht. Es hatte die Vorstellungswelt, den Form- und Denkstil und damit auch den Autoritätscharakter des römischen Rechts in sich aufgenommen.

Mit der Bereithaltung von Regeln für die Auslegung, Rechtsanwendung und Harmonisierung widersprechender Rechtstexte wuchs die Scholastik bald über ihren ursprünglichen Bereich des kirchlichen Rechts hinaus. Sie wurde auch in der profanen Jurisprudenz zur dominanten wissenschaftlichen Methode. Allerdings verstand sich noch die frühe Jurisprudenz als Zweig der Scholastik. Dies änderte sich mit der fachwissenschaftlichen Kompetenz der Juristen. Die *„prudentia iuris"* begann sich als *„scientia iuris"* gegen die Ethik, Theologie und den Totalitätsanspruch der Kanonistik zu wenden. Das Ergebnis war eine allmähliche Lösung der vormals strengen Bindung an Theologie und scholastische Philosophie.

## 2. Dekret Gratians

Um 1140 publizierte der Mönch *Gratian* († vor 1179) in Bologna eine umfangreiche Sammlung kirchlicher Rechtstexte. Legende ist, dass der später zum „Vater der Kanonistik" Erhobene dem Orden der Kamaldulenser angehörte und Magister der Theologie im Bologneser Kloster St. Felix und Nabor war. Dagegen wird er sehr wahrscheinlich eine juristische Lehrtätigkeit in Bologna ausgeübt haben.

Sein Lebenswerk war die später als „Decretum Gratiani" bezeichnete Arbeit. Mit ihr wurde die kirchliche Rechtswissenschaft („Kanonistik", von *canon* – Regel, als Gegenstück zur weltlichen *lex*) in der wissenschaftlichen Welt präsent. Gratian schöpfte aus einer Vielzahl, in Auswahl und Thematik unzureichender, unvollständiger zeitgenössischer Sammlungen (*collectiones*) heterogener kirchlicher Rechtsquellen. Im Gegensatz zu diesen präsentierte er jedoch erstmals einen ausgewählten, nach Sachgebieten in zwei Teilen angeordneten Rechtsstoff, den er mit Erläuterungen versah. Die *„distinctiones"* des ersten Teils enthielten generelle Rechtsregeln. Demgegenüber boten die *„causae"* des zweiten Teils die Gelegenheit, am Beispiel verschiedener fiktiver Rechtsfälle zentrale Rechtsfragen zu beantworten. Das erklärte leitende Ziel des Decretum war, mit Hilfe der scholastisch-didaktischen Methode Widersprüche der aus verschiedenen Zeiten stammenden Rechtssätze (*canones*) zu beseitigen und Rechtskontroversen zu einer Synthese zu führen. Dies erklärt auch den ursprünglichen Namen des Werks als „Concordia discordantium canonum".

Die umfangreiche Sammlung beinhaltet Auszüge aus den Beschlüssen der Provinzial- und ökumenischen Konzilien, aus Papstbriefen und patristischen Schriften. Es finden sich Exzerpte aus spanischen, italienischen Rechtsäußerungen (canones) und fränkischen Kapitularien, aber auch aus tendenziösen Rechtssammlungen einer hochkirchlichen Reformbewegung, die missliebige Eingriffe des Staates in kirchliche Verhältnisse und Zustände des Westreiches zu verhindern suchte. Dazu gehören die Texte eines *Benedictus Levita* und *Pseudoisidor*, die erst die Humanisten des 15. und 16. Jahrhunderts, u.a. *Nicolaus von Cues* (1401–1464) und *Erasmus von Rotterdam* (1466–1536), als Fälschungen entlarvt haben. Den Inhalt des Decretum bestimmt die enge Verbindung von Kanonistik und Theologie. Neben juristischen werden auch moraltheologische Fragen und Probleme behandelt.

Das Decretum war *kein* offizielles Gesetzbuch der Kirche, vielmehr eine Privatarbeit, Quellensammlung und Leitfaden für den kirchlichen Rechtsunterricht zugleich. Auf diese Weise vereinigte es die Funktionen eines Textbuches mit solchen einer Kodifikation. Die früheren kirchlichen Rechtssammlungen verdrängte es, da es ihnen gegenüber vollständiger war und den Stoff (z.B. Standesrecht für Kleriker, Strafrecht, Eherecht, Verfahrensrecht) in einer den Bedürfnissen der Zeit entgegenkommenden Systematik darbot. Das Decretum wurde zum Fundament des kirchlichen Rechts und zum Ausgangspunkt der Entwicklung der Kanonistik als selbständiger, von der Theologie getrennter Wissenschaftsdisziplin in ganz Europa. Erste Spuren von seiner Kenntnis in Deutschland finden sich bereits um 1160 in Hildesheim und 1170 in Köln, wo eine kanonistische Rechtsschule bestand.

Die bald einsetzende wissenschaftliche Fortbildung durch die Rechtsschule der sog. Dekretisten beschränkte sich zunächst auf die Schließung von Lücken durch vorgratianische Quellen in Form der sog. „Paleae" (Zusätze, wahrscheinlich nach Gratians Schüler *Paucapalea*). Später wurden allgemein gefasste, durch Induktion aus den Rechtsquellen abgeleitete juristische Argumente für die Lösung von Rechtsfällen gewonnen (*brocarda*), der Rechtstext laufend glossiert und durch besondere Erläuterungen (*summae*) ergänzt. Zu den Hauptwerken der Dekretisten zählen die Dekretsummen der in Bologna wirkenden Kanonisten *Rolandus* (um 1150), *Rufinus* (†1192) und *Huguccio* von Pisa (†1210), dem späteren Bischof von Ferrara.

## 3. Päpstliche Dekretalen und das Corpus iuris canonici

Die nachgratianische kirchliche Rechtsetzung bestand überwiegend aus Rechtsäußerungen und Rechtsentscheidungen der Päpste zu Einzelfällen („*Dekretalen*" als Papstbriefe). Der Erlass abstrakter Rechtsnormen bildete die Ausnahme. Während des 12. und 13. Jahrhunderts erschöpfte sich die päpstliche Rechtsetzung vor allem unter dem Pontifikat bedeutender Juristenpäpste, wie *Alexander III.* (1159–1181) und *Innozenz III.* (1198–1216), geradezu in einer Flut von Entscheidungen. Zwischen 1188 und 1226 erschienen allein fünf derartige Dekretalensammlungen (*Quinque Compilationes Antiquae*). Neben den Konzilien bildeten sie die Hauptquelle kurialer Rechtsbildung und Rechtsetzung.

a) Dies änderte sich unter dem Pontifikat *Gregors IX.* (1227–1241). Dieser Papst veranlasste die erste umfassende, systematische Bestandsaufnahme des zersplitterten, unübersichtlich gewordenen Dekretalenrechts. Er beauftragte den spanischen Kanonisten *Raymundus de Penyafort* (um 1180–1275), Dominikaner und päpstlicher Pönitentiar (Bußpriester), mit den Redaktionsarbeiten. Im Jahre 1234 war das Werk vollendet. Die Sammlung wurde im gleichen Jahr durch Übersendung an die Universitäten (z.B. Bologna, Paris) förmlich in Kraft gesetzt (Promulgation). Die „Decretales Gregorii IX" trugen die Bezeichnung „Liber Extra" und sollten das Decretum Gratiani fortsetzen (wörtl. *Liber decretalium extra decretum Gratiani vagantium*). Sie regelten Gerichtsverfassung, Prozessrecht, kirchliches Ämterwesen, Eherecht und Strafrecht in fünf Büchern (Merkvers: *iudex, iudicium, clerus, connubium, crimen*). Es galt das sog. Exklusivitätsprinzip: In das Gesetzbuch nicht aufgenommene Rechtstexte durften nicht mehr berücksichtigt werden. Die Veröffentlichung des Liber Extra leitete eine Blütezeit der Kanonistik ein. Ihre glänzendsten Vertreter waren der in Bologna lehrende *Johannes Teutonicus* (†1245), der bereits die maßgebliche „Glossa ordinaria" zum Dekret verfasst hatte, ferner *Sinibaldus Fliscus* (Sinibaldo dei Fieschi), der spätere Papst *Innozenz IV.* (1243–1254), und *Henricus de Segusio* (Enrico da Susa), Kardinalerzbischof von Ostia, genannt *Hostiensis* (um 1200–1271).

b) Die nachgregorianische Rechtsentwicklung wurde auf Veranlassung des Papstes *Bonifaz VIII.* (1294–1303) im sog. „Liber Sextus" zusammengefasst. Die zu den fünf Büchern des Liber Extra ergangene und deshalb „Sextus" bezeichnete Sammlung enthielt insbesondere die Gesetze des Papstes Innozenz IV. sowie weitere päpstliche oder private Sammlungen. Bonifaz VIII. hatte ihre Bereinigung und Aufzeichnung angeordnet. Seine Promulgationsbulle „Sacrosanctae" (Einführungsgesetz) zum Liber Sextus enthielt eine moderne allgemeine Gesetzgebungslehre. Sie verkündete die Rechtsmacht des Gesetzgebers zur Schaffung neuen anstelle des alten, obsolet gewordenen Rechts. Damit überwand sie das traditionelle Verständnis vom schlicht dokumentierenden Gesetz. Die maßgebliche Kommentierung des Liber Sextus in der „Glossa ordinaria" stammt von dem Bologneser Professor *Johannes Andreae* (Giovanni d'Andrea, um 1270–1348), von den Zeitgenossen „fons et tuba iuris" genannt. Der Schüler des seinerzeit berühmtesten Bologneser Kanonisten *Guido de Baysio* (um 1250–1313) und Freund des Dichters *Petrarca* war der bedeutendste Kanonist des 14. Jahrhunderts.

c) Die Dekretalen des Papstes *Clemens V.* (1305–1314) bilden den dritten und letzten Teil der authentischen Rechtssammlung der Kurie. Die „Constitutiones Clementis V." (oder kurz „*Clementinae*") enthalten ausschließlich auf den Papst zurückgehende Konstitutionen sowie Beschlüsse des Konzils von Vienne (1311/12). Da Clemens V. kurz vor der geplanten Promulgation starb, wurden die Clementinae erst 1317 nach einer Revision durch seinen Nachfolger *Johannes XXII.* (1316–1334) erlassen und in Kraft gesetzt. Unter den vielen Bearbeitungen hatte sich wiederum die Kommentierung durch Johannes Andreae als „Glossa ordinaria" durchgesetzt.

d) Nichtamtliche, private Sammlungen wurden später (1500) durch den französischen Kanonisten *Jean Chappuis* als „Extravagantes Johannis Papae XXII et Extravagantes communes" aus dem 14. bis 15. Jahrhundert den offiziellen Teilen der päpstlichen Gesetzbücher angegliedert.

1566 setzte *Pius V.* eine Revisionskommission (*Correctores Romani*) ein und beauftragte sie mit der Feststellung der offiziellen Texte aller Sammlungen und der Glosse. Das Arbeitsergebnis war die 1582 von *Gregor XIII.* publizierte Ausgabe „Editio Romana". Seit 1580 wurde die Bezeichnung „Corpus iuris canonici", die bereits die Kanonisten im 13. Jahrhundert verwendet hatten, amtlich. Das Gesetzbuch wurde erst 1918 durch den „Codex iuris canonici" ersetzt. Zahlreiche Rechtsgrundsätze des alten Corpus iuris fanden wieder Eingang in den neuesten, seit 1983 geltenden „Codex iuris canonici".

**Schrifttum:** *Lange*, Römisches Recht I, 93 ff. – *E.J.H. Schrage*, Utrumque Ius. Eine Einführung in das Studium der Quellen des mittelalterlichen gelehrten Rechts (1992), 84 ff. – *E. Cortese*, Il diritto nella storia medievale II (1995), 197 ss., 363 ss. – *P. Landau*, Die Bedeutung des kanonischen Rechts für die Entwicklung einheitlicher Rechtsprinzipien, in: Die Bedeutung des kanonischen Rechts für die Entwicklung einheitlicher Rechtsprinzipien, hg. v. H. Scholler (1996), 23 ff. – *R. Weigand*, Frühe Kanonisten und ihre Karriere in der Kirche, in: Glossatoren des Dekrets Gratians (1997), 403* ff.

## V. Justinian und das Römische Recht als universelle weltliche Rechtsordnung

Bereits vor der Formung der Kanonistik zu einer selbständigen Wissenschaftsdisziplin beschäftigten sich ebenfalls in Bologna nachweislich um das Jahr 1070 Juristen mit Rechtstexten, deren Sammlung unter der später üblich gewordenen Bezeichnung „Corpus iuris" der oströmische Kaiser *Justinian I.* (527–565) veranlasst hatte. Dieses justinianische Corpus wurde in seiner wissenschaftlichen Bearbeitung durch die mittelalterliche Jurisprudenz Hauptquelle und Grundlage einer universellen Rechtskultur in ganz Europa.

### 1. Corpus iuris civilis

Das im 6. Jahrhundert in der oströmischen Reichshälfte entstandene Corpus iuris war Teilstück eines umfassenden Reformprogramms. Mit ihm wollte Justinian auf der Grundlage der staatsrechtlichen Identität mit dem im Westen niedergehenden Imperium Romanum noch einmal ein hellenistisch-christliches Weltreich erstehen lassen. Während in der westlichen Reichshälfte nach dem Untergang Westroms (476) das römische Recht zu Ausgang des 5. Jahrhunderts zunehmend verflachte und in vulgarisierten Formen in den Leges der Germanenreiche weiterlebte, kam es in Ostrom mit dem Zentrum Konstantinopel zu einer folgenreichen Renaissance römischer Rechtskultur. Hier gab es nämlich eine lebendige römische Rechtstradition. Im Gegensatz zum Westen war sie zu keiner Zeit völlig unterbrochen gewesen. Die Ausbildung von Juristen im geltenden (römischen) Recht lag in den Händen angesehener oströmischer Rechtsschulen. Dazu zählten vor allem Berytos (Beirut) in Syrien, das schon im 2. Jahrhundert nachweisbar ist, sowie das zwischen 414 und 425 gegründete Konstantinopel. An beiden wurde ein fachlich anspruchsvoller Rechtsunterricht auf den Grundlagen der alexandrinischen Philosophie, der Vorläuferin der späteren Scholastik, erteilt.

Kurz nach seinem Regierungsantritt gab Justinian im Jahre 528 das Signal zur Sammlung des überlieferten und zur Feststellung des geltenden römischen Rechts. *Tribonianus* († um 541), als Jurist ebenso hochqualifiziert wie als Planer und Organisator, war bei diesen Gesetzgebungsarbeiten von Anfang an die treibende Kraft und der führende Kopf. Er hatte als Vorstand der kaiserlichen Zentralkanzleien (*magister officiorum*) begonnen und war später zum Leiter des Justizressorts (*quaestor sacri palatii*) avanciert. Die durch Justinian berufenen Kommissionen, die mit der Ausarbeitung der einzelnen Teile des Gesetzeswerks betraut waren, bestanden aus Experten. Zu ihnen rechneten hohe Beamte der Ministerialbürokratie, Richter, Anwälte und Professoren (*antecessores*) der beiden staatlichen Rechtsschulen von Berytos (*Dorotheos*, *Anatolios*) und Konstantinopel (*Theophilos*, *Kratinos*). Bereits nach wenigen Jahren war die gesamte Kodifikation fertiggestellt. Sie wurde in den Jahren 533 und 534 in Teilstücken publiziert und in Kraft gesetzt.

Die Arbeit der Gesetzgebungskommissionen gestaltete sich schwierig. Das Material, aus dem geschöpft wurde, bestand aus heterogenen Rechtsquellen. Kaisergesetze (*constitutiones*), überlieferte Rechtstexte der klassischen bzw. nachklassischen römischen Juristen sowie im Umlauf befindliche zeitgenössische Rechtssammlungen mussten ausgewählt, exzerpiert, kompiliert (lat. *compilare* – ausbeuten) und in eine gewisse innere Ordnung gebracht werden. Die offizielle Gesamt*kodifikation*, die deshalb in Wirklichkeit eine *Kompilation* war, bestand aus drei Teilen:

a) *Codex Iustinianus*: Die erste Kommission hatte den Auftrag, das gesamte von den Kaisern gesetzte Recht zu bereinigen und in einer neuen, für die Praxis brauchbaren Sammlung festzustellen. Die alten Sammelwerke der Codices Gregorianus, Hermogenianus und Theodosianus waren unübersichtlich und weitgehend veraltet. Das Ergebnis dieser kompilatorischen Kommissionsarbeit war der „Codex Iustinianus" als erster Teil des Werks. Er enthielt die Kaisergesetze (*constitutiones*) seit *Hadrian* (117–138) und bestand aus 12 Büchern: Kirchen-, Staats- und Verfahrensrecht (Buch 1), Privatrecht (Buch 2–8), Strafrecht (Buch 9) sowie Verwaltungsrecht (Buch 10–12).

Der Codex wurde erstmals 529 durch die „Constitutio Summa" mit Gesetzeskraft veröffentlicht, blieb aber nur kurze Zeit in Kraft. Die laufenden Gesetzgebungsarbeiten machten seine Revision und Anpassung notwendig. Gegen Ende des Jahres 534 lag die zweite Bearbeitung (*Codex repetitae praelectionis*) vor. Nur in dieser letzten Fassung ist der Codex vollständig überliefert.

b) *Digestae (Pandectae) Iustiniani*: Der als „Digesta" (wörtl. „Zusammengestelltes") oder „Pandectae" (wörtl. „Allumfassendes") bezeichnete umfangreichste und wichtigste zweite Teil bestand aus 50 Büchern. 533 wurde er durch die „Constitutio Tanta" in Kraft gesetzt. Die Digesten sind ein gigantisches Mosaik. Sie beinhalten systematisch geordnete Exzerpte oder kasuistische Fragmente (insbesondere Lehrfälle und Problemanalysen) aus den Originalschriften klassischer und nachklassischer Juristen der Zeit von etwa 100 v. Chr. bis 250 n. Chr. (z.B. *Domitius Ulpianus*, *Iulius Paulus*, *Papinianus*, *Gaius*). Den breitesten Raum nimmt das Privatrecht ein (Buch 2–46), gefolgt vom Verfahrens- und Verwaltungsrecht sowie vom Strafrecht der beiden „*libri terribiles*" (der „schrecklichen Bücher" 47 und 48). Wiederholt wurden die Rechtstexte von der Kommission unter Leitung Tribonians den veränderten Zeitbedürfnissen durch „Interpolationen" (Einschübe, Zusätze) angeglichen, ohne dies gesondert kenntlich zu machen.

Die Digesten enthalten keineswegs eine Sammlung von Rechtssätzen (Normbefehlen) im modernen Sinne. Als Textfragmente der Fachliteratur geben sie vielmehr einen beeindruckenden Überblick über die Gesamtheit der praktischen (Kommentierungen, Falllösungen) wie theoretischen Leistungen (Lehrbücher, Monographien) der römischen Jurisprudenz.

c) *Institutiones*: Noch vor Beginn der Arbeiten an den Digesten hatte Justinian angeordnet, ein neues amtliches Elementarlehrbuch für den Rechtsunterricht zu verfassen. Das Ergebnis waren die „Institutiones". Sie traten mit den Digesten in Kraft. Dieser in vier Bücher gegliederte dritte Teil des Gesetzeswerks sollte vor allem das Verstehen und Erfassen der Digesten erleichtern und eine einheitliche Rechtslehre sicherstellen. Seine Verfasser waren die Professoren *Theophilos* und *Dorotheos*, den Vorsitz in der Kommission hatte wiederum Tribonian. Die justinianischen Institutionen schöpften hauptsächlich aus den damals beliebten und weit verbreiteten „Institutiones" des *Gaius* (um 120–180). Auf dessen berühmt gewordene Anordnung der Rechtsmaterien in „personae" (Personen-, Familienrecht), „res" (Recht der Vermögensgegenstände schlechthin, d.h. der körperlichen [*corporales*] und unkörperlichen [*incorporales*] Sachen – Erbrecht, Forderungsrechte) sowie „actiones" (Klagrechte, Rechtsgeschäfte) geht die Einteilung in vier Bücher zurück (sog. gaianisches Institutionensystem), knapp die Hälfte des Textes ist wörtlich seinem Institutionenwerk entlehnt. Daneben haben die Redaktoren jüngere Institutionenwerke verarbeitet, z.B. von *Ulpian* (um 170–223), *Iulius Paulus* (1. Hälfte d. 3. Jh.), *Florentinus* (3. Jh.) und *Marcianus* (um 230). Auch wurde eine Vielzahl klassischer oder nachklassischer Textstellen als Fragmente aus den Digesten übernommen. Die Institutionen wurden 533 durch die „Constitutio Imperatoriam" mit Gesetzeskraft versehen und publiziert.

Ebenfalls im Jahre 533 erließ Justinian durch die „Constitutio Omnem" eine neue *Studienordnung* für die Rechtsschulen in Berytos, Konstantinopel und Rom. Für die weniger bedeutenden Schulen in Caesarea und Alexandria wurde privater oder „verfälschter" Rechtsunterricht durch vagierende, unfähige Lehrer (*quosdam imperitos homines devagare et doctrinam discipulis adulterinam tradere*, Const. Omnem 7) ausdrücklich verboten. Recht durfte fortan allein auf der Grundlage der Digesten an den drei privilegierten Rechtsschulen des Reichs gelehrt werden.

d) *Novellen*: Die seit dem Inkrafttreten von Institutionen, Digesten und Codex mehrheitlich in griechischer Sprache ergangenen neuen Reformgesetze wollte Justinian ursprünglich als „Novellae constitutiones" und vierten Teil des Gesetzeswerks offiziell herausgeben. Dazu kam es indessen nicht mehr. Die Nachtragsgesetze (*Leges novellae* oder *Novellae*) wurden jedoch von Privatpersonen gesammelt. Sie sind teils im griechischen Originaltext, teils in lateinischen Übersetzungen aus dem 6. Jahrhundert überliefert (sog. *Griechische Novellensammlung*, *Edicta Iustiniani*, *Epitome Juliani*, *Authenticum*).

Der Begriff „Corpus iuris" kam bereits im Codex im Sinne von „Inbegriff des Rechts" vor (5, 13, 1 pr.). Seit dem 12. Jahrhundert trug die gesamte Kodifikation des justinianischen Rechts die Bezeichnung „Corpus iuris" und seit dem 13. Jahrhundert auch „Corpus iuris civilis".

**Schrifttum:** *T. Honoré*, Tribonian (1978), 139 ff. – *J.P. Meincke*, Die Institutionen Iustinians, JuS 1986, 262 ff. – *ders.*, Die Institutionen Iustinians als Repetitionsprogramm, JZ 1988, 1095 ff. – *O. Behrends u.a.* (Hg.), Corpus Iuris Civilis, Text u. Übersetzung, Bd. I Institutionen (1990), 269 ff., Bd. II Digesten 1–10 (1995), XIII ff. – *Cr. Vano*, „Il nostro autentico Gaio" (2000) – *W. Kunkel/ M. Schermaier*, Römische Rechtsgeschichte, 13. Aufl. (2001), 208 ff.

## 2. Neubearbeitungen im Osten – Byzantinisches Recht

Die in Konstantinopel verkündete justinianische Gesetzgebung galt zunächst in der oströmischen Reichshälfte. Das Corpus iuris war seinem Wesen nach eine klassizistische Restauration des römischen, größtenteils klassischen Juristenrechts. Zu der durch Justinian angeregten neuen wissenschaftlichen Hochblüte der römischen Rechtskultur, vor allem an den beiden klaiserlichen oströmischen Rechtsschulen, kam es jedoch nicht. Sie wurde durch die politischen Wirren im 8. Jahrhundert verhindert. Eine ihrer Ursachen war die Auseinandersetzung um die Verehrung religiöser Bilder (Bilderstreit, sog. *Ikonoklasmus*) unter den byzantinischen Kaisern *Leon III. d. Isaurier* (717–741) und *Konstantin V.* (741–775) aus der syrischen Dynastie. Zu einem neuen Aufschwung kam es erst im 9. Jahrhundert unter *Basileios I.* (867–886) und *Leon VI. d. Weisen* (886–912) aus der makedonischen Dynastie im Zuge einer allgemeinen, alle Bereiche des Staates und der Gesellschaft erfassenden Reformbewegung. Für sie wurde die Bezeichnung „Makedonische Renaissance" üblich.

Schon *Basileios I. Macedo* hatte den Plan zu einer Neuordnung des gesamten justinianischen Rechts gefasst. Das Corpus iuris sollte vollständig „gereinigt" werden. Die Angleichung an die veränderten Bedürfnisse der byzantinischen Gerichtspraxis sowie an die griechische Reichssprache waren unumgänglich geworden. Aber erst *Leon VI.* vollendete 907 die von seinem Vater begonnene Reform. Derogiertes Recht wurde ausgeschieden, die justinianischen Rechtstexte wurden ins Griechische übersetzt, gestrafft, vereinfacht und schließlich als sog. „Basiliken", d.h. Kaiserliche Bücher (insgesamt 60), herausgegeben. Dies wiederum war Anlass für eine neue wissenschaftliche Beschäftigung mit dem reformierten Recht und der Beginn einer Blütezeit der östlichen Jurisprudenz. Die Basiliken-Gesetzgebung wurde teils durch Randglossen (sog. „Scholien") erläutert, teils auf der Grundlage eines bereits im 7. Jahrhundert entstandenen sog. *Ketten-* oder *Katenenkommentars* eines unbekannten Autors (sog. *Anonymus*) interpretiert: *paragraphoi* – kommentierende Anmerkungen, *indices* – kurze zusammenfassende Inhaltsangaben, *paratitla* – Hinweise auf Parallelstellen. In dieser Form hat sich das Werk erhalten.

Der sich schon seit längerem abzeichnende Niedergang des byzantinischen Reichs fand im Jahre 1204 einen vorläufigen katastrophalen Höhepunkt. Konstantinopel wurde im 4. Kreuzzug durch die Kreuzfahrer unter Führung der Venezianer erobert und geplündert. Davon hatte sich die Stadt nie wieder erholt. Aus der nachfolgenden Zeit sind nur wenige juristische Werke überliefert. Eines davon ist die Kurzfassung des für die Rechtspflege immer noch zu umfangreichen Basilikenrechts aus dem Jahr 1345. Der Verfasser war *Konstantinos Harmenopoulos*, kaiserlicher Rat und oberster Richter in Thessaloniki. Das als „Hexabiblos" (Sechs Bücher) bezeichnete systematische Handbuch (in gewisser Weise ein Vorgriff auf das fünfteilige Gliederungsschema für das Zivilrecht) des griechisch-römischen Rechts fand Verwendung in der Praxis, wurde ständig neu bearbeitet und überdauerte die Herrschaft der Osmanen. Es galt nach der Befreiung (1828) im neu erstandenen Griechenland von 1835 bis zum Inkrafttreten des Zivilgesetzbuches am 23. Februar 1946.

### 3. Unsicherer Geltungsumfang im Westen

In der weströmischen Reichshälfte, vor allem in Italien, war die justinianische Kodifikation in unterschiedlichem Umfang bekannt. Sie hat bis zum Wiederauftauchen der Digesten in der Praxis gegen Ende des 11. Jahrhunderts die italienische Rechtslehre in einem heute nicht mehr genau feststellbaren Ausmaß beherrscht. Die Ursachen dafür sind in der politischen Geschichte Ost- und Westroms zu suchen.

Zur Zeit der Publikation des Corpus iuris war Italien Herrschaftsbereich der Ostgoten (*Theoderich d. Gr.*). Erst der erfolgreich gegen sie geführte Krieg (535–553) brachte das gotische Italien unter die Herrschaft Ostroms. Auf Bitten des römischen Papstes *Vigilius* (537–555) setzte Justinian schon 554 durch einen kaiserlichen Erlass (sog. *Sanctio pragmatica*) Digesten, Codex und Institutionen in Italien förmlich in Kraft. Als 568 Nord- und Mittelitalien wieder an die Langobarden verloren gingen, verblieben den Byzantinern nach der um 650 abgeschlossenen Eroberungsphase nur kleinere Gebietsanteile, wie etwa Istrien, die Provinz Ravenna (ehemaliger Sitz des byzantinischen Statthalters – *Exarchat*), die Dukate von Rom und Neapel sowie Apulien, Kalabrien und Sizilien mit einer vielfach Griechisch sprechenden Bevölkerung. Lediglich hier bestand das römische Recht inhaltlich umgestaltet und hellenisiert in griechischer Form und Sprache weiter. Die Rechtskultur des Westens vermochte es – auch gefördert durch das west-östliche sog. Große Kirchenschisma von 1054 – allerdings nicht nachhaltig zu beeinflussen.

Es widerspräche indessen der historischen Realität, wollte man aus der offiziellen Einführung durch Justinian im Jahre 554 schließen, die Gesetzessammlung hätte das theodosianische Vulgarrecht vollständig ersetzt und in dieser Form tatsächlich in Italien gegolten. Ohne Zweifel verdankte das römische Recht dieser Maßnahme, dass es aus dem

Rechtsleben niemals völlig verschwand. Wirklich bekannt waren jedoch nur Teile des Codex, die Institutionen sowie die Novellen in einer noch unter Justinian von einem in Konstantinopel lebenden, nicht näher bekannten Rechtslehrer *Julianus* um 535 bis 555 besorgten verkürzten Bearbeitung in lateinischer Sprache (*Epitome Juliani*). Die Digesten als das juristisch weitaus gehaltvollste und wichtigste Kernstück waren dagegen bald verschollen. Die letzte überlieferte Mitteilung über ihre Existenz stammt aus einem Brief des Papstes *Gregor I. d. Gr.* (590–604) aus dem Jahre 603, in dem Digestenstellen zitiert wurden. Was demnach vom römischen Recht tatsächlich zur Anwendung kam, waren eher Fragmente einer großen Rechtsordnung. Diese Reste haben allerdings zusammen mit einem nachweisbaren, elementaren Rechtsunterricht die langobardische Eroberung Italiens überdauert und die sog. Wiederentdeckung der justinianischen Gesetzgebung in Oberitalien im 11. Jahrhundert entscheidend begünstigt.

**Schrifttum:** *Lange*, Römisches Recht I, 80 ff. – *J.M. Sontis*, Das griechische Zivilgesetzbuch im Rahmen der Privatrechtsgeschichte der Neuzeit, SZRom 78 (1961), 355 ff., (362 ff.) – *F. Wieacker*, Vom römischen Recht, 2. Aufl. (1961), 242 ff. – *G. Otte*, Die Rechtswissenschaft, in: Renaissance, 123 ff., 135 – *D. Liebs*, Die Jurisprudenz im spätantiken Italien (1987), 127 ff. – *E. Cortese*, Il diritto nella storia medievale I (1996), 173 ss., 287 ss.

## VI. Langobardische Rechtsschule in Pavia

Das „Regnum Langobardorum", auch nach der Eroberung durch Karl d. Gr. als eigenes Reich in Personalunion mit dem fränkischen weitergeführt (774–886), war im Auflösungsprozess der Karolingerherrschaft als „Regnum Italicum" im Jahre 961 an das deutsche Kaisertum gefallen. Seine in rund zwei Jahrhunderten entwickelte Verfassungs-, Rechts- und Sozialordnung hat die mittelalterliche Geschichte Italiens geprägt.

Den langobardischen Juristen war die justinianische Kodifikation im Wesentlichen bekannt. Dies ist ein weiterer Faktor, der zum Fortleben des römischen Rechts beigetragen hatte. Seit dem 9. Jahrhundert ist nämlich eine mit der *Königspfalz Pavia* verbundene, angesehene sog. „Artistenschule" sicher bezeugt. An ihr wurde ein Elementarunterricht in Rhetorik, Grammatik und Dialektik erteilt. Sie entwickelte sich zu einem Zentrum der Pflege des langobardischen Rechts. Hier wurden die im „Edictum regum Langobardorum" enthaltene langobardische

Königsgesetzgebung von Rothari bis Aistulf, ab dem 11. Jahrhundert auch die karolingisch-ottonischen Kapitularien sowie die Gesetze des Regnum Italicum wissenschaftlich bearbeitet.

Das Ergebnis dieser rechtsfortbildenden Arbeiten war eine langobardische Vulgarisierung des römischen Rechts. In dem wohl wichtigsten Werk der Rechtsschule, dem zu Beginn der zweiten Hälfte des 11. Jahrhunderts entstandenen sog. „Liber Papiensis" (oder *Liber legum Langobardorum*), wurde es überliefert. Die kurz nach 1070 zu dieser Gesetzessammlung verfasste systematische, kommentierende Erläuterung (*Expositio ad Librum Papiensem*) hatte dem römischen Recht die Stellung einer *lex omnium universalis* zuerkannt. Die „Expositio" nahm bereits auf die in Italien bekannten Institutionen, den Codex und die „Epitome Juliani" Bezug.

Ungeklärt und bislang nicht beweisbar ist, ob in Pavia bereits eine eigene juristische Fachschule bestand, die als Vorläuferin Bolognas gelten könnte. Ebenfalls offen bleiben muss die Frage, inwieweit die später führenden Bologneser Juristen (Glossatoren) schon von Pavia beeinflusst waren. Ähnlichkeiten in der Arbeitsweise – wie etwa die Verwendung der Methode der Glossierung am Rande der Rechtstexte – sind zwar unübersehbar, sichere Belege für unmittelbare Einwirkungen fehlen jedoch.

**Schrifttum:** *Lange*, Römisches Recht I, 23 ff. – *G. Astuti*, Influssi romanistici nelle fonti del diritto longobardo, Settimane di studio del centro italiano di studi sull'alto medioevo XXII (1975), 653 ff. – *G. Diurni*, L'Expositio ad „Librum Papiensem" e la scienza giuridica preirneriana, Rivista di storia del diritto italiano 49 (1976), 5 ff. – *E. Cortese*, Il diritto nella storia medievale (1995), 13 ss.

# § 2 Die europäische Renaissance des Römischen Rechts

## I. Das 12. „Juristische Jahrhundert"

### 1. Wiederherstellung der justinianischen Gesetzgebung

Die Geschichte der europäischen Rechtswissenschaft beginnt im 12. Jahrhundert. Die Forschung versah diesen Zeitabschnitt mit dem Etikett „Juristisches Jahrhundert". Bereits der Name signalisiert eine einzigartige Wiedergeburt des Rechts und seiner Wissenschaft. Zwei Ereignisse haben dies ermöglicht: Das Wiederentdecken der in Vergessenheit geratenen Digesten in Oberitalien und die von diesem Faktum allgemein ausgehende große normative Kreativität. Sie gipfelte schließlich in der Wiederherstellung einer Rechtskultur, in deren Mittelpunkt das gesamte römische Recht des 6. justinianischen Jahrhunderts stand.

Es entspräche allerdings der historischen Wahrheit nur eingeschränkt, wollte man dieses europaweit folgenreiche kulturelle Phänomen allein auf den Begriff des „Wiederentdeckens der Digesten" erklärend zurückführen. Tatsächlich wird heute diese – nach Justinian – „zweite Geburtsstunde" des römischen Rechts in einem differenzierteren Umfeld gesehen. Nach der amtlichen Einführung des Corpus iuris durch die „Sanctio Pragmatica" im Jahre 554 zirkulierten in Italien, vor allem in den byzantinischen Territorien, nachweislich bis zum 10. Jahrhundert bereits zahlreiche Pergamenthandschriften dieser Kompilation. Bekannt waren insbesondere Glossen zum Codex und zu den Institutionen (Perugia, Pistoia, Turin). Lediglich über den Digesten lag ein Schleier des Vergessens. Die Gründe dafür sind heute schwer rekonstruierbar. Sicher ist allein, dass sich diese Situation im Laufe des 11. Jahrhunderts grundlegend verändert hatte.

Seit der zweiten Hälfte dieses Jahrhunderts begannen nämlich in der Rechtspraxis vermehrt Textfragmente aus den Digesten aufzutauchen. Sie wurden aufmerksam studiert und auf ihre praktisch-forensische Verwendbarkeit für aktuelle Rechtsfragen geprüft. Die weitere Folge davon war ein seitdem wachsendes Interesse für die justinianischen Gesetze insgesamt. Dabei kam es zwangsläufig zu einem schrittweisen

Wiederbekanntwerden der vollständigen Digesten. Als Kernstück des Corpus iuris wurden sie bald zu einem bevorzugten Gegenstand einer zunächst elementaren wissenschaftlichen Beschäftigung. Mit der fortschreitenden geistigen Durchdringung und Kenntnis vom justinianischen Gesamtwerk wuchs auch das Verständnis von einem einheitlichen Recht mit seiner möglichen aktuellen Instrumentalisierung für den Rechtsalltag.

Bei der Frage nach den Gründen für die Wiederherstellung und Wiederentdeckung der Digesten knüpft die Überlieferung bis heute an teilweise mythische Motive und Legenden an. In fast allen Darstellungen wird zu einem unverzichtbaren Denkmal die bewegende Geschichte vom Fund einer antiken, noch zu Lebzeiten Justinians in Konstantinopel fertig gestellten Digestenhandschrift. Sie habe angeblich den Text nahezu vollständig enthalten. Die Pisaner sollen sie in dem damals byzantinischen Amalfi erbeutet und um 1060 nach Pisa verbracht haben (*Littera Pisana*). Nach der Eroberung Pisas durch die Florentiner kam die Digestenhandschrift im Jahre 1406 nach Florenz (*Littera Florentina, Codex Florentinus*). Dort wird sie jetzt in der Biblioteca Medicea Laurenziana (Medici-Bibliothek) verwahrt.

Tatsächlich verbreitete sich die Nachricht von diesem Fund bald in ganz Westeuropa. Eine von dieser Handschrift bereits um 1070, möglicherweise im Kloster Montecassino gefertigte Abschrift gelangte nach Bologna (*Littera Bononiensis*). Hier wurde sie in einem Kreis von Juristen Gegenstand sowohl praxisorientierter Beschäftigung wie auch allgemeiner wissenschaftlichen Lehre (*Littera Vulgata*).

## 2. Rechtsschule in Bologna

Es war kein Zufall, dass gerade von Bologna der entscheidende geistige Anstoß zu einer europäischen Neuentwicklung des römischen Rechts ausging. Die Stadtkommune war im 12. Jahrhundert wirtschaftliches Zentrum und geographischer Knotenpunkt des Fern- und Levantehandels. Hinzu kam eine gewisse juristische Tradition, die in Oberitalien über Pavia, das einstige Zentrum des langobardischen Rechts, vermittelt wurde. Überdies verfügte Bologna bereits über eine bedeutende Artistenschule, in der Elementarkenntnisse in den sog. „Sieben freien Künsten" (*septem artes liberales*), insbesondere in den Fächern des „Trivium" (lateinische Grammatik, Rhetorik und Dialektik bzw. Logik) gelehrt wurden.

Aus der Rhetorik des Trivium entwickelte sich zu Beginn des 12. Jahrhunderts die sog. „*ars dictandi* (dictaminis)" als eigenständiges Unterrichtsfach. Ihr Lehrgebiet waren die Regeln von der stilistisch einwandfreien Abfassung von Briefen und Urkunden, auch soweit sie Fragen der Politik, Verwaltung oder juristische Gegenstände betrafen. In dieser Kunst wurden vor allem städtische Amtsträger, Verwaltungspersonal und Advokaten unterwiesen.

Durch die fortschreitende Spezialisierung auf Rechtliches spaltete sich von der „ars dictandi" bald schon die „*ars notariae*" als wissenschaftliche Lehre vom Notariat und der Kautelarjurisprudenz („Notariatskunst") ab. Bereits im 13. Jahrhundert wurde in Bologna der Nachwuchs an einer eigenen Notariatsschule in der Fertigkeit der Beurkundung von Verträgen, Testamenten und Klagen ausgebildet. Dabei kam es zwangsläufig zu einer Annäherung an das römische Recht und an die mit ihm wissenschaftlich arbeitende Jurisprudenz.

Aus dieser Zusammenarbeit entstanden für die Praxis bestimmte juristische Formularbücher oder die sog. „Renuntiationen" als feste Bestandteile der Notariatsurkunde zum Schutz der Vertragsparteien. Mit diesen Klauseln pflegten die Beteiligten stereotyp ihren Verzicht (*renuntiare*) auf mögliche Einreden oder Rechtsbehelfe des römisch-kanonischen Rechts (*exceptiones*) zu erklären.

Hinzu kam als besondere politische Konstellation das absolutistische Weltkaisertum der Staufer, dem das Papsttum als zweite universale Macht entgegentrat. Auf dem Höhepunkt der Auseinandersetzungen um die Weltherrschaft nahmen beide Universalgewalten Rechtsgrundsätze des spätrömischen absolutistischen Staatsrechts zur Legitimierung eigener politischer Macht für sich in Anspruch. Das juristische Argumentationsnetz dafür hatten die gelehrten Juristen bereit gestellt.

Schließlich verdankte Bologna seinen Aufstieg und den Erwerb der Ehrenbezeichnung „nutrix legum" (eigtl. Amme der Rechte) auch der gleichzeitig hier entstehenden und aufblühenden Kanonistik. Mit der Erhebung zur Reichsuniversität durch kaiserliches Privileg vom Jahre 1155 wurde die Rechtsschule zum führenden und beherrschenden geistigen Zentrum der scholastischen Jurisprudenz.

**Schrifttum:** *Lange*, Römisches Recht I, 8 ff., 61 ff. – *H. Schlosser*, HRG (Renuntiationen), 901 ff. – *H.G. Walther*, Die Anfänge des Rechtsstudiums und die kommunale Welt Italiens im Hochmittelalter, Vorträge und Forschungen 30

(1986), 121 ff. – E. *Cortese*, Alle origini della scuola di Bologna, Rivista internazionale di diritto comune 4 (1993), 7 ff. – *ders.*,Il diritto nella storia medievale II (1995), 57 ss.


## II. Glossatoren

Vor der Aufnahme des Unterrichts an der Rechtsschule von Bologna war das Interesse für das römische Recht vornehmlich durch die Kathedral- und Klosterschulen wach gehalten worden. Unsicher ist in diesem Zusammenhang, inwieweit auch die langobardische Rechtsschule in Pavia dazu beigetragen hat. Entsprechend der theologischen Ausrichtung des Studiums standen anfänglich noch überwiegend Fragen des kirchlichen Standes-, Organisations- oder Strafrechts im Vordergrund. Jedoch war die Schulung des Ordens- und Weltklerus in Rhetorik und Recht auch bereits Teil der regulären Ausbildung. Die Vermittlung juristischer Elementarkenntnisse in Verbindung mit rhetorischem Grundwissen sollte die Kleriker praxisbezogen zum Auftreten vor den geistlichen Gerichten (Offizialate) und zur Protokollierung privater Rechtsgeschäfte (Grundstücksveräußerungen, Schenkungen, Testamentserrichtungen) befähigen.


### 1. „Libri legales", Methode und die Glosse

Nach der Wiederherstellung der gesamten justinianischen Kompilation wurden die *„libri legales"*, wie Zeitgenossen die Sammlung nannten, Gegenstand des Bologneser Rechtsunterrichts und einer reichen literarisch-wissenschaftlichen Redaktion durch Juristen. Sie nannten sich – im Unterschied zu den „Kanonisten" – fortan „Legisten". Mit den „libri legales" wurde die Grundlage zu einer neuen Wissenschaft vom Recht (*scientia iuris*) gelegt. Sie mussten für Unterrichts- und Prüfungszwecke zunächst völlig neu gegliedert werden.

Die ursprünglichen vier Teile des justinianischen Corpus iuris wurden in fünf neuen erfasst. Der erste und dritte Teil der Digesten bekam die Bezeichnung *„Digestum vetus"* (Bücher 1–24.2) und *„Digestum novum"* (Bücher 39–50). Dazwischen wurde der zweite *„Infortiatum"* genannte Teil (Bücher 24.3–38) eingeschoben. Das vierte Volumen bestand aus dem *„Codex"* (Bücher 1–9). Das fünfte als *„Volumen parvum"* bezeichnete beinhaltete die *Institutiones*, ferner die letzten drei Bücher des justinianischen Codex (*Tres libri* 10–12) sowie die *Novellae* in der Form kurzer, „*Autenticum*" (oder *Authenticum, Autentica*) genannter Auszüge. Die Rechtstexte der so neugeordneten „libri legales" wurden an rasch entstehende neue Zentren des Rechtsstudiums in Italien weitergegeben.

Der Rechtsunterricht selbst folgte anfangs streng den Prinzipien der scholastischen Wissenschaftsmethode. Er bestand in einer fortlaufenden, Sachfragen erörternden, kasuistischen Erklärung der Textstellen. Dies bedeutete Anreicherung und zugleich Auslegung der Texte im weitesten Sinne. Insbesondere die Digesten – die italienischen Juristen benutzten sie in der Fassung der *Littera Bononiensis* oder *Vulgata* – waren aus sich heraus als Textfragmente schwer verständlich. Ohne vorangehende Bearbeitung ließ sich diese Mischung von Fallrecht, Rechtsregeln und Gebotsrecht, die einem „casebook" nicht unähnlichen war, kaum sinnvoll lehren und lernen.

Das Ergebnis dieser auf eine vollständige Beherrschung und Sinnerfassung der Rechtstexte gerichteten Arbeiten wurde in Anmerkungen zu den einzelnen Abschnitten der Kompilation niedergelegt. Diese sog. „Glossen" (*glossa* i.S.v. erklärungsbedürftiges Wort) waren die literarische Ausdrucksform für die Erläuterung einzelner Worte oder kurzer Textstücke. Planmäßig im und für den Rechtsunterricht entstanden, wurden sie an den Rand des autoritativen Grundtextes (als „*Marginalglossen*") oder zwischen die Zeilen (als „*Interlinearglossen*") geschrieben und dienten seiner Interpretation. Weiter ausgreifende, Sachprobleme erläuternde Abhandlungen wurden als „Summen" (*summae*) bezeichnet. Die für eine Harmonisierung widersprüchlicher Textstellen unerlässlichen Begriffsbestimmungen hießen „Distinktionen" (*distinctiones*), Sammlungen von Kontroversen über besondere Rechtsfragen „Dissensionen" (*dissensiones dominorum*). In Anlehnung an die typischen Formen des Unterrichts und den wissenschaftlichen Arbeitsstil werden die Träger der Rechtsschule „*Glossatoren*" genannt.

## 2. Protagonisten der Rechtsschule

Der Name des Magisters *Pepo von Bologna* (Pepone, Ende 11. Jahrhundert) wird zwar stets als einer der ersten Persönlichkeiten in der historischen Überlieferung der Rechtsschule genannt. Jedoch ist außer der Tatsache, dass Pepo selbst ein angesehener Richter und Rechtsberater war, nichts weiteres über ihn bekannt. Nach neuesten Quellen soll er bereits den Codex und die Institutionen besessen haben. Unsicher ist aber, ob er überhaupt eine Lehrtätigkeit ausgeübt hatte. Der Bologneser Professor *Odofredus de Denariis* (†1265) kommentierte das offenbar lokal gebliebene Wirken Pepos mit der knappen Bemerkung: „Er hatte keinen (großen) Namen" (*nullius nominis fuit*).

Sicher nachweisbar ist dagegen bereits zu Anfang des 12. Jahrhunderts *Irnerius* (Irnerio, auch Guarnerius, Wernerius, †1130) als einer der ersten Protagonisten der Schule zu Bologna. Aber auch das Leben des „ersten Erleuchters der Wissenschaft" (*primus illuminator scientiae nostrae*) ist nicht frei von Legenden. Belegt ist, dass er ursprünglich im Artistenstudium (*artes liberales*) als Rhetoriklehrer unterrichtete. Rhetorik war die Kunst des Verfassens von Urkunden und Briefen, die Ausbildung in diesem Fach stets auch mit der Vermittlung von Rechtsbegriffen und elementaren Rechtskenntnissen verbunden. Im Rahmen dieser Tätigkeit war er erstmalig mit Texten der bekannt werdenden Digesten beschäftigt, die er für die Beantwortung aktueller Rechtsfragen zu nutzen suchte. Zwischen 1112 und 1125 wirkte er bereits als juristischer Berater (*causidicus*) zunächst der Markgräfin Mathilde von Tuscien und nach ihrem Tode (1115) des Kaisers Heinrich V. (1106–1125). Mit ihm zusammen wurde er, nunmehr zum *Iudex* ernannt, auf dem Konzil von Reims (1119) exkommuniziert. Irnerius hatte 1118 in Rom öffentlich gegen die Wahl des Papstes Gelasius II. und für den vom Kaiser als Gregor VIII. eingesetzten Gegenpapst mit Argumenten des römischen Rechts plädiert. Offensichtlich blieb der Kirchenbann jedoch für seine weiteren juristischen Tätigkeiten ohne nennenswerte Folgen. An seinem legendären Ruf als „Leuchte des Rechts" (*lucerna iuris*), den er schon bei Zeitgenossen hatte, änderte sich dadurch nichts. Seine durch die Exkommunikation kurzfristig unterbrochene Lehrtätigkeit in Bologna erstreckte sich auf alle Teile des Corpus iuris. Irnerius zählt bis heute zu den „größten und einflussreichsten Juristen aller Zeiten" (Lange, 158). Deutscher Abstammung war er allerdings nicht, obgleich ihn zeitgenössische Quellen vereinzelt *Guarnerius teutonicus* nennen.

Zu seinen Schülern zählten vier Glossatoren, die später sogar Einfluss auf die Reichspolitik genommen haben. *Martinus Gosia* († um 1158/66), *Bulgarus* (†1166), *Hugo de Porta Ravennate* (†1168) und *Jacobus de Porta Ravennate* (†1178) lehrten zwischen 1130 und 1178 in Bologna und gelangten unter der Bezeichnung „*Quattuor doctores*" zur Berühmtheit. Ihren Rat hatte Kaiser Friedrich I. Barbarossa im Jahre 1154 auf dem Reichstag von Roncaglia (bei Piacenza) eingeholt, an dem er seine berühmten Gesetze über die kaiserlichen (Reservats-) Rechte (*iura regalia*) erließ.

Zu den wenigen Juristen, die entscheidend zur Formung des Ius commune beigetragen und damit auch die europäische Rezeption des römischen Rechts beeinflusst haben, zählte der in Bologna lehrende *Azo Portius* (Azzone, † um 1220). Seine Summe zum Codex und zu den Institutionen war ein derart herausragendes Werk, dass es über Jahrhunderte unangefochten als das maßgebliche Lehr- und Handbuch des römischen Rechts schlechthin benutzt wurde. Nach Berichten von Juristen aus dem 15. und 16. Jahrhundert war der Besitz seiner Codexsumme in verschiedenen Städten Voraussetzung für die Aufnahme in das Richterkollegium. Möglicherweise bezieht sich darauf das unter Studenten verbreitete Sprichwort: „Wer den Azo nicht besitzt, kommt gar nicht vor das Gericht" (*chi non ha Azzo non vada in palazzo*), das aber auch in einem anderen Sinne gedeutet wird: Wer den Azo nicht besitzt, hat vor Gericht nichts zu suchen.

Azos Schüler *Franciscus Accursius* (Francesco d'Accursio, um 1185–1263) hatte eine ausgezeichnete Begabung zum analytischen und systematischen Denken. Seinen Ruhm begründete der um 1234/35 von ihm verfasste, fünfbändige sog. accursische Glossenapparat. Er besteht aus Erläuterungen zu allen Teilen des Corpus iuris einschließlich der „Libri feudorum", einer Sammlung des langobardischen Lehensrechts, sowie des „Authenticum", bestehend aus Novellenexzerpten. Die enorme Menge von insgesamt 96 940 Glossen gab dem Werk den Namen „Glossa magna". Es verrät das Arbeitsprogramm von Accursius: „Im Corpus iuris ist alles rechtlich Wesentliche zu finden" (*omnia in corpore iuris inveniuntur*). Nach ihrer großen Verbreitung in ganz Europa erhielt die Glossa magna seit Mitte des 13. Jahrhunderts die Bezeichnung „Glossa ordinaria" (d.h. die Glosse schlechthin). Als solche verdrängte sie in ihrer autoritativen Geltung alle anderen Glossen (z.B. die von Azo). Im Ergebnis galt sie als selbständige Rechtsquelle, von der es (nach dem in Deutschland entstandenen Satz) seit dem 17. Jahrhundert hieß: „Was die Glosse nicht anerkennt, hat auch vor Gericht keinen Bestand" (*quicquid non agnoscit glossa nec agnoscit forum*).

Die lange vorherrschende Einschätzung, die Glossatoren und ihre Schüler hätten sich ausschließlich auf die Glossierung der Rechtstexte beschränkt und dabei ihre Brauchbarkeit und Verwertbarkeit für die

Praxis vernachlässigt, ist heute durch die Forschung widerlegt. Natürlich drängte die im Rechtsunterricht erworbene juristische Denk- und Argumentationsschulung nach praktischer Verwendung. Das Gegenteil anzunehmen wäre lebensfremd. Die juristischen Kenntnisse wurden sehr wohl bei Beurkundungen, beim Auftreten vor Gericht, bei richterlicher, rechtsberatender oder sonstiger administrativer Tätigkeit genutzt. Dies wird gerade für die Rechtslehrer Azo und Accursius ausdrücklich bezeugt. In einer ausschließlich akademisch-sterilen Schattenlage hat sich das römische Recht unter den Glossatoren in Wirklichkeit niemals befunden. Nur „buchgelehrte Reformatoren" (nach Savigny) waren diese Juristen nicht. Von ihnen unbeachtet blieben allerdings die griechisch geschriebenen Texte des Corpus iuris, insbesondere die Novellen Justinians. Wie ganz Oberitalien dachten und lebten auch die Glossatoren nur im lateinischen Mittelalter (*Graeca sunt, non leguntur*).

**Schrifttum:** *Lange*, Römisches Recht I, 16 ff., 154 ff., 255 ff., 335 ff. – *G. Otte*, Die Rechtswissenschaft, in: Renaissance, 123 ff. (131 ff.) – *J. Ehlers*, Die hohen Schulen, in: Renaissance, 57 ff. – *Trusen*, Anfänge, 116 ff. – *P. Weimar*, Die legistische Literatur und die Methode des Rechtsunterrichts der Glossatorenzeit, Ius Commune II (1969), 43 ff. – *E. Genzmer*, Die justinianische Kodifikation und die Glossatoren, in: Das römische Recht im Mittelalter, hg. v. E.J.H. Schrage, (1987), 5 ff. – *E.J.H. Schrage*, Utrumque Ius. Eine Einführung in das Studium der Quellen des mittelalterlichen gelehrten Rechts (1992), 15 ff.

## III. Kommentatoren

### 1. Praxisorientierte Jurisprudenz

Die auf die Glossatoren folgenden Juristen wurden von der älteren Forschung unhistorisch und abschätzig „Postglossatoren" genannt. Damit wurde unzutreffend auf den angeblich überwiegend in Glossenapparaten sich erschöpfenden Arbeitsstil einer letztlich praktisch unproduktiven Epigonengeneration abgestellt. Nach heute herrschender Auffassung ist ihre Bezeichnung „Kommentatoren" sachgerechter. In ihr spiegeln sich die neuen Methoden sowie der typische Charakter ihrer Arbeiten wirklichkeitsgetreu wider.

Die Glossatoren-Nachfolger bevorzugten als literarische Form der Rechtsdarstellung den „Kommentar". Er war häufig aus Vorlesungen hervorgegangen. Methodisch verzichteten die Verfasser darin auf erläuternde Bemerkungen durch Marginal- oder Interlinearglossen. Statt dessen wählten sie eine den gesamten Rechtstext fortlaufend kommentierende Darstellungsform. Im Vordergrund ihrer Arbeiten stand die Auseinandersetzung mit der accursischen Glossa ordinaria. Daneben wirkten die Kommentatoren aber auch mit großer Intensität auf die Gerichtspraxis durch Rechtsgutachten (*consilia*) ein, die in großer Zahl überliefert sind. Deshalb wurden sie gelegentlich auch „Konsiliatoren" genannt (*F. Wieacker*).

Mitursächlich für diese folgenreiche Neuorientierung der Jurisprudenz ist ein Umwandlungsprozess, der nach einem demographischen Aufschwung zwischen dem 11. und 13. Jahrhundert die europäischen Gesellschaften erfasste. Er hatte eine bis dahin unbekannte Wachstumsphase zur Folge, die ihrerseits die politischen und ökonomischen Strukturen grundlegend veränderte. In den italienischen Stadtkommunen waren die Auswirkungen dieses Wandels besonders gut sichtbar. Eine starke innere Mobilität, gepaart mit einem ausgeprägten politischen wie wirtschaftlichen Selbstbewusstsein, führte zur Schaffung eines autonomen kommunalen Verfassungssystems, das sich radikal von den Organisationsformen der Vergangenheit unterschied. Der rasch wachsende Handelsverkehr stellte die nach immer größerer Autonomie strebenden, häufig von innerstädtisch-politischen Machtkämpfen erschütterten italienischen Wirtschaftszentren vor völlig neue Probleme und Aufgaben. Diese waren mit den Konfliktlösungsregeln des justinianischen Rechts allein nicht mehr zu bewältigen. Die städtische Rechtsordnung bestand aus lokalen, ungeschriebenen Gewohnheiten (*consuetudines*) und aus einer ungeordneten Vielzahl schriftlicher, kraft der munizipalen Satzungsautonomie geschaffener Rechtsnormen (*statuta*). Mit diesem zersplitterten, unbeherrschbar gewordenen Recht mussten die kommunalen oder berufsständischen (Zünfte, Gilden) Träger von Verwaltung und Gerichtsbarkeit im täglichen Rechtsleben umgehen.

Auswege aus diesen Schwierigkeiten versprach die Implantierung des als einheitlich verstandenen römischen Rechts. Seine verstärkte Anpassung an die Bedürfnisse der mittelalterlichen kommunalen Praxis hatten die Kommentatoren frühzeitig in Angriff genommen. Dies erfolgte durch monographische Abhandlungen zu einzelnen Rechtsgegenständen (*tractatus*), vor allem aber durch die (stiltypischen) Kommentierungen (*lecturae*) und durch die Erstellung von Rechtsgutachten (*consilia*), die auch zu Lehrzwecken veröffentlicht werden konnten.

## 2. Rechtsstil des „mos italicus"

Die von den Glossatoren und Kommentatoren einheitlich an den italienischen Universitäten bevorzugte, scholastisch geprägte Methode wird als Rechtsstil des sog. „*mos italicus*" bezeichnet. Sein Einfluss zeigte sich im Rechtsunterricht sowie in dem Vorgehen bei der Auslegung der Rechtssätze und bei ihrer forensischen Nutzbarmachung.

In der Vorlesung stand die Lösung von einzelnen Rechtsfragen mit Hilfe begrifflicher Operationen und die Erklärung der Rechtsnormen durch Glossen als Übersetzungshilfen im Vordergrund. Die justinianische Kompilation galt in ihrer mittelalterlichen Zurichtung als allgemeines, unmittelbar geltendes Recht, die Glossa ordinaria als zeitgemäße Fortbildung, als Grundlage und Ausgangspunkt jeder weiteren juristischen wissenschaftlichen Arbeit. Im Kommentar wurden die Glossierungen zunächst aus Gründen der Übersichtlichkeit und Praktikabilität zusammengefasst und sachlich geordnet. Aus ihnen schöpfte, wer Begründungen für die Beantwortung einer Rechtsfrage suchte. Da die vorgefundenen Argumente in der Regel kontroversen Lehrmeinungen entnommen wurden, musste aus ihnen diejenige ermittelt werden, welche verobjektiviert und problembezogen als allgemeine Ansicht (*communis opinio*) zu gelten hatte. Je mehr anerkannte Juristenautoritäten für das Ergebnis der eigenen Auslegung gefunden und herangezogen werden konnten, desto größer war die Aussicht, damit im Rechtsstreit vor Gericht oder in einem Gutachten zu überzeugen.

Ohne Zweifel stellte ein derartiges Vorgehen hohe Anforderungen an das Gedächtnis und die Merkfähigkeit der Studierenden, ganz abgesehen davon, dass derartige Analysen mit einem hohen zeitlichen Aufwand verbunden waren. Gleichwohl hatte sich der mos italicus bei der Umformung und Weiterentwicklung des Rechts nach rationalen Kriterien bewährt. Hinzu kam das Fehlen einer einheitlichen und verbindlichen obergerichtlichen Rechtsprechung. Dies verschaffte der Rechtslehre und ihren Repräsentanten als „Autoritäten" eine herausgehobene Stellung. Auch aus diesem Grunde wurde die Juristenausbildung an den Universitäten Italiens von den Studierenden aus ganz Europa gesucht, obwohl sie ein aufwändiges, häufig mühevolles „Auslandsstudium" (*studium in terra aliena*) nach sich zog.

Der Umschwung begann im 16. Jahrhundert. Der streng text- und begriffsgebundene mos italicus hatte sich überlebt. Er wurde durch die methodisch freiere Richtung des juristischen Humanismus abgelöst.

Der historische Kontext des Corpus iuris wurde in diesem neuen humanistischen Geist fortan stärker reflektiert. Dabei fanden auch die früher vernachlässigten griechischen Rechtstexte angemessene Berücksichtigung. Da die Impulse zu diesem betont selbständigen und gleichzeitig formallogischen Denken von den französischen Universitäten und Wissenschaftszentren ausgegangen waren, erhielt der neue, elegante Weg der humanistisch orientierten Jurisprudenz die Bezeichnung *„mos gallicus"*.

## 3. Elite der Kommentatoren

Unter denjenigen Juristen, die den mos italicus in vollendeter Form ihren Arbeiten zugrundegelegt haben, ragt die Persönlichkeit des Rechtsberaters und Rechtsgelehrten *Cinus de Pistorio* (Cino Sighibuldi da Pistoia, 1270–1336) hervor. Er war ein die Zeitgenossen faszinierender Mensch. Als „Rechtskoryphäe" führte er die Kommentatorenschule zu einer wissenschaftlichen Hochblüte. Als zugleich auch bedeutender Dichter und Vertreter des *dolce stil nuovo* war er mit *Dante Alighieri*, dem er sich später entfremdete, sowie mit dem Dichter und Humanisten *Francesco Petrarca* befreundet. Als überzeugter Ghibelline schloss er sich politisch Heinrich VII. an. Sein wichtigstes juristisches Werk war der Kommentar zu den ersten neun Büchern des justinianischen Codex („Lectura super Codice", 1312–1314). Durch diese Schrift gelang es ihm, den italienischen Legisten die Lehren, Argumentationstechniken und Methoden einer betont praktischen Problemabhandlung zu vermitteln, wie sie erstmals von den französischen Juristen (*doctores ultramontani*) entwickelt worden waren, z.B. von den während des 13. Jahrhunderts in Orléans lehrenden Rechtspraktikern *Jacques de Révigny* und *Pierre de Belleperche*.

Ein absoluter Höhepunkt der dem mos italicus verpflichteten Kommentatorenschule ist untrennbar mit zwei Namen verbunden: *Bartolus de Sassoferrato* (Bartolo da Sassoferrato, geb. bei Sassoferrato, Provinz Ancona, um 1313–1357) und sein Schüler *Baldus de Ubaldis* (Baldo degli Ubaldi, geb. in Perugia, 1327–1400). Der Bologneser *doctor legum* Bartolus lehrte Zivilrecht in Pisa und Perugia. Baldus, *doctor in utroque iure*, war in Perugia, Pisa, Florenz, Padua und Pavia tätig. Beide galten bereits zu Lebzeiten als Autoritäten der Rechtswissenschaft, und zwar auf den Gebieten des Zivilrechts ebenso wie den des Kriminalrechts.

Der ihnen eigene Stil wurde unter der Bezeichnung „Bartolismus" zu einem internationalen Gütezeichen für eine inzwischen klassisch gewordene Art scholastisch-juristischen Denkens und Argumentierens (*nemo iurista nisi bartolista*). Der Auffassung des Bartolus zu einem Rechtsproblem, für das sich weder im positiven Recht noch in der Doktrin eine Regelung finden ließ, wurde in der Praxis gefolgt. Vereinzelt war dies sogar gesetzlich vorgeschrieben. Beide Legisten hinterließen eine Fülle umfangreicher exegetischer Kommentare, Monographien und Gutachten, die zum Gemeingut der Juristen Italiens und später in ganz Europa wurden. Bartolus und Baldus waren Meister der Synthese. Ihnen gelang es, justinianisches Recht und langobardisches Lehensrecht mit dem kanonischen und dem Statutarrecht der oberitalienischen Kommunen rechtstechnisch und von der Praxis beherrschbar zu verbinden. Damit verliehen sie der Lehre vom *„ius commune"* im Verhältnis zum *„ius proprium"* erstmals ein wissenschaftliches Fundament. Diese große rechtsschöpferische Leistung wirkt bis heute nach. Ihre Lehrmeinungen zur Souveränität im nationalstaatlichen Sinne, zum Interesse (Schadensersatz), zur Billigkeit (*aequitas*), zum Bereicherungsrecht, zur Geschäftsgrundlage, aber auch zu Grundfragen des Strafrechts wurden richtungweisend. An vielen Universitäten wurde noch im 18. Jahrhundert das Zivilrecht „nach Bartolus" vorgetragen.

Zu den letzten großen italienischen Kommentatorenjuristen zählen der Baldus-Schüler *Paulus de Castro* (1360/62–1441), sein Schüler *Alexander de Tartagnis* (um 1424–1477), Rechtslehrer in Bologna, Ferrara und Padua, sowie dessen wohl bekanntester Schüler *Jason de Mayno* (1435–1519), der in Pavia, Padua und Pisa lehrte. Angesichts der inzwischen fast unübersehbar gewordenen Literaturflut konnten sie in ihren umfangreichen Kommentarwerken nur noch ausgewählte Abschnitte des Corpus iuris erläutern. Der bedeutendste Schüler von Jason de Mayno war *Andreas Alciatus* (1492–1550), der spätere Überwinder des „Bartolismus" und Begründer einer in Frankreich initiierten neuen, humanistischen Jurisprudenz.

Diese ersten Signale eines sich ankündigen Paradigmenwechsels in der Jurisprudenz blieben nicht ohne Folgen für das Berufsbild des Juristen. Mit dem konsequent betriebenen Ausbau der Territorialhoheit durch die Landesfürsten wuchs der Bedarf an Experten, die den Aufstieg zur vollen Souveränität fachjuristisch stützten. Der früher durch Fachkompetenz angesehene „doctor juris" begann sich zum „Diener des Fürsten" zu wandeln.

## 4. Statutarrecht und Ius commune

Unter den Glossatoren hatte sich vor allem *Bulgarus* (†1166) gegenüber den neuen, von den italienischen Kommunen aufgrund ihrer Autonomie geschaffenen „Statutarrechten" noch überwiegend zurückhaltend gezeigt. Ursächlich dafür war die anspruchslose technische Qualität der Rechtsnormen. Die kommunale Rechtsordnung bestand entweder aus schriftlich fixiertem Gewohnheitsrecht (*consuetudo*) oder aus gesetztem Recht (*statuta*). Als „ius speciale" konkurrierten beide häufig sachlich mit dem Ius commune, der „lex universalis" des Glossatorenrechts. Die Kommentatoren konnten spätestens seit Ausgang des 14. Jahrhunderts bei ihrer wissenschaftlichen Arbeit diese neue, weitgehend inhomogene munizipale Rechtsquellengattung nicht mehr ignorieren. Und sie hatten sich den neuen Aufgaben gestellt.

Das Statutarrecht musste mit dem als „ius universale" oder „generale" verstandenen Recht der „libri legales" harmonisiert und gleichzeitig an die veränderten Bedürfnisse der Praxis angeglichen werden. Diese Ziele wurden durch die Erarbeitung neuer dialektischer Interpretationstechniken und Auslegungsregeln erreicht.

Im Vordergrund stand dabei das Problem des Geltungsranges der Rechtsquellen. Es betraf vor allem das Verhältnis des römischen Rechts mit Einschluss des ihm zugeordneten langobardischen Lehensrechts der Libri feudorum zu den Normen des neuen Statutarrechts oder aber auch zum kanonischen Recht. Konkret ging es dabei um die praktische Frage, ob und in welchem Umfang das *ius commune* als *ius generale* durch einen Rechtssatz des lokalen Statuts ausgeschlossen war. Die Kommunen beharrten auf dem absoluten Vorrang des Partikularrechts. Die Kanonisten betonten für viele Fälle (z.B. Ehehindernisse, kanonisches Zinsverbot) die Spezialität des kirchlichen als des jüngeren Rechts vor dem älteren römischen (z.B. „*ratione peccati*" – Corpus iuris canonici, Liber Extra 2, 1, 13). Die Legisten sahen im römischen Recht das Ius commune als die allgemein verwendungsfähige „lex generalis" und damit das eigentliche Recht. Die Prozessualisten lösten das Geltungsproblem pragmatisch. Im Gegensatz zum beweisbedürftigen Komplex der „statuta" und „consuetudines" erklärten sie das Ius commune für nicht beweisbedürftig (*fundata intentio*).

Die Vielzahl im Einzelnen kontroverser Meinungen und Argumente führte schließlich zur allgemeinen Anerkennung eines wichtigen Rechtsgrundsatzes. Danach sollten das römische und langobardische

Lehensrecht nur subsidiär zu und ergänzend nach den partikularen Statuten zur Anwendung kommen. Allerdings wurde die Auslegung des Statutarrechts durch das Prinzip begrenzt, dass vom Ius commune abweichende Statuten eng bzw. restriktiv ausgelegt werden mussten (*statuta stricte sunt interpretanda*). Weil auf diesem Wege eine Analogie prinzipiell ausgeschlossen wurde, sollte römisches Recht nur dann zur Anwendung kommen, wenn das Statut eine Rechtslücke aufwies (*ubi cessat statutum, habet locum ius civile*). Die subtil durchgebildete Statutentheorie lehrte eine Hierarchie der Rechtsquellen als eine Art Kollisionsrecht; sie war unmittelbar ursächlich für die Entstehung eines „Internationalen Privatrechts".

### 5. Prozessrecht und Lehensrecht

*Johannes Bassianus* (Giovanni Bassiano, †1197), führender Zivilrechtslehrer in Bologna, Schüler des Bulgarus und Lehrer von Azo, begründete mit seinem zwischen 1167 und 1181 verfaßten „Libellus de ordine iudiciorum" einen neuen juristischen Literaturtyp zur Darstellung und Erklärung des gesamten Zivilprozessrechts. Fortan wurde das unübersichtlich gewordene Verfahrensrecht in den *ordines iudiciorum* (*iudiciarii*) von der Klage bis zum Prozessende zusammenhängend behandelt. Die gelehrte Prozessrechtswissenschaft als selbständiger Zweig der Jurisprudenz fand ihren ersten Höhepunkt in dem um 1214/16 entstandenen „Ordo" des Kanonisten *Tancredus* († um 1236), damals Haupt der Bologneser Schule. In der Blütezeit der mittelalterlichen Kanonistik (zwischen 1271 und 1276) verfasste „der deutlich zur Subjektivität und Eitelkeit neigende" (K.W. Nörr), aus der Provence stammende Kanonist *Guilelmus Durandi* (auch Duranti oder Durantis, um 1235–1296) sein „Speculum iudiciale", in dem das gesamte gelehrte Prozessrecht dargestellt war.

Angleichungen erforderte auch das feudale, das Lehensrecht. Sein System wurde in Franken unter den Karolingern sowie im langobardischen Recht entwickelt. Nach der normannischen Eroberung (Schlacht bei Hastings v. 1066) gewann es große Bedeutung in England. Das Lehensrecht war ein elementarer Bestandteil des mittelalterlichen Rechts, vor allem in Frankreich und Deutschland. Vor diesem Hintergrund erschien die wissenschaftliche Weiterentwicklung dieses Rechtsgebietes mit der fortschreitenden ökonomisch-politischen Differenzierung der Rechtsverhältnisse an Grund und Boden unabweislich. Führend wurde dabei die auf langobardisch-germanischer Grundlage von der Schule in Pavia entwickelte „lombardische Lehenspraxis". Ihre Hauptquellen waren das langobardische Lehensrecht des „Liber Papiensis" in der Fassung der sog. „Lombarda" (verkürzt aus *Lex Langobarda*), ferner die Lombardakommentare als Vorlesungsnachschriften sowie die „Libri feudorum".

Bei den Letztgenannten handelte es sich um eine bedeutsame Sammlung des glossierten Lehensrechts, dessen Textfassungen in den 50er Jahren des 12. Jahrhunderts in Mailand und 1235/40 in Bologna entstanden waren. Der erste Glossenapparat dazu stammt von dem Bologneser Zivilrechtslehrer *Pilius* (um 1150–1207). Die unvollendet gebliebene Kommentierung hatte Accursius weitergeführt. Dem accursischen Glossenapparat verdanken die Libri feudorum ihre Erhebung zum Lehrfach im Rechtsunterricht sowie ihre Aufnahme in das Corpus iuris. Sie wurden häufig von prominenten Juristen kommentiert (z.B. von Baldus, Hostiensis, Jason de Mayno, Jacques de Révigny) und galten als Bestandteile der „libri legales".

**Schrifttum:** *Lange*, Römisches Recht I, 104 ff. – *W. Trusen*, Römisches Recht und partikuläres Recht in der Rezeptionszeit, in: FS H. Lange (1970), 97 ff. (100 f., 107 f.) – *M. Gutzwiller*, Geschichte des Internationalprivatrechts (1977), 7 ff., 29 ff. – *K.W. Nörr*, Der Kanonist und sein Werk im Selbstverständnis zweier mittelalterlicher Juristen – eine Exegese der Proemien des Hostiensis und Durandi, in: FS Harald Zimmermann (1991), 373 ff. – *ders.*, Duranti berichtet aus der Praxis der Kurie, SZ (Kan) 117 (2000), 320 ff. – *H. Coing*, Europäisches Privatrecht I (1985), 105 ff., 137 ff. – *E. Cortese*, Il diritto nella storia medievale II (1995), 172 ss. – VI Centenario della morte di Baldo degli Ubaldi, in: Ius Commune 27 (2000) – *G. Kegel/K. Schurig*, Internationales Privatrecht, 8. Aufl. (2000), 148 ff.

## IV. Römisches Recht als Kaiserrecht

Die Unschärfe in den ideologischen und rechtlichen Grundlagen des mittelalterlichen Kaisertums hatten Karolinger und Ottonen durch wiederholte Anknüpfungen an die Tradition des antiken „Imperium Romanum" zu beseitigen versucht (kulturelle Romidee). Die angestrebte „Renovatio Imperii Romanorum" fand jedoch nicht statt. Das Ende des römischen Imperium war 476 endgültig.

Dagegen gelang aber sehr wohl die Schaffung einer neuen universellen Ordnung auf den Fundamenten des römischen Erbes. Sie erfuhr ihre besondere Prägung durch das Wirken der römischen Kirche. Das Ziel war die Herstellung eines universellen christlichen Weltreichs, gegründet auf die weltliche Herrschaft des Kaisers und geheiligt durch die Autorität und das Amt des römischen Papstes. Den Grundstein zu diesem neuen „*Sacrum Romanum Imperium*" hatte bereits Karl d. Gr. in der denkwürdigen Weihnachtsnacht am 25. Dezember 800 in Rom gelegt, als er durch Papst Leo III. zum Kaiser gekrönt und vom „Patricius Romanorum" zum „Imperator Romanorum" wurde. Aber erst unter den Staufern nahm dieses „Heilige Römische Reich" die Gestalt eines wirklichen Weltreichs an.

Die staufische Dynastie hatte nach den Wirren des Investiturstreits zielstrebig mit einem alle politischen Bereiche erfassenden Neuaufbau des Reichs begonnen. Durch die Heirat *Heinrichs VI.* (1190–1197), des Sohnes Barbarossas, mit Konstanze von Sizilien, der Tochter des Normannenkönigs Roger II., fassten die Staufer über Rom hinaus auch in Süditalien (Kampanien, Kalabrien, Apulien) und Sizilien Fuß (1194 Personalunion zwischen Sizilien und dem Reich) und standen als Weltmacht kurz vor ihrem Ziel.

Imperiale Züge des Staufischen Weltkaisertums hatten unaufhaltsam die spirituelle Komponente der Kaiser- und Reichsidee, die Schutzherrschaft über Kirche und Christenheit, zu verdrängen begonnen. Das römische Recht wurde zum Geburtshelfer dieser Gedanken (*H. Krause*). Zwischen staufischem Machtstreben und legistischer Jurisprudenz hatte sich eine denkwürdige und folgenschwere Allianz angebahnt. Die Herrscher fanden sich bei der Verfolgung ihrer weitgespannten politischen Ziele in Übereinstimmung mit den absolutistischen Staatsgrundsätzen des erneuerten römischen Rechts.

## V. Römisches Recht und staufische Machtpolitik

Die gelehrten Juristen erkannten in der staufischen Idee eines „Rechtskaisertums" den römischen Imperator als den Weltherrscher (*dominus mundi*) und Gesetzgeber (*conditor legum*) wieder. Die legistische Auffassung, dass die Rechtsordnung des römischen Imperium in der Gestalt des Corpus iuris fortlebe und dass dieses von den mittelalterlichen Juristen fortentwickelte justinianische Recht geltendes Recht sei, fand durch die Politik eine überzeugende Bestätigung. Römisches Recht wurde zum Vorbild absoluter, universaler Herrschaft und zum Instrument der Politik: „*Unum ius – unum imperium*". Römisches Recht legitimierte die kaiserliche Rechtsetzungsmacht. Im Laufe des 14. Jahrhunderts wurde es wiederholt als ergänzende Quelle des Reichs- bzw. Kaiserrechts herangezogen und für die Staatspraxis bestimmend.

Diese von konkreten politischen Motiven bestimmte Gleichsetzung des Kaiserrechts mit dem römischen Recht begann der Staufer *Friedrich I. Barbarossa* (1152–1190) für sich zu nutzen. Bewusst knüpfte er erstmals auf seinem zweiten Italienzug an die römische imperiale Tradition an. Auf dem schon erwähnten Reichstag bei Roncaglia ließ er 1158 von lombardischen Städten usurpierte Reichsrechte (Regalien) feierlich vor den anwesenden höchsten geistlichen und weltlichen Würdenträgern sowie den Vertretern der italienischen Städte urteilsmäßig feststellen. Als seine Berater fungierten die als „Quattuor doctores" bekannten Irnerius-Schüler Martinus Gosia, Bulgarus, Hugo de Porta Ravennate und Jacobus de Porta Ravennate. In Anlehnung an das justinianische Staats- und Steuerrecht formulierten sie als ideologische Helfer des Kaisers vier für seinen Herrschaftsanspruch über Italien wichtige Gesetze: *Lex Regalia sunt haec*, *Lex Omnis jurisdictio*, *Lex Palacia et pretoria* sowie *Lex Tributum dabatur*.

Unter Friedrich I. wurde die Verbindung zu den Bologneser Juristen besonders eng. Durch die „Authentica Habita" von 1155, das älteste Universitätsgesetz Europas, hatte der Kaiser Universitätslehrer und Studenten unter seinen besonderen Schutz genommen (*Scholarenprivileg*). Bologna wurde darin zwar nicht ausdrücklich erwähnt, war aber in erster Linie gemeint und galt als kaiserliche Hochschule. Die dort Studierenden wurden zu „Pilgern aus Liebe zum Studium" erklärt (Habita: „*omnibus, qui causa studiorum peregrinantur scolaribus*").

Barbarossas Nachfolger, insbesondere Friedrich II. (1215–1250), begannen nach dem Vorbild der Päpste, die ihre Dekretalensammlungen den Universitäten zur Beachtung mitteilten, auch ihrerseits ihre Gesetze der Universität Bologna mit einer entsprechenden Aufforderung zu übermitteln. Das Professorenkollegium beschloss, die Kaisergesetze im Originalwortlaut als „Authenticae" im justinianischen Codex im Anschluss an die antiken Kaiserkonstitutionen nachzutragen: So etwa die „Authentica Habita" von 1155, die Lehensgesetze Lothars III. von 1136 und Friedrichs I. von 1158 (Roncaglia) sowie die Krönungsgesetze Friedrichs II. von 1220. Noch 1312 wurde unter dem Luxemburger Heinrich VII. (1308–1313) dessen Ketzergesetz als Authentica in den Codex aufgenommen.

Das Ende der Staufer änderte an der universalen Kaiser- und Reichsidee formal nichts. Allerdings verlor die typische Begründung der Herrschaft und Rechtssetzung aus dem justinianischen Recht (Rechtskaisertum) ihre praktische Wirksamkeit. Die Allianz zwischen Machtpolitik und gelehrter Jurisprudenz war letztlich eine Episode geblieben. Die Autorität, die das römische Recht als Legitimation und Quelle des Kaiserrechts in Deutschland und in Reichsitalien genoss, blieb ihm in den übrigen Ländern Westeuropas weitgehend versagt. Spanien, Frankreich, England und Skandinavien hatten bereits während des 12. und 13. Jahrhunderts die weltumspannende Idee eines abendländischen Kaisertums zu Gunsten einer eigenen nationalen Staatlichkeit politisch erfolgreich abgelehnt.

**Schrifttum:** *Lange*, Römisches Recht I, 30 ff., 77 ff. – *H. Krause*, Kaiserrecht und Rezeption (1952) – *V. Colorni*, Die drei verschollenen Gesetze des Reichstages bei Roncaglia (1969) – *J. Fried*, Die Entstehung des Juristenstandes im 12. Jahrhundert (1974), 46 ff. – *H. Appelt*, Friedrich Barbarossa und das römische Recht, in: Friedrich Barbarossa, hg. v. G. Wolf (1975), 58 ff. – *W. Stelzer*, Zum Scholarenprivileg Friedrich Barbarossas (Authentica „Habita"), DA 34 (1978), 123 ff. (138 ff., 153 ff.) – *W. Steffen*, Die studentische Autonomie im mittelalterlichen Bologna (1981), 43 ff. (48 ff.) – *U. Meyer-Holz*, Collegia Iudicum (1989).

## VI. Römisches Recht an den „ultramontanen" Rechtsschulen

Trotz der fehlenden Legitimation des justinianischen Rechts als Kaiserrecht entstanden auch in den – aus der Sicht der Italiener jenseits der Berge gelegenen und deshalb – *ultramontanen* Ländern bedeutsame Zentren des Studiums des römischen Rechts. Häufig wurden die typischen, später klassischen Grundformen einer universitären Organisation mit der Unterrichtsmethode übernommen, wie sie an der Rechtsschule in Bologna entwickelt worden waren. Italienische Juristen und Glossatorenschüler lehrten römisches Recht an ausländischen Universitäten oder Rechtsschulen, die entweder den Rang einer „gewachsenen" oder (durch besonderes Privileg) „gegründeten" Universität besaßen.

In Bologna studiert hatten beispielsweise der aus der Lombardei stammende *Vacarius* (um 1170), der später in der Nähe von Oxford gewirkt hat, oder der sich selbstbewusst nach seiner Geburtsstadt Piacenza nennende *Placentinus* (Piacentino, um †1170), der während seiner rund

17jährigen Lehrtätigkeit in Montpellier dort seine wichtigsten Werke geschrieben hat. Ein wechselseitig fruchtbarer „Ideen- und Wissenstransfer" fand aber auch in umgekehrter Richtung statt. Für viele französische Studenten waren Bologna und andere oberitalienische Universitäten bevorzugte Studienorte.

In Frankreich wurde Toulouse zu einem frühen Zentrum der Studien im römischen Recht. Die Professoren der 1229/1233 gegründeten Universität galten lange unter der Gütemarke „Doctores Tholosani" als Autoritäten von europäischem Rang und Ansehen. In der zweiten Hälfte des 13. Jahrhunderts übernahm die Universität Orléans in Frankreich die führende Rolle als Rechtsschule. Ein Rechtsunterricht ist bereits 1235 bezeugt.

Der besondere Rechtsstil, der für Orléans typisch werden sollte, entstand um 1300. Seine Entwicklung und Formung ist untrennbar mit den Arbeiten und dem Einfluss der an dieser Universität tätigen, berühmten „legistes" *Jacques de Révigny* (Jacobus de Ravanis, um 1230/40–1296) und *Pierre de Belleperche* (Petrus de Bellapertica, †1308) verknüpft. Ihre Lehre gab dem Rechtsstudium ein neues Profil, das sich von dem in Bologna und anderen italienischen Universitäten bevorzugten grundlegend unterschied. Den Unterricht bestimmte eine freiere Methode der Textinterpretation sowie die Grundlegung einer Auslegungslehre, die Logik mit Dialektik verband. Im Vordergrund des Studiums standen nicht so sehr die strikten Bindungen an die Autorität der accursischen Glossa magna, sondern praktische Rechtsfragen. Die Arbeiten von Jacques de Révigny und Pierre de Belleperche haben in Italien vor allem Cino da Pistoia beeinflusst. Orléans wurde dank seines ausgezeichneten Rufes als Rechtsschule bald zu einem zweiten Bologna. Auf diese Weise hatten neben den italienischen auch die französischen Juristen entscheidenden Anteil an der europaweiten Verbreitung und Anerkennung des römischen Rechts.

**Schrifttum:** *Lange*, Römisches Recht I, 54 ff. – *E.J.H. Schrage*, Utrumque Ius. Eine Einführung in das Studium der Quellen des mittelalterlichen gelehrten Rechts (1992), 65 ff. (Schule von Orléans) – *G. Dilcher*, Kaiserrecht. Universalität und Partikularität in den Rechtsordnungen des Mittelalters, Rivista internazionale di diritto comune 5 (1994), 211 ff. – *C. Lovisi*, Introduction historique au droit (2001), 117 ff.

## VII. Römisches Recht in den kontinentaleuropäischen Territorien

Das Eindringen und die Aufnahme des römisch-kanonischen Rechts vollzog sich in den einzelnen europäischen Territorien uneinheitlich und in unterschiedlicher zeitlicher Abfolge. Alle Aussagen, die ältere Forschungen dazu weitgehend anhand von Einzel- und Zufallsfunden gegeben hatten, sind revisionsbedürftig. Verlässlich sind gegenwärtig Untersuchungen, die nach der Methode der „historischen Personenforschung" Detailerkenntnisse aus räumlich überschaubaren, homogenen Quellen zu gewinnen versuchen. Nach dieser Methode werden aus regionalen Urkundenwerken, Regesten und Universitätsmatrikeln Hinweise auf das erstmals dokumentierte Wirken der gelehrten Juristen, der eigentlichen Träger der Rezeption des römisch-kanonischen Rechts, gesammelt und ausgewertet. Ausgehend von diesen Befunden zur akademischen und beruflichen Karriere dieser Personen lassen sich nach umfangreichen statistischen Überprüfungen verlässliche Rückschlüsse auf die Verbreitung und die tatsächliche Verwirklichung der gelehrten Rechte treffen.

Aber selbst Feldforschungen dieser Art können allein noch nicht die komplexen Rezeptionsprozesse in Europa vollständig abbilden und erklären, ganz abgesehen davon, dass sie selbst für Deutschland noch in den Anfängen stecken. Deshalb wird jeder Versuch – wie auch der folgende –, einen Überblick über den Gang der Rezeption in den verschiedenen europäischen Territorien zu geben, Fragment und hypothetisch bis zu historisch gesicherten Nachweisen bleiben müssen.

## 1. Universitäten, „utrumque ius" und Klerikerjuristen

Die eigentlichen Impulse zur Verbreitung des römisch-kanonischen Rechts gingen von den mittelalterlichen Universitäten aus. An ihnen fand ein organisierter Rechtsunterricht (*studium*) statt. Hier erhielten die gelehrten Juristen ihre Grundausbildung und wurden für die spätere Berufspraxis vorbereitet.

Allerdings war es nicht allein das weltliche „ius civile", dessen umfassende Kenntnisse als „legalis sapientia" (Hostiensis, Summa, Proemium n. 7) im Unterricht vermittelt wurde. Gleichberechtigt daneben stand schon seit den Anfängen der Bologneser Rechtsschule das kanonische Recht auf dem Lehrplan. Die Kanonistik galt als Schwesterdisziplin der Legistik. Das Studium des Rechts umfasste die Ausbildung im ius civile zusammen mit dem ius canonicum. In beiden Teildisziplinen konstituierte sich das Recht des Mittelalters schlechthin (*corpus iuris dividitur in ius canonicum et ius civile*).

Die innere Einheit der beiden schulmäßig zweigeteilten Rechte fand ihren sichtbaren Ausdruck in der üblich gewordenen Bezeichnung des „utrumque ius". Den engen Zusammenhang charakterisierte noch zu Beginn des 16. Jahrhunderts der französische Humanist *Pierre Rebuf* (Petrus Rebuffus, 1487–1557) mit dem einprägsamen Satz: „Kirchliches und weltliches Recht sind miteinander dergestalt verknüpft, dass das eine ohne das andere kaum verstanden werden kann (*ius canonicum et civile sunt adeo connexa, ut unum sine altero vix intelligi possit*). Folgerichtig erhielt den Titel des *„doctor iuris utriusque"* nur der Absolvent des vollen Studienganges in beiden Rechten.

Nach neueren Forschungen galt das Interesse der Studierenden anfänglich nicht dem ius civile, sondern dem kanonischen Recht. Die Kirche war es zunächst, die den jungen Juristen in ihren Institutionen die geeigneten Tätigkeitsfelder bot und die besten Karrierechancen eröffnete. Diese sog. Klerikerjuristen (*G. Dolezalek*) waren es deshalb, von denen die ersten und nachhaltigsten Impulse zur Aufnahme des gelehrten Rechts ausgingen.

Für die Rekrutierung des juristischen Nachwuchses für die Bedürfnisse der Kirche ebenso wie (später) für die des Fürstenstaates sorgte seit dem 13. Jahrhundert ein dichtes Netz von Universitäten. Die europäische Bildungslandschaft erhielt ihre erste Prägung durch die ältesten Universitäten in Italien (1222 Padua, 1224 Neapel, 1248 Piacenza, 1308 Perugia), in Frankreich (12. Jahrhundert Montpellier, 1229 Toulouse, 1230 Orléans, 1256 Avignon), in Spanien (1212 Palencia, 1218/19 Salamanca, 1300 Lerida) und in England (1209 Cambridge, Mitte 13. Jahrhundert Oxford).

Im Herzen Europas wirkte ähnlich modellhaft die 1348 von Kaiser Karl IV. (1347–1378) gegründete Universität Prag für das Königreich Böhmen. Im gleichen Jahrhundert folgten als nächste bedeutende Gründungen die Universitäten Krakau (1364) und Wien (1365). Danach kam es in Deutschland zu einer wahren Gründungswelle: 1386 Heidelberg, 1388 Köln, 1392 Erfurt, 1409 Leipzig, 1419 Rostock, 1456 Greifswald, 1457 Freiburg i. Br., 1472 Ingolstadt, 1477 Tübingen. Nach neuesten Forschungen müssen die plötzlich einsetzenden nordalpinen Gründungen mit dem Beginn des Großen Schismas im Jahre 1378 in Zusammenhang gebracht werden. Die Folge war nämlich ein doppeltes Papsttum mit zwei Kurien in Rom und Avignon („Obödienzen") und voll ausgebauten Verwaltungen. In dieser kirchenpolitisch schwierig gewordenen Situation musste vor allem den jetzt dringend benötigten Klerikerjuristen neue Studienmöglichkeiten geboten werden.

Bei der nächsten Gründungswelle entstanden in der Schweiz 1460 Basel, in Skandinavien 1477 Kopenhagen und 1479 Uppsala, in Frankreich 1409 Aix-en-Provence und 1431 Poitiers, in Spanien 1450 Barcelona und 1474 Zaragoza, in Italien 1404 Turin und 1444 Catania. Damit waren auch in Zentraleuropa die bildungspolitischen Vorbedingungen für die praktische Aufnahme des gelehrten Rechts gegeben, das als Ius commune in Italien längst Geltung besaß.

**Schrifttum:** *Lange*, Römisches Recht I, 47 ff. – *N. Hammerstein*, HRG (Universitäten), 492 ff. – *G. Dolezalek*, Klerikerjuristen als Räte der Landesherren im späten Mittelalter, in: Göttingische gelehrte Anzeigen 237 (1985), 58 ff. – *J. Fried*, Schulen und Studium im sozialen Wandel des hohen und späten Mittelalters (1986) – *R. Chr. Schwinges* (Hg.), Gelehrte im Reich (1996) – *Chr. Starck*, Ius utrumque im Wandel der Zeiten, in: FS M. Heckel (1999), 275 ff.

## 2. Spanien

In Spanien begann im 13. Jahrhundert nach einer Zeit territorialer Zerrissenheit und einer im Wesentlichen auf geschriebenem oder ungeschriebenem Gewohnheitsrecht beruhenden Rechtspflege eine starke Romanisierung der Rechtsordnung. Sie bestand in einer durch das Königtum geförderten, überwiegend wissenschaftlichen Beschäftigung mit dem römischen Recht.

In der Rechtspraxis galten römisches und kanonisches Recht als subsidiäre Rechtsquellen neben den lokalen Statuten (*fueros, costums*). Ein Höhepunkt in der materiellen Rezeption des Ius commune wurde mit der 1265 entstandenen Gesetzgebung der „Siete Partidas" des Königs von Kastilien-León *Alfonso X el Sabio* (1252–1284) erreicht.

**Schrifttum:** Handbuch I, 294 ff. (*Horn*) – *J.M. Pérez-Prendes*, Curso de historia del derecho español I (1986), 679 ff. – *A. Iglesia Ferreirós*, La recepción del derecho común: estado de la cuestión e hipótesis de trabajo, in: El dret común i Catalunya, Actes del II. Simposi Internacional Barcelona 31.5.–1.6.1991, Estudis 3 (1992), 213 ff.

## 3. Schweiz

In der Schweiz kam es bereits im 13. und 14. Jahrhundert zu einer intensiven Rezeption des gelehrten Rechts. Eine entscheidende Rolle spielten dabei das wachsende Interesse schweizerischer Studenten an einem Studium der Rechtswissenschaft in Bologna sowie realistische Aussichten auf einen beruflichen Aufstieg in herausgehobene juristische Positionen in Rechtsprechung, Verwaltung, Rechtsberatung oder in diplomatischen Diensten. Hinzu kamen als weitere Faktoren die von Oberitalien ausgehende und sich rasch praktisch verbreitende Notariatskunst (*ars notariae, renuntiationes*) sowie die Übernahme des kanonischen Prozessrechts durch die geistlichen Gerichte der Bistümer Konstanz, Basel und Chur.

Etwa zeitgleich mit der faktischen Loslösung der Schweiz vom Reich nach 1499 (der Friede von Basel beendete den sog. Schwabenkrieg/Schweizerkrieg) fand dieser Prozess im Laufe des 16. Jahrhunderts jedoch sein Ende. Die politische Trennung bedeutete für das schweizerische Rechtswesen die Ablehnung des mit gelehrten Juristen besetzten Reichskammergerichts und seiner Verfahrensgrundordnung von 1495, die Exemtion von dieser höchsten Reichsgerichtsbarkeit und damit auch das Verbot der Appellation von schweizerischen an kaiserliche Gerichte. Die einstigen intensiven wissenschaftlichen Verbindungen zu den deutschen Rechtsfakultäten waren damit gegenstandslos geworden. Hinzu kam – bedingt durch schwere Wirtschafts- und Absatzkrisen – ein einschneidender Wandel in den gesellschaftlichen und wirtschaftlichen Verhältnissen. Die Städte, vormals Zentren des europäischen Export- und Fernhandels, verloren diese Bedeutung. Die Schweiz wandelte sich zu einem überwiegend durch bäuerliche Strukturen geprägten Territorium. Damit waren aber auch die Grundbedingungen für die Ausbildung einer gelehrten Rechtsprechung und die Etablierung eines entsprechend geschulten Juristenstandes entfallen. An die Stelle einer wissenschaftlichen Rechtsfortbildung trat ein anspruchsloser „Pragmatismus", der mit den Normen und Methoden des römisch-kanonischen Rechts nichts anzufangen wusste (*C. Schott*).

Die Zurückweisung des gelehrten Rechts hatte den Niedergang der Rechtskultur und Stillstand der wissenschaftlichen Pflege des Privatrechts zur Folge. Die Phase dieses sog. eidgenössischen Vulgarismus (*F. Elsener*) endete erst im 18. Jahrhundert. Allerdings wird gegen die Stagnationstheorie und den behaupteten Qualitätsverlust des schweizerischen Rechtswesens eingewendet, beide Befunde seien bezogen auf die ganze Schweiz unhaltbar (*P. Caroni*). In der wissenschaftlichen Diskussion wird die Frage der Erstarrung oder konstanten Entwicklung des schweizerischen Rechts ohne das Ius commune kontrovers beantwortet.

**Schrifttum:** *F. Elsener*, Die Schweizer Rechtsschulen vom 16. bis zum 19. Jahrhundert (1975), 20 ff. (31 f.) – *P. Caroni*, Entwicklungstendenzen im Schweizer Rechtsleben, ZHF 2 (1975), 223 ff. – *ders.*, Rechtseinheit (1986), 95 ff. – *C. Schott*, Die Eidgenossen vor dem Reichskammergericht, in: FS R. Lieberwirth (1991), 79 ff. – *L. Carlen*, Rechtsgeschichte der Schweiz, 3. Aufl. (1988), 14 ff., 69 ff. – *P. Rück*, Die Anfänge des öffentlichen Notariats in der Schweiz (12.,–14. Jahrhundert), Archiv für Diplomatik, Schriftgeschichte, Siegel- und Wappenkunde 36 (1990), 93 ff.

## VIII. Römisches Recht in Deutschland

Das Phänomen der Rezeption des römischen Rechts in Deutschland wird von der Forschung heute grundlegend neu bewertet. Die früher übliche Unterteilung in Phasen der „theoretischen" und „praktischen" Rezeption ist wissenschaftlich nicht haltbar; sie wird dem Wesen dieses Geschehens nicht gerecht. Gleiches gilt für ähnliche Differenzierungen, z.B. nach Haupt-, Voll-, Total- oder Nachrezeption.

## 1. Ende der Lotharischen Legende

Im 16. Jahrhundert wurden die Einführung und Geltung des römischen Rechts in Deutschland mit einem fabelhaften Ereignis begründet. Der Überlieferung nach soll Kaiser Lothar III. von Supplinburg 1137 bei seinem Italienfeldzug in Amalfi eine Digestenhandschrift aufgefunden und dieser förmlich durch ein besonderes Gesetz allgemeine Geltung als Reichsrecht verliehen haben.

Der Helmstedter Professor und Universalgelehrte *Hermann Conring* (1606–1681) hat diese sog. Lotharische Legende widerlegt. 1643 konnte er in seiner Schrift „De origine iuris Germanici" nachweisen, dass das römische Recht durch Gerichtsgebrauch und Gewohnheit, vermittelt durch die an den italienischen Universitäten ausgebildeten Juristen aufgenommen wurde (*usu receptum*). Die Behauptung einer theoretischen Rezeption hatte fortan ihre Grundlage verloren. Aber auch die These von einer praktischen Übernahme des gelehrten Rechts in die Gerichtspraxis, die seit der 2. Hälfte des 15. Jahrhunderts nachweisbar erfolgte, konnte den eigentlichen Geltungsgrund des römischen Rechts und den Rezeptionsprozess als historischen Vorgang noch nicht in Allem überzeugend erklären.

**Schrifttum:** *P. Bender*, Die Rezeption des römischen Rechts im Urteil der deutschen Rechtswissenschaft ([1955] 1979), 28 ff. – *P. Herberger*, „De Origine Iuris Germanici" – Zu Leben und Werk von Hermann Conring, JuS 1982, 484 ff. – *K. Luig*, Conring, das deutsche Recht und die Rechtsgeschichte, in: Römisches Recht, Naturrecht, Nationales Recht (1998), 319* ff.

## 2. Verwissenschaftliche Rechtskultur und ihre Träger

Die neuere Forschung glaubt, auf diese Fragen überzeugende Antworten gefunden zu haben. Sie sieht die Rezeption im gesamteuropäischen Rahmen und versteht sie als Verwissenschaftlichung der europäischen Rechtskultur, begleitet von einer grundlegenden Veränderung der Rechtsvorstellungen. Diese wiederum waren ein Ergebnis des Übergangs der Judikatur, Gesetzgebung und später auch Doktrin auf einen professionellen Gelehrtenstand, der mit seinen rationalen Methoden der Rechtsanwendung im gesamten öffentlichen Leben gleichsam die Macht ergriffen hatte (*F. Wieacker*). Das einstige Bemühen um Feststellung punktueller, materieller oder ideologisch-theoretischer Anleihen ist damit einer differenzierteren, dem gemeineuropäischen Charakter dieses Vorgangs gerechter werdenden Deutung gewichen. Die Rezeption des gelehrten Rechts wird damit zu einem primär kulturgeschichtlichen und soziologischen Bildungsvorgang. Sie erschöpft sich nicht mehr in einer historisch fragwürdigen Ansammlung von Einzelbefunden, die im Wege einer schlichten Faktenaddition das Phänomen „Rezeption" in seinem Fortgang dokumentieren wollen.

Der bildungsgeschichtliche Vorgang als Grundbedingung der Rechtsrezeption begann mit der Wiederherstellung der justinianischen Kompilation durch italienische Juristen im 11. und 12. Jahrhundert. Gegenstand der Rezeption waren die von der mittelalterlichen italienischen und französischen Jurisprudenz entwickelten Wissenschaftsmethoden und Lehren vom „utrumque ius", die im Rechtsunterricht an den Universitäten vermittelt wurden. Mangels eigener Bildungsstätten begannen deutsche Studenten mit ihrem Studium an diesen hohen Schulen bereits im 12. Jahrhundert. Die Ausbildung im kanonischen Recht eröffnete völlig neue Perspektiven für die berufliche Karriere in der Kirche. Diese Klerikerjuristen repräsentierten in ihren Heimatländern einen ganz neuen Standestyp. Sie wirkten bei der Rechtsprechung der mit weit reichenden (im heutigen Sinne auch „zivilrechtlichen") Kompetenzen ausgestatteten geistlichen Gerichte mit oder bekleideten kirchliche Verwaltungsämter. Vielfach lag das gesamte Beurkundungswesen in ihren Händen.

Erst im Laufe des 15. Jahrhunderts wurde der Klerikerjurist von seinem weltlichen gelehrten Kollegen abgelöst. Könige, Reichsfürsten und Reichsstädte haben als erste die administrativ-politischen Vorzüge einer gelehrten juristischen Ausbildung erkannt. Sie beriefen den weltlichen Berufsjuristen als Richter, Syndicus, Advokaten oder gelehrten Rat an ihre Höfe, Behörden und Gerichte. Die Forschung sieht diesen Wandel im Tätigkeitsprofil des gelehrten Juristen im Zusammenhang mit einer beginnenden „Verbürgerlichung" der bis dahin ausschließlich kirchlichen Jurisprudenz, die damit zu einem wichtigen Faktor bei der Entstehung des Gesetzgebungsstaats wurde (*W. Willoweit*).

Diese Interpretation des Rezeptionsprozesses erlaubt auch eine historisch zutreffendere Einordnung einer bekannten Vorschrift der Reichskammergerichtsordnung von 1495. Die Beisitzer, die zur Hälfte Juristen („der Rechte gelehrt") zu sein hatten, mussten schwören, „gleich zu richten ... nach des Reichs gemainen Rechten, auch nach redlichen, erbern (ehrbaren) und leidlichen Ordnungen, Statuten und Gewonheiten der Fürstentümer, Herrschaften und Gerichte, die vor sie gebracht werden" (§ 3). Ursprünglich wurde der Begriff der „gemainen Rechte" als sichtbarer Beweis für den Beginn einer obrigkeitlich ausdrücklich verordneten praktischen Rezeption des Ius commune (Vollrezeption) gedeutet. Heute sieht man in der Vorschrift den Beleg für einen gesetzlich bestätigten Abschluss im Verwissenschaftlichungsprozess, dem die partikularen Rechte unterworfen waren.

**Schrifttum:** *W. Stelzer*, Gelehrtes Recht in Österreich (1982), 145 ff., 166 ff. – *G. Wesener*, Einflüsse und Geltung des römisch-gemeinen Rechts in den altösterreichischen Ländern in der Neuzeit (1989), 36 ff. – *D. Willoweit*, Deutsche Verfassungsgeschichte, 5. Aufl. (2005), 159 f.

## 3. Staats- und Verwaltungsrecht

Noch nicht zureichend erforscht ist die Bedeutung des gelehrten Rechts für die Entwicklung des öffentlichen Rechts (*ius publicum*). Der Ansicht der älteren Literatur, die Rezeption habe im Staatsrecht ihren Anfang genommen, hatten bereits Zeitgenossen entschieden widersprochen. Jedoch haben neuere Forschungen auf bestehende Zusammenhänge zwischen Rezeption und Staatsbildung hingewiesen, die im einzelnen noch näher zu untersuchen sind (*D. Willoweit*).

Durch quellenkritische Arbeiten gesichert sind dagegen die Erkenntnisse zu Einflüssen des römisch-kanonischen Rechts auf die Ausbildung zentraler verwaltungsrechtlicher Grundbegriffe. Dies gilt für das Recht der öffentlichen Sachen im Gemeingebrauch ebenso wie für die Trennung zwischen dem zivilrechtlichen Eigentum und der es überlagernden öffentlichen Zweckwidmung. Diese Vorstellungen gehen eindeutig auf römischrechtliche Vorbilder zurück. Zusammenhänge und Parallelen bestehen auch zwischen den Grundsätzen der modernen Lehre vom Verwaltungsakt und der Doktrin des kanonischen Rechts zum Privilegienrecht. Im Gegensatz zum Privat- und Strafrecht hat die staats- und verwaltungsrechtshistorische Rezeptionsforschung jedoch erst begonnen.

**Schrifttum:** *K. Kroeschell*, Die Rezeption der gelehrten Rechte und ihre Bedeutung für die Bildung des Territorialstaates, in: Deutsche Verwaltungsgeschichte, I (1983), 279 ff. – *D. Willoweit*, Rezeption und Staatsbildung im Mittelalter, Ius Commune Sonderhefte 30 (1987), 19 ff. – *H. Mohnhaupt*, Römisch-rechtliche Einflüsse im „ius publicum"/„öffentlichen Recht" des 18. und 19. Jahrhunderts in Deutschland, Index 16 (1988), 151 ff. – *M. Stolleis*, Geschichte d. öffentlichen Rechts i. Deutschland I (1988), 58 ff.

## 4. Zivilprozessrecht

Das mittelalterliche mündliche und öffentliche Gerichtsverfahren wurde grundlegend nach dem Muster der legistisch-kanonistischen Prozessrechtslehre umgestaltet. Die wichtigsten gelehrten Neuschöpfungen gehen auf die Juristenpäpste *Alexander III.* (1159–1181) und *Innozenz III.* (1198–1216) zurück. Bereits auf dem Vierten Laterankonzil von 1215 war der Protokollierungszwang eingeführt worden. Alle vom Richter angeordneten Prozesshandlungen mussten in einem Protokoll festgehalten werden. Später nahm die Doktrin dies zum Anlass, den gesamten Prozess zu einem weitgehend schriftlichen Verfahren umzuformen.

Legistische Theorie entwickelte auch das sog. Positionalverfahren (Artikelprozess). Kläger und Beklagter mussten ihren Tatsachenvortrag in einzelne Aufstellungen (*positiones-responsiones*) zerlegen, die protokolliert wurden. Der auf diese Weise in eine starre Stufenreihe von Prozesshandlungen zergliederte Prozess war äußerst langwierig und wegen der Geltung der Verhandlungsmaxime in hohem Maße prozessverschleppenden Handlungen der Parteien ausgesetzt.

## 5. Lehre vom geteilten Eigentum

Ihre wohl größten praktischen Wirkungen hatten die gelehrten Rechtslehren auf dem Gebiet des Privatrechts. Hier gab insbesondere eine neue Konzeption vom Eigentum sachgerechte Antworten auf die grundherrschaftlichen Wirtschafts- und Sozialstrukturen der feudalen mittelalterlichen Gesellschaft. Die italienische Doktrin entwickelte hierfür die Rechtsfigur des „geteilten Eigentums".

Grundlage des neuen Eigentumsverständnisses war das „dominium" des römischen Rechts als grundsätzlich schrankenloses, unbegrenztes Herrschaftsrecht über eine Sache. Der Rechtsinhaber besaß stets die totale und freie Verfügungs- und Nutzungsgewalt. Eine erste behutsame Öffnung dieses starren Eigentumsbegriffs vollzog Bartolus de Sassoferrato (1314–1357). Mit dem Satz „*dominium est ius de re corporali perfecte disponendi, nisi lege prohibeatur*" (Glosse n. 4 zu Digesten 41,2,17) definierte er Eigentum als zwar vollkommenes, aber nicht mehr gänzlich schrankenloses Sachherrschaftsrecht. Dem im Anschluss an das Lehensrecht praktisch, in Nutzungsbefugnissen denkenden mittelalterlichen Recht blieb der abstrakte römische Eigentumsbegriff fremd. Er war für eine gänzlich andere Rechts- und Wirtschaftsordnung geschaffen. Der inhaltlichen Seite des Eigentums entsprach faktisch weit mehr die Möglichkeit seiner (im einzelnen sehr unterschiedlichen) Nutzungen in einem grundherrlichen bzw. feudalen Rechtsverband, als das abstrakte Wesensmerkmal der unumschränkten Sachherrschaft. Wer die sog. „Gewere" an der Sache hatte, sie für alle sichtbar nutzte, galt auch als ihr „Eigentümer".

Vor diesem neuen funktionalen Verständnis, das sich in der Realität des Wirtschaftslebens dauernd manifestierte, war eine weitere entscheidende Differenzierung durch die gelehrte Doktrin deshalb nur eine Frage der Zeit. Die Rechtslehre entwickelte schließlich aus dem Lehensrecht zum Zweck der Erfassung der Rechtsstellung des Lehensherrn und des Lehensmannes und damit zur juristischen Bewältigung des

Feudalismus die Rechtsfigur des „geteilten Eigentums". Der Grund-
und Lehensherr hatte das prinzipiell uneingeschränkte Verfügungs-
recht, das sog. Obereigentum (*dominium plenum, directum*), jedoch
ohne Nutzungsbefugnisse oder Fruchtziehungsrechte (*nuda proprietas*, Eigentum der Substanz nach). Diese besaß der Erbpächter, Erbbau-
berechtigte, Erbleihnehmer oder Lehensmann (*feudatarius*). Ihm stand
das nutzbare, zu Lasten des Obereigentümers eingeschränkte Recht nur
als minderes sog. Untereigentum (*dominium minus plenum, utile*) zu.
Für beide Eigentumsformen war der Rechtsschutz der „rei vindicatio"
(Eigentumsherausgabeklage) und der „actio negatoria" (Eigentums-
freiheitsklage) vorgesehen. Allmählich setzte sich die Vererblichkeit
des Untereigentums sowie seine Weiterveräußerung ohne Zustimmung
des Obereigentümers durch. Sein Inhaber konnte schließlich faktisch
und rechtlich wie jeder Eigentümer über das dominium utile verfügen.

Die Forschung sieht die Durchbildung der Lehre vom geteilten Eigentum als Folge eines Missverständnisses der Glosse, dem die gelehrten
Juristen erlegen waren. Aus der Tatsache, dass nach römischem Recht
dem Erbpächter und dem Erbbauberechtigten bei Entzug ihrer Rechte
ein dem Eigentum analoger Herausgabeanspruch (*rei vindicatio utilis*)
gewährt wurde, schlossen die Glossatoren auf die Existenz auch eines
besonderen (Nutzungs-) Eigentums als Klagegrundlage.

Die Theorie vom geteilten Eigentum wurde in Deutschland rezipiert
und fand Eingang in das Reichsrecht sowie in die territorialen Rechte.
Im 19. Jahrhundert definierte die Rechtslehre das Nutzungseigentum
als Recht des Vasallen „an" einer fremden Sache. Erst moderne Kodifikationen, wie das Deutsche Bürgerliche Gesetzbuch, kehrten positivrechtlich wieder zum absoluten Eigentumsbegriff des römischen
Rechts zurück. Bodenbefreiung und liberalistisches Wirtschaftsdenken
hatten die Realbedingungen des geteilten Eigentums beseitigt.

**Schrifttum:** *D. Willoweit*, Dominium und Proprietas, Historisches Jahrbuch
94 (1974), 131 ff. – *K. Kroeschell*, Zur Lehre vom „germanischen" Eigentumsbegriff, in: FS H. Thieme (1977), 34 ff. – *D. Olzen*, Die geschichtliche Entwicklung des zivilrechtlichen Eigentumsbegriffs, JuS 1984, 328 ff. – *D. Strauch*,
Das geteilte Eigentum in Geschichte und Gegenwart, in: FS H. Hübner (1984),
273 ff. – *P. Grossi*, Il dominio e le cose (1992) – *F.M. Krauss*, Das geteilte Eigentum im 19. und 20. Jahrhundert (2000).

## 6. Allgemeine Vertragslehren

Der Kanonistik gelang die Grundlegung eines allgemeinen Vertragsrechts. Die weltliche Doktrin übernahm diese Lehren um die Wende vom 16. zum 17. Jahrhundert. Das kanonische Recht als Schwesterdisziplin des ius civile hat hierzu durch die theoretische Ausformung dreier zentraler Grundelemente beigetragen, die das neue Vertragsverständnis fortan konstituierten: (1) Durchsetzung der Klagbarkeit und Verbindlichkeit aller, auch schon aufgrund eines formlosen Konsenses geschlossenen Verträge, (2) Ethisierung des Vertragsinhalts durch die Einführung des materiellen Äquivalenzprinzips zwischen Leistung und Gegenleistung beim Vertrag und schließlich (3) die allgemeine Anerkennung der Vertragstreue, von der Naturrechtslehre seit dem 17. Jahrhundert mit dem Satz „*pacta sunt servanda*" zum Axiom des Vertragsrechts erhoben.

Ausgangspunkt der kanonistischen Reform des Vertrages war das Vertragssystem der Glossatoren. Diese unterschieden bei der Fortbildung römischrechtlicher Grundsätze zwischen dem klagbaren, durch förmliche Rechtsakte begründeten „pactum vestitum" (Typenzwang) und der kraft formlosen Konsenses lediglich als „pactum nudum" entstandenen unklagbaren und undurchsetzbaren Naturalobligation. Es galt der Grundsatz: „*ex nudo pacto actio non oritur*". Damit war im negativen Sinne die Unverbindlichkeit der bloßen Willensbekundung als Entstehungsvoraussetzung eines Vertrages klargestellt.

Der Grundsatz der Formgebundenheit der Verträge als wesensnotwendiges Wirksamkeitselement erwies sich jedoch in der Praxis als zu schwerfällig. Vor allem die Bedürfnisse einer von der Natural- zur Geldwirtschaft gewandelten Sozialordnung, in der nunmehr Kredit, Kapital und Handel dominierten, erzwangen eine Lockerung der Formstrenge. Der Durchbruch zur allgemeinen Anerkennung der Formfreiheit wurde mit der Einführung des eidlichen Leistungsversprechens erreicht, das für die Begründung einer Obligation allein ausreichte. Theologisch untermauert und auf das nichteidliche Versprechen (*promissio*) ausgedehnt, trat schließlich an die Stelle des legistischen Grundsatzes die neue Maxime: „*ex nudo pacto oritur actio et obligatio*". Entscheidend gefördert wurde diese Entwicklung durch die in der Praxis gewährte Erzwingbarkeit des eidlichen wie nichteidlichen Schuldversprechens vor den geistlichen Gerichten mit der Exkommunikation als dem wirksamsten Vollstreckungsmittel. Damit reduzierte sich gleichzeitig der Begründungstatbestand für Verträge auf den bloßen Konsens der Partner. „Pacta sunt servanda" als Umschreibung des Grundsatzes der Vertragstreue brachte später etwas zum Ausdruck, was auch die säkulare Rechtsethik des Naturrechts übernehmen konnte.

## 7. Lehre vom gerechten Preis (laesio enormis)

Die Propagierung der vertraglichen Formfreiheit als allgemeines Prinzip begleitete die „Lehre vom gerechten Preis". Sie war das Ergebnis einer Fortbildung des bereits vom stoischen Denken beeinflussten justinianischen Rechts (Codex 4, 44, 2) im Sinne der neuen christlichen Wirtschaftsethik. Im Gegensatz zum klassischen römischen Recht, das die Preisbestimmung ausschließlich der freien Vereinbarung durch die Vertragspartner überlassen hatte, mussten fortan Leistung und Gegenleistung zueinander im Verhältnis der materiellen, objektiv-inhaltlichen Gerechtigkeit stehen (*Äquivalenzprinzip*). Das Gebot der Vertragsgerechtigkeit war verletzt, wenn die empfangene Kaufsumme nicht einmal die Hälfte (*dimidium*) des „wahren" Wertes (*iustum pretium*) des verkauften Gegenstandes erreicht hatte. In diesem Falle durfte der Verkäufer auf Vertragsauflösung klagen. Dem konnte der Käufer dadurch begegnen, dass er dem Verkäufer den bis zur Höhe des gerechten Preises fehlenden Betrag nachzahlte. Damit war die objektive Äquivalenz zwischen Leistung und Gegenleistung wiederhergestellt.

Die Glossatoren hatten für die justinianische Lösungsklage den Rechtsbegriff der „laesio enormis" (d.h. Verkürzung über die Hälfte) geprägt und ihre Verbindlichkeit für alle Arten von Verträgen festgestellt. Die Kanonistik lieferte Kriterien für die Bestimmung des im konkreten Fall gerechten Preises (z.B. Arbeitswertlehre). Die dogmatisch wie sozialpolitisch kontroverse Diskussion rührte an den ethischen Grundlagen des Vertragsrechts. Sie war noch in der Privatrechtsdogmatik der Neuzeit präsent. In ihrem Umkreis entstanden revolutionierende Lehren, wie etwa die aus dem kanonischen Recht übernommenen Zins- und Wuchertheorien (*kanonisches Zinsverbot*). Das Deutsche Bürgerliche Gesetzbuch hatte – im Gegensatz zum Österreichischen Allgemeinen Bürgerlichen Gesetzbuch (§ 934) – im Geiste des Liberalismus bewusst auf die Übernahme des materiellen Äquivalenzprinzips verzichtet und für die Lösung einschlägiger Fälle die Regelung des § 138 für ausreichend erachtet.

**Schrifttum:** *K. Luig*, Vertragsfreiheit und Äquivalenzprinzip im gemeinen Recht und im BGB, in: FS H. Coing (1982), 171 ff. – *K.P. Nanz*, Die Entstehung des allgemeinen Vertragsbegriffs im 16. bis 18. Jahrhundert (1985) – *H. Kalb*, Objektive Äquivalenzstörung und Arglist bei der laesio enormis, SZKan 105 (1988), 281 ff. – *ders.*, Die laesio enormissima. Eine kanonistische Schöpfung im Rahmen der Lehre von der laesio enormis, TRG 57 (1989), 317 ff. – *T. Mayer-Maly*, Pactum, Tausch und laesio enormis in den sog. leges Barbarorum, SZRom 108 (1991), 213 ff. – *Chr. Becker*, Die Lehre von der laesio enormis (1993) – *G. Rösch*, Wucher in Deutschland 1200–1350, HZ 259 (1994), 593 ff.

# § 3 Juristischer Humanismus und Usus Modernus Pandectarum

## I. Rechtsstil der Humanisten („mos gallicus")

### 1. Krise der Bartolisten

Zu Beginn des 16. Jahrhunderts geriet die Methode der Kommentatoren in ihre wohl größte Krise. Unter der Ägide französischer Juristen formierte sich eine neue Richtung gegen den bis dahin herrschenden „mos italicus". Ihre geistigen Grundlagen waren „Renaissance" und „Humanismus". Die Renaissance stand als Synonym für tiefgehende soziale und kulturelle Veränderungen beim Übergang des Mittelalters zur Neuzeit. Der Humanismus war eine Bildungsbewegung, die den Wandel trug und weiter vermittelte.

Die humanistische Gelehrtenbewegung dachte historisch und arbeitete juristisch-philologisch. Nach dem Vorbild des klassischen Altertums propagierte sie „studia humaniora" – im Sinne Ciceros „*studia humanitatis*" –, in deren Verlauf der Mensch Regeln erlernte und Verhaltensweisen erwarb, die ihn erst zum Menschen machten. Für den Bereich des Rechts plädierten die Humanisten für ein anderes Verständnis vom justinianischen römischen Recht und traten für neue Wege seiner Bearbeitung ein. Ihr Ziel war die Rekonstruktion der antiken römischen Rechtskultur aus den justinianischen Texten des 6. Jahrhunderts. Die Klassik sollte fortan das Ideal und Vorbild für die Rechtsordnung der Gegenwart darstellen, die zeitgemäß zu erneuern war. Zu diesem Zwecke musste das durch eingefügte Textveränderungen („Interpolationen" i.S.v. Einschüben, Zusätzen) der justinianischen Kompilatoren und später der mittelalterlichen Juristen verfälschte Corpus iuris zunächst von diesen Anbauten befreit werden. Erst nach Entfernung der Interpolationen sollte der ursprüngliche Wortlaut des antiken römischen Rechts auch durch Vergleiche mit außerjustinianischen klassischen Texten wieder hergestellt werden.

Die Reformer verstanden sich als Erneuerer. Für ihre Arbeiten sahen sie sich durch verschiedene historische Gründe legitimiert. Einer davon war die seit dem Königtum der frühen Kapetinger (11. Jahrhundert) bestehende reichsfreie Stellung Frankreichs. Diese wurde zielbewusst ideologisch und propagandistisch durch Anbindung des Königtums an die Person *Karls d. Gr.* (747–814) gefestigt (Karlskult). Aus der Abneigung gegen Kaisertum und kaiserliches Recht römischer Prägung ergab sich eine zunächst reservierte Haltung gegenüber dem römischen Recht, in dem primär das Recht des deutschen Reiches gesehen wurde.

Hinzu kam ein durch Papst *Honorius III.* (1216–1227) im Jahre 1219 erlassenes Verbot, römisches Recht an der Universität Paris, dem Zentrum theologischer Ausbildung, zu lehren. Veranlassung dazu gaben zunehmende Abfälle vom orthodoxen katholischen Glauben (Häresien) der sog. Waldenser und Albigenser (Katharer) in Südfrankreich. Sie wurden als ernsthafte Bedrohungen der Amtskirche gesehen. Wegen akuten Mangels an gut ausgebildeten Klerikern hatte der Papst durch die Konstitution „Super speculam" den Unterricht im „ius civile" für Ordensgeistliche und für Teile des vorwiegend in der Seelsorge tätigen Weltklerus (Pfarrklerus) untersagt. Dabei spielte zweifellos auch der Gegensatz zwischen römischem und kanonischem Recht eine Rolle. Vermeintlich förderte das Studium der „leges" weltliche Gesinnung (*scientia saecularis*) und konnte unliebsamem Gewinnstreben (*scientia lucrativa*) Vorschub leisten.

Es wäre jedoch verfehlt, hieraus zu schließen, das justinianische Recht hätte in Frankreich niemals die Bedeutung gehabt wie in den benachbarten Ländern. Tatsächlich bewirkte das (bis 1679 in Kraft befindliche) Studienverbot für Paris, dass sich Zentren des römischen Rechtsunterrichts außerhalb der Hauptstadt entwickelten, wie etwa in Orléans, das im 13. Jahrhundert als Universität mit Bologna konkurrierte. Auch war die Kenntnis vom römischen Recht vor allem in Südfrankreich ungebrochen geblieben. Sie wurde durch das dort fortgeltende „Breviarium Alaricianum" (*Lex Romana Visigothorum*) des Westgoten Alarich II. aufrechterhalten.

Auch an diese nie unterbrochene Rechtstradition konnten nach der Aufnahme des justinianischen Corpus iuris neue Universitäten, wie Toulouse oder Montpellier, anknüpfen. Gemäß der von den Kommentatoren entwickelten Lehre galt das rezipierte römische Recht vorwiegend subsidiär. Ihm ging nicht nur das provinzielle Gewohnheitsrecht, sondern vor allem das französische Königsrecht als statutarisches Recht vor. Die Folge dieser weitgehend unbestimmten Geltungsweise des römischen Rechts war, dass ihm lediglich die Autorität einer *raison écrite* zuerkannt wurde. In Frankreich galt das römische Recht deshalb kraft des ihm innewohnenden Vernünftigen (*imperio rationis*), nicht aber als Gesetz des Reichs und seiner Kaiser (*ratione imperii*).

Die Metamorphose der französischen Jurisprudenz zu einer humanistischen zeigte sich vor allem in einem grundlegenden Wandel in den Methoden der Anwendung und Fortbildung des Rechts. Selbstbewusst nannten die Humanisten ihren neuen Rechtsstil „mos gallicus" und vollzogen damit sichtbar die Trennung vom überholten scholastischen „mos italicus", den sie verächtlich nach der Leitfigur des Bartolus de Sassoferrato „bartolistisch" bezeichneten. Sie konzentrierten ihre Arbeiten auf die authentischen Texte und versuchten, sie ohne Berücksichtigung der inzwischen ins Riesenhafte angewachsenen Kontroversen und Lehrmeinungen aus sich selbst, aus ihrer historischen Entstehung und nach den Regeln der Logik zu interpretieren.

Das Postulat der Humanisten lautete: „Zurück zu den Quellen" (*ad fontes*). Aus dieser Perspektive konnte ihnen bereits das justinianische, wegen des nichtklassischen Lateins sprachlich barbarische, „unelegante" Recht nicht mehr bedeuten als ein ehrwürdiges Geschichtsdenkmal. Mit ihrem humanistisch verfeinerten Sprachgefühl untersuchten sie das Corpus iuris als Quelle, die eine historische Erschließung der vorjustinianischen klassischen antiken Texte ermöglichen sollte. Sie überprüften die einzelnen Stellen systematisch-philologisch, suchten sie in einem größeren Zusammenhang aus der Zeit ihrer Entstehung heraus zu verstehen, um sie dann schließlich juristisch nutzbar zu machen. Die dabei entdeckten Verfälschungen (Interpolationen) dienten ihnen als Medium, mit dessen Hilfe sie die konkreten Umstände aufdecken konnten, die für die Einfügung der abgeänderten Textstellen in das Corpus iuris ursächlich gewesen waren und die ursprüngliche klassische Textüberlieferung entstellt hatten (Interpolationenkritik).

**Schrifttum:** *S. Kuttner*, Papst Honorius III. und das Studium des Zivilrechts, in: FS M. Wolff (1952), 79 ff. – *D. Maffei*, Gli inizi dell'umanesimo giuridico (1972) – *H.E. Troje*, Zur humanistischen Jurisprudenz, in: FS H. Heimpel II (1972), 110 ff. – *K.H. Burmeister*, Das Studium der Rechte im Zeitalter des Humanismus im deutschen Rechtsbereich (1974), 251 ff. – *W. Kunkel/M. Schermaier*, Römische Rechtsgeschichte, 13. Aufl. (2001), 218 ff., 237 f.

## 2. Elegante Jurisprudenz

Die sich von der als steril gescholtenen „bartolistischen" Methode des „mos italicus" der Kommentatoren grundsätzlich unterscheidende gallikanische Reformbewegung wurde auch unter der Bezeichnung „Elegante Jurisprudenz" führend. Charakteristisch für sie war die Verwendung der im 15. und 16. Jahrhundert entwickelten Methoden der klassischen Philologie. Sie wurden bei der Interpretation der juristischen Texte des Corpus iuris herangezogen. Das Idealziel war die Rekonstruktion einer historisch begründeten, humanistisch gebildeten und sprachlich-philologisch im Sinne des klassischen Latein geläuterten Rechtswissenschaft. In dieser Ausrichtung entsprach sie auf vollkommene Weise den Vorstellungen vom „eleganten" Rechtsstil.

Mit dieser neuen Einstellung gegenüber dem Corpus iuris sowie dem ebenfalls neuen historischen Verständnis vom Recht hielt sich jedoch der Einfluss des juristischen Humanismus auf die Praxis in Grenzen. In seinen Auswirkungen beschränkte er sich zunächst auf die programmatische Literatur. Insgesamt brachte die neue Strömung der Rechtswissenschaft jedoch einen beachtlichen „Zuwachs an einer Art von Rationalität" (*K. Luig*) und schuf damit die Grundbedingung für eine vernunftbestimmte Rechtspflege.

### 3. Europäische Humanisten-Juristen

Ihren Mittelpunkt fand die Bewegung in der Rechtsschule an der 1464 gegründeten Universität von Bourges in Zentralfrankreich. Begründer dieser Schule waren der italienische Jurist *Andreas Alciatus* (Andrea Alciato, 1492–1550) und der Franzose *Guilelmus Budaeus* (Guillaume Budé, 1467–1540). Alciat wurde in Alzate bei Como geboren und hatte als Schüler von Jason de Mayno in Bologna und Pavia gelehrt. Budaeus war bedeutender Hellenist, Philologe und Enzyklopädist. Er hatte in Paris und Orléans Rechtswissenschaft und Humaniora studiert.

Beide gelten als Protagonisten des französischen Humanismus. Von ihnen gingen die entscheidenden Anstöße zur Erneuerung der europäischen Rechtswissenschaft in humanistisch-philologischem Geist aus. Beeinflusst durch Bourges entstanden u.a. an den Universitäten in Basel, Freiburg i. Br. und Genf wichtige Zentren des juristischen Humanismus.

In *Deutschland* wurden die humanistischen Ideen erst mit zeitlicher Verzögerung wirksam. Einer ihrer frühesten Vertreter war *Udalricus Zasius* (Ulrich Zäsy, 1461–1535), Professor legum an der Universität Freiburg i. Br., Praktiker und Gesetzgeber des Freiburger Stadtrechts von 1520. Er unterhielt enge wissenschaftliche Beziehungen zu den Häuptern des europäischen Humanismus. Dazu zählten etwa der holländische Humanist *Erasmus von Rotterdam* (1466–1536) oder die Basler Professoren *Claudius Cantiuncula* (Claude Chansonette, um 1490–1549) und *Bonifacius Amerbach* (1495–1562). Weitere bedeutende Vertreter dieser Richtung waren der Zwickauer Privatgelehrte *Gregor Haloander* (Meltzer, 1501–1531). Er hatte nach gelehrten Studien in Italien 1529 die erste moderne historisch-kritische Ausgabe der Digesten auf der Grundlage der *Littera Florentina* geschaffen. 1530 folgten eine Ausgabe des Codex und 1531 die der griechischen Texte der justinianischen Novellen.

In *Frankreich* repräsentierten *Jacobus Cuiacius* (Jacques Cujas, 1552–1590), der Meister der Quellenexegese, und der Calvinist *Hugo Donellus* (Hugues Doneau, 1527–1591) die humanistische Jurisprudenz. Der Dogmatiker und Systematiker Donellus musste nach der Bartholomäusnacht (1572) von Bourges nach Genf fliehen. Von dort wurde er durch den pfälzischen Kurfürsten Friedrich III. zunächst an die Universität Heidelberg berufen, folgte dann einem Ruf an die holländische Universität Leiden und beendete seine akademische Laufbahn schließlich in Altdorf bei Nürnberg.

Dem Kreis zuzurechnen sind ferner der Alciat-Schüler *Franciscus Connanus* (François Conan, 1508–1551) und Alciats Nachfolger auf dem Lehrstuhl in Bourges *Franciscus Duarenus* (François Duaren, 1509–1559). Einen besonderen nationalistischen Zug dieser Schulrichtung verkörperte *François Hotman* (1524–1590). Mit seiner weit verbreiteten Kampfschrift „Antitribonianus" (1567) erinnerte er an den für Fehler und Irrtümer in der justinianischen Kompilation hauptverantwortlichen Kommissionspräsidenten Tribonianus († um 541) und stellte die Anwendung des Corpus iuris auf das nationale französische Recht grundsätzlich in Frage.

Epigonen waren der Gerichtspräsident von Chambéry (Savoyen) *Antonius Faber* (Antoine Favre, 1557–1624) als bedeutender Kritiker der justinianischen Interpolationen sowie in Genf die beiden *Gothofredus* (Jacques und Denis Godefroy). Dionysius Gothofredus (1549–1622) besorgte 1583 eine Gesamtausgabe des Corpus iuris civilis mit einem Verzeichnis von Parallelstellen. Sein Sohn Jacobus Gothofredus (1587–1652) hat den „Codex Theodosianus" herausgegeben (erschienen 1665) und mit einem umfangreichen, bis heute unentbehrlichen Kommentar versehen.

In *Italien* überstrahlte im 16. Jahrhundert das wissenschaftliche Ansehen von Alciatus die humanistischen Diskussionen. Vor ihm hatte aber bereits *Lorenzo Valla* (1407–1457), Vertreter einer kritischen Richtung des Humanismus, den juristischen „Bartolismus" in Pavia scharf angegriffen. Später repräsentierten den italienischen Humanismus Persönlichkeiten, von denen vor allem *Ludovico Bolognini* (1446–1508) in Bologna mit dem Projekt einer kritischen Digestenedition hervorgetreten ist.

Der französische juristische Humanismus hatte im allgemeinen Rechtsdenken Spuren hinterlassen, die allerdings erst später in der Rechtspraxis wirksam wurden. Während des 16. Jahrhunderts blieb die konservative, praxisorientierte Richtung des „mos italicus" herrschend und ihr „bartolistischer" Unterrichtsstil an den europäischen Hohen Schulen maßgebend. Einen entscheidenden Beitrag brachte der Humanismus jedoch bereits im 16. Jahrhundert. Von ihm angestoßen begann die Wissenschaft, sich eingehend mit dem nationalen Recht (*ius patrium*) zu beschäftigen.

**Schrifttum:** *D.R. Kelley,* François Hotman – A revolutionary's ordeal (1973), 192 ff. – *W. Vogt,* Franciscus Duarenus (1971), 13 ff. – *H. Hübner,* Jurisprudenz als Wissenschaft im Zeitalter des Humanismus, in: FS K. Larenz (1973), 41 ff. – *S. Rowan,* Ulrich Zasius. A jurist in the german renaissance 1461–1535 (1987) – *B. Schmidlin/A. Dufour* (Hg.), Jacques Godefroy (1587–1652). Actes du colloque (1991) – *P. Stein,* Donellus and the origins of the modern civil law, in: Mélanges F. Wubbe (1993), 439 ff. – *K. Luig,* Humanismus und Privatrecht, in: Römisches Recht, Naturrecht, Nationales Recht (1998), 73* ff. – *E. Cortese,* Le grandi linee della storia giuridica medievale (2002), 398 ff.

## 4. Österreichischer juristischer Humanismus

Auch die österreichische Jurisprudenz wurde im 16. Jahrhundert von dem durch Humanismus und „mos gallicus" initiierten grundlegenden Methodenwandel erfasst. Ihr Arbeits- und Wissenschaftsstil wurde betont praxisorientiert. Ursächlich dafür war letztlich auch die Rechtszersplitterung in den altösterreichischen Ländern, wie Österreich unter und ob der Enns, Steiermark, Kärnten, Görz, Krain, Triest, Istrien, Tirol und Vorarlberg. Die dort geltenden landschaftlichen Statutar- und Gewohnheitsrechte, der sog. „Landesbrauch", war unübersichtlich und kaum beherrschbar geworden. Die Juristen strebten deshalb zunächst eine verbindliche Feststellung aller geltenden partikularen Rechte an.

In einem zweiten Schritt wurden Widersprüche und Unterschiede (*differentiae*) harmonisiert und Identitäten (*concordantiae*) zwischen privat-, straf-, prozessrechtlichem Landesbrauch und dem Ius commune aufgezeigt. Mit Hilfe umfangreicher Kommentare, Rechtslexika und Traktate zu Einzelmaterien wurde diese streng wissenschaftlich begründete Rechtsvereinheitlichung vorbereitet.

Mit dieser typischen Arbeitsweise näherte sich die österreichische Jurisprudenz im 17. Jahrhundert den Methoden des Usus Modernus Pandectarum an. Die als „Differentien-" bzw. „Konkordanzliteratur" bezeichnete juristische Literaturgattung hat entscheidend zur Rechtsvereinheitlichung beigetragen und dadurch die Weitergeltung des Landesbrauchs sichergestellt. In der Praxis stark beachtet wurden vor allem die privat- und prozessrechtlichen „Aurei tractatus iuris Austriaci" (1552–1558) von *Bernhard Walther von Waltherswil* (1516–1584), einem gebürtigen Leipziger und späteren Professor in Wien. Seine Traktate erhielten wegen ihres Einflusses auf die österreichische Rechtsentwicklung die Bezeichnung „goldene Traktate". Walther war der erste bedeutende österreichische Jurist der Neuzeit; er wurde auch „Vater der österreichischen Jurisprudenz" (*Arnold Luschin*) und herausragender „Vertreter des Humanismus in Österreich" (*G. Wesener*) genannt. Die Forschung verbindet mit seinem Namen den „Beginn einer eigenständigen österreichischen Rechtswissenschaft" (*U. Floßmann*).

In ähnlicher Weise wirkte als Verfasser weit verbreiteter Differentienliteratur und Rechtslexika der aus Dithmarschen stammende, innerösterreichische Regimentsrat *Nikolaus Beckmann* (1634–1689). Sein „Jus novissimum Romano-Germanicum" (1678) behandelte das gesamte geltende Ius commune mit Einschluss der Partikularrechte in lexikalischer Form. Seine „Idea juris" (1688) war die wichtigste gedruckte Quelle für das Recht von Österreich unter und ob der Enns sowie von Innerösterreich, insbesondere der Steiermark. Von Beckmann stammt auch der Vorschlag, Kaiser *Leopold I.* (1658–1705) sollte als zweiter Justinian (*redivivus et alter Justinianus*) ein neues, aus Institutionen und Digesten bestehendes „Corpus juris Leopoldinum" schaffen.

In den Werken des in Graz als Professor wirkenden *Franz Aloys Tiller* (1742–1797) spiegelt sich die wachsende Annäherung der österreichischen, vom juristischen Humanismus beeinflussten Jurisprudenz an die Richtung des Usus Modernus Pandectarum wider. Vor allem in seinem aus Vorlesungen entstandenen Buch „Sistem der bürgerlichen Rechtslehre" (1787) stand die konsequente Angleichung zwischen dem römischen und kanonischen Recht einerseits sowie dem allgemeinen bürgerlichen Recht des Josephinischen Gesetzbuch von 1787 andererseits im Vordergrund.

**Schrifttum:** *G. Wesener*, Der innerösterreichische Regimentskanzler Nikolaus von Beckmann und sein Kodifikationsplan, in: J. Kepler Gedenkschrift d. Universität Graz (1975), 641 ff. – *ders.*, Anfänge einer österreichischen „gerichtlichen Rechtsgelehrsamkeit", in: FS H. Baltl (1988), 632 ff. – *ders.*, Humanistische Jurisprudenz in Österreich, in FS H. Baltl (1998), 369 ff. – *U. Floßmann*, Österreichische Privatrechtsgeschichte, 5. Aufl. (2005), 10.

### 5. Holländische Schule

Vergleichbare Ziele wie in Österreich verfolgte seit dem späten 16. und im 17. Jahrhundert die „Holländische Schule" (*hollandse school*). Auch unter ihrem Dach waren zwei nach der jeweils dominanten Methode voneinander graduell getrennte Strömungen vereinigt: Der humanistisch-elegante und der mehr dem Usus Modernus deutscher Prägung zuneigende Rechtsstil. Kennzeichnend für die „Eleganz" war eine praxisbetonte Verbindung der Methode des „mos gallicus" der Humanisten mit dem „mos italicus" der „bartolistischen" Kommentatoren. Gesucht wurde nach einem gebrauchsfähigen römischen Recht, das als Ius commune sowohl Elemente des gelehrten wie solche des nationalen holländischen Rechts in sich vereinigt hatte.

Herausragende Vertreter der eleganten holländischen Schule waren neben dem Völkerrechtler *Cornelius van Bynkershoek* (1673–1743) und dem in humanistischer Tradition stehenden *Ulric Huber* (1636–1694) insbesondere die an der Universität Leiden lehrenden Professoren *Arnoldus Vinnius* (1588–1657), *Gerard Noodt* (1647–1725) und *Johannes Voet* (1647–1713). Vinnius, ein Schüler von Donellus, wurde vor allem durch seinen holländisches Recht mitberücksichtigenden Institutionenkommentar bekannt, der als Lehr- und Handbuch konzipiert und sehr verbreitet war. Noodt gab in seinen Werken der antiquarisch-humanistischen, betont auf die Quellen des klassischen römischen Rechts abstellenden Richtung Gestalt. Dagegen ähneln Voets Arbeiten aufgrund der ihnen zugrundegelegten Methode dem Stil des Usus Modernus. Sein Pandektenkommentar gehörte zu den europäischen Standardwerken. Das Buch begründete auch die freiere Richtung des sog.

„Roman-Dutch Law". Diese aus römischen, holländischen und angelsächsischen Rechtsgedanken bestehende Mischrechtsordnung gilt heute noch in den einstigen holländischen Kolonien, vor allem in Südafrika und Sri Lanka (Ceylon). In Südafrika ist Voets Kommentar für das in Kraft befindliche römisch-holländische Recht immer noch unentbehrlich.

**Schrifttum:** *R. Feenstra/C.J.D. Waal*, Seventeenth-century Leyden law professors and their influence on the development of the civil law (1975), 11 f., 24 ff., 35 ff. – *R. Zimmermann*, Römisch-holländisches Recht, in: R. Feenstra u.a. (Hg.), Das römisch-holländische Recht (1992), 9 ff. – *E.J.H. Schrage*, La Scuola Elegante Olandese, Studi Senesi CIV (1992), 534 ff. – *G.C.J.J. van den Bergh*, Die holländische elegante Schule (2002).

## II. Usus Modernus Pandectarum

Die humanistische Jurisprudenz hatte mit ihrer massiven Textkritik am Corpus iuris eine Relativierung des Ius commune bewirkt. Die Folge war, das mit schwindender Autorität des römischen Rechts das Interesse an den ebenfalls geschichtlich gewachsenen nationalen, territorialen Rechten (Ius patrium, proprium) wuchs. Das Nebeneinander von Ius commune und Ius proprium stellte die Praxis vor Probleme. Die Rechtsordnung bestand aus einer Vielzahl von Rechtsquellen unterschiedlichster Herkunft. Die Wissenschaft musste neue Methoden finden, um die Fragen der Geltung zu lösen und das Recht wieder beherrschbar zu machen. Deshalb strebte sie eine praxisgerechte, gleichzeitig aber auch wissenschaftlich abgesicherte Anpassung der partikularen Rechte an das Ius commune an.

Für diesen neuen Weg der deutschen Jurisprudenz steht der heute allgemein verwendete Begriff „Usus Modernus Pandectarum". Unter diesem Titel war 1690 ein Lehrbuch erschienen, das sich zum ersten Male mit der Darstellung des modernen Gerichtsgebrauchs im Sinne des Ius commune beschäftigte. Der Autor war *Samuel Stryk* (1640–1710), Rechtslehrer in Frankfurt a.d. Oder, Wittenberg und Halle. Er zählt zu den berühmtesten Juristen der Zeit.

Als zeitgemäße Art des Rechtsdenkens erreichte der Usus Modernus im 18. Jahrhundert seine Hochblüte. Die Richtung blieb trotz der Ächtung durch die Historische Rechtsschule in ihrer Spätform noch im 19. Jahrhundert lebendig.

## 1. Zeitgemäßes Römisches Recht

Der Usus Modernus Pandectarum gilt als „Epoche der konsolidierten Gemeinrechtswissenschaft der frühen Neuzeit" (*F. Wieacker*). Konkret war es ein eigenständiger Wissenschaftsstil, der von seinem Grundansatz den Methoden der italienischen Kommentatoren glich. Charakteristisch und „modern" war die praxisbezogene, nunmehr zeitgemäße Beschäftigung mit dem römischen Recht. Angestrebt wurde die Anpassung des Ius commune an die neuen Lebensverhältnisse unter Berücksichtigung des eigenständigen (deutschen) Rechts als Ius proprium.

Aus dieser Grundlegung und Zielrichtung ließ sich auch das Phänomen „Rezeption" nicht mehr mit der Lotharischen Legende erklären. Der Rezeptionsprozess wurde vielmehr als eine notwendige Entwicklung der Wissenschaftsgeschichte verstanden. Die unmittelbare Verbindlichkeit des römischen Rechts in der Praxis des Rechtsalltags ließ sich mit dessen Subsidiarität und Beweisvorzug in Fällen der Lückenhaftigkeit der lokalen Rechte (*fundata intentio*) interessengerecht, wenn auch nicht einfach begründen.

## 2. Deutsche Protagonisten

Anläufe zu einer zeitgemäßen Anpassung des Ius commune an die aktuellen Bedürfnisse des praktischen Rechtslebens gab es bereits im 16. Jahrhundert. Als einer der ersten hatte sich der deutsche Humanist *Udalricus Zasius* (1461–1535) mit Fragen dieser Art beschäftigt. In seinem Freiburger Stadtrecht von 1520 hat er gezeigt, wie das römische Recht nach humanistischen Methoden systemverträglich mit den städtischen Statuten verbunden werden konnte. Das Gesetz wurde Vorbild für zahlreiche Stadt- und Landrechtserneuerungen (*Reformationen*) Südwestdeutschlands und der Schweiz.

Zu einem wichtigen Wegbereiter des Rechtsdenkens in den Bahnen des Usus Modernus wurde auch eine besondere Gattung populärwissenschaftlicher Rechtsliteratur, die in der Praxis beliebt und weit verbreitet war. Als Unterweisungen für in der Rechtspflege tätige Laien-Juristen sollten diese Werke die gelehrten Rechte, vornehmlich das Prozessrecht in deutscher Sprache der Praxis der unteren Gerichte vermitteln. Die bedeutendsten waren der 1516 von dem Humanisten, Satiriker

(Narrenschiff) und Basler Rechtslehrer *Sebastian Brant* (1457–1521) edierte „Klagspiegel" eines unbekannten gelehrten Juristen, verfasst zu Beginn des 15. Jahrhunderts, und der 1509 ebenfalls von Brant herausgegebene „Layenspiegel" des Nördlinger Stadtschreibers *Ulrich Tengler* (um 1447–1511).

Bahnbrechend bei der Verwirklichung des Programms der Systematisierung der zersplitterten Rechte und der Rückführung ihrer Kasuistik auf praktikable Rechtsgrundsätze war das erwähnte Lehrbuch von Samuel Stryk. Seine breite Darstellung des nach Bedürfnissen des Rechtsalltags behandelten Ius commune, wie es vor den brandenburgischen Gerichten zur Anwendung kam, wurde zu einem unentbehrlichen Leitfaden für den forensischen Gebrauch. Stryks eigentliche Leistung lag jedoch in der weiterführenden Bearbeitung verbreiteter, sehr populärer Lehr- und Handbücher.

Dazu gehörten vor allem die „Iurisprudentia Romano-Germanica forensis" (1670) des in Jena lehrenden *Georg Adam Struve* (1619–1692), die als sog. „Kleiner Struv" allgemein den Vorlesungen zugrunde gelegt wurde, ferner das „Compendium iuris" des Tübinger Professors *Wolfgang Adam Lauterbach* (1618–1678), das aus einer Sammlung von Kollegienheften bestand, die seine Schüler herausgegeben hatten (1679). Dieser „moderne" Weg führte zwangsläufig zu einer ganz neuen literarischen Form der Rechtsdarstellung: Der „Rechtsenzyklopädie" als „Generalcharte, auf der die vielfachen Aggregate der Wissenschaft in eine Verbindung" gebracht waren (*Johann Friedrich Reitemeier*, 1783).

Dezidiert dem Ius commune zugewandt arbeitete der Zasius-Schüler *Joachim Mynsinger von Frundeck* (1514–1588), Professor in Freiburg i. Br., Assessor am Reichskammergericht und von 1556 bis 1573 Kanzler der Herzöge von Braunschweig in Wolfenbüttel. Die Veröffentlichung der von ihm mit Anmerkungen versehenen Urteile des Reichskammergerichts unter Angabe der Namen der Parteien in den „Singulariae Observationes" (1563) war ihm zunächst als Bruch seines zur Amtsverschwiegenheit verpflichtenden Eides verübelt worden. Durch die Publikation gewann aber die Spruchpraxis dieses Gerichts an Popularität. Mynsinger selbst wurde so zum Begründer einer (in enger Anlehnung an die Ergebnisse der italienischen Kommentatoren und Konsiliatoren) die Judikatur des Reichskammergerichts verarbeitenden Kammergerichtsjurisprudenz (*Kameralistik*).

Diese für die praktische Rechtspflege wichtige Verbindung von Judikatur und Wissenschaft führte Mynsingers Kollege *Andreas Gaill* (1526–1587), Reichskammergerichtsassessor, Reichshofrat und zuletzt Kanzler des Erzstifts Köln, fort. In seinen „Practicae Observationes" (1578) erreichten diese Darstellungen der reichskammergerichtlichen Judikatur ihren Glanzpunkt. Gaills betont analytisch-kasuistischer Stil sprach insbesondere die Praxis an. Mit Mynsinger war er Hauptvertreter der kameralistischen Jurisprudenz.

Für das 17. Jahrhundert galt lange als herausragender Repräsentant des Usus Modernus *Benedict Carpzov* (1595–1666), Beisitzer des Leipziger Schöffenstuhles und Rat am Appellationsgericht in Dresden. Er besaß als Zivilrechtler, mehr aber noch als Kriminalist und Vertreter der rigorosen religiös-theokratischen Straftheorie europäisches Ansehen. Auf dem Gebiet der Dogmatik des Privatrechts wurde seine eigentliche Leistung bisher in der Entwicklung eines sog. „gemeinen Sachsenrechts" gesehen. Diese sächsische Variante des Ius commune soll angeblich als Usus Modernus und Vorbild für ganz Deutschland gedient und noch bis zum Inkrafttreten des Deutschen Bürgerlichen Gesetzbuchs gegolten haben. Nach neuen Forschungen ist diese Einschätzung nicht mehr haltbar. Auf der Grundlage eingehender Analysen seiner privatrechtlichen Lehren wird Carpzov künftig als Protagonist des Usus Modernus nicht mehr genannt werden können.

**Schrifttum:** *S. Schumann*, Joachim Mynsinger von Frundeck (1983) – *K. v. Kempis*, Andreas Gaill (1988), JuS 1995, 97 ff. – *M. Lipp*, Recht und Rechtswissenschaft im frühneuzeitlichen Kursachsen. Zur 400jährigen Wiederkehr des Geburtstages von Benedikt Carpzov (1595–1666), JuS 1995, 387 ff. – *K. Luig*, Samuel Stryk und der „Usus modernus pandectarum", in: Römisches Recht, Naturrecht, Nationales Recht (1998), 91* ff. – *G. Jerouschek* u.a. (Hg.), Benedict Carpzov. Neue Perspektiven zu einem umstrittenen sächsischen Juristen (2000) – *K.-P. Schroeder*, Vom Sachsenspiegel zum Grundgesetz (2001), 19 ff. (Zasius) – *J. Finzel*, Georg Adam Struve als Zivilrechtler (2003).

## III. Usus Modernus im entstehenden Gesetzgebungsstaat

### 1. „Reformationen" der Stadt- und Landrechte

Die frühabsolutistischen Fürstenstaaten hatten zum Zwecke der Konsolidierung der Souveränität und des eigenen Machterhalts die Mehrung des Wohlstandes im Lande durch Förderung des Handels und Gewerbes zu obersten Staatszielen erklärt. In den Bahnen einer neuen merkantilistischen Wirtschaftsethik und Wohlfahrtsökonomie begannen sie, die Entwicklung der Gesellschaft durch eine zentrale Gesetzgebung zu steuern. Damit änderten sich die Ausgangsbedingungen des bisherigen Rechtsdenkens. In den Mittelpunkt der Rechtsbildung war das Gesetz getreten, künftig die einzige legitime Quelle des Rechts.

Mit der wachsenden systematisch-wissenschaftlichen Erschließung des Ius proprium nahmen die gesetzgeberischen Aktivitäten im Reich wie in den Territorien zu. Die Harmonisierungen und gesetzlichen Abstimmungen des Ius proprium mit dem Ius commune erfolgten durch sog. Rechtsbesserungen. Ihre Funktionen waren behutsame Fortbildung des Traditionellen und Bewährten. Die Arbeiten begannen mit der Regelung einzelner Probleme und endeten in umfangreicheren Werken, den sog. Rechtsreformationen.

Besonders früh reformierte die Reichsstadt Nürnberg ihr Stadtrecht (1479). 1499 folgten bereits Worms, 1509 Frankfurt a.M. und 1520 Freiburg i. Br. Die Welle der Reformationen des Landrechts in den Territorien eröffnete Bayern 1518 und Kurköln 1538. Erst 1555 wurde das Württembergische Neue Landrecht erlassen, das auch in anderen Territorien (z.B. Kurpfälzer Landrecht von 1582) Nachahmung fand. 1571 erschienen das Solmser Landrecht, 1572 die Kursächsischen Konstitutionen und 1577 die Lüneburgische Reformation.

Die Dichte der jeweiligen „Romanisierung" dieser Rechtsquellen war unterschiedlich. Entweder bildete das Verfahrensrecht den Schwerpunkt gelehrter Bearbeitung am Vorbild des kanonischen Prozesses oder aber das materielle Recht, hier vor allem die Bereiche des Erb-, Familien- und Vormundschaftsrechts. Vollständige und systematische Überarbeitungen (z.B. Nürnberg, Freiburg, Solms) waren seltener. Das Beispiel einer punktuellen, auf die Behandlung einzelner, vor allem familien- und erbrechtlicher Fragen beschränkten romanisierenden Kodifikation war die brandenburgische „Constitutio Joachimica" des Kurfürsten *Joachim I. Nestor* (1499–1535) von 1527. Mit ihren ehegüterrechtlichen Vorschriften galt sie in der Mark Brandenburg (vor allem in Berlin) bis 1900.

Eine Sonderstellung nahmen die „Kursächsischen Konstitutionen" ein. In Kursachsen war schon im Mittelalter die Berufung an den Magdeburger Oberhof untersagt worden. „Zweifelhaftige Fell", die Städte „über die ungleichen und widerwärtigen Urteile" dem Kurfürsten vorlegten, gaben Veranlassung, die Juristenfakultäten der beiden sächsischen Universitäten Wittenberg und Leipzig um Mitteilung ihrer Rechtsmeinungen dazu zu bitten. Die Kontroversen wurden mit den kurfürstlichen Räten erörtert, nach Genehmigung durch die Landstände als „Kursächsische Konstitutionen" in systematischer Reihenfolge entschieden und 1572 durch den Kurfürsten publiziert. In Ergänzung der Konstitutionen wurden als Ergebnisse neuer Beratungen 1661 die sog. „Kursächsischen Dezisionen" erlassen.

## 2. Reformierte Reichsgesetze

Vergleichbare Reformen betrafen auch die Reichsgesetzgebung. Besonders effektiv und nachhaltig haben die sog. „Polizeiordnungen" die Strukturen der alten Gesellschaft und Rechtsordnung verändert. Sie ergingen als Landes- oder Reichspolizeiordnungen. Ihrer Rechtsnatur nach Maßnahmegesetze, regelten sie die heterogensten Rechtsmaterien des Privat-, Straf- und sonstigen Verwaltungsrechts. Als Edikte, Mandate oder Dekrete dienten sie durch verhaltenslenkende Reglementierungen der totalen Sozialdisziplinierung der Untertanen.

Der rechtspolitische Zweck dieser Reichsgesetzgebung war die Herstellung einer „guten Policey", ihr Forum waren die Reichstage (1530, 1548, 1577). Vornehmlich mit Fragen des Erb- und Vormundschaftsrechts beschäftigten sich die Reichstage von Freiburg (1498), Augsburg (1500), Worms (1521) und Speyer (1529). Besondere Bedeutung gewann die auf dem Reichstag zu Köln (1512) beschlossene „Notariatsordnung". Sie regelte umfassend und richtungweisend das für die Praxis besonders wichtige Beurkundungswesen.

Die reformatorischen Einflüsse zeigten sich am deutlichsten und spektakulärsten im Strafrecht. Das erste und bis 1871 einzige Reichsstrafgesetzbuch wurde 1532 durch Kaiser *Karl V.* (1500–1558) verkündet. Das „Peinliche Gerichtsordnung" oder „Constitutio Criminalis Carolina" genannte Gesetz war das Ergebnis einer intensiven Anpassung des alten Strafrechts an die gelehrte Doktrin der italienischen Kriminalwissenschaft. Als rechtspolitisches Anliegen verfolgte die „Carolina" primär eine grundlegende Umgestaltung des inquisitorischen, durch Willkür und Grausamkeit bestimmten Strafverfahrens.

Vermittler der gelehrten kriminalistischen Lehren war der fränkische Ritter *Johann von Schwarzenberg* (1463/65–1528), Hofmeister und

Vorsitzender des Hofgerichts im Fürstbistum Bamberg. Er war Mitverfasser der „Constitutio Criminalis Bambergensis" von 1507, die Vorlage und Vorbild der Carolina wurde (sog. „mater Carolinae"), und zeitweise Mitarbeiter bei der Redaktion der Carolina.

Die praktische Bedeutung der Carolina mit ihrem in die Zukunft weisenden Inhalt und kriminalpolitischen Anspruch wurde jedoch erheblich durch die Aufnahme der sog. „salvatorischen Klausel" eingeschränkt. Danach sollte das Landesstrafrecht Vorrang vor dem subsidiär geltenden Reichsgesetz haben.

Die Gesetzgebungstätigkeit des Reiches galt vorrangig der Bewältigung dringlicher „gesamtstaatlicher" Probleme. Sie war nur in Ausnahmefällen (bei der „Carolina") das Instrument einer planvollen, auf langfristige Wirkungen angelegten Rechtspolitik. Dies lag insbesondere an dem wachsenden Macht- und Autoritätsverfall des Kaisertums, das in den Religionskrieg verstrickt war. Deshalb wurden verschiedene Reformanläufe durch partikulare, reichsständische Interessen häufig bereits im Keim erstickt.

## IV. Europäische Emanzipation der nationalen Rechte

Der Usus Modernus verdankte seine Entstehung letztlich den Impulsen, die von der Erneuerungsbewegung des „mos gallicus" ausgegangen waren. Er blieb aber keineswegs eine ausschließlich dem deutschen Rechtsdenken zuzuordnende Stilrichtung. Die humanistische Kritik an der Autorität des römischen Rechts zeigte Wirkungen in ganz Europa. Zu ihren wichtigsten zählte die Emanzipation der nationalen Rechte. Das künftige Ideal war das Gesetz, die spätere Kodifikation, als einziger rationaler Faktor der Rechtsentstehung. Die Vorstellung von der Einheit von Recht und Nation wurde zur politischen Maxime des Fürstenstaats. Das Ius patrium stand fortan im Dienst der Konsolidierung der Landesherrschaft und Souveränität.

Die Bewegung zu den nationalen Rechten hatte seit dem 17. Jahrhundert alle europäischen Territorien, wenn auch in unterschiedlicher Intensität, erfasst. Beispielsweise entstand in *Frankreich* das neue Rechtssystem vom „droit commun de la France". In *Deutschland* entdeckte zur gleichen Zeit die Wissenschaft neben dem als traditionalistisch bezeichneten Ius commune plötzlich ein sog. „Gemeines deutsches Privatrecht", ohne ihm allerdings die Gestalt geben zu können, in der es das 19. Jahrhundert hätte überleben können.

Ein eigener praxisfreundlicher Stil dieses Denkens hatte sich in *Italien* entwickelt. Die „Giurisprudenza pratica" war die völlig autonome Erscheinungsform eines Rechtsdenkens, das nur im Grundansatz dem deutschen Usus Modernus glich. Sie verfolgte das Ziel, aus der reichen Tradition der Lehren des Ius commune ein „diritto privato" zu erarbeiten, das allgemein verständlich, für die Praxis beherrschbar und zeitgemäß war. Der herausragende Repräsentant dieser Strömung war der Jurist, Theologe und spätere römische Kardinal *Giovan Battista De Luca* (1614–1683). Er besaß eine ausgeprägte praktische juristische Begabung und die Fähigkeit, selbst die kompliziertesten Rechtsprobleme aus einer ausufernden Judikatur auf das Wesentliche und Grundsätzliche zurückzuführen. Seine beiden Hauptwerke „Il Teatro della Verità e della Giustizia" (1669–73) und „Il Dottor Volgare" (1673) waren weit verbreitet. Sie erlangten in der Praxis wie in der Doktrin eine ähnliche Bedeutung wie das von Samuel Stryk verfasste Lehrbuch für die deutschen Jurisprudenz.

Mit der Verselbständigung der nationalen Rechte und ihrer wissenschaftlichen Bearbeitung brach das Ende der europäischen Rechtswissenschaft an. Die Zukunft gehörte dem Naturrecht und den in seinem rationalistischen Geist geschaffenen Kodifikationen der europäischen Nationalstaaten.

**Schrifttum:** *A. Wolf*, Gesetzgebung in Europa 1100–1500 (1996), 119 ff. – *A. Mazzacane*, Jus commune, Gesetzgebung und Interpretation der „höchsten Gerichtshöfe" im Werk des De Luca, in: ZHF Beiheft 22 (1998), 71 ff. – *M. Bellomo*, Società e diritto nell'Italia medievale (2002), 332 f. – *H. Rüping/G. Jerouschek*, Grundriss der Strafrechtsgeschichte, 4. Aufl. (2002), 43 ff. – *U. Petronio*, La lotta per la codificazione (2002), 212 ff. – *M. Caravale,* Alle Origini del Diritto Europeo (2005), 115 ff.

# § 4 Vom Naturrecht zum Vernunftrecht der Aufklärung

Die humanistische Erneuerungsbewegung war Wegbereiterin einer Mitte des 17. Jahrhunderts beginnenden, alle Lebensbereiche erfassenden Säkularisierung. Kirchliche Reformation und konfessionelle Konflikte hatten im Dreißigjährigen Krieg die Einheit der römischen Kirche endgültig zerstört. Die für das Mittelalter charakteristische metaphysische Grundlegung der Weltordnung wurde durch ein neues, rational legitimiertes Weltbild ersetzt.

Diese radikale „Entzauberung der Welt" (*Max Weber*) hatten die entstehenden exakten Naturwissenschaften eingeleitet. Der italienische Physiker und Astronom *Galileo Galilei* (1564–1642) entdeckte die Naturgesetze vom freien Fall im Experiment und öffnete damit die Tür zur Entwicklung der modernen Physik. Der englische Mathematiker und Physiker *Isaac Newton* (1643–1727) verknüpfte die frühneuzeitliche Physik mit der Astronomie und wurde zum Begründer einer physikalisch-mechanistischen Naturerkenntnis. Deren Hauptkennzeichen war das Interesse an einer rein mechanischen Erklärung der Welt, an wissenschaftlich ermittelten, quantifizierbaren Tatsachen, am Begreifen der Phänomene als mess- und zählbare Größen.

Das Ziel der von den Niederlanden und England auf ganz Europa ausstrahlenden Aufklärungsbewegung war, den Menschen aus der religiös verfassten, jenseitsorientierten Ordnung des Mittelalters zu lösen und ihn als mit autonomer Vernunft begabtes Wesen in eine diesseitige, rationale, physikalisch erklärbare, von Naturgesetzen beherrschte Welt zu führen. In ihr wurde er als Individuum zum Mittelpunkt, die Natur zum Maßstab und Objekt menschlicher Beherrschung. Künftig bestimmten nicht mehr die alten theologischen Autoritäten die Inhalte von Recht und Gerechtigkeit, sondern allein die menschliche „ratio". Nur was die „natürliche" Vernunft als gültig eingesehen hatte, war als „naturrechtsgemäß" zu befolgen.

Naturrecht als fundamentales, der besonderen Natur und Existenz des Menschen inhärentes Recht liegt jedem weltanschaulich oder ethisch fundierten und nicht rein positivistischen Recht zugrunde. Mit dem Anspruch, aus der Trieb- oder Vernunftsphäre des Menschen unabänderbare und zeitlose Grundsätze abzuleiten, stellt es deshalb auch ein zeitloses Problem des Rechts dar. Die Grundlagen des Naturrechts beruhen auf heterogenen Quellen. In der Geschichte der Formung des Naturrechtsgedankens werden herkömmlich vier Entwicklungsstufen unterschieden: Die griechische und römische Antike, die Epoche des mittelalterlichen christlichen Naturrechts sowie die Zeit des säkularisierten, zum „Vernunftrecht" gewandelten Naturrechts der Aufklärung.

## I. Antike Naturrechtslehren

## 1. Griechenland

Eine der historischen Wurzeln des Naturrechts liegt in der griechischen Antike. Nach den Perserkriegen (5. Jh. v. Chr.) zerbrach das geistige Weltbild, in dem natürliche Ordnung (*physis*) und von Menschen gesetztes Recht (*nomos*) im Stadtstaat der „Polis" noch zu einer als sakral geltenden Einheit verbunden waren. In der folgenden Epoche der Aufklärung, die in der perikleischen Demokratisierung Athens gipfelte, wurde zum ersten Mal das Auseinanderfallen von Menschen- und Götterordnung sowie von Gesetz und Natur bewusst (*Protagoras*, 480–410 v. Chr.).

Die „Sophisten" suchten spekulativ nach Verbindungen zwischen der Natur und der menschlichen Gesellschaft. Sie entdeckten dabei die Naturrechtsidee als ausschließlich auf die Natur und nicht auf ein staatliches Gesetz gegründete Gerechtigkeit (*dikaion*). Im Zentrum ihrer Rechtskritik und Gerechtigkeitslehren stand der bekannte Antagonismus von Gesetz (*nomos*) und Natur (*physis*) und damit auch die alles beherrschende Frage nach dem Ursprung des Rechts. Nach sophistischer Auffassung brauchte das gesetzte, der Natur gemäße positive Recht durchaus nicht einheitlich zu sein.

*Kallikles*, eine möglicherweise von *Platon* (427–347 v. Chr.) fingierte Persönlichkeit, sah in dem Naturrecht das Recht des Stärkeren. *Trasymachos* (5. Jh. v. Chr.) sprach vom Naturrecht als dem Gerechten, das nichts anderes beinhaltete als den eigenen Nutzen des Stärkeren. Bei *Platon* wurde der sophistische Antagonismus zwischen Natur und Gesetz zurückgenommen und als Naturrecht die Lehre von der Idee der Gerechtigkeit entwickelt. An deren überall geltenden, objektiven Wertgrundsätzen als Realitäten musste das positive Recht nach Möglichkeit teilhaben. Allerdings schwankte Platon bei der Beantwortung der Frage, ob das als gerecht Erkannte durch positives Recht umgesetzt werden musste oder ob es ohne die Vermittlung der Gesetzgebung unmittelbar verpflichtende Kraft hatte.

Der Platon-Schüler *Aristoteles* (384–322 v. Chr.) setzte die Ideen seines Lehrers fort und verstand unter Naturrecht das ungeschriebene, immer und überall verbindliche Recht (Gleichheit, Freiheit, Gerechtigkeit), dem das gesetzliche Recht anzugleichen war. Allerdings galt Naturrecht nicht mehr bedingungs- und voraussetzungslos. Vielmehr war es – wie die zeitgebundene Natur des Menschen und des Staates (*polis*) – anpassungs- und fortentwicklungsfähig. Die Gleichheitsmaxime versagte jedoch bei der Sklavenfrage. Rigoros erklärte Aristoteles die barbarischen Sklaven zum naturgewollten Sacheigentum der Hellenen.

In der Philosophie der „Stoa" (350–250 v. Chr.) wurde der Naturrechtsgedanke zur Quelle einer weltumspannenden, kosmischen Ordnung. Der Mensch als Teil des Kosmos nahm vermöge der ihm eigenen Vernunft an der gleichfalls durch sie beherrschten Weltordnung teil. Das Naturrecht und seine verstandesmäßig einsehbare „natürliche", richtige Normenordnung waren Konkretisierungen eines allumfassenden, das Einzel- und Sozialleben umschließenden, die gesamte Menschheit verpflichtenden, gemeinsamen Weltgesetzes (*nomos koinos – ratio mundi*). Der „Natur" zu folgen galt als ein Weg zur „Tugend" (*arete*).

## 2. Rom

Die antiken politisch-philosophischen Vorstellungen von der natürlichen Ordnung als Objektivierung der Weltvernunft fanden Eingang in das römische Staats- und Rechtsdenken. Die Mittler waren die griechische Wissenschaftslehre mit ihren Disziplinen Rhetorik und Philosophie, ihre Instrumente die Denkfiguren „Analyse" und „Synthese", die zur Ordnung der Rechtsbegriffe verwendet wurden. Rom stand seit dem 2. Jahrhundert v. Chr. unter dem Einfluss der geistigen Strömungen des Hellenismus. Die Folge dieses ersten römischen Humanismus war ein alle Bereiche des kulturellen, künstlerischen und wissenschaftlichen Lebens erfassender Aufschwung. Die stärksten Impulse gingen hierbei von den Stoikern *Chrysippos* (281–208/04 v. Chr.), *Panaitios* (185–109 v. Chr.), *Poseidonios* (135–50 v. Chr.) und von dem Historiker *Polybios* (um 200–120 v. Chr.) aus.

Die Rezeption der stoischen Lehren konfrontierte das römische Rechtsdenken auch mit dem Problem des Naturrechts. *Cicero* (106–43 v. Chr.) griff die griechischen Vorlagen auf und versuchte mit ihrer Hilfe das überlieferte römische Recht zu begreifen. Er wollte es sowohl tiefer begründen wie auch den Bedürfnissen der Zeit anpassen. Bei der Suche nach einer für den Staat vernunftkonformen Gesetzgebung definierte er das wahre Gesetz (*lex vera*) als die höchste aus der Natur fließende Vernunft (*lex est ratio summa, insita in natura*), die den Menschen zu einem ihm gemäßen richtigen Handeln sowie zur Meidung des Gegenteiligen verpflichtete (*quae iubet ea quae facienda sunt, prohibetque contraria*, De legibus I 6. 16). Für Cicero und die zeitgenössischen Juristen beinhaltete das „ius naturale" die richtige, im Einklang mit der Natur stehende Vernunft (*naturalis ratio*). Es war, Göttern und Menschen in einer kosmopolitischen Gemeinschaft gemeinsam verliehen, beständig und ewig (*est vera lex recta ratio, naturae congruens, diffusa in omnis, constans, sempiterna*, De re publica III 22). Das „ius naturale" gebietet das Gute und das ist in einer Gemeinschaft, in der die Menschen leben, das Gemeinwohl (*utilitas publica – bonum commune*).

An einer systematischen Erfassung des Naturrechts haben die römischen Juristen nicht gearbeitet. Ihr Bemühen galt vielmehr der Ableitung und Begründung des vorhandenen positiven „ius civile" aus dem Naturrecht mit Hilfe der dialektischen Methode (Logik). Gerechtigkeit und Recht als Einheit mussten in ihrem Wesen neu bestimmt werden.

Der klassische Jurist *Gaius* (um 120–180) sah die Quelle des „ius naturale" in der allen Menschen gemeinsamen Vernunft (*naturalis ratio*), die auch gemeinschaftliche Rechtsgedanken rechtfertigte, und erklärte sie zum Maßstab der natürlichen Gerechtigkeit (*naturalis aequitas*). Der Spätklassiker *Ulpian* (um 170–223) begriff das Naturrecht als unveränderliches Menschheitsrecht am Beispiel allgemeiner Institutionen, wie Ehe und Erziehung der Nachkommen. Berühmt wurde seine Definition: Naturrecht ist das, was die Natur alle Lebewesen gelehrt hat (*ius naturale est, quod natura omnia animalia docuit*, Digesten 1, 1, 1, 3). Dem lag die stoische, auf einen biologischen Naturbegriff zurückgehende Vorstellung von der Rechtsgemeinschaft aller Lebewesen zugrunde (*Empedokles, Pythagoras*).

Die festgestellte Gleichartigkeit bestimmter allgemeinmenschlicher, elementarer Rechtsüberzeugungen auch bei den nichtrömischen Untertanen des Imperium Romanum bildete den realen Hintergrund für den

zuerst durch Cicero vorgenommenen Vergleich des ausschließlich römischen Bürgern vorbehaltenen „ius civile" mit dem „ius gentium",
das die natürliche Vernunft für alle Völker festgesetzt hat (*quod naturalis ratio inter omnes homines constituit*, Gaius, Institutionen 1, 1).
Damit war das „ius gentium" nicht als Völkerrecht im modernen Sinne,
sondern als bei allen Völkern gleichmäßig beachtetes, von ihnen ge-
brauchtes Recht in die Nähe des überpositiven „ius naturale" getreten.
Inwieweit jedoch diese Nachbarschaft auch eine praktische Umsetzung
gefunden hatte, wird von der Forschung uneinheitlich beantwortet. Jedenfalls spiegelt die Zurückhaltung der Juristen in der Sklavenfrage –
die Sklaverei wird zwar als „contra naturam" erkannt, aber dennoch allgemein als Institut des ius gentium gerechtfertigt – diese Diskrepanz
wider.

**Schrifttum:** *W. Waldstein*, Ius naturale im nachklassischen römischen Recht
und bei Justinian, SZRom 111 (1994), 1 ff. – *C. Starck*, Nomos und Physis, in:
Gedächtnisschrift G. Küchenhoff (1987), 149 ff. – *H. Honsell*, Nomos und Phy-
sis bei den Sophisten, in: Mélanges F. Wubbe (1993), 179 ff. – *K. Seelmann*,
Rechtsphilosophie (1994), 8 ff. – *O. Behrends* u.a. (Hg.), Nomos und Gesetz.
Ursprünge und Wirkungen des griechischen Gesetzesdenkens (1995) – *W.
Naucke*, Rechtsphilosophische Grundbegriffe, 3. Aufl. (1996), 11 ff. – *Kaser/
Knütel*, Römisches Privatrecht, 17. Aufl. (2003), 5 ff., 40 ff.

## II. Christliche Naturrechtslehren

Die stoische Rechtsphilosophie erfährt unter dem Einfluss christlicher
Werthaltungen und Lehren eine grundlegende Umgestaltung. Zur künftig maßgeblichen Quelle des Naturrechts wird die lateinische Bibel mit
ihrem Alten und Neuen Testament. Daneben werden ergänzend zur
weiteren Begründung Grundsätze des justinianischen Corpus iuris sowie des kanonischen Rechts (Dekret Gratians) herangezogen.

## 1. Aurelius Augustinus

Dem alttestamentlichen theokratischen Gedanken vom göttlichen Ur-
sprung des Rechts verhalf nach der Erhebung des Christentums zur
Staatsreligion (380) *Aurelius Augustinus* (354–430) zum Durchbruch.
Der Kirchenlehrer und lateinische Kirchenvater hatte in seinem speku-
lativen Werk „Über den Gottesstaat" (*De Civitate Dei*) – als ideale
Schöpfungsordnung – die auf die Stoa zurückgehende philosophische

Vorstellung von der alles umgreifenden Weltvernunft theologisiert. An ihre Stelle trat die „lex aeterna" als ewiges Gesetz Gottes, der die Welt (*civitas diaboli*) geschaffen und durch seinen Willen oder durch seine Vernunft in eine gerechte Ordnung gebracht hat. Vermöge seines Gewissens oder seiner Vernunft war der schwache und hilfsbedürftige Mensch allenfalls zu einer unvollkommenen Erkenntnis der göttlichen Weltordnung (*civitas dei*) befähigt. Er begriff und übersetzte deshalb die „lex aeterna" durch seine Vernunft als Naturrecht (*lex naturalis* – natürliches Gesetz). Dieser „lex naturae" – gewissermaßen als Abschrift (*transscriptio*) der „lex aeterna" – war der Staat (*civitas terrena*) und jede irdische Rechtsetzung (*lex positiva, humana* – zeitliches Gesetz für und unter Menschen) als unvollkommene Verwirklichung der „lex naturalis" unterworfen.

Augustinus bediente sich hierbei des bekannten Bildes vom Wachs (*lex naturalis*), dem ein Siegelring (*lex aeterna*) eingeprägt wird, und das ein nur bedingt vollkommenes Abbild vom Siegel enthält. Bis zur Entstehung eines eigenen philosophischen Systems in der Hochscholastik war die augustinische theologisch-eschatologische Bestimmung des Verhältnisses zwischen Kirche als Gottestaat (*civitas dei*), irdischem Staat (*civitas terrena*), göttlichem Gesetz (*lex aeterna*) und menschlicher Satzung (*lex positiva*) auf den Grundlagen der stoischen und neuplatonischen Philosophie herrschend.

## 2. Thomas von Aquino

*Thomas von Aquino* (um 1224/25–1274) repräsentierte eine Richtung der scholastische Rechtsphilosophie, die das Recht aus der idealen Schöpfungsordnung Gottes (*ordo dei*) herleitete. Der später als „Fürst der Scholastik" bezeichnete Schüler des aus Schwaben (Lauingen) stammenden Philosophen, Naturforschers und Theologen *Albertus Magnus* (Albert d. Gr., um 1200–1280) sah im Ordo Dei den Ursprung des Rechts (*lex aeterna*). Ausgehend von der aristotelischen Philosophie übernahm Thomas von Aquino die augustinische Triaslehre. Die von Augustinus offengelassene Frage, ob das Weltgesetz der „lex aeterna" auf Gottes Intellekt oder auf seinen Willen zurückzuführen ist, entschied er jedoch eindeutig zugunsten der Vernunft.

Nach dieser Lehre besitzt der Mensch natürliche, unveränderliche Anlagen und Neigungen, in denen sich das natürliche und ebenfalls unveränderliche Gesetz manifestiert. Er erfährt von der „lex aeterna" durch die Gebote und Offenbarung Gottes (*lex divina*) und erschließt durch seine Neigungen kraft seiner Vernunftnatur das eigentliche Naturrecht (*lex naturalis*), d.h. die Ordnung der Schöpfung (*ordo creationis*). Natürliche Rechtsprinzipien, die auf diese Weise erkannt werden, sind z.B. Zeugung und Aufzucht des Nachwuchses, Selbsterhaltung, das Leben in Gemeinschaft, Friede, Schutz vor Verbrechen und Ordnung. Da die Naturrechtsgrundsätze jedoch vielfach zu allgemein sind, müssen sie konkretisiert werden. Diese Aufgabe übernimmt die „lex humana" als menschliches, von der gottgegebenen Obrigkeit erlassenes positives Sollensgesetz, als Satzung für Menschen und unter Menschen.

Die Abgrenzung zwischen Gottes Wille (*lex aeterna*), seiner Erkenntnis durch den Menschen (*lex naturalis*) und der Übertragung des Naturrechts in die historische Situation des geschichtlichen Einzelfalles im Rechtsalltag (*lex humana*) bereitete Schwierigkeiten. Auch das Naturrecht beruhte auf göttlicher Anordnung, wenngleich auch nur mittelbar aus den Umständen (*analogia entis*), insbesondere aus dem christlichen Gewissen und aus der gleichartigen Übung bei allen Völkern, entnommen werden kann, dass Gott die menschliche Natur für das Zusammenleben (*socialitas*) so und nicht anders geordnet hat.

Die „lex humana" durfte sich als konkretisiertes Naturrecht jedoch nicht mit der „lex aeterna" und „lex naturalis" in Widerspruch setzen. Wich sie von ihnen ab, war sie kein Gesetz, sondern seine Zerstörung (*legis corruptio*) und brauchte nicht befolgt zu werden. Damit bestritt Thomas von Aquino die Geltung naturrechtswidrigen positiven Rechts. Das Naturrecht beschränkte er im Wesentlichen auf den Dekalog und hielt weitergehende, selbst unrichtige, wenn auch nicht gerade widergöttliche Gesetze so lange (*pro tempore*) für verpflichtend, als durch sie das höhere Gut der äußeren Ordnung erstrebt wurde. Auf dem Grundgedanken der durch rationale Operationen möglichen Begründung des positiven Rechts aus dem Willen Gottes (*lex aeterna*) beruhte das gesamte mittelalterliche weltliche Rechtsdenken bis zu seiner ersten Relativierung in der sog. Spätscholastik („Secunda Scholastica") und bis zur Auflösung in der Aufklärung.

## 3. Voluntaristisches Naturrecht der Franziskanerschule

Die philosophische Auseinandersetzung im sog. Universalienstreit leitete das Ende des aristotelisch-thomistisch geprägten Naturrechtsdenkens der Hochscholastik ein. Die Kritik hatte sich an grundsätzlichen erkenntnistheoretischen und sprachphilosophischen Fragen entzündet:

– In welchen Erscheinungsformen existieren Allgemeinbegriffe (*universalia* – Lebewesen, Menschen)?
– Wie verhalten sie sich zu dem einzelnen Gegenstand (Individuum)?
– Haben sie überhaupt einen irgendwie realen Inhalt (*universalia sunt ante rem* oder *in re* – Standpunkt des *Universalismus*)?
– Oder stellen die Allgemeinbegriffe nur als Ergebnisse der abstrahierenden Vernunft schlichte Sammelnamen (*nomina*) dar, die lediglich in der Vorstellung und ihrer Sprache existieren (*universalia sunt post rem* – Standpunkt des *Nominalismus*)?

Der Nominalismus wandte sich gegen den erkenntnistheoretischen Realismus. Die Grundlagendiskussion hatte Auswirkungen auf die Begründung des Naturrechts und auf die Bestimmung seiner Inhalte.

Im Anschluss an den Franziskaner *Roger Bacon* (um 1219 – um 1292) in Oxford formulierte der zuletzt in Paris und Köln lehrende Franziskaner *Johannes Duns Scotus* (um 1265/66–1308) die Absage an den herrschenden thomistischen, idealistischen, durch den Vernunftprimat bestimmten Naturrechtsbegriff. Ihm stellte er den Primat des Willens gegenüber (Voluntarismus): „Der Wille steht über der Vernunft" (*voluntas est superior intellectu*). Verstandesmäßiges Erkennen des Naturrechts im Wege der Teilhabe am göttlichen Intellekt muss unabweisbar zu unvollkommenen Einsichten führen, weil der Mensch vermöge seines naturgemäß eingeschränkten Erkenntnisvermögens nur zu begrenzten Erfahrungen fähig ist. Nach neuer, voluntaristischer Lehre soll der souveräne, zufällige, individuelle und freie Wille Gottes (*voluntas dei*) über Gültigkeit und Verbindlichkeit eines Naturrechtssatzes oder Naturgesetzes entscheiden. Eine Handlung ist nur gut oder schlecht, *weil* Gottes freier Wille sie so bezeichnet. Nach einer weiteren Rechtfertigung hat man nicht zu fragen. Folgerichtig kommt es dann auch auf die Übereinstimmung mit der „natura humana" nicht mehr an. Da Gott nicht gegen das logische Widerspruchsprinzip (A ist nicht Non-A) verstößt, kann eine schrankenlose göttliche Willkür („Willkürgott") überhaupt nicht gedacht werden. Das voluntaristisch so begründete Naturrecht ist seinem Wesen nach veränderlich oder dynamisch.

Die Propagierung der Souveränität des göttlichen Willens und damit der Vieldeutigkeit des Naturrechts durch die franziskanische Richtung des Scotismus war eine Provokation der traditionellen Lehre. Der Philosoph *Wilhelm von Occam* (Ockham, um 1285–1348), Schüler von Duns Scotus in Paris und klassischer Vertreter der „Franziskanerschule", den Papst Johannes XXII. (1316–1334) verfolgt und dem Kaiser Ludwig der Bayer (1314–1349) in München Zuflucht und Schutz gewährt hatte, folgte seinem Lehrer in der These von der göttlichen Freiheit und vollendete diese revolutionierende voluntaristisch-individualistische Naturrechtsinterpretation. Demgemäß konnte „Naturrecht" stets nur – auf „Erfahrung" gegründetes – veränderliches, „relatives Recht" sein; im Mittelpunkt seines Regelungsumfanges stand der individuelle Mensch. Das aus der empirischen Beobachtung (nur) der Einzeldinge bzw. der Individualitäten resultierende Wirklichkeitsverständnis musste zwingend zum Zwiespalt zwischen Theologie (Glauben-Offenbarung) und Philosophie (empirische Vernunftwissenschaft) führen. Das alte Weltbild stand auf dem Kopf.

Occam's Lehre begründete in Ansätzen den *Empirismus* als Wissenschaftsbegriff. Dieser erwies sich als Wegbereiter des späteren *Cartesianismus* (nach *René Descartes*, 1596–1650), einer skeptisch-kritischen, die Mathematik zum Vorbild des Denkens erhebenden Wissenschaftstheorie.

**Schrifttum:** *K. Seelmann*, Rechtsphilosophie (1994), 8 ff. – *W. Naucke*, Rechtsphilosophische Grundbegriffe, 3. Aufl. (1996), 39 ff. – *B. Rüthers*, Rechtstheorie (1999), 242 ff. – *O. Höffe*, Kleine Geschichte der Philosophie (2001), 122 ff.

## III.  Naturrecht der Spätscholastik – „Secunda Scholastica"

Unter dem Einfluss der voluntaristischen Richtung (der occamschen *via moderna*) wurde die herrschende hochscholastisch-thomistische Naturrechtslehre (als *via antiqua*) im 16. Jahrhundert in Spanien grundlegend verändert. Ihre Neuinterpretation wird in der Wissenschaftsgeschichte „Spätscholastik" oder (besser) „Zweite Scholastik" (*Secunda Scholastica*) genannt. Charakteristisch ist für sie die Preisgabe des thomistischen Vernunftoptimismus und die Hinwendung zu den

Methoden des Humanismus sowie zu den aktuellen politischen Problemen der Zeit. Sachlich verfehlt wäre es, die Spätscholastiker als Repräsentanten einer Verfallszeit zu bezeichnen.

Ursächlich für das Entstehen der neuen Naturrechtslehren war die seit Ausgang des 15. Jahrhunderts grundlegend veränderte weltgeschichtliche Lage. Spanien war unter der Herrschaft von *Karl V.* (1550–1558) und *Philipp II.* (1527–1598) zur beherrschenden Macht Europas aufgestiegen und auf dem Weg in sein „Goldenes Zeitalter". In dieser Zeit des „*Siglo d'oro*" entdeckte 1492 der Genuese *Christoph Columbus* (Cristoforo Colombo, 1451–1506) für die Spanier Amerika, und umsegelte 1497 der Portugiese *Vasco da Gama* (1469–1524) Afrika. Eine totale Veränderung des überkommenen Weltbildes war die Folge. Kirchliche Reformation und Gegenreformation hatten die geistige Einheit der römischen Kirche zerstört, das Papsttum als zweite Universalmacht registrierte nur noch den Verlust seiner geistig-theologischer Führungsrolle; das Vertrauen in seine Autorität war erschüttert. Die spanische Expansion und Kolonialpolitik Karls V. sowie Philipps II. forderten neue ethische Antworten für das Zusammenleben der christlichen Völker mit der nichtchristlichen, sog. „heidnischen" Urbevölkerung.

Die spanischen Spätscholastiker hatten ihre wissenschaftliche Heimat an der Universität Salamanca. In der in Europa führenden sog. „Schule von Salamanca" stellten sie sich den Problemen, die als Folgen der Eroberung der Neuen Welt sowie eines außergewöhnlichen politischen und wirtschaftlichen Umbruchs (sog. Preisrevolution) entstanden waren. Ziel ihrer vom Humanismus beeinflussten Naturrechtslehre war, der Welt wieder eine verlässliche rechtliche wie sittliche Ordnung zu geben. Beispielhaft für dieses Bemühen wurde eine 1550 berühmt gewordene Disputation vor dem königlichen Rat über die Frage nach dem Recht der Spanier zur Landnahme und Vernichtung der Indianer. Während der Reichshistoriograph *Juan Ginés de Sepúlveda* (1490–1573) unbeirrt die Ausrottung der „barbarischen Indianer" für rechtmäßig hielt, widersprach ihm ebenso kompromisslos der naturrechtlich argumentierende Dominikaner *Bartolomé de las Casas* (1474–1566). Er setzte sich am Hofe durch und wirkte als Protektor der Indianer Amerikas.

Trotz ihrer auf Befriedung gerichteten Ziele vollzog die Spätscholastik in konsequenter Fortführung der nominalistischen Philosophie letztlich die Auflösung der mittelalterlichen Einheit von Naturrecht und Theologie. Die dabei gewonnenen Erkenntnisse hatten weitreichende Folgen. Die spanische Naturrechtslehre hat über die Theologie hinaus der Rechtsphilosophie und juristischen Dogmatik (natürliches Privatrecht, Vertragslehre) entscheidende Anstöße gegeben. Durch die aktualisierende Anwendung des herkömmlichen Naturrechts auf konkrete Zeitprobleme haben die Spätscholastiker die europaweite Hochblüte des Naturrechts im 17. und 18. Jahrhundert eigentlich erst ermöglicht.

Begründer der „Schule von Salamanca" war der Dominikaner und Theologieprofessor *Francisco de Vitoria* (um 1483–1546). Neben seinen philosophischen Arbeiten hat er zu fast allen rechtspolitisch aktuellen Problemen seiner Zeit Stellung genommen. Besondere Beachtung verdient seine öffentliche Missbilligung der spanischen Eroberungspolitik sowie der gewaltsamen Unterdrückung der indianischen Ethnien. Als Lösung empfahl er das römische „ius gentium", allerdings in der Form eines „ius inter gentes", das ohne eine herrschende religiöse Festlegung nur auf Grund der Natur des Menschen galt.

Vitorias Mitarbeiter, der Dominikaner *Domingo de Soto* (1494–1560), lehrte ebenfalls Philosophie und Theologie in Salamanca. Darüber hinaus war er Beichtvater Karls V. und sein Abgesandter auf dem Konzil zu Trient. Der hauptsächlich an der Universität Evora wirkende Jurist und Theologe *Luis de Molina* (1535–1600) hat in seinem großen Werk „De iustitia et iure" (1593–1600) ein weit verbreitetes, der Wissenschaft ebenso wie der Praxis genügendes Rechtshandbuch geschaffen. Gegen den ausgeprägten Voluntarismus Occams begründete er die sich aus dem Naturrecht ergebende Verpflichtung mit der Rechtsfigur der „Natur der Sache".

Weitere führende Vertreter der spanischen Spätscholastik waren *Diego de Covarruvias (Covarubias) y Leyva* (1512–1577), genannt „el Bartolo español" – Kanonist, Richter, Präsident des Rates von Kastilien und Bischof von Segovia – und der Jesuit *Francisco de Suárez* (1548–1617) – Jurist und zuletzt Theologieprofessor in Coimbra. Die für die Rechtslehre maßgebliche Ausgrenzung eines für die Entscheidung praktischer Rechtsfragen tauglichen Systems des profanen Naturrechts aus den ausschließlich von Theologen verwalteten Naturrechtsmaterien gelang dem Juristen *Fernando Vásquez de Menchaca* (Vasquius, 1512–1569). Er lehrte in Salamanca, gehörte 1552 zum Kollegium der vier höchsten königlichen Richter in Sevilla und 1561 zu den Beratern Philipps II. Seine Theorie von einer Weltrechtsgemeinschaft, die nicht auf Religion, sondern Naturrecht gegründet war, das alle Staaten als gemeinsames natürliches Ordnungssystem umspannte (*ius gentium naturale*), ihnen ihre politische Unantastbarkeit unbeschadet der Freiheit ihres Handelns garantierte, hat den Naturrechtsbegriff inhaltlich entscheidend erweitert. Seine Lehre von der „Freiheit der Meere" gilt als seine bedeutendste praktische, seine Weiterentwicklung des Begriffs vom „subjektiven Recht" als seine herausragendste theoretische Leistung. Auf diesen Grundlagen konnten spätere Naturrechtler, vor allem *Hugo Grotius*, ein besonderes, sog. „natürliches Privatrecht" in dieses System einbeziehen.

**Schrifttum:** *H. Thieme*, Natürliches Privatrecht und Spätscholastik, SZGerm 70 (1953), 230 ff. – *F. Carpintero Benitez*, Del derecho natural medieval al derecho natural moderno: Fernando Vásquez de Menchaca (1977), 52 ff. (77 ff.) – *O.W. Krause*, Naturrechtler des sechzehnten Jahrhunderts – ihre Bedeutung für die Entwicklung eines natürlichen Privatrechts (1982), 22 ff., 40 ff., 48 ff., 78 ff. – *D. Deckers*, Gerechtigkeit und Recht: eine historisch-kritische Untersuchung der Gerechtigkeitslehre des Francisco de Vitoria (1991), 70 ff. – *A.-E. Pérez Luno*, Die klassische spanische Naturrechtslehre in fünf Jahrhunderten (1994), 36 ff.

## IV. Rationalistische Naturrechtslehren

## 1. Hugo Grotius und das säkulare Naturrecht

Der Niederländer *Hugo Grotius* (*Huig de Groot*, 1583–1645) steht mit seinem Denken und seinen Werken in der Tradition der spätscholastischen „Schule von Salamanca" sowie des späten Humanismus seines niederländischen Vertreters *Leonhard Lessius* (1554–1623). Für sein Leben hatte die Verwicklung in die religiös-politischen Konflikte seiner Zeit Folgen. Grotius war Anhänger einer gemäßigten calvinistischen Prädestinationslehre, wie sie die arminianischen sog. Remonstranten (nach dem Leidener Theologieprofessor *Jacobus Arminius* benannt) vertraten. Deswegen wurde er verhaftet und zu lebenslanger Festungshaft auf dem Wasserschloss Loevestein verurteilt. Von dort entwich er und lebte seit 1631 in Paris. Über seine juristische Laufbahn ist nur wenig bekannt.

Sein Hauptinteresse galt dem konkreten Staats- und Völkerrecht auf naturrechtlicher Grundlage. Deswegen wurde er auch als „Vater" eines neuen und modernen Völkerrechts gefeiert. Neuere Forschungen sehen in den Spaniern Francisco de Vitoria und Francisco de Suárez sowie in dem in Oxford *civil law* lehrenden Italiener *Alberico Gentili*

(1552–1608) die eigentlichen Begründer. Das Hauptverdienst von Hugo Grotius sieht man heute – neben seinem Anteil an der Erarbeitung des modernen Völkerrechts – vorwiegend in seinem Beitrag zur Entwicklung eines auf der Autorität der Vernunft des Menschen fußenden sog. „natürlichen Privatrechts". Nach seinem Verständnis war es die besondere Ausprägung einer allgemeinen Rechtslehre, die als Recht der gesamten Menschheit in Kriegs- wie in Friedenzeiten galt. Dieses Universalrecht sollte sämtliche sowohl individualrechtliche (im modernen Sinne privatrechtliche), wie auch zwischenstaatliche (im modernen Sinne völkerrechtliche) Rechtsbeziehungen regeln.

Ausgangspunkt seiner rationalistischen Rechtskonzeption sind die naturhaften Anlagen des Individuums, des Trägers angeborener Rechte zur Gemeinschaftsbildung (Geselligkeitstrieb – *appetitus societatis*) sowie die dem Menschen eigene Vernunft. Naturrecht ist das Gebot des klaren Verstandes bzw. der wahren Vernunft (*dictatum rectae rationis*). Kraft dieser ist jedes Individuum gehalten, Verträge zu erfüllen, verursachten Schaden wiedergutzumachen, fremdes Eigentum zu achten und Strafe für Vergehen zu erleiden. Danach gilt als naturgemäß, was den Geboten der Vernunft nicht widerspricht und der menschlichen Natur gemäß erscheint. Auch für das „säkulare" grotianische Naturrecht bleibt göttlicher Wille weiterhin unwandelbare Quelle. Jedoch ist dies nicht mehr denknotwendiges und zwingendes Prinzip. Vielmehr sind Naturrechtsgrundsätze selbst dann allgemeingültig, wenn man – einen scholastischen, bereits auf *Gregor von Rimini* (gest. um 1338), einen Schüler Wilhelms von Occam zurückgehenden Topos aufgreifend – annähme, dass es keinen Gott gibt. Dies wäre, so schränkte der keineswegs atheistische Grotius allerdings sofort ein, eine höchst freventliche Voraussetzung (*etiamsi daremus, quod sine summo scelere dari nequit, non esse Deum, aut non curari ab eo negotia humana*, De iure belli ac pacis, Proleg. 11).

Die Grundlegung seines voluntaristischen, die Autorität des Glaubens durch die Autorität der Vernunft ersetzenden, objektiv notwendigen und deshalb säkularen Naturrechts erfolgte in seinem Meisterwerk „Vom Recht des Krieges und des Friedens" (*De iure belli ac pacis libri tres*). Das erstmals 1625 in Paris erschienene Buch erlebte viele Auflagen, wurde in zahlreiche Sprachen übersetzt und hatte große politische Wirkungen, vor allem in den protestantischen Ländern. An den Universitäten wurde es dem Unterricht im Naturrecht zugrunde gelegt. In dieser naturrechtlichen Begründung eines ersten europäischen Privatrechts hat Grotius bereits zentrale Rechtsfiguren behandelt, die später zum Grundbestand der Zivilrechtsdogmatik wurden. Dazu zählen vor allem die Figur des Vertrages, der auf dem Willenskonsens der Partner beruht (Angebot und Annahme) und deshalb moralisch bindet (*pacta sunt servanda* als allgemeine Maxime), sowie die Lehren vom Versprechen als Verpflichtungsgrund, von der Willenserklärung, von der Ehe als Genossenschaft (*consociatio*) oder das Konsens- bzw. reine Vertragsprinzip als dogmatische Voraussetzung für den Eigentumserwerb.

Im Jahr 1631 erschien seine für Studenten bestimmte „Inleidinge tot de Hollandsche rechtsgeleerdheid" (Einführung in die holländische Rechtswissenschaft). Dieses während der Haft in niederländischer Sprache verfasste, naturrechtlich beeinflusste Buch hat das geltende Privatrecht seiner Zeit maßgebend geprägt. Die „Inleidinge" enthielt das gesamte Privatrecht der Provinz Holland, das der Autor in ein wissenschaftliches System gebracht hat. Das Buch wurde im 17. und 18. Jahrhundert zum Standardwerk des sog. römisch-holländischen Rechts. Vermittelt durch die niederländischen Handelskompagnien gelangte es in die überseeischen Niederlassungen und genießt in Südafrika als „book of authority" des „Roman-Dutch Law" bis heute gesetzesgleiche Autorität.

**Schrifttum:** *R. Zimmermann*, Das römisch-holländische Recht und seine Bedeutung für Europa, JZ 1990, 825 ff. – *W.G. Grewe*, Grotius – Vater des Völkerrechts?, Der Staat 23 (1984), 161 ff. – *ders.*, Epochen der Völkerrechtsgeschichte, 2. Aufl. (1988), 228 ff. – *H. Hofmann*, Von den Ursprüngen deutschen Rechtsstaatsdenkens in der nachchristlichen Sozialphilosophie, JuS 1984, 9 ff. – *M. Stolleis*, Geschichte des öffentlichen Rechts in Deutschland I (1988), 278 ff. – *A. Dufour*, Droits de l'homme, droit naturel et histoire (1991), 43 ff.

## 2. David Mevius und das praktische Naturrecht

Die Naturrechtsphilosophen waren alle mit dem Anspruch aufgetreten, ein System von Rechtsregeln frei entwerfen zu können, die sich aus der sozialen Natur des Menschen ergaben und auf evidente Naturrechtsprinzipien gegründet waren. Dieses ausschließlich durch Vernunft (*ratio*) erkannte und mittels logisch-mathematischer Deduktion (*more geometrico*) entwickelte Rechtssystem sollte jenseits allen positiven Rechts verbindlich sein. Es war vor allem dazu bestimmt, im Einzelfall als Prüfstein für die Vernünftigkeit des geltenden Ius commune zu dienen und eine künftige naturrechtliche Gesetzgebung vorzubereiten.

Das Kodifikationspostulat wurde erst in der zweiten Hälfte des 18. Jahrhunderts eingelöst (in Bayern 1756, in Preußen 1794).

Gleichwohl gab es bereits davor Versuche, die Naturrechtslehren vor allem des grotianischen Universalrechtsentwurfs für die Rechtspraxis nutzbar zu machen. Zu den erfolgreichen Wegbereitern dieses praxisbezogenen Naturrechts gehörte *David Mevius* (1609–1670), einer der „bedeutendsten deutschen Juristen nicht nur seines Jahrhunderts" (*F. Wieacker*). Der ab 1653 als Vizepräsident des Obertribunals in Wismar tätige ehemalige Greifswalder Professor und spätere Stadtsyndikus in Stralsund legte hierfür die theoretischen Grundlagen in seinem unvollendet gebliebenen „Prodromus jurisprudentiae gentium communis pro exhibendis eiusdem principiis et fundamentis" (1671). Das Ziel seines Entwurfs einer universellen Jurisprudenz war die Lösung von der Autorität des römischen Rechts und sein Ersatz durch ein ausdrücklich von Grotius beeinflusstes, allgemein geltendes Naturrecht (*ius naturae et gentium*) als für die juristische Praxis maßgebliche Rechtsquelle.

Als Richter des Obertribunals veröffentlichte Mevius die Judikatur dieses Gerichts in den ab 1664 erschienenen „Decisiones". Die Sammlung enthält ausführliche Entscheidungsbegründungen. Das 1653 errichtete Wismarer Tribunal unterstand der schwedischen Krone. Es genoss als höchstes Gericht für die im Westfälischen Frieden als Reichslehen an Schweden gelangten Gebiete Bremen, Verden und Pommern größtes Ansehen. Die Dezisionensammlung beeinflusste entscheidend die norddeutsche Rechtspraxis. Das Werk ging noch 1791/94 in die 10. Auflage.

Bekannt wurde Mevius auch als Gesetzgeber. Er verfasste die Gerichtsordnung für das Wismarer Obertribunal (1653–1657), die pommersche Hofgerichtsordnung (1663) sowie den Entwurf eines mecklenburgischen Landrechts (1658–1666). Sein für die Praxis bestimmter Kommentar zum Lübischen Recht („Commentarius in jus Lubecense", 1642/1643) war die erste wissenschaftliche Behandlung eines überterritorialen Rechtskreises und wurde als grundlegende Arbeit noch Mitte des 19. Jahrhunderts ständig zitiert.

**Schrifttum:** *E. Molitor*, Mecklenburger Entwürfe einer Zivilrechtskodifikation aus dem 16., 17. und 18. Jahrhundert, in: FS K. Haff (1950), 164 ff. (167 ff.) – *G. Landwehr*, Rechtspraxis und Rechtswissenschaft im Lübischen Recht vom 16. bis zum 19. Jahrhundert, Zs. d. Vereins f. Lübeckische Geschichte u. Altertumskunde 60 (1980), 35 ff.

## 3. Samuel Pufendorf und das Naturrecht als Pflichtenlehre

*Samuel Pufendorf* (1632–1694) gilt als der einflussreichste Völkerrechtslehrer seiner Zeit. Er war Professor für Natur- und Völkerrecht in Heidelberg und Lund, Hofhistoriograph in Stockholm und Berlin. In seinen Hauptwerken „De iure naturae et gentium libri octo" (1672) und „De officio hominis et civis iuxta legem naturalem libri duo" (1673) vollzog er über Grotius hinausgehend die endgültige Lösung des Naturrechts aus der Verflechtung mit der Offenbarungstheologie.

Auf der Grundlage des mathematisch-mechanistischen Weltbilds konstruierte er axiomatisch-deduktiv (*more geometrico*) ein rationales, vollständiges System profaner Vernunftwahrheiten. Sie mussten jedem vernunftbegabten willensfreien Einzelwesen leicht einleuchten. Pufendorf geht bei der Entwicklung seines Naturrechtssystems von einer Trennung zwischen physikalischer und moralischer Welt aus. Die „entia physica" (Naturkräfte als Gegenstände der physischen Natur) und „entia moralia" (Mensch, Staat, Kirche als moralische Personen) bilden die Ausgangsbedingungen seiner Rechtslehre als Pflichtenlehre. Zentrale Konstruktionselemente sind die Bedürftigkeit der menschlichen Natur (*imbecillitas*), die Geselligkeit des Menschen (*socialitas*) und die sich im freien Willen äußernde Personalität (*personalitas*).

Aus der empirisch erfahrbaren Natur des Menschen folgert Pufendorf, dass alle Menschen untereinander gleich, deshalb zur Herstellung rechtlicher Beziehungen zueinander und zum Staat verpflichtet sind und sich gegenseitig unterstützen müssen. Er unterscheidet dabei Pflichten des Menschen gegenüber Gott, gegenüber sich selbst und gegenüber anderen Menschen. Die Sicherstellung der Erfüllung der gegenseitigen Pflichten erfolgt durch die Rechtsfigur des Gesellschafts- und Unterwerfungsvertrags. Erst dadurch wird der Rechtscharakter der Beziehungen zwischen Herrscher und Untertanen dauerhaft garantiert. Der Staat seinerseits verspricht die Beachtung der Vertragsvereinbarungen, indem er entweder überwacht oder die Durchsetzung erzwingt. In dieser Zielsetzung erschöpft sich das Naturrecht im Wesentlichen in einer Pflichtenlehre. Im Privatrecht wird das komplexe System sozialer Pflichten z.B. durch die Eigentumsbindung konkretisiert. Im Vertragsrecht werden Rechte und Pflichten systematisiert, nach allgemeinen Lehren (Bedingung, Irrtum, Stellvertretung, dem späteren „Allgemeinen Teil") sowie einem besonderen Schuldrecht der einzelnen Vertragstypen unterschieden. Im Strafrecht führt das Prinzip der Willensfreiheit zur Entdeckung von Verantwortlichkeit, Zurechnungsfähigkeit und Schuld (Theorie des Schuldstrafrechts).

Die besonderen politischen Auswirkungen des Naturrechtssystems von Pufendorf zeigten sich – vermittelt auch durch die französischen Übersetzungen von *Jean de Barbeyrac* – vor allem in der späteren nordamerikanischen Unabhängigkeitsbewegung sowie in der Französischen Revolution. Mit seinen Gedanken von der Gleichheit und Freiheit hatte er etwas vorweggenommen, was seine politische Sprengkraft nur einhundert Jahre später entfalten sollte (Menschenrechtserklärungen).

Auch als Kritiker erregte der Jurist Pufendorf großes politisches Aufsehen. Mit seiner 1667 unter dem Pseudonym *Severinus de Monzambano* erschienenen Schrift „De statu imperii Germanici" prangerte er den (monströsen) Staatscharakter und die Reichsverfassung an (*irregulare aliquod corpus et monstro simile*, cap. 6 § 9). Er plädierte für ihre rationale Reorgansierung im Sinne des Naturrechts. Seine Hauptwerke wurden in viele Sprachen übersetzt, erlebten zahlreiche Auflagen und zählten zu der Grundlagenliteratur des europäischen Naturrechtsdenkens.

**Schrifttum:** *W. Röd*, Geometrischer Geist und Naturrecht (1970), 70 ff. (81 ff.) – *H. Denzer*, Moralphilosophie und Naturrecht bei Samuel Pufendorf (1972) – *H. Hofmann*, Von den Ursprüngen deutschen Rechtsstaatsdenkens in der nachchristlichen Sozialphilosophie, JuS 1984, 11 ff. – *V. Fiorillo*, Von Grotius zu Pufendorf. Wissenschaftliche Revolution und theoretische Grundlagen des Rechts, ARSP 75 (1989), 218 ff. – *F. Palladini* u.a. (Hg.), Samuel Pufendorf und die europäische Frühaufklärung (1996) – *B. Geyer* u.a. (Hg.), Samuel Pufendorf und seine Wirkungen bis auf die heutige Zeit (1996) – *K.-P. Schroeder*, Vom Sachsenspiegel zum Grundgesetz (2001), 63 ff. (Pufendorf).

## 4. Naturrecht und Staatslehre

Die naturrechtlichen Lehren hatten – wie schon das Hauptwerk von Grotius – vornehmlich in den protestantischen Ländern großen Einfluss auf das Rechtsdenken. In Norddeutschland, im Spannungsfeld von Reformation und Gegenreformation, haben die Juristen *Johann Oldendorp* (um 1488–1567) und *Johannes Althusius* (1557–1638) dem Naturrechtsgedanken für seine künftige Entwicklung wichtige Impulse gegeben.

Der Protestant *Oldendorp* hatte in Bologna studiert und lehrte als Rechtsprofessor in Greifswald. Mit seiner noch im antik-christlichen

Naturrecht des Mittelalters wurzelnden, jedoch im Geist einer protestantischen Sozialethik umgestalteten Staats- und Naturrechtslehre („Eisagoge iuris naturalis", 1539) gilt er als Vorläufer des weltlichen Naturrechts.

Der reformierte Calvinist *Althusius* hatte u.a. auch in Genf bei Dionysius Gothofredus studiert und war dort mit dem juristischen Humanismus in Berührung gekommen. In seiner erstmals 1603 erschienenen „Politica" hat er sich mit der absolutistischen Souveränitätslehre des französischen Juristen *Jean Bodin* (Bodinus, 1530–1596) auseinandergesetzt, wie sie in dessen berühmten Hauptwerk „Six Livres de la République" (1576) dargestellt war. Im Gegensatz zu Bodin entwickelte er eine eigene Theorie vom Gesellschaftsvertrag (Herrschafts- und Gesellschaftsvertrag) auf der Grundlage eines rein naturrechtlichen, vom Individuum über Familie, Genossenschaft, Gemeinde und Provinz zum Staat aufsteigenden Ordnungsaufbaues. Das Volk war Inhaber der höchsten Staatsgewalt. Von dieser Volkssouveränität leitete sich jede Herrschaft ab. Eine gewählte Repräsentantenversammlung mit weitgehenden politischen Rechten überwachte den Regenten. Dieser durfte nur im Rahmen des jederzeit widerruflichen Auftrags der Repräsentanten die Souveränitätsrechte ausüben.

Der Einfluss der Lehren beider Denker auf die Weiterentwicklung des Naturrechts blieb noch gering. Anders die Arbeiten von *Gottfried Wilhelm Leibniz* (1646–1716). Auf den Gebieten der Philosophie, Rechtswissenschaft, Theologie, Mathematik und Geschichte zählt er zu den bedeutendsten Gestalten des europäischen Geisteslebens an der Wende vom 17. zum 18. Jahrhundert (*K. Luig*).

Als Jurist, Rechtsphilosoph und Staatsrechtslehrer wurde der Diplomat und Fürstenberater Leibniz vor allem durch seinen Plan bekannt, das Reichsrecht zu kodifizieren und das römische Recht zu reformieren. Dabei ging es ihm nicht nur um eine methodische Neuordnung. Vielmehr wurden große inhaltliche Verbesserungen am geltenden römischen Recht als Voraussetzung einer künftigen Kodifikation des Reichsprivatrechts auf vernunftrechtlicher Grundlage vorgenommen (*Corpus iuris reconcinnatum*, 1672). Neuere Forschungen haben auf Leibniz' bislang wenig beachtete Bedeutung als Dogmatiker des Privatrechts hingewiesen. Mit den Mitteln der Naturrechtsphilosophie hatte er ein Privatrechtssystem erarbeitet, das vor dem Hintergrund des Ius commune durchaus Originalität für sich in Anspruch nehmen konnte (*K. Luig*). Das bleibende Verdienst seines Kodifikationsplanes besteht darin, dass mit ihm die Idee einer reichseinheitlichen Gesetzgebung nachdrücklich in das allgemeine Bewusstsein gerückt wurde. Die Leibniz'schen Naturrechtslehren kamen vor allem auf dem Gebiet der Staatslehre zum Tragen. Der Gedanke der sozialethischen Bindung der Staatsgewalt an das Naturrecht wies auf den „Vernunftstaat" hin. Dieser war auf rationale Sinngehalte gegründet und der Idealstaat der Zukunft (*res publica optima*).

**Schrifttum:** *F. Sturm*, Das römische Recht in der Sicht von Gottfried Wilhelm Leibniz (1968) – *H. Quaritsch*, Staat und Souveränität I (1970), 243 ff. – *G. Otte*, Leibniz und die juristische Methode, ZNR 1983, 1 ff. – *H. Dreitzel*, Neues über Althusius, Ius Commune XVI (1989), 275 ff. – *K. Luig*, Die Wurzeln des aufgeklärten Naturrechts bei Leibniz, in: Römisches Recht, Naturrecht, Nationales Recht (1998), 213* ff.

## 5. Naturrecht der Spätzeit

Die von der Naturrechtsphilosophie entwickelten privatrechtlichen Systementwürfe waren ihrem Wesen und ihrer Aufgabe nach Modelle einer idealen Rechtsordnung. Auf sie sollte später der (aufgeklärte) Gesetzgeber als Vorlagen zurückgreifen können. Auf der Grundlage ihrer Naturrechtsmaximen sollte das künftige positive Recht im Dienste des Gemeinwohls (*Öffentliche Glückseligkeit*) konkretisiert werden. Im Mittelpunkt des wissenschaftlichen Interesses standen deshalb die Wege, auf denen eine optimale und praktikable Umsetzung des theoretisch konzipierten Naturrechts in positives Recht erfolgen konnte.

Die deutschen Juristen des Usus Modernus haben Lösungen dafür gefunden. Sie erklärten die Harmonisierung und Verschmelzung des aus unterschiedlichen Schichten bestehenden Ius proprium mit dem Ius commune zum Ziel, um ein für den zeitgemäßen Gebrauch geeignetes Recht zu gewinnen. Bei der Realisierung wirkten Ideen des Humanismus, Rationalismus und Empirismus mit solchen des Naturrechts zusammen.

Ein ausgezeichneter Kenner dieser Methode der Vereinigung der unterschiedlichen Rechtsquellen auf naturrechtlicher Grundlage war in Deutschland *Justus Henning Böhmer* (1674–1749). Der Nachfolger von Stryk auf dessen Lehrstuhl für Institutionen und Lehensrecht in Halle wurde mit seinem Werk „Introductio in ius digestorum" (1704) als Pandektist und Zivilrechtler bekannt. Seine Hauptleistungen liegen jedoch auf dem Gebiet des Kirchenrechts. In dem fünfbändigen Buch

„Ius ecclesiasticum Protestantium" (1714–1737) erläuterte er systematisch das protestantische Kirchenrecht auf der Grundlage des katholischen. Mit seiner „Introductio in ius publicum universale" (1710) gelang ihm eine bedeutende Darstellung des Staatsrechts auf naturrechtlicher Grundlage.

In ähnlicher Weise arbeitete *Augustin Leyser* (1683–1752), Professor für römisches Recht in Helmstedt und Wittenberg sowie praktizierender Richter am Hofgericht des Kurfürsten in Sachsen, einer der angesehensten Juristen des späten Usus Modernus. Auch sein Rechtsdenken orientierte sich am rationalistischen Naturrecht und galt dessen Verwendbarkeit in der Praxis. Ein beeindruckendes Beispiel dafür bieten seine 13 Bände umfassenden „Meditationes ad Pandectas" (1713–1748). In dieser für seine Studenten bestimmten Sammlung hat Leyser mehr als 700 kleinere, nach der Ordnung der Digesten gegliederte Dissertationen und Beobachtungen aus eigener richterlicher Tätigkeit (*meditationes*) zusammengestellt. Kritiker haben ihm vorgeworfen, bei der Problembehandlung einseitig das Ius patrium berücksichtigt zu haben.

In Frankreich erreichte der Kronanwalt und spätere Privatgelehrte *Jean Domat* (1625–1696) auf naturrechtlicher Basis eine ähnliche Verbindung des Ius commune mit dem Ius patrium. In seinem Werk „Natürliche Ordnung der Gesetze" (*Les lois civiles dans leur ordre naturel*, 1689) erfasste er das geltende römisch-kanonische Recht und das aus „coutumes" und „ordonannces royales" bestehende französische Recht in einem System, das nach dem Vorbild eines Naturrechtslehrbuchs den Stoff gliederte. Die Schrift zählte zu den Glanzleistungen der zeitgenössischen französischen zivilistischen Rechtsliteratur. Sie enthielt bereits die für die Praxis zubereiteten Ergebnisse des rationalistischen Naturrechts und wirkte weit über Frankreich hinaus.

Diesem Literaturtyp gleichen im 18. Jahrhundert auch die Arbeiten des Zivilrechtslehrers *Robert-Joseph Pothier* (1699–1772). Er gilt als meisterhafter Beherrscher sowohl des römischen Rechts wie des französischen Gewohnheitsrechts (*droit coutumier*). Seine „Traités des obligations" (1761 ff.) zählen bereits zu dem Schrifttum, aus dem die Kodifikation des Code civil (1804) entstehen sollte.

Die Naturrechtslehren erhielten im 18. Jahrhundert wichtige Impulse durch das systematische Denken (*demonstratio more geometrico*) des in Holland lebenden Philosophen *Baruch de Spinoza* (1632–1677). Er war ein ausgezeichneter Kenner und Kritiker der arabisch-jüdischen Philosophie. Schon die Zeitgenossen und spätere Nachfolger haben seine Gesellschafts- und Rechtsphilosophie abgelehnt, als atheistisch und materialistisch denunziert, übergangen und verschwiegen. Daran hat sich bis heute nichts geändert. Deshalb ist es das Verdienst neuer Forschungen, auf dieses Rezeptionsdefizit in der Rechtswissenschaft aufmerksam gemacht zu haben (*M. Senn*). Einzeluntersuchungen müssen den tatsächlichen Umfang des Einflusses des Spinozismus als Rechtstheorie und Transformator des Naturrechts mit Richtung auf das Rechtsdenken des 19. und 20. Jahrhunderts nachweisen.

**Schrifttum:** *A.-J. Arnaud*, Les origines doctrinales du Code civil français (1969) – *W. Rütten*, Das zivilrechtliche Werk Justus Henning Böhmers (1982), 2 ff., 15 ff. – *M. Walther*, Die Transformation des Naturrechts in der Rechtsphilosophie Spinozas, Studia Spinozana 1 (1985), 73 ff. – *S. Buchholz*, Justus Henning Boehmer und das Kirchenrecht, Ius Commune XVIII (1991), 37 ff. – *M. Senn*, Spinoza und die deutsche Rechtswissenschaft. (1991) – *ders.*, Rechtsdenken und Menschenbild. Bedeutung und Auswirkung von Baruch de Spinozas Menschenbild auf das Rechtsdenken, in: FS C. Soliva (1994), 311 ff. – *K. Luig*, Richterkönigtum und Kadijurisprudenz im Zeitalter von Naturrecht und Usus modernus: Augustin Leyser, in: Römisches Recht, Naturrecht, Nationales Recht (1998), 169* ff.

## V. Vernunftrecht des Absolutismus

Das Naturrecht war aus der Allianz zwischen Absolutismus und Aufklärung verändert hervorgegangen. Von den exakten Naturwissenschaften (Mathematik, Physik) hatte es die Methode des „mos geometricus" übernommen. Dieser erst ermöglichte sicher beweisbare Erkenntnisse nach streng mathematischer Ableitung. Gleichzeitig ließ sich dadurch der juristische Argumentationsstil im streng logischen Sinne verfeinern.

Diese Transformation zeitigte Wirkungen, die jenen eines „Paradigmenwechsels" glichen. Sie brachte auch das Ende für die bislang herrschende sog. ramistische Methode. Diese auf *Petrus Ramus* (*Pierre Ramée*, 1515–1572) zurückgehende dialektische, auf die Klassifizierung von Begriffen und Argumenten abhebende Definitions- und Unterscheidungskunst hatte ihre Berechtigung verloren. In dem Bündnis mit der Aufklärung hatte sich erstmalig das praktische Potenzial des Naturrechts für eine rationale, sozialethische Begründung von Herrschaft gezeigt. Mit diesen Funktionen war es universell und damit nicht nur für Juristen, sondern auch für Philosophen, Theologen und Mathematiker verfügbar geworden. Bezeichnenderweise wurde in Deutschland der erste Lehrstuhl für Natur- und Völkerrecht in der Heidelberger Philosophischen Fakultät geschaffen (1661); sein Inhaber war Samuel Pufendorf.

In ihrer Kritik an den bisherigen Autoritäten und mit ihren rationalistischen Tendenzen waren alle Naturrechtslehren Teilphänomene des herrschenden Denkens. Allerdings begannen auch erste Relativierungstendenzen Wirkungen zu zeigen. Ein Hauptkritiker war der Jurist, Politiker und Sozialphilosoph *Charles de Secondat, Baron de la Brède et de Montesquieu* (1689–1755). In seinem 1748 erschienenen Werk „Vom Geist der Gesetze" (*De l'esprit des lois*) hatte er auf die Vielfalt möglicher gesellschaftlich bedingter Motivationen der Gesetze hingewiesen und die Angleichung des positiven Rechts an die soziale Realität gefordert (objektive Gesellschaftsgesetze). Mit dieser der Jurisprudenz vermittelten Erkenntnis war der Unbedingtheitsanspruch des Naturrechts als Dogma nachhaltig in Frage gestellt worden. Gleichzeitig zeigten sich aber auch seine Vorzüge als Instrument zur Legitimation der individuellen Freiheit gegenüber dem absolutistischen Polizeistaat (variables Naturrecht).

Diese Relativierungen hatten Folgen. Das alte, von mittelalterlicher christlich-theologischer Tradition definierte Naturrecht wurde im 17. und 18 Jahrhundert zum „*Vernunftrecht*". Unter dieser Bezeichnung charakterisiert die Wissenschaftsgeschichte eine besondere Ausprägung des Naturrechts. Das Vernunftrecht konstituierten vier Wesensmerkmale:

(1) Die Trennung von der Moraltheologie. Diese Emanzipation hatte bereits Grotius mit seinem berühmten Zweifel „*Etiamsi daremus*" vorbereitet. Dessen ungeachtet blieb auch das Vernunftrecht weiterhin ein christliches Naturrecht.

(2) Die eigenständig von der Fachwissenschaft vorgenommene Formung des Vernunftrechts. Sie ließ Rückgriffe auf die vom christlichen Naturrecht vorgegebenen Begründungen und Inhalte entbehrlich werden.

(3) Die Zugrundelegung des „mos geometricus" als dominante Methode. Sie erst erlaubte eine beweisbare Bestimmung der Natur des Menschen, seiner Sozialität und der Folgen für ein „natürliches" Recht.

(4) Die Erfassung der auf diese Weise gewonnenen Rechtsnormen in einem rationalen „System". Dieses erschien als das allein taugliche Instrument, mit dessen Hilfe die in den „Systementwürfen" erarbeiteten Naturrechtsprinzipien in eine Kodifikation überführt werden konnten.

In Deutschland haben sich zwei Naturrechtsphilosophen sowohl um die Konstituierung des Vernunftrechts wie auch um die Vorbereitung vernunftrechtlicher Kodifikationen besonders verdient gemacht: *Christian Thomasius* und *Christian Wolff*. Die Werke beider genossen europaweites Ansehen.

**Schrifttum:** *G. Dilcher*, Gesetzgebungswissenschaft und Naturrecht, JZ 1969, 1 ff. – *G. Otte*, Der sogenannte mos geometricus in der Jurisprudenz, Quaderni Fiorentini 8 (1979), 179 ff. – *H. Mohnhaupt*, Montesquieu und die legislatorische Milieu-Theorie während der Aufklärungszeit in Deutschland, in: FS R. Lieberwirth (1991), 177 ff.

## 1. Christian Thomasius

Die Vielfalt der Reformmöglichkeiten, die aus der gegenseitigen Durchdringung von Vernunftrecht und Absolutismus für die Rechtswissenschaft nutzbar gemacht werden konnten, zeigt die Naturrechtslehre von *Christian Thomasius* (1655–1728). Der Philosoph und Jurist lehrte zunächst in Leipzig, dann zusammen mit Stryk an der vor allem durch seine Initiative ins Leben gerufenen neuen preußischen Universität Halle.

Thomasius entwickelte das Naturrecht aus der Empirie und verstand es als ein Instrument pragmatischer Rechtspolitik. Seine Kritik am römischen Recht betraf deshalb in erster Linie das Recht des Kaisers; er plädierte für die ständischen Freiheiten (*K. Luig*). In seinen „Notae ad singulos institutionum et pandectarum titulos" (1713) sprach er dem römischen Recht die allgemeine Verbindlichkeit ab, ließ jedoch einzelne Rechtssätze als naturrechtlich geboten gelten, soweit sie nachweislich rezipiert worden waren und tatsächlich noch praktische Bedeutung hatten. Ihnen stellte er die aus dem mittelalterlichen deutschen Recht gewonnenen Rechtsgrundsätze gegenüber. Daraus entwickelte sich ein Wissenschaftsstreit, der noch im 19. Jahrhundert die Juristen beschäftigte. Dabei ging es um die Frage, ob ein „Gemeines deutsches Privatrecht" aus den mittelalterlichen Quellen überhaupt ableitbar war und ob dieses erst noch zu systematisierende Recht neben oder vor dem Ius commune positive Geltung beanspruchen konnte. Der sog. Positivitäts-streit hatte durchwegs negative Folgen für die später entstandene, bis heute nicht vollständig überwundene, wissenschaftlich unhaltbare Unterscheidung zwischen den Rechtsdisziplinen der Germanisten und Romanisten.

Die Rechtswissenschaft verdankt Thomasius entscheidende Reformen auf den Gebieten des Privat-, Kirchen- und Strafrechts. Dazu gehören beispielsweise die Betonung der wissenschaftlichen Eigenständigkeit des deutschen Privatrechts, die Kampfschriften gegen die Strafbarkeit der Ketzerei, gegen Aberglauben, Hexenprozesse und Folter. Im Mittelpunkt seiner wissenschaftlichen Arbeiten steht jedoch das Naturrecht. In seinen beiden Hauptwerken „Institutiones iurisprudentiae divinae" (1688) und „Fundamenta juris naturae et gentium" (1705) löste er das Rechtsdenken endgültig von Theologie und Moral. Das Naturrecht begriff er als unerzwingbares, allein das Gewissen bindendes ethisches Gebot. Der absolute Fürst als sein Sachwalter hat seinen Untertanen die als vernünftig gedachte Sicherheit und Wohlfahrt zu erhalten. Dadurch wurde Naturrecht zu einer Form utilitaristischer Sozialethik. Diese war für ein politisch bedeutungslos gewordenes Bürgertum bestimmt, das bei prinzipieller Rechtsgleichheit befriedeter Glückseligkeit und Ruhe zustrebte, sofern es ein Leben gemäß den „leges naturales" führte.

Das von Thomasius entwickelte Naturrecht war als reine Empfehlung für den Gesetzgeber bestimmt. Das wichtigste Ziel war die Etablierung der Naturrechtslehre im akademischen Rechtsunterricht. Erst über das Medium der wissenschaftlichen Begründung und Fortentwicklung sollte sie in die Praxis Eingang finden.

**Schrifttum:** *G. Schubart-Fikentscher,* Christian Thomasius. Seine Bedeutung als Hochschullehrer am Beginn der deutschen Aufklärung, SBAK Leipzig (1977) – *N. Hammerstein,* Thomasius und die Rechtsgelehrsamkeit, Studia Leibnitiana 11 (1979), 22 ff) – *W. Schneiders* (Hg.), Christian Thomasius (1989) – *C. Bühler,* Die Naturrechtslehre und Christian Thomasius (1991) – *K. Luig,* Das Privatrecht von Christian Thomasius zwischen Absolutismus und Liberalismus, in: Römisches Recht, Naturrecht, Nationales Recht (1998), 233* ff.

## 2. Christian Wolff

Mit *Christian Wolff* (1679–1754) fand die Naturrechtslehre in Deutschland ihren Höhepunkt und Abschluss. Wolff war Professor für Natur-, Völkerrecht und Mathematik in Halle, jedoch kein Fachjurist. Auf Anschuldigung der Hallenser orthodoxen theologischen Fakultät („er habe das Fatum gelehrt") wurde er 1723 von König Friedrich Wilhelm I. als Atheist des Landes verwiesen und lehrte in Marburg. Doch setzte ihn, der bereits Weltruhm genoss, 1740 Friedrich d. Große wieder in sein Lehramt ein.

Wolffs Rechtsphilosophie beherrschte im 18. Jahrhundert das geistige Denken Europas. Ihr Hauptziel war der Entwurf eines homogenen, rational begründeten, vollkommenen Rechtssystems. Es umfasste enzyklopädisch sämtliche Rechtsgebiete. Nach der für Wolff typischen sog. „mathematisch-demonstrativen Methode" wurden alle menschlichen Handlungen sowie positiven Natur- und Moralgesetze mittels der „Vernunft" erkannt und als wahr bewiesen: Vernunft als „Lehrmeisterin des Gesetzes der Natur". Konstruktions- und Ableitungshilfen waren die Sätze vom Widerspruch, vom zureichenden Grund und der Identitätssatz. Wolffs Rechtssystem hat den Vorzug großer Durchsichtigkeit und Konsequenz. Auf dieser Stufe höchster begrifflicher Verfeinerung und Vervollständigung ist es aber auch schwer lesbar. Seiner Lehre nach muss Naturrecht als unwandelbare, angeborene, zwingende, von der Religion unabhängige, aus Prinzipien gewonnene Wahrheit in allen Bereichen des gesellschaftlichen Zusammenlebens verwirklicht werden. Es ist eine allgemeingültige Pflichtenlehre von den guten und schlechten Handlungen: „Die Fähigkeit oder das moralische Vermögen etwas zu thun oder zu unterlassen, wird das Recht genannt. Eine Handlung, die nach dem Gesetz bestimmt ist, wird die Pflicht – *officium* – genennet" (Grundsätze des Natur- und Völkerrechts, 1754, I §§ 46, 57). Recht und Moral müssen – im Gegensatz zu Thomasius – übereinstimmen. Richtig ist eine Handlung nur, wenn sie dem Naturgesetz entspricht. Das Naturrecht ist Pflichtenethik, die dem Menschen gebietet, nach Vervollkommnung zu streben. Dieses Bemühen findet allerdings seine Grenzen im Gesellschaftsvertrag. Durch ihn wird das Streben nach Freiheit und Gleichheit eingeschränkt. Dieses Ergebnis wurde von der Forschung unterschiedlich beurteilt. Man sah darin einen Beleg für Wolffs liberale Ideen ebenso wie für seine streng absolutistische politische Haltung.

Seine auf Vernunft und zweckmäßige irdische Lösungen abgestellte Methode entsprach vollkommen den politischen Zielen sowie der unerlässlichen theoretischen Herrschaftslegitimation des Wohlfahrtsstaates des aufgeklärten Absolutismus. Ihn als frühen Verfechter des modernen freiheitlichen Rechtsstaates zu bezeichnen (*M. Thomann*), ist deshalb berechtigt. Das von ihm entwickelte Verfahren, die juristische Entscheidung des Einzelfalles aus einem lückenlosen, geschlossenen, widerspruchsfreien System von Prämissen, allgemeinen Begriffen und konkreten Regeln logisch-synthetisch abzuleiten, ist vom Grundansatz her bis heute elementares Prinzip der Rechtsanwendung (*Syllogismus* als Erkenntnismittel).

Die Wirkung der Wollfschen Naturrechtslehren war enorm. Ihre perfekte Umsetzung vollzogen das begrifflich-konstruktivistische Denken der Pandektistik des 19. Jahrhunderts (*Begriffsjurisprudenz*) sowie der „Allgemeine Teil" der zeitgenössischen pandektistischen Zivilrechtskodifikationen. Auch der englische Rechtspositivist *John Austin* (1790–1859) benutzte Wolff für die Begründung einer „Allgemeinen Rechtslehre". Von seinem Denken beeinflusst ist schließlich auch die französische Menschenrechtserklärung von 1789.

**Schrifttum:** *S.E. Wunner*, Christian Wolff und die Epoche des Naturrechts (1968) – *H.M. Bachmann*, Die naturrechtliche Staatslehre Christian Wolffs (1977), 32 ff., 52 ff. – *B. Winiger*, Das rationale Pflichtenrecht Christian Wolffs (1992) – *K. Luig*, Die Pflichtenlehre des Privatrechts in der Naturrechtsphilosophie von Christian Wolff, in: Römisches Recht, Naturrecht, Nationales Recht (1998), 259* ff. – *B. Mertens*, Gesetzgebungskunst im Zeitalter der Kodifikationen (2004), 446 ff.

### 3. Vernunftrecht und Kodifikation

Alle von den Naturrechtsphilosophen der frühen Neuzeit entworfenen Rechtssysteme waren Vorarbeiten und Aufforderungen an den Gesetzgeber, den gesamten Vorrat an naturrechtlichen Regeln in Gesetzesrecht (*Kodifikation*) zu überführen. Dieses leitende Ziel haben die Naturrechtler nie aus den Augen verloren. Erst als *Christian Wolff* sein vernunftrechtliches Gesamtsystem vollendet und damit eine ganze Entwicklungsepoche zum Abschluss gebracht hatte, war die Zeit für eine Gesetzgebung reif. Seine Schüler begannen (zuerst in Preußen) mit der Umgestaltung des geltenden Rechts nach der Methode seines Vernunftrechts. Ihre Arbeiten fanden ein europaweites Echo.

Die Wandlung des Vernunftrechts zum positiven Gesetzesrecht begleitete aber auch die Gefahr seiner Erstarrung und Verflachung zum schlichten Zweckmäßigkeitsdenken. *Immanuel Kant* (1724–1804) war einer der schärfsten Kritiker. Er bezeichnete das Vernunftrecht als ahistorisches, allein dem Verstand entsprungenes Kunstprodukt. Überzeugend hatte er den Rationalismus und Vernunftoptimismus als Utopien entlarvt und nachgewiesen, dass allgemeine Vernunftwahrheiten eben nicht allein mit Hilfe der „ratio" ableitbar waren. Hinzu kam, dass auch das aufstrebende Bürgertum das Vernunftrecht in zunehmendem Maße als Instrument des territorialen Obrigkeitsstaates verstand, der es zum Zwecke der Reglementierung und Sozialdisziplinierung der bürgerlichen Existenz einsetzen konnte. Der Niedergang des im aufgeklärten Absolutismus wurzelnden (kodifizierten) Naturrechts war deshalb nur eine Frage der Zeit.

**Schrifttum:** *F. Wieacker*, Aufstieg, Blüte und Krisis der Kodifikationsidee, in: FS G. Boehmer (1954), 34 ff. – *G. Tarello*, Storia della cultura giuridica moderna, Vol. I (1976), 97 ff. – *K. Luig*, Der Einfluß des Naturrechts auf das positive Privatrecht im 18. Jahrhundert, SZGerm 96 (1979), 38 ff. – *P. Caroni*, Privatrecht. Eine sozialhistorische Einführung, 2. Aufl. (1999).

# § 5  Die naturrechtlichen Kodifikationen

Im 18. Jahrhundert begann an die Stelle der schwindenden Einheit des Ius commune die „Kodifikation" als schriftliche Verkörperung eines geschlossenen Systems der Rechtsordnung zu treten. Sie war das Produkt der Rechtstheorie der Aufklärung. Unter vernunftrechtlichem Einfluss hatte der „*codex*" als amtliche Niederschrift von Rechtsvorschriften die mittelalterlichen Kompilationen und Sammlungen der teils gewohnheitlichen, teils aufgezeichneten partikularen Rechte verdrängt. Eine grundlegende Wandlung des Gesetzesbegriffs war dem vorausgegangen. Die absolutistische Idee vom Gesetz als Ausfluss und Konkretisierung des Herrscherwillens wurde im vernunftrechtlichen Gesetzesstaat durch den Normbefehl der Staatsgewalt ersetzt. Die Kodifikation war Instrument einer umfassenden politischen Gestaltung. Zu ihren Hauptaufgaben zählte die Beseitigung der Rechtszersplitterung und die Herbeiführung der Rechtseinheit im gesamten Staatsgebiet. Um diese Ziele zu erreichen, musste sie nach der klassischen Gesetzgebungslehre zwei konstitutive Merkmale besitzen.

Zum einen sollte sie in der Lage sein, ein System gleichförmiger und rationaler Rechtsgrundsätze zu schaffen, die auf alle Rechtsfragen zweckmäßige Antworten bereit hielten. Dies konnte eine Kodifikation nur erreichen, wenn sie die Rechtsordnung materiell vollständig, lückenlos, logisch widerspruchsfrei regelte und technisch korrekt erfasste. Altes historisches, unzeitgemäßes Recht wurde dabei abgestoßen. Das zweite Element betraf die soziale Ebene der Kodifikation. Sie musste für alle Einwohner und Bürger, ohne Rücksicht auf die ständischen Unterschiede gelten. Nur so verwirklichte sie die Freiheit der Person und des Eigentums als oberste Prinzipien des Naturrechts und wies als Gegenposition zum Ständestaat des Ancien Regime in die Zukunft.

Die neue Rechtsquelle „Kodifikation" eröffnete dem Landesherrn als Gesetzgeber völlig neue politische Optionen. Er konnte sich des Gesetzesrechts sowohl zum radikalen Umbau der Gesellschaft im Geiste des Vernunftrechts wie auch zur Konsolidierung und Stabilisierung der eigenen fürstlichen Macht bedienen. In diesen Funktionen wurde die Kodifikation nicht nur zum Symbol landesherrlicher Souveränität, sondern auch zur Magna Charta bürgerlicher Freiheiten und Rechte, zur wirksamen Garantie gegenüber möglichen Übergriffen des absolutisti-

schen Staates. Bei diesem Transformationsprozess stand die Rechtswissenschaft auf der Seite der Verlierer. Sie büßte ihre Vormacht-
stellung als wissenschaftliche Kontrollinstanz der Gesetzgebung
zugunsten der Politik des Fürsten, später der Parlamente ein. Richter
und Rechtsgelehrte wurden durch das fürstliche Gesetzgebungsmonopol in gewissem Sinne enteignet (*P. Grossi*).

Nicht allen europäischen Territorien und Staaten gelang es, sich gleichzeitig eine den Vernunftrechtsmaximen folgende Kodifikation zu geben. In Deutschland blieben Rechtsvereinheitlichungspläne auf Reichs-
ebene, für die *Leibniz* bereits im 17. Jahrhundert (1672) eingetreten
war, angesichts des Autoritätsverlustes und des Machtverfalls der Zen-
tralgewalt bis zum 18. Jahrhundert Utopie. Die Folge davon war, dass
erste Rechtsetzungsakte des partikularen Rechts, die den Kriterien einer Kodifikation entsprachen, in den sich aus dem Reichsverband lö-
senden Territorien stattfanden. Nennenswerte Widerstände dagegen
von Seiten der Stände gab es nicht.

Der englische Utilitarist und Rechtstheoretiker *Jeremy Bentham*
(1748–1832) hat das Verdienst, für die Kodifikationsbewegung das
maßgebliche theoretische Fundament geschaffen zu haben. In England
selbst scheiterten allerdings bereits Kodifikationsansätze am nüchter-
nen Pragmatismus und traditionsbewussten Konservativismus der englischen Richter und Anwälte.

**Schrifttum:** *F. Wieacker*, Aufstieg, Blüte und Krisis der Kodifikationsidee, in:
FS G. Boehmer (1954), 34 ff. – *H. Mohnhaupt*, Potestas legislatoria und Gesetzesbegriff im Ancien Régime, Ius Commune IV (1972), 188 ff. – *J. Vanderlin-
den*, Code et codification dans la pensée de Jeremy Bentham, TRG 32 (1974),
45 ff. *P. Grossi*, Epicedio per l'assolutismo giuridico, in: Quaderni Fiorentini 17
(1988), 517 ff. (524) – *U. Petronio*, La lotta per la codificazione (2002) – *P. Caroni*, Gesetz und Gesetzbuch (2003) – *B. Mertens*, Gesetzgebungskunst im
Zeitalter der Kodifikationen (2004), 325 ff.

## I. Bayern

### 1. „Codex Maximilianeus"

Die Gesetzgebung des Kurfürstentums Bayern im 18. Jahrhundert kann
nur mit Vorbehalt als Vorreiter der naturrechtlichen Kodifikationen in
Kontinentaleuropa bezeichnet werden. Vor allem materiell entsprach
sie nur bedingt den vernunftrechtlichen Anforderungen.

Am Beginn der Kodifikationsarbeiten steht der Würzburger, ab 1746 Ingolstädter Professor des Natur- und Völkerrechts *Johann Adam von Ickstatt* (1702–1776). Er war außerordentlicher Berater des Kurfürsten *Maximilian III. Joseph* (1745–1777). Als Schüler von Christian Wolff propagierte er dessen vernunftrechtliche Lehren. Der Regent – ein ebenfalls überzeugter Anhänger der Wollfschen Naturrechtsphilosophie – hatte die Verwirklichung der Aufklärungsideen immerhin zum Staatsziel erhoben. Die politischen Voraussetzungen für eine aufgeklärte Gesetzgebungsreform waren insoweit günstig. Schließlich gab der Kurfürst den Befehl zu einer Gesetzgebungsreform, die alle Rechtsgebiete in einem gesamtbayerischen, „Codex Maximilianeus" genannten Gesetzgebungswerk erfassen sollte.

Die fürstliche Reforminitiative war indessen keineswegs einer eigenständigen Idee ihres Urhebers entsprungen. In Wahrheit reagierte Maximilian III. damit nur auf eine außerbayerische, Aufsehen erregende Gesetzgebungsreform. *Friedrich d. Gr.* (1740–1786) hatte nämlich in der für die Gesetzgebungsgeschichte folgenreichen Kabinettsordre vom 31. Dezember 1746 für Preußen die Schaffung eines „auf die bloße Vernunft" gegründeten landeseinheitlichen Rechts befohlen. Der kurbayerische Gesetzgeber bekannte sich offen und ausdrücklich zu dem preußischen Kodifikationsvorbild: „ist man diesem höchst-rühmlichsten Vorgang hier zu Land mittels Verfertigung des neuen Codicis Civilis, Criminalis und Judiciarii bald nachgefolgt" (Anmerkungen I 2 § 9 nota 22).

Die durch Preußen in Kurbayern initiierte Realisierung ging allerdings nur langsam vonstatten. Ihre Ergebnisse waren Teilgesetze, die in relativ kurzen Abständen in Kraft traten.

## 2. Zivilrechtskodex v. 1756

Die rechtsbereinigenden Kompilationen eröffnete 1751 der „Codex juris Bavarici criminalis". Das Strafgesetzbuch glich einer Asservatenkammer der grausamsten und finstersten Requisiten des mittelalterlichen Kriminalrechts. Das Theater des Schreckens reichte von den Einzelheiten des Vollzugs der Todesstrafen (Details für die Vierteilung) über die Folter bis hin zu den aberwitzigsten Anweisungen für die Beweisführung in Hexenprozessen. Vom Geist des Vernunftrechts war das Gesetz durch Welten getrennt. *Paul Anselm Feuerbach* (1775–1833),

Verfasser des ersten wirklich aufgeklärten Bayerischen Strafgesetzbuchs (1813), bemerkte zum Kriminalkodex, er sei „fast durchaus in Draco's Geist gedacht und geschrieben mit Blut".

Im Jahre 1753 folgte die von der Forschung in ihrer Originalität überschätzte Kodifikation des Zivilverfahrensrechts. Auch sie war tatsächlich keine völlig neue Prozessordnung. Das reformierte Recht sollte lediglich von seiner „Versumpfung" durch die gemeinrechtliche Doktrin und von dem prozessverschleppenden „Stylus curiae oder Schlendrian" des Reichskammergerichts befreit werden (Vorrede). Das Gesetzbuch sollte Anfängern auch als Lehr- und Handbuch dienen, weil es nach Meinung seines selbstbewussten Verfassers „sowohl seiner systematischen guten Ordnung, als Kürze und Vollständigkeit wegen ohnehin besser als alle anderen dermaligen Systeme und Compendien" war (Vorrede).

Im Jahre 1756 trat schließlich der „Codex Maximilianeus Bavaricus Civilis oder neuverbessert und ergänzt Chur-Bayrisches Landrecht" (CMBC) in Kraft. Er war das letzte Teilgesetz des „Codex Maximilianeus". Die Vielzahl schon bald notwendig gewordener korrigierender, abändernder und ergänzender Eingriffe in den Gesetzeswortlaut wurde in einer „Sammlung der neuest- und merkwürdigsten Churbayerischen Generalien und Landesverordnungen" 1771 publiziert, der 1784 noch zwei weitere voluminöse Bände folgten. Ergänzt um diese und spätere novellierenden „Sammlungen" galt das Privatrechtsgesetzbuch als „Bayerisches Landrecht" in weiten Teilen des rechtsrheinischen Bayern bis zum Inkrafttreten des BGB (1900).

## 3. Bewertung

Alle drei Teilgesetze der maximilianeischen Rechtsreform sind im Wesentlichen das Werk des Juristen und geheimen Staatskanzlers *Wiguläus Xaver Aloys Freiherr von Kreittmayr* (1705–1790), einer Schlüsselfigur der kurbayerischen Politik. Sein vorrangiges Ziel war, das in Kurbayern geltende Recht, das „meistenteils gangbar und üblich gewesen", in ein „systema juris privati universi", d.h. in eine gefällige und praktikable Form zu bringen. Kreittmayr beschrieb dies ungeschminkt mit den Worten: „Man ist bey Verfertigung des Codicis Civilis nicht gern gegen den Strohm geschwommen" (Anmerkungen I 3 § 3 nota 2). Die philosophische Grundlegung der neuen Zivilrechtsordnung erfolgte zwar ausdrücklich im Geiste des Naturrechts. Intensiv zitiert werden Grotius, Pufendorf, Thomasius und Wolff. Sie erschöpfte sich jedoch sachlich in der überwiegend unreflektierten Übernahme zeitgenössischer naturrechtlicher Gemeinplätze. Der Gesetzgeber Kreittmayr war bei einer groben Beschreibung der naturrechtlichen Rahmenbedingungen stehen geblieben. Sein Bekenntnis zu einem Sozialmodell, das auf den Naturrechtspostulaten der Freiheit und Gleichheit aller Menschen gegründet war, hat er auf der Ebene der Normierung konkreter Rechtsfragen im Sinne des Vernunftrechts nicht eingelöst. Naturrecht hatte für ihn bestenfalls die Qualität einer moralischen Autorität.

Ein typisches Beispiel für die Diskrepanz zwischen aufgeklärtem Ideal und traditionsverhafteter Konkretisierung bietet die Normierung der Rechtsstellung von Mann und Frau. Die großatmige, programmatische Proklamation der Rechtsgleichheit der Geschlechter („Überhaupt hat kein Geschlecht vor dem anderen einen Vorzug", CMBC I 3 § 2 u. Anmerkungen I 3 § 2 nota 1) realisierte er durch eine Vielzahl von Rechtsminderungen zu Lasten der Frau. Diese gipfelten in der Kodifizierung eines ehemännlichen Züchtigungsrechts, das er dem Mann seiner Ehefrau gegenüber immerhin „mit Mäßigkeit" auszuüben empfahl (Anmerkungen I 6 § 12 nota 2, 3, 4). Ähnlich rückwärtsgewandt sind Kreittmayr's „Rechtslehren" zu den zivilrechtlich in Erscheinung tretenden Gespenstern und sonstigen Spukgestalten. Furcht vor ihnen (*metus spectrorum*) berechtigt den Mieter einer durch Spuk infizierten Wohnung zu einer außerordentlichen Kündigung, ein „mit Gespenstern und Poltergeistern beunruhigtes" verkauftes Haus hat einen Sachmangel (Anmerkungen IV 3 § 23 nota 3, IV 6 § 16 nota 3).

In der Gliederung folgt der Zivilkodex dem (erweiterten) gaianischen Institutionensystem. Die wichtigsten Sachgebiete des Privatrechts unter Einschluss des Lehensrechts und anderer öffentlichrechtlicher Materien (Jagd-, Fischerei-, Forst-, Gewerberecht) werden in vier Büchern erfasst: Personen-, Sachen-, Erb- und Obligationenrecht. Das Gesetzbuch wollte die Gesamtheit des seit dem „Oberbayerischen Landrecht" Kaiser Ludwigs des Bayern von 1335/1346 und dem (Gesamt-) „Bayerischen Landrecht" von 1616 geltenden Rechts unter Einbeziehung des römischen Rechts in den typischen weitschweifigen Darstellungsformen des älteren Usus Modernus vereinigen. Das kanonische Recht wurde erstmals als eigenständige Rechtsquelle ausgeschieden. Nach Inhalt und rechtstechnischer Qualität war das von ständischem und obrigkeitlichem Geist geprägte Gesetzbuch jedoch ein Fossil. Es erreichte nicht mehr die Anforderungen seiner Zeit. Nach *Maximilian Joseph Graf von Montgelas* (1759–1799) war das Werk ein „ouvrage détestable en jurisprudence, plus mauvais encore en politique".

Es lag nicht in der Absicht Kreittmayrs, mit dem CMBC ein in sich geschlossenes, widerspruchsfreies und materiell vollständiges System einer neuen, auch methodisch-technisch auf der Höhe der Zeit stehenden privatrechtlichen Normenordnung zu schaffen. Der Gesetzestext besteht aus umständlich, breit und lehrbuchmäßig formulierten, redselig-belehrenden Regeln. Das eigentliche, die Gesetzgebung tragende und sie innerlich verbindende dogmatisch-theoretische Gerüst findet sich umrisshaft in den gleichfalls von Kreittmayr verfassten, zuerst anonym publizierten fünfbändigen „Anmerkungen" zum CMBC. Dieser Kommentar war als Systemwerk angelegt und als wissenschaftliches Erläuterungsmittel in erster Linie für die praktische Rechtspflege, aber auch für den Rechtsunterricht bestimmt. Kraft höchstrichterlicher Judikate besaßen die Anmerkungen gesetzesgleiche Autorität. Damit sollten sich notwendige Rückgriffe auf das Ius commune wenn nicht erübrigen, so doch zumindest vereinfacht vornehmen lassen. Im Gegensatz zu den späteren Kodifikationen (Preußen, Österreich, Frankreich) war die Fortgeltung hergebrachter und bestätigter Landesstatuten der einzelnen „Städte, Märkte und Communitäten" (I 2 § 13) nicht ausgeschlossen. Auch erteilte der Zivilkodex dem bisher unbestrittenen Geltungsvorrang des „Jus Justinianeum" als „ius commune et universale" eine klare Absage; es sollte nur subsidiär, d.h. als „schicklich, thunlich, applicabl oder der Raison gemäß", herangezogen werden (Anmerkungen I 2 § 9 nota 20). Plastisch beschrieb er dabei das justinianische Corpus iuris als „Universal- und in allen Stücken durchaus infallibles Evangelienbuch" der Juristen (Anmerkungen I 2 § 9 nota 20).

Der kurbayerische Zivilkodex blieb ein Auftakt. Von einer gewissen Signalwirkung abgesehen, waren die verfolgten übergeordneten rechtspolitischen Ziele Rechtsvereinheitlichung, Berechenbarkeit der Rechtspflege und damit Rechtssicherheit.

**Schrifttum:** *S. Gagnér*, Die Wissenschaft vom gemeinen Recht und der Codex Maximilianeus Bavaricus Civilis, in: Wissenschaft und Kodifikation I, 1 ff. – *W. Peiztsch*, Kriminalpolitik in Bayern unter Geltung des Codex Juris Criminalis v. 1751 (1968) – *E. Weis*, Montgelas (1971), 157 – *R. Bauer*, in: W.X.A. Frhr. v. Kreittmayr, Compendium Codicis Bavarici, Reprint d. Ausgabe v. 1768, hg. v. R. Bauer u.a. (1990), 1* ff. – *H. Schlosser*, Der Gesetzgeber Kreittmayr und die Aufklärung in Kurbayern, in: W.X.A. Frhr. v. Kreittmayr (1705–1790), FS hg. v. R. Bauer u.a. (1991), 3 ff.

## II. Preußen

## 1. Kodifikationspläne und Vorarbeiten

Gute Voraussetzungen für wirkliche Rechtsreformen waren in jenen Ländern gegeben, die sich aus dem Reichsverband gelöst hatten. Diese weiträumigen Flächenstaaten umschlossen eine Vielzahl kulturell und ethnisch unterschiedlicher Gebiete. Ihre Verschmelzung zu einer politischen Einheit wurde insbesondere durch die Konsolidierung des Rechtswesens über eine einheitliche Gesetzgebung angestrebt. Bereits Anfang des 18. Jahrhunderts nahmen derartige Bemühungen in Brandenburg-Preußen konkrete Formen an. Mit der Neuordnung der durch den Dreißigjährigen Krieg zerrütteten Wirtschaft nach den Grundsätzen eines konsequent praktizierten Merkantilismus (Manufakturen, positive Handelsbilanzen), mit der Schaffung eines schlagkräftigen Heeres sowie eines straff organisierten Beamtentums wurde die Integration behutsam vorangetrieben. Für die Befriedigung kultureller Bedürfnisse blieb dabei vorerst nur wenig Raum. Gleichwohl wurden unter *Friedrich III. Kurfürst von Brandenburg* (1657–1713), dem späteren (als Friedrich I.) ersten „König in Preußen" (1701), 1694 die Universität Halle und 1701 die Akademie der Wissenschaften gegründet.

Das Rechtswesen blieb vorerst von Reformen ausgenommen. In der Mark Brandenburg galt die bereits erwähnte, lediglich Erbrechtsfragen regelnde „Constitutio Joachimica" von 1527. Ein Landrechtsentwurf von 1594 war nie Gesetz geworden. Preußen beschränkte sich auf Entwürfe zur Verbesserung des dort seit dem Mittelalter geltenden ältesten nationalen Rechtsdenkmals, des „Kulmer Landrechts" von 1233. Dieses ursprüngliche Privileg („*Kulmer Handfeste*") für den Deutschordensstaat hat als Modell die gesamte Rechtsentwicklung in Ostdeutschland beeinflusst. Zwar haben auch die Privilegien zur Befreiung von der Jurisdiktion des Reichskammergerichts (*privilegia de non appellando*) den Weg zu einer territorialen Vereinheitlichung der Rechtspflege und damit auch des materiellen Landrechts freigemacht. Im Ergebnis blieben aber alle Reformversuche folgenlos. Erst mit dem rationalistischen Naturrecht änderten sich die Verhältnisse grundlegend.

Zu den vom Königtum zwar initiierten, aber letztlich nicht zu Ende geführten Reformen rechnet der 1714 durch *Friedrich Wilhelm I.* (1688–1740) der Juristenfakultät in Halle erteilte Auftrag zur „Ausfer-

tigung einiger Constitutionen" zum Landrecht der Kurmark Brandenburg. Dieser Versuch der Abfassung eines Gesetzbuches scheiterte jedoch an den Bedenken der Rechtsgelehrten. Auch das durch seinen
Sohn und Nachfolger *Friedrich II. d. Gr.* (1740–1786), gegebene, viel
beachtete Kodifikationssignal blieb ohne Wirkungen. In der berühmten, bereits erwähnten Kabinettsordre vom 31. Dezember 1746 hatte
der König seinen Großkanzler und „ministre chef de justice" *Samuel
Freiherr von Cocceji* (1679–1755) mit der Schaffung eines deutschsprachigen allgemeinen Landrechts beauftragt, „welches sich blos auf
die Vernunft und Landesverfassungen gründet". 1749 und 1751 lagen
bereits die ersten Teilentwürfe zum Personen- und Sachenrecht vor.
Der dritte Teil ist nie erschienen, weil Cocceji 1755 vor Abschluss der
Kodifikationsarbeiten starb. Sein für den Gesamtstaat erarbeitetes sog.
„Projekt des Corporis juris Fridericiani, d.i. Seiner Königl. Majestät in
Preußen in der Vernunft und Landesverfassungen gegründetes Landrecht" wurde zwar in einigen Landesteilen in Kraft gesetzt, war den
Anforderungen seiner Zeit jedoch nicht mehr gewachsen. Das Reform-
werk brachte ungeachtet der nach naturrechtlichen Prinzipien durchge-
führten Grundlegung lediglich eine Darstellung des geltenden römischen Rechts in deutscher Übersetzung. Schließlich beendete der
Siebenjährige Krieg (1756–1763) alle bisherigen Ansätze zu Gesetzes-
reformen.

In diesem Stadium der Stagnation brachte ein an sich alltäglicher
Rechtsfall die Justizreform wieder in Gang: Der sog. „Müller-Arnold-
Prozess" (1779–1780). Der Müller Christian Arnold aus Pommerzig
(Neumark) hatte sich mit einer Bittschrift an den König gewandt und
behauptet, ihm sei durch den Spruch des königlichen Kammergerichts
Unrecht geschehen. In dem Rechtsstreit war es um die Frage gegangen,
ob der adelige Nachbar des Müllers auf seinem oberhalb der Mühle gelegenen Gutshof durch Aufstauen eines Wasserlaufs Fischteiche anle-
gen dürfte, obwohl hierdurch der Mühle die notwendige Wasserkraft
entzogen würde. Der Nachbar hatte dies für sich in Anspruch genommen, und zwar mit der Begründung, anderenfalls würde „die größte
Ungerechtigkeit begangen und ihm sein offenbares Eigentum geraubt
werden". Das Gericht gab ihm Recht. Daraufhin ergriff der König ohne
nähere Prüfung des Sachverhaltes sofort Partei für Arnold. Er ordnete
die Verhaftung, Amtsenthebung und Verurteilung der mit dem Fall be-
fassten Richter zu Schadensersatz an. Auch der konservative Großkanzler *Carl Joseph Maximilian Freiherr von Fürst und Kupferberg*

(1717–1790) fiel in Ungnade und wurde entlassen. Er hatte die von Cocceji begonnenen Reformen nicht zu Ende geführt und auch die vom schlesischen Justizminister *Johann Heinrich Casimir von Carmer* (1721–1801) ausgearbeiteten Projekte zur Justizreform zum Scheitern gebracht. Der König berief zu seinem Nachfolger Carmer, kassierte das Kammergerichtsurteil und setzte an dessen Stelle seinen „Machtspruch" (1780). Der neue Großkanzler Carmer nahm 1780 aufgrund einer königlichen Kabinettsordre mit seinen Mitarbeitern, dem Breslauer Oberamtsregierungsrat *Carl Gottlieb Svarez* (1746–1798) und dem späteren Rechtslehrer in Halle *Ernst Ferdinand Klein* (1743–1810) umgehend die Reform des gesamten Rechtswesens und die Arbeiten an der Kodifikation in Angriff.

**Schrifttum:** *H. Conrad*, Rechtsstaatliche Bestrebungen im Absolutismus Preussens und Österreichs am Ende des 18. Jahrhunderts (1961) – *E. Bussi*, Zur Geschichte der Machtsprüche, in: FS E.C. Hellbling (1971), 51 ff. – *W. Sellert*, Samuel von Cocceji, ein Rechtserneuerer Preußens, JuS 1979, 770 ff. – *M. Diesselhorst*, Die Prozesse des Müllers Arnold und das Eingreifen Friedrichs des Großen (1984) – *H. Sendler*, Friedrich der Große und der Müller Arnold, JuS 1986, 759 ff. – *D. Merten*, Allgemeines Landrecht, in: Preußens großer König, Leben und Werk Friedrichs des Großen, hg. v. W. Treue (1986), 56 ff. – *S. Salmonowicz*, Preußen: Geschichte von Staat und Gesellschaft (1995), 49 ff., 108 ff.

## 2. Allgemeines Landrecht v. 1794

Schon *Christian Thomasius* hatte gefordert, jede Umgestaltung des Staates und seines Rechtswesens im Geist der Aufklärung habe mit einer Reform des Zivilprozesses zu beginnen. Die friderizianischen Kodifikationsjuristen waren dem gefolgt. 1781 lag das „Corpus Juris Fridericianum" vor, eine konkreten naturrechtlichen Zielvorstellungen verpflichtete Prozessordnung. Sie setzte an die Stelle des alten, zeitraubenden Parteibetriebes (Eventualmaxime, Positional-, Artikelverfahren) das prozessbeschleunigende Prinzip der richterlichen Untersuchung des Tatsachenstoffes und der Wahrheitsfindung von Amts wegen. Als Ersatz für die „gedungenen Advocaten" und Anwälte bestellte sie beamtete Justizkommissare und staatliche Assistenzräte, die auch zur Kontrolle der Richter verpflichtet waren. Diese Verteilung der Gerichtsaufgaben auf mehrere richterliche Personen sollte den Schutz der Parteien vor der Verfahrenswillkür sicherstellen, führte jedoch letztlich zu einer starken Einflussnahme der Obrigkeit auf den freien

Verfahrensablauf. Das Prozessgesetz wurde nach nochmaliger Überprüfung 1793 als „Revidierte Allgemeine Gerichtsordnung für die Preußischen Staaten" bestätigt. In ähnlicher Weise erfolgte 1783 die Neufassung der zu ihrer Zeit bahnbrechenden Hypothekenordnungen von 1722 und 1750. Beide gingen mit ihrem wesentlichen Inhalt in das spätere Allgemeine Landrecht ein und waren für die Entwicklung des Liegenschaftspfandrechts richtungweisend.

In den Jahren 1784 bis 1788 erarbeiteten die Reformer einzelne Teile des Entwurfs eines Gesetzbuches, der in sechs Bänden veröffentlicht wurde. Darin war das gesamte Recht (Privatrecht, Öffentliches und Strafrecht) in einem neuartigen, den Methoden des Usus Modernus wie dem Vernunftrecht verpflichteten System erfaßt. Bemerkenswert ist der Stellenwert, der dem römischen Recht hierbei eingeräumt war. Ungeachtet aller Vorbehalte gegenüber dem Ius commune blieb das historisch legitimierte Recht des Corpus iuris in deutscher Übersetzung „subsidiarisches Recht" und das Fundament der preußischen Kodifikation.

Auch der Entwurf war als „subsidiarisches Gesetzbuch" (Kabinettsordre Friedrichs II. v. 27. Juli 1780) konzipiert. Als solches trat es hinter die fortgeltenden landschaftlichen Statutarrechte zurück und sollte durch die Aufzeichnungen der einzelnen Provinzialrechte ergänzt werden. Vor der Verkündung des Entwurfs als Gesetz wurde er der gesamten Öffentlichkeit zu kritischen Stellungnahmen vorgelegt.

Inzwischen starb Friedrich d. Gr. (1786); Nachfolger wurde sein Neffe *Friedrich Wilhelm II.* (1786–1797). Die Gesetzgebungsarbeiten gingen weiter. Von 1789 bis 1791 wurden die zahlreichen eingegangenen Vorschläge (*monita*) und Denkschriften in den Entwurf eingearbeitet. Nach dem Publikationspatent vom 20. März 1791 sollte das „Allgemeine Gesetzbuch für die Preußischen Staaten" am 1. Juni 1792 in Kraft treten. Jedoch wurde dieser Termin am 18. April 1792 auf Antrag des schlesischen Justizministers *Danckelmann*, des Sprachrohrs des schlesischen Adels, auf unbestimmte Zeit verschoben.

Ursächlich für die Suspension waren der Druck der märkischen Provinzialstände sowie Intrigen konservativer und reaktionärer Kreise um *Friedrich Wilhelm II.* Die Stände hatten schon 1783 gegen ihren Ausschluss von den Gesetzgebungsarbeiten protestiert. Jetzt intervenierte der Adel, der seine Stellung durch das Gesetz bedroht sah, und kämpfte um die Erhaltung des status quo. Er hielt auch im Hinblick auf den

Ausbruch der Französischen Revolution (14. Juli 1789) einige Bestimmungen des Gesetzes für umstürzlerisch oder zu liberal (Gleichheitscodex). Erst der Erwerb Südpreußens und Neu-Ostpreußens in der zweiten polnischen Teilung (1793) machte die Einführung in diesen Gebieten notwendig. Nach einer erneuten, als „Schlußrevision" bezeichneten Umarbeitung und Beseitigung der als anstößig empfundenen Stellen (1. Oktober 1793) wurde das Gesetz am 5. Februar 1794 publiziert und unter der unverbindlicheren Bezeichnung „Allgemeines Landrecht" (ALR) für das gesamte Staatsgebiet zum 1. Juni 1794 in Kraft gesetzt.

**Schrifttum:** *R. Koselleck*, Preußen zwischen Reform und Revolution, 2. Aufl. (1975), 23 ff. – *F. Ebel*, 200 Jahre preußischer Zivilprozeß. Das Corpus Juris Fridericianum vom Jahre 1781 (1982) – *A. Schwennicke*, Zwischen Tradition und Fortschritt. Zum 200. Geburtstag des Preußischen Allgemeinen Landrechts v. 1794, JuS 1994, 456 ff. – *Chr. Grahl*, Die Abschaffung der Advokatur unter Friedrich d. Großen (1994) – *Th. Finkenauer*, Vom Allgemeinen Gesetzbuch zum ALR – preußische Gesetzgebung in der Krise, SZGerm 113 (1996), 40 ff. – *P. Krause*, Die Überforderung des aufgeklärten Absolutismus Preußens durch die Gesetzgebung, in: Reformabsolutismus und ständische Gesellschaft, hg. v. G. Birtsch u.a. (1998), 131 ff. – *S. Busch*, Die Entstehung der Allgemeinen Gerichtsordnung für die Preußischen Staaten von 1793/95 (1999).

## 3. Bewertung

Das ALR ist „die Gesamtkodifikation des preußischen aufgeklärten Absolutismus" (*Th. Ramm*). Es gilt als das „Grundgesetz des friderizianischen Staates" (*H. Conrad*), das in Preußen „die gesetzliche Weiche zugunsten einer staatsbürgerlichen Eigentümergesellschaft" gestellt hat (*R. Koselleck*). Seine regelungspolitischen Ziele waren allerdings in sich widersprüchlich. Einerseits sollte der Adels- bzw. Ständestaat bewahrt, gleichzeitig andererseits die Gleichheit der Rechtssubjekte nach den Grundsätzen einer bürgerlichen Ideologie im Sinne der rationalistischen Naturrechtsphilosophie hergestellt werden.

Die Redaktoren haben bei der Formulierung des Gesetzeswortlauts auf hohe rechtssprachliche Abstraktionen verzichtet und sie durch eine allgemeinverständliche, anschauliche, vielfach volkstümliche – wenngleich weitschweifige und schwerfällige – Sprache ersetzt. Dies hat der Popularität des Gesetzbuchs bei allen Schichten der Bevölkerung gedient. Die Hauptforderungen der Aufklärung, wie die Negation des Ständestaates und Verwirklichung der Rechtsgleichheit aller Mitglieder der Gesellschaft, konnte das ALR nicht einlösen. Es war für die Staatsform der aufgeklärten absoluten Monarchie, für ihre veraltete feudalständische Gesellschaftsordnung und damit für den typischen Polizei- und Wohlfahrtsstaat des ausgehenden 18. Jahrhunderts verfasst. Das Misstrauen der Reformer gegenüber der Eigenverantwortlichkeit des Untertanen als Staatsbürger äußerte sich in skurrilen, bevormundenden kasuistischen Einzelregelungen sämtlicher Lebensbereiche (z.b. II 2 §§ 67, 68: „Eine gesunde Mutter ist ihr Kind selbst zu säugen verpflichtet. Wie lange sie aber dem Kinde die Brust reichen solle, hängt von der Bestimmung des Vaters ab"). Ursächlich dafür war der Vernunftoptimismus der Aufklärer. Sie nahmen den Erziehungsauftrag ernst, wie er in der naturrechtlichen Pflichtenlehre Pufendorfs und Wolffs seine philosophische Grundlegung gefunden hatte.

Nach der vorübergehenden Suspension des Gesetzgebungsarbeiten nach dem Tod Friedrichs II. (1786) war das ALR zu einem „Gesetzbuch der Kompromisse" (P. Caroni) geworden. Es entwarf die neue Gesellschafts- und Rechtsordnung in den Grenzen, die ihr durch die ökonomische, politische und gesellschaftliche Realität gezogen waren. In dem preußischen Ständestaat standen sich Bauern, Bürger, Adel, Königtum und die besondere Gruppe der Beamtenschaft – streng voneinander abgesetzt – gegenüber. Die Reformer hatten auf eine Trennung nach öffentlich- und privatrechtlichen Rechtsmaterien verzichtet. Von den Provinzialgesetzbüchern, deren Kodifikation der König durch Kabinettsordre vom 22. August 1798 angemahnt hatte, kamen nur zwei zustande: 1801/02 das ostpreußische und 1844 das westpreußische. Auf diese Weise wurde das ALR als ursprünglich im Verhältnis zu den Partikularrechten „subsidiarisches Gesetzbuch" zur ausschließlichen Rechtsquelle.

Die Kodifikation gliedert den Stoff in zwei Teile. Im Aufbau folgt sie den auf Pufendorf und Wolff zurückgehenden naturrechtlichen Systementwürfen. Ausgehend vom Recht des Individuums und seiner Beziehungen zu anderen werden über die engeren Vereinigungen (*consociationes*), wie Familie, Stände, Körperschaften und Anstalten, bis zum Staat alle nur denkbaren Rechtsfragen behandelt. Eine Einleitung über Gesetze, deren Auslegung, Anwendung und Geltung, sowie über Rechte und deren Ausübung ist vorangestellt („Einleitung von Gesetzen überhaupt", §§ 1–108). Das Privatrecht wird in Teil I in Anlehnung an das dreiteilige gaianische Institutionensystem behandelt: Dem Recht der Personen folgt das Recht der Sachen, rechtlicher Handlungen, Willenserklärungen, Verträge und der unerlaubten Handlungen. Gewahrsam, Besitz und Eigentum schließen sich an. Unter den Erwerbungsarten des Eigentums finden sich auch die meisten Schuldverhältnisse, das Erbrecht sowie – unter dem Gesichtspunkt des Eigentumserwerbs durch einen Dritten – die Vertretung (Mandat). Das Recht der Verbände (Ehe und Familien-, Familiengüter-, Gesinde- und Gesellschaftsrecht) ist in Teil II enthalten. Hier wird auch das Handelsrecht als Recht der Kaufleute unter dem Titel „Vom Bürgerstande" abgehandelt. Das (materielle) Strafrecht („Von den Verbrechen und deren Strafen", II 20 §§ 1–1577) bildet den Abschluss. Das Strafprozessrecht regelte das ALR nicht. Erst die Criminalordnung von 1805 brachte auch auf diesem Rechtsgebiet eine Rechtsvereinheitlichung, die allerdings – im Gegensatz zum materiellen Strafrecht – kaum aufgeklärtes Gedankengut enthielt. Übernommen wurden die alten Missstände z.B. des Inquisitionsprozesses, der Verdachtstrafe oder der Instanzentbindung (*absolutio ab instantia*).

Eine politische Teilhabe der Staatsbürger an der Verwaltung des Staatswesens war vom Gesetzgebers nicht beabsichtigt. Dennoch wurde der Begriff des „gemeinen Wohles" zum Hebel im Kampf gegen den Ständestaat. Gleiches gilt für die Definition des Aufgabenbereichs der „Polizei" (II 17 § 10: „Die nötigen Anstalten zur Erhaltung der öffentlichen Ruhe, Sicherheit und Ordnung und zur Abwendung der dem Publico oder einzelnen Mitgliedern desselben bevorstehenden Gefahr zu treffen, ist das Amt der Polizey"). Sie wurde zum Leitprinzip der demokratischen Bewegung im 19. Jahrhundert.

**Schrifttum:** *H. Conrad*, Die geistigen Grundlagen des ALR für die preußischen Staaten von 1794 (1958) – *R. Koselleck*, Preußen zwischen Reform und Revolution, 2. Aufl. (1975), 143 ff. – *G. Dilcher*, Die janusköpfige Kodifikation. Das preußische Allgemeine Landrecht und die europäische Rechtsgeschichte, ZEuP 1994, 446 ff. – *B. Dölemeyer* u.a. (Hg.), 200 Jahre Allgemeines Landrecht für die preußischen Staaten (1995) – *F. Ebel* (Hg.), Gemeinwohl-Freiheit-Vernunft-Rechtsstaat. 200 Jahre Allgemeines Landrecht für die Preußischen Staaten (1995) – *D. Merten* u.a. (Hg.), Kodifikation gestern und heute. Zum 200. Geburtstag des Allgemeinen Landrechts für die Preußischen Staaten (1995) -*Th. Ramm*, Zum freiheitlichen sozialen Rechtsstaat, Ausgewählte Schriften (1999), 531 ff.

## 4. Geltungsgebiete

Das Gesetzbuch war schon bei seinem Inkrafttreten veraltet. Zugeschnitten auf eine absolute Monarchie des 18. Jahrhunderts entsprach es nicht den Anschauungen und Anforderungen, die von der Französischen Revolution ausgegangen und von Napoleon über ganz Europa verbreitet worden waren. Die „Stein-Hardenbergischen Reformen" (1808 Städteordnung, 1810/1811 Gewerbeordnung, 1811 Ablösung der Frondienste und Beseitigung der Erbuntertänigkeit durch das Regulierungsedikt) haben die Grundlagen der alten preußischen ständestaatlichen Monarchie (Merkantilismus, Polizeistaat) beseitigt und damit weite Teile des Gesetzes gegenstandslos werden lassen.

Der räumliche Geltungsbereich des Gesetzes war nach dem Zusammenbruch des preußischen Staates als Folge des Sieges Napoleons bei Jena und Auerstädt (1806) und nach dem Frieden von Tilsit (1807) der verkleinerte Bereich der Monarchie östlich der Elbe. Selbst nachdem Preußen auf dem Wiener Kongress (1814/15) östlich der Elbe Posen und nordsächsische Gebietsteile, westlich der Elbe die Provinz Sachsen, Westfalen und die Rheinprovinz neu- bzw. wiedererwarb, wurde die Geltung des Gesetzbuchs nicht auf die ganze Monarchie ausgedehnt. Auf dem linken Rheinufer blieb das dort durch Napoleon eingeführte und in der Rechtspraxis bewährte französische Recht in Kraft. Geltungsgebiet des ALR waren die östlichen Provinzen der Monarchie (mit Ausnahme von Neuvorpommern und Rügen), Westfalen, die Kreise Essen, Duisburg und Rees der Rheinprovinz, die vor 1815 preußischen Teile der Provinz Hannover (z.B. Ostfriesland), die 1791 an Preußen abgetretenen, 1806 bzw. 1810 an das Königreich Bayern gefallenen fränkischen Fürstentümer Ansbach und Bayreuth. In seinen privatrechtlichen Teilen wurde es erst am 1. Januar 1900 durch das Deutsche Bürgerliche Gesetzbuch abgelöst.

Einer wissenschaftlichen Prüfung wurde das ALR erst relativ spät unterzogen. Dies hatte verschiedene Gründe. Zum einen war die extrem bevormundende Kasuistik kaum dazu angetan, wissenschaftliche Kritik zu provozieren. Zum anderen hatte sich das Gesetzbuch selbst jede Einmischung der Wissenschaft verboten. Ausdrücklich verordnete dies das Verbot der richterlichen Rechtsfortbildung. Bis 1798 war sogar die Auslegung durch Präjudizien und Kommentare untersagt. Das sog. Kommentierungsverbot des § 6 der Einleitung („Auf Meinungen der Rechtslehrer oder ältere Aussprüche der Richter soll bey künftigen

Entscheidungen keine Rücksicht genommen werden") war die Konsequenz des kodifikatorischen Lückenlosigkeitsprinzips. *Friedrich Carl von Savigny* (1779–1861), dem führenden Zivilrechtslehrer dieser Zeit blieb es vorbehalten, das ALR vor seiner drohenden Isolierung zu bewahren. Derselbe Savigny, der noch 1816 (in einem Brief an seinen Schwager *Achim von Arnim*) die preußische Kodifikation als „in Form und Materie eine Sudeley" bezeichnet hatte, begann im Wintersemester 1819/1820 erstmals an der Berliner Universität mit Vorlesungen über das ALR. Dadurch gewann das Gesetz wieder Anschluß an die zeitgenössische Wissenschaft. Seit 1826 wurde es an allen preußischen Universitäten gelehrt und zum Prüfungsfach erklärt. Damit begann eine wissenschaftlich außerordentlich fruchtbare Epoche. Sie erreichte in den monumentalen pandektistisch-systematischen Darstellungen des preußischen Privatrechts von *Franz August Alexander Foerster* (1819–1878) oder *Heinrich Dernburg* (1829–1907) ihre rechtsdogmatischen Höhepunkte.

**Schrifttum:** *H. Thieme*, Zum 175. Geburtstag des Allgemeinen Landrechts, JuS 1969, 359 ff. – *G. Landwehr*, Das Allgemeine Landrecht in der Rechtspraxis seiner ersten Jahre, in: Das nachfriderizianische Preußen 1786–1806, hg. v. H. Hattenhauer u.a. (1988), 67 ff. – *W. Süss*, Heinrich Dernburg. Ein Spätpandektist im Kaiserreich (1991), 46 ff.

## III. Frankreich

### 1. Coutumes und Ordonannces

Bis zur napoleonischen Zeit war Frankreich kein einheitliches Rechtsgebiet. Es bestand aus zwei großen, historisch gewachsenen Rechtsprovinzen: Nord- und Zentralfrankreich als die „pays de droit coutumier", der Süden als die „pays de droit écrit". Die Grenze verlief quer durch Frankreich von der Ile d'Oléron bis zum Genfer See.

Südfrankreich stand – vermittelt durch das westgotische „Breviarium Alaricianum" – bis in das 12. Jahrhundert hinein in der Tradition des spätantiken römischen Rechts (droit écrit), dessen Kenntnisse hier niemals völlig abgerissen waren. Nach der Rezeption des justinianischen Corpus iuris konnten deshalb die Lehren der Juristen der Rechtsschulen von Toulouse und Montpellier auf die Rechtsentwicklung der südlichen Provinzen unmittelbar einwirken. Zusätzlich begünstigt durch die Rechtsprechung, verfestigte sich hier eine gelehrte Praxis, die – bezogen auf die Schriftlichkeit der römischen Quellen – als allgemeiner droit écrit die lokalen Rechtsgewohnheiten ergänzte.

Dagegen standen Nord- und Zentralfrankreich weitgehend unter dem Einfluss der Rechtstradition der germanisch-fränkischen Staatsgründungen (pays de coutumes). Dort galten überwiegend mittelalterliche Rechtsgewohnheiten, die auf burgundische, fränkische und normannische Rechtsquellen zurückgingen. Diese „coutumes" (lat. *consuetudo* – Gewohnheit) waren das Produkt einer Jahrhunderte während mündlichen Überlieferungen und kraft ihrer ununterbrochenen Anwendung geltendes Recht.

Der Gegensatz zwischen den Rechtsordnungen der beiden Rechtsgebiete war keineswegs so scharf, wie dies die Bezeichnungen „droit écrit" und „droit coutumier" zum Ausdruck bringen. Selbst der Norden kannte – vermittelt durch die gelehrte ultramontane Jurisprudenz an der Universität Orléans – das römische Recht; es hatte auch dort als „raison écrit" eine gewisse Bedeutung erlangt. Im Ganzen hielten sich jedoch die Einwirkungen des römischen Rechts in Grenzen. Dazu hat entscheidend die Rechtsprechung des königlichen Pariser Gerichtshofs (*Parlement de Paris*) beigetragen. Seit dem 14. Jahrhundert als „Parlement de France" ständig tagend, mit einer eigenen Abteilung für den droit écrit, entwickelte es sich allmählich zu einem Obergericht für die provinziellen Gerichtshöfe. Damit war eine weitgehend einheitliche Rechtsfeststellung und -fortbildung unter der Kontrolle des Parlement gewährleistet.

Die französischen Könige haben diese Entwicklung gezielt gefördert. Schon 1454 hatte die von *Charles VII* (1422–1461) erlassene „Ordonnance sur le fait de la justice" von Montils-lès-Tours den Landesherren die Aufzeichnung aller „coutumes, usages et styles de tous le pays de notre royaume" zur Pflicht gemacht. Mit dieser Verfügung kam zugleich die Zeit der privaten Rechtsaufzeichnungen (*livres de pratique*) zum Abschluss. Zu den wichtigsten Arbeiten dieser sog. „coutumiers" gehören z.b. das die „Coutumes von Orléans" behandelnde „Livre de Jostice et de Plet" (um 1260), die „Coutumes de Beauvaisis" (um 1280) von *Philippe Rémi, sire de Beaumanoir*, die vom gelehrten Recht bereits beeinflusste „Somme rural" des königlichen Bailli (Richter) *Jehan le Boutillier* (um 1395) und der „Grand coutumier de France" des Bailli *Jacques d'Ableiges* (um 1388).

Die zu Ende des 14. Jahrhunderts einsetzenden wissenschaftlichen Bemühungen um die „coutumes" veranlassten weitere Fixierungen und

Vereinheitlichungen der lokalen Rechtsgewohnheiten. Die 1510 amtlich redigierte „Coutume de Paris" wurde für die französische Rechtsentwicklung richtungweisend. Maßgeblichen Anteil daran hatte der Anwalt beim königlichen Parlement de Paris *Charles Du Moulin* (*Molinaeus*, 1500–1566). Er hatte kurze Zeit auch in Tübingen römisches Recht gelehrt und war ein gesuchter Rechtsgutachter. Von im stammt der bedeutende wissenschaftliche Kommentar zur Pariser Coutume (1539), die erst 1580 unter dem Präsidenten des Parlement de Paris *Christofle de Thou* (1508–1582) abschließend reformiert wurde. Die Coutume war Grundlage des vom römischen Recht beeinflußten gemeinfranzösischen Gewohnheitsrechts (*droit commun coutumier*), das im Norden Frankreichs galt. Das wachsende wissenschaftliche Interesse an dem droit coutumier rief unter dem Einfluss des procureur fiscal des Herzogs von Nevers *Guy Coquille* (Conchyleus, 1523–1603) und des Pariser Parlement-Advokaten und Cujas-Schülers *Antoine Loisel* (1536–1617) eine neue Richtung ins Leben. Ihr Ziel war die Vereinheitlichung der coutumes nach den Methoden der humanistischen Jurisprudenz, um auf diesem Wege zu einem „droit commun français" in Konkurrenz zum römischen Recht zu gelangen.

Seit dem 16. Jahrhundert nahmen auch die französischen Könige, die ihre Souveränität gegenüber dem Reich und dem römischen Kaisertum zunehmend verfestigt hatten, durch zahlreiche Gesetze und Verordnungen (*ordonnances*) Einfluss auf die Rechtsordnung im Sinne einer merkantilistischen Wirtschaftspolitik. Ursächlich dafür war die große Rechtszersplitterung der Coutumes und als Folge davon eine allgemeine Rechtsunsicherheit. Eine umfassende Vereinheitlichung des gesamten französischen Rechts sollte Abhilfe schaffen. Zu diesem Zweck wurde 1667 unter *Louis XIV* durch die „Ordonnance civile" von St. Germain-en-Laye zunächst das Zivilprozessrecht redigiert. 1670 folgte die „Ordonnance criminelle", die das Strafrecht und Strafprozessrecht einheitlich regelte. Das erste entscheidende Signal für ein einheitliches Handelsrecht gab 1673 die „Ordonnance du commerce" (*Code Marchand*). Sie wurde auch „Code Savary" genannt und erinnerte mit dieser Bezeichnung an den maßgebenden Einfluss des Pariser Kaufmanns *Jacques Savary* (1622–1690), den dieser als Kommissionsmitglied bei der Schaffung des Gesetzes genommen hatte. Mit der vom Fachwissen des Marineministers und Wirtschaftspolitikers *Jean-Baptiste Colbert* (1619–1683) geprägten „Ordonnance de la marine" wurde 1681 schließlich die Einheit des Handels- und (privaten wie öffentlichen)

Seerechts vollendet. Beide Gesetze enthielten erstmals umfassende Regelungen eines eigenen, besonderen Rechtsgebietes. Die französische Handelsrechtswissenschaft nahm sie zum Anlaß zahlreicher grundlegender theorie- und praxisbezogener Bearbeitungen. Auf diese Weise begründete sie ihre spätere Führungsrolle in Europa. Dagegen konnte der von *Henri-François Daguesseau* (1668–1751), dem Kanzler des Königs Louis XV gefasste Plan einer einheitlichen Kodifikation des gesamten französischen Privatrechts aus politischen Gründen nicht verwirklicht werden. Er führte lediglich zu einer einheitlichen Teilgesetzgebung über Schenkungen, Testamente und fideikommissarische Substitutionen durch die Ordonnances von 1731, 1735 und 1747.

Nachhaltiger als das römische Recht wirkte das rationalistische Naturrecht auf das französische Recht ein. Herausragende Vertreter dieser Richtung warcn *Jean Domat* (1625–1696) und *Robert-Joseph Pothier* (1699–1772). Beide haben das altfranzösische Recht systematisch bearbeitet und neu geordnet. Pothiers hauptsächlich dem Vertragsrecht gewidmete Arbeiten prägten maßgeblich die wissenschaftlichen Grundlagen der Kodifikation des Privatrechts im späteren Code civil. Seine Charakterisierung als „père du Code civil" trifft zwar zu, verdeckt allerdings den Anteil von Domat, Daguesseau und des Advokaten *François Bourjon* (†1751).

**Schrifttum:** Handbuch II 2, 200 ff. (*Dölemeyer*) – *J.L. Thireau*, Charles Du Moulin (1500–1566). Etude sur les sources, la méthode, les idées politiques et économiques d'un juriste de la Renaissance (1980), 23 ff., 128 ff. – *J.-L. Halpérin*, L'impossible code civil (1992), 37 ff. – *K. Luig*, Institutionenlehrbücher des nationalen Rechts im 17. und 18. Jahrhundert, in: Römisches Recht, Naturrecht, Nationales Recht (1998), 361* ff. – *C. Lovisi*, Introduction historique au droit (2001), 145 ff.

## 2. Revolutionsgesetzgebung

Die Französische Revolution hatte mit Beseitigung der Provinzen und Aufhebung der Universitäten nur vorübergehend diese Rechtsentwicklung unterbrochen. Theoretisch vorbereitet durch die Lehren von *Montesquieu* und *Voltaire* sowie die Enzyklopädisten um *Diderot* begann die radikale Konsolidierung des französischen Staates auf den Überresten der alten Rechts- und Sozialordnung im Geist der Revolution und Aufklärung.

Die Aufhebung der Feudalrechte erfolgte am 4. August 1789, der Adel wurde mit Dekret vom 9. Juni 1790 abgeschafft, die Vorrechte der Männer und Erstgeborenen fielen am 15. März 1790 sowie am 8. April 1791. Die Frage der Schaffung eines einheitlichen gemeinfranzösischen Zivilrechts wurde schon seit den sechziger Jahren des 18. Jahrhunderts öffentlich diskutiert (*Cahiers de doléance* von 1789, „Beschwerdehefte" der ständischen Wahlversammlungen). Die Revolution griff das Reformprojekt auf und erklärte es zu einem nationalen Anliegen. Die Verfassunggebende Nationalversammlung verkündete in Artikel 1 der Verfassung vom 3. September 1791: „Es soll ein Zivilgesetzbuch für das gesamte Königreich geschaffen werden".

Daraufhin setzte eine lebhafte Tätigkeit der gesetzgebenden Körperschaften ein, um dieses Programm zu verwirklichen. Das Ergebnis waren Maßnahme- oder Spezialgesetze. Sie waren Diktate der politischen Bedürfnissen des Tages. Unverbunden standen sie neben den Resten des fortgeltenden feudalen Rechts. Dieses sog. „Zwischenrecht" (*droit intermédiaire*) war seit dem Zusammentritt der Verfassunggebenden Versammlung (1789) und der Machtübernahme Napoleons (Ende 1799) unaufhörlich und völlig systemlos produziert worden. Seine umfassende Vereinheitlichung erschien unabweisbar, scheiterte vorerst noch an den instabilen politischen Gegebenheiten.

In den Jahren 1793, 1794 und 1796 wurden drei Entwürfe für einen Code civil vorgelegt. Ihr Verfasser war *Jean Jacques Régis de Cambacérès* (1753–1824), ein Mitglied des Nationalkonvents und der spätere Präsident des Wohlfahrtssauschusses. Allerdings wurden die Arbeiten vom Konvent bzw. vom „Rat der Fünfhundert" verworfen. Ein weiterer im Conseil d'Etat unter Verantwortung des inzwischen zum Justizminister und Zweiten Konsul aufgestiegenen Cambacérès beratener Entwurf basierte auf seinen drei früheren Entwürfen. Er wurde später von Napoleons Kultusminister *Jean Marie Etienne Portalis* (1745–1807) als ein Meisterwerk der Methode und Gesetzestechnik bezeichnet.

**Schrifttum:** *A.J. Arnaud*, Les origines doctrinales du Code civil français (1969), 125 ff., 141 ff. – *R. Badinter* (Hg.), Une autre justice: Contributions à l'histoire de la justice sous la Révolution française (1989) – *J.-L. Halpérin*, L'impossible code civil (1992), 77 ff.

## 3. Code civil v. 1804

Erst unter dem Konsulat gelang auf der bereits durch das Direktorium geschaffenen Grundlage die Versöhnung der neuen Bürgergesellschaft mit der Gesellschaftsordnung des Ancien Régime. Sie wurde durch die Kodifikation des Code civil bestätigt.

Seine Gesetzgebung basierte auf den wichtigen Vorarbeiten einer aus hohen Richtern und Verwaltungsbeamten bestehende Viererkommission, in der *Jean Marie Etienne Portalis* (neben *François Denis Tronchet, Felix Julien Jean Bigot de Préameneu* und *Jacques de Maleville*) eine bedeutende Stellung erlangte. Der nach vier Monaten bereits vorliegende Entwurf verband die Errungenschaften der Revolution, insbesondere das liberale Wirtschaftssystem und die Sicherung des in der Revolutionszeit erworbenen Eigentums mit den Rechtsprinzipien der französischen Jurisprudenz. Die im Conseil d'Etat unter dem Vorsitz eines Konsuls eingehend beratene Kodifikation verschmolz die mittelalterlichen Elemente der französischen Coutumes und Ordonnances des Ancien Régime (vor allem im Familien-, Sachen- und Erbrecht) mit den im droit écrit verarbeiteten Einflüssen des römischen Rechtsdenkens (vornehmlich im Obligationenrecht) und mit den Naturrechtsprinzipien (privatrechtliche Garantie der Grundrechte) zu einer neuen Einheit. Sie brachte eine Synthese zwischen dem droit coutumier und dem droit écrit. Im Gegensatz aber zu den ersten, auf Domat zurückgehenden Entwürfen dominierte in der letzten Phase der Gesetzgebung das klassische System des Romanisten Pothier.

Die in langer Entwicklung gereiften Rechtsgedanken verbanden sich mit dem praktischen Blick für die Bedürfnisse des Lebens, der den Ersten Konsul *Napoleon Bonaparte* auszeichnete. Napoleon wirkte tatkräftig an den Beratungen mit. Von 102 Sitzungen des Conseil d'Etat hat er 59 als Vorsitzender geleitet. Am 21. März 1804 trat das Gesetzbuch als „Code civil des Français" in Kraft. Durch Dekret vom 3. September 1807 erhielt es offiziell den Namen „Code Napoléon". Nach dem Sturz Napoleons im Jahre 1814 hieß das Gesetz „Code civil", um von 1852 bis 1870 erneut „Code Napoléon" bezeichnet zu werden. Seit dem Ende des Zweiten Kaiserreichs gilt das Gesetz bis heute als „Code civil".

**Schrifttum:** *F. Ewald* (Hg.), Naissance du Code Civil (1989) – *E.M. Theewen*, Napoléons Anteil am Code civil (1991), 34 ff. – *M.A. Plesser*, Jean Marie Etienne Portalis und der Code civil (1997) – *C. Lovisi*, Introduction historique du droit (2001), 235 ff.

## 4. Bewertung

Sprache, Stil und konsequente Sachlichkeit sicherten dem Gesetzbuch eine glänzende Aufnahme. Mit seinen 2281 knapp und einprägsam gefassten Artikeln war es bestens geeignet, die Ideen des rationalistischen Naturrechts und das politische Programm der Revolution über ganz Europa zu verbreiten. Es hatte die Prinzipien der Gleichheit, Freiheit der Person und des Eigentums sowie die Trennung der Kirche vom Staat verwirklicht. Die dogmatischen Arbeiten der Vertreter der französischen „eleganten" Jurisprudenz haben dem klaren und strengen System des Code als Vorbild gedient.

Sein Aufbau orientiert sich an dem gaianisch-justinianischen Institutionengrundmuster des Personen-, des weitgefassten Sachen- und Obligationenrechts und bringt im *ersten* Buch – im Gegensatz zum preußischen ALR – das gesamte Familien-, Ehe- und Vormundschaftsrecht (Des personnes). Das *zweite*, dem Sachenrecht gewidmete Buch regelt das Eigentum und die beschränkten dinglichen Nutzungsrechte an fremden Sachen (Des biens et des différentes modifications de la propriété). Das weitgespannte *dritte* Buch behandelt die verschiedenen Eigentumserwerbsarten (De différentes manières dont on acquiert la propriété). Es beginnt mit dem Erbrecht, gefolgt vom Vertragsrecht mit den verschiedenen schuldrechtlichen Rechtsgeschäften, einschließlich der güterrechtlichen und Kreditsicherungsverträge. Den Schluss bilden Regeln über das Pfandrecht, die Hypotheken und die Verjährung.

Nach neuen Forschungen kann an dem bislang geläufigen Bild vom Code als Denkmal eines triumphierenden Individualismus und Liberalismus, als „palladium de la propriété" sowie als demokratisches Werk nicht mehr festgehalten werden. In Wahrheit war das Gesetzbuch repressiv und weniger demokratisch und bürgerlich (*P. Caroni*). Es hatte patriarchalische, die Frauen benachteiligende, primär das Familiengut bewahrende Züge (*B. Dölemeyer*). Deshalb wird es heute zutreffender als Ausschnitt einer etatistischen, merkantilistisch geprägten Gesetzgebung charakterisiert (*A. Bürge*).

Der ausschließlich das Privatrecht regelnde Code civil bildete nur den Auftakt zu weiteren vernunftrechtlichen Kodifikationen. Schon 1806 folgte der „Code de procédure civile" (Zivilprozessrecht), 1807 der „Code de commerce" (Handelsrecht), 1808 der „Code d'instruction criminelle" (Strafverfahrensrecht) und 1810 der „Code pénal" (Strafrecht). Mit dem Vorliegen dieser *„les cinq codes"* genannten Gesetzgebung war das napoleonische Kodifikationswerk im Wesentlichen abgeschlossen.

Das französische Privatrecht des Code wurde in der Folgezeit durch Lehre (*doctrine*) und Rechtsprechung (*jurisprudence*) erfolgreich fortentwickelt und an die geänderten Bedürfnisse des Rechtsverkehrs angepasst. In der Rechtslehre entstanden dazu zwei methodisch gegensätzliche Richtungen. Seit 1830 war die positivistische, den Gesetzestext streng an Hand des Kodifikationsvorgangs und des Willens des Gesetzgebers interpretierende „école de l'exégèse" herrschend (ihr Leitmotiv nach dem Pariser Professor *J. Bugnet*: „On parle du droit civil. Je ne connais pas le droit civil; je n'enseigne que le Code Napoléon"). Sie wurde 1880 durch die dogmatisch-systematische „école de la libre recherche scientifique" abgelöst, die dem Richter eine freiere Stellung gegenüber dem Gesetzeswortlaut einräumte.

Hauptgegner des französischen Rechtspositivismus waren die Zivilrechtslehrer *François Gény* (1861–1959) in Nancy und *Raymond Saleilles* (1855–1912) in Paris. Gény gab der Schulrichtung ihren Namen. Er wurde international bekannt durch sein Werk „Méthode d'interprétation et sources en droit privé positif" (1899). Dort vertrat er eine freiere, gegebenenfalls auch Rechtsentscheidungen aus der „Natur der Sache" (*la nature de choses*) ableitende, wertorientierte und eigenverantwortliche richterliche Rechtsfindung. Die heutige Doktrin hat eine zwischen beiden Richtungen vermittelnde Stellung bezogen.

**Schrifttum:** *A. Bürge*, Das französische Privatrecht im 19. Jahrhundert (1991) – *ders.*, Der Einfluß der Pandektenwissenschaft auf das französische Privatrecht im 19. Jahrhundert, in: Europäische Rechts- und Verfassungsgeschichte 3 (1991), 221 ff. – *ders.*, Der Code de commerce in Frankreich, ZHR-Beihefte 66 (1993), 119 ff. – *P. Kayser*, La vie et l'oeuvre de François Gény, Quaderni Fiorentini 20 (1991), 53 ff. – *J.-L. Halpérin*, Histoire du droit privé français depuis 1804 (1996) – *P. Caroni*, Privatrecht. Eine sozialhistorische Einführung, 2. A. (1999).

## 5. Rezeption des Code Napoléon

Die napoleonischen Kodifikationen wirkten teils unmittelbar, teils als Modelle für eine entsprechende nationale Gesetzgebung weit über Frankreich hinaus. Dafür waren politische Gründe bestimmend. Napoleon hatte Frankreichs Grenzen bis an den Rhein, in Norddeutschland bis nach Hamburg und über ganz Westitalien ausgedehnt. Zudem drängte er seine „Satellitenstaaten", die französische Gesetzgebung zu übernehmen.

Die deutschen Staaten auf dem linken Rheinufer waren nach der französischen Besetzung der Rheinlande bereits seit 1795 völkerrechtlich ein Teil Frankreichs (die vier Departements de la Roer, de Rhin et Moselle, de la Sarre und du Mont-Tonnere). Nach der Bestätigung dieses Gebietszuwachses 1801 im Frieden von Lunéville trat in diesen seit 1802 der allgemeinen französischen Gesetzgebung unterstellten Territorien 1804 der Code civil automatisch in Kraft. Nach der Gründung der „Confédération du Rhin" (1806, Rheinbund) gab Napoléon selbst das Rezeptionssignal. 1807 erhielt der Gesandte *Jean-Baptiste de Nompère de Champagny* den Auftrag, bei den Fürsten der Rheinbundstaaten die Einführung des Code civil als Modell eines „droit commun d'Europe" anzuregen. Tatsächlich folgten dem nur einige Länder, wie das Königreich Westphalen, die Großherzogtümer Berg, Frankfurt sowie Baden. Das Großherzogtum Baden übernahm den Code civil 1810 in einer amtlichen Übersetzung als „Badisches Landrecht". Den Rechtsbesonderheiten des Landes trugen verschiedene Zugeständnisse (ca. 500 sog. *Zusätze*) an die Agrarverfassung und die Rechtsverhältnisse des Adels Rechnung. In allen Staaten, die den Code rezipiert hatten, galt er als sog. Hauptgesetzbuch. Das römische Recht fungierte als subsidiäres „Hilfsrecht".

Nach dem Ende der napoleonischen Herrschaft nahm 1814 der Wiener Kongress eine Neuordnung auch der Rheinlande vor. Der größte Teil der Länder am Mittel- und Niederrhein fiel an das Königreich Preußen als „Rheinpreußen". Der Rest wurde dem Großherzogtum Hessen-Darmstadt als „Rheinhessen" und dem Königreich Bayern als „Rheinpfalz" zugeschlagen. Die konservativen Kräfte der sog. Restauration forderten die totale und sofortige Abschaffung des französischen Rechts. Radikal Restaurative wollten ihn als „Plunder der Hölle" den Flammen übergeben. Nur die politischen Pragmatiker weigerten sich, zum Rechtszustand vor 1807 zurückzukehren. Nach heftigen, auch in der Öffentlichkeit ausgetragenen Diskussionen beseitigte Preußen rigoros das französische Recht und führte wieder das ALR von 1794 ein. Am härtesten traf dies das vormalige Königreich Westphalen, den napoleonischen Musterstaat, regiert von Napoleons Bruder *Jérome*. Im Großherzogtum Baden blieb der Code dagegen als Badisches Landrecht in Kraft. Auch Rheinhessen und die Rheinpfalz behielten das inzwischen bewährte französischen Recht bei.

Die Geltung des französischen Rechts in den deutschen Staaten hatte zur Folge, dass sich die deutsche Wissenschaft mit dem Code civil beschäftigten musste. Dabei wurde führend in der literarisch-dogmatischen Behandlung des französischen Rechts der Heidelberger Zivilrechtslehrer *Carl Salomo Zachariae von Lingenthal* (1769–1843). Sein seit 1808 erscheinendes „Handbuch des französischen Civilrechts" behandelte das französische Privatrecht systematisch und abgelöst von der Legalordnung des Gesetzes nach der wissenschaftlichen Methode der deutschen Zivilistik. Es blieb das erfolgreichste Lehrbuch im Geltungsgebiet des französischen Rechts in Deutschland, aber auch in Frankreich selbst, und nahm großen Einfluss auf die Rechtsprechung.

In Luxemburg und Belgien, die aus habsburgischer Herrschaft an Frankreich gefallen waren, sowie in dem (Belgien einschließenden) Königreich der Vereinigten Niederlande blieb der Code civil zunächst in Kraft. Er wurde in Holland erst nach der Loslösung Belgiens (1830) durch ein nach seinem Muster (in weitgehend wortgetreuen Übersetzungen) in holländischer Sprache abgefasstes Zivilgesetzbuch (*Burgerlijk Wetboek*) ersetzt (1838). Dagegen galt er im 1830 selbständig gewordenen Belgien mit eigenständigen Fortbildungen und Ergänzungen (z.B. 1851 das Hypothekenrecht) in der französischen Fassung.

Auch das Großherzogtum Warschau rezipierte die französischen Kodifikationen. Nach den Freiheitskriegen wurden sie allerdings in der preußisch gewordenen Provinz Posen wieder zugunsten des ALR beseitigt. In dem auf dem Wiener Kongress (1814/15) gebildeten Königreich Polen (sog. Kongresspolen) galt der Code civil auf dem Gebiet des Eherechts bis nach dem Zweiten Weltkrieg.

Dem Modell des Code folgten die Kodifikationsarbeiten des 19. Jahrhunderts in den romanischen Kantonen der Schweiz, ferner Rumänien (1864/1866), Portugal (1867), Spanien (1888/1889) oder Bulgarien (1896). Bei der Rezeption des Code nahm Italien eine Sonderstellung ein. Noch das Zivilgesetzbuch des (1861 ausgerufenen) Königreichs Italien von 1865 und die gesamte italienische Gesetzgebung standen unter unmittelbarer Einwirkung der napoleonischen Kodifikation. Erst der „Codice civile" von 1942 orientierte sich sowohl am französischen

Code wie an eigenständigen, modernen Rechtsbildungen (z.b. Allgemeine Geschäftsbedingungen), die das französische Gesetzbuch noch nicht kannte.

Der Code civil diente auch den meisten Zivilrechtskodifikationen der lateinamerikanischen Staaten als Vorbild. Dies gilt z.b. für den „Codigo civil" Brasiliens (1916) und Perus (1936). Auch die Staaten des ehemaligen französischen Kolonialreichs im Nahen Orient (Ägypten, Syrien, Libanon), in Afrika und Ostasien (Indochina, Ozeanien), ferner das Privatrechtsgesetzbuch des aus spanisch-französischer Herrschaft hervorgegangenen US-amerikanischen Bundesstaates Louisiana (1808) und der kanadischen Provinz Québec (1886) folgten dem französischen Modellgesetz.

**Schrifttum:** *W. Schubert*, Französisches Recht in Deutschland zu Beginn des 19. Jahrhunderts (1977), 12 ff., 70 ff. – *H.-J. Becker*, Das Rheinische Recht und seine Bedeutung für die Rechtsentwicklung in Deutschland im 19. Jahrhundert, JuS 1985, 338 ff. – *ders.*, Die bayerische Rheinpfalz und das rheinische Recht, in: Ph. J. Siebenpfeiffer u. seine Zeit, hg. v. E. Wadle (1991), 19 ff. – *B. Dölemeyer*, Nachwort zu „Napoleons Gesetzbuch – Code Napoléon", Faksimile-Nachdruck (2001), 1056 ff. (1086 f.). – *R. Schulze*, Rheinisches Recht, ZNR 2002, 65 ff. – *E. Wadle*, Französisches Recht in Deutschland (2002) – *ders.*, Rezeption durch Anpassung: Der Code Civil und das Badische Landrecht, ZEuP 2004, 947 ff.

## IV. Österreich

### 1. Kodifikationspläne und Vorarbeiten

Schon unter *Leopold I.* (1658–1705) wurde 1671 eine gesamtstaatliche Vereinheitlichung des Rechts der Länder und Nationen der *Habsburger Monarchie* durch den Universalgelehrten *Gottfried Wilhelm Leibniz* (1646–1716) angeregt (*Codex Leopoldinus*), der Mitglied des Reichshofrats in Wien war. Die österreichischen Kodifikationsbestrebungen förderte auch eine private Sammlung kaiserlicher Mandate und Dekrete im sog. *Codex Austriacus* (1704–1777). Die unter *Joseph I.* (1678–1711) durch Einsetzung einer Kompilationskommission im Jahre 1709 begonnenen Arbeiten nahmen jedoch erst nach der Zentralisierung der Justizverwaltung der habsburgischen Erbländer in der 1749 in Wien errichteten Obersten Justizstelle konkrete Formen an.

1753 berief *Maria Theresia* (1740–1780) eine Hofkommission, die das Privatrecht der sog. Deutschen Erbländer (d.h. ausgenommen die niederländischen und ungarischen Provinzen der Monarchie) zu vereinheitlichen hatte (*jus privatum certum et universale*). Dabei sollten die geltenden Landesrechte mit dem Naturrecht als dem „allgemeinen Recht der Vernunft" unter Beachtung des österreichischen Rechts des Usus Modernus verbunden und zur Grundlage des Gesetzgebungswerks gemacht werden. Hauptreferent der Kommission war der Landesadvokat und spätere Professor der praktischen Rechtslehren an der Universität Prag *Joseph von Azzoni* (1712–1760).

Erst nach den schlesischen Kriegen und nach Azzonis Tod konnte sein Schüler, der Hofrat beim Directorium in Wien *Johann Bernhard (Ritter) von Zencker* (†1785) als Referent die Arbeiten fortführen. 1766 legte er einen aus sechs Foliobänden bestehenden Entwurf des sog. „Codex Theresianus" vor. Dieser folgte im Aufbau dem gaianischen Institutionensystem, war entsprechend seinem Umfang eine höchst kasuistische Materialsammlung und hatte lehrbuchhaften Charakter. Nach dem Votum des österreichischen Staatsrats war der Codex als Gesetzbuch ungeeignet.

Maria Theresia schloss sich dem Urteil an, befahl 1772 Kürzungen und die Umarbeitung nach Maßgabe rechts- und gesetzgebungspolitisch bedeutsamer Richtlinien, so z.B. dass man „sich nicht an die Römischen Gesetze binden, sondern überall die natürliche Billigkeit" zur Grundlage machen sollte. Bei den weiteren Arbeiten lag die Federführung bei dem Hofrat *Johann Bernhard von Horten* (1735–1786), einem Schüler Martinis. Bereits 1786 war der sog. „Entwurf Horten" fertig gestellt. Dieser enthielt Regelungen des Personen-, Familien- und Ehegüterrechts, war eine radikale Kürzung des Codex Theresianus und lediglich eine Teilkodifikation („Allgemeines bürgerliches Gesetzbuch – I. Theil"). *Joseph II.* (1765–1790) setzte den Entwurf in den Deutschen Erbländern zum 1. Januar 1787 als „Josephinisches Gesetzbuch" abschnittsweise in Kraft. Die Kritik an diesem Gesetz war verheerend. Die Erarbeitung eines zweiten Teiles unterblieb.

## 2. Allgemeines Bürgerliches Gesetzbuch v. 1811

Nach dem Tode Josephs II. begann eine neue, 1790 von seinem Bruder und Nachfolger *Leopold II.* (1790–1792) eingesetzte Hofkommission mit der Kodifizierung der noch ausstehenden Teile des Codex Theresianus. Die Leitung hatte der Justizpolitiker und Professor für Naturrecht, Institutionen und Geschichte des Römischen Rechts an der Universität Wien *Carl Anton von Martini* (1726–1800). Für die österreichische Zivilgesetzgebung bedeutete dies einen Wendepunkt. Das Naturrecht begann die gemeinrechtlichen Grundlagen zu verdrängen. 1796 lag der „Entwurf Martini" (Urentwurf) vor. Darin waren das ältere Naturrecht, das römische Recht kritisch verwertet und der „Entwurf Horten" berücksichtigt.

Der „Entwurf Martini" wurde 1797 in dem 1795 annektierten Westgalizien, dem jüngsten im Zuge der Dritten polnischen Teilung an die Habsburgermonarchie gefallenen Erbland, als „Bürgerliches Gesetzbuch für Westgalizien" eingeführt. Umstritten ist, ob die Kodifikation in diesen Provinzen „probeweise" in Kraft trat, oder weil dort die Rechtssituation mit einer Vielzahl selbständiger Gerichtsbezirke mit eigenem Recht unübersichtlich und unhaltbar geworden war. Nach neuen Forschungen trat das Gesetzbuch auch in Ostgalizien sowie in der Bukowina in Kraft (1. Januar 1798) und galt deshalb – entgegen der üblichen (irreführenden) Bezeichnung „Westgalizisches Gesetzbuch" – in ganz Galizien. An eine „Probe" war dabei nicht gedacht worden; das „Galizische Gesetzbuch" wurde auf diese Weise zur ersten modernen Privatrechtskodifikation (*W. Brauneder*).

Eine 1797 eingesetzte Gesetzgebungskommission überarbeitete das Galizische Gesetzbuch und führte die Kodifikationsarbeiten weiter. Die Hauptlast trug als ständiger Referent der Wiener Professor *Franz Anton Felix von Zeiller* (1751–1828), Schüler und Nachfolger Martinis auf der Naturrechtslehrkanzel. Lehrer und Schüler gelten beide als die eigentlichen Schöpfer der Kodifikation. Diese war nach drei Kommissionslesungen (1801–1806, 1807–1808, 1809–1810) fertiggestellt und wurde am 1. Juni 1811 als „Allgemeines Bürgerliches Gesetzbuch für die gesamten Deutschen Erbländer der Österreichischen Monarchie" (ABGB) verkündet. Am 1. Januar 1812 trat das Gesetz in dem damals erheblich verkleinerten Staatsgebiet (außer Ungarn) in Kraft und ersetzte insbesondere das Ius commune, das Josephinische (1787) sowie das Galizische Gesetzbuch (1797). Im Gegensatz zum preußischen ALR galten neben dem ABGB keine Provinzialrechte weiter fort.

**Schrifttum:** *G. Kocher*, Höchstgerichtsbarkeit u. Privatrechtskodifikation (1979), 78 ff. – *W. Brauneder*, Das ABGB von 1811, Gutenberg-Jahrbuch 1987

(1987), 205 ff. – *ders.*, Das ALR und Österreichs Privatrechtsentwicklung, in: B. Dölemeyer u.a. (Hg.), 200 Jahre ALR (1995), 415 ff. – *ders.*, Das Galizische Bürgerliche Gesetzbuch, in: Naturrecht und Privatrechtskodifikation, hg. v. H. Barta u.a. (1999), 303 ff. – *M. Hebeis*, K.A. von Martini, (1996) – *G. Wesener*, Die Rolle des Usus modernus pandectarum im Entwurf des Codex Theresianus, in: FS K. Kroeschell (1997), 1363 ff. – *ders.*, „Von Sachen und dinglichen Rechten". Zum Sachenrecht des Codex Theresianus, in FS. C. Schott (2001), 255 ff. – *ders.*, Franz v. Zeiller, in: F. v. Zeiller-Symposium, hg. v. J.F. Desput u.a. (2003), 67 ff.

## 3. Bewertung

Das ABGB ist bis heute Hauptquelle des österreichischen Privatrechts. Es beeinflusste die Zivilgesetzbücher der schweizerischen Kantone Bern (1825) und noch Solothurn (1841) sowie die Privatrechtsentwürfe einiger deutscher Staaten. Eine besonders enge Anlehnung an das ABGB kennzeichnete den bayerischen sog. „Entwurf Leonrod" von 1834. Sein Redaktor *Ludwig Karl von Leonrod* hat in den Motiven ausführlichst die Gründe der Rezeption dargelegt. Auch dem ersten Entwurf eines Bürgerlichen Gesetzbuches für das Königreich Sachsen von 1853 diente das ABGB als Vorbild.

In ursprünglich 1502 Paragraphen bringt es nach einer Einleitung (Von den bürgerlichen Gesetzen überhaupt, §§ 1–14) in drei Teilen das Personenrecht einschließlich des Familienrechts, das Sachenrecht (in einem weiteren Sinne) und schließlich die dem Personen- und Sachenrecht gemeinsamen Bestimmungen über die Befestigung, Umänderung sowie Aufhebung der Rechte und Verbindlichkeiten, über Verjährung und Ersitzung. Der umfangreichste zweite Teil ist wiederum in zwei Unterabteilungen gegliedert. Die erste behandelt die dinglichen Rechte einschließlich ihrer Erwerbsgründe, insbesondere des Erbrechts als Recht auf den Nachlass. Die zweite regelt unter der Bezeichnung „persönliche Sachenrechte" die Schuldverhältnisse, soweit sie nicht, wie Bürgschaft und gewisse allgemeine Lehren des Schuldrechts, dem dritten, gemeinschaftliche Bestimmungen berührenden Teil vorbehalten sind.

Das ABGB ist maßgeblich durch den Vernunftrechtler und Kantianer *Franz von Zeiller* beeinflusst. Es gilt als Verwirklichung des kantischen Naturrechts. Der Name des von seinen Zeitgenossen als „Nestor der österreichischen Rechtswissenschaft" Gefeierten ist symbolhaft mit dem ABGB verknüpft. Auch dies unterstreicht seinen maßgeblichen Anteil am Zustandekommen des Gesetzes. Nach seiner Berufung in die Gesetzgebungskommission wurden von ihm alle Entwürfe kritisch überprüft und im Sinne der Grundthesen Kants umgearbeitet. Unmittelbar auf Zeiller gehen die systematische Geschlossenheit, die Einteilung des Gesetzes und das Ausscheiden nichtprivatrechtlicher Vorschriften zurück. Ihm verdankt das ABGB die Lebens- und Praxisnähe als durchgehende Tendenz anstelle abstrakter vernunftrechtlicher Programmsätze. Allerdings fehlen auch nicht lehrbuchförmige Naturrechtsmaximen, wie etwa: „Jeder Mensch hat angeborne, schon durch die Vernunft einleuchtende Rechte, und ist daher als eine Person zu betrachten" (§ 16). Insgesamt bestimmen aber justiziable vernunftrechtliche Rechtsprinzipien, wie z.B. „allgemeine Grundsätze der Gerechtigkeit" oder „die besonderen Verhältnisse der Einwohner", den pragmatischen Charakter des Gesetzbuchs. Ob das ABGB mit dem Attribut „neuständische Kodifikation" (*W. Brauneder*) zutreffend charakterisiert ist, ist nicht unbestritten.

Die ideologischen Grundlagen des Gesetzbuchs waren die josephinische Aufklärung und das rationalistische Naturrecht der letzten Phase. Als reines Privatrechtsgesetzbuch ist das ABGB mit dem Preußischen ALR strukturell nur eingeschränkt vergleichbar. Deutliche Unterschiede bestehen in der Gesetzestechnik. Die Rechtssätze des ALR sind kasuistisch formuliert. Demgegenüber bevorzugt das ABGB eine zur Abstraktheit neigende Kürze und Beschränkung auf flexible allgemeine Grundsätze. Auch dies erklärt, warum das inhaltlich im Wesentlich unveränderte Gesetzbuch bei den wechselnden politischen Umständen stets seine Funktion als aktuelle Quelle des geltenden Privatrechts beibehalten konnte.

**Schrifttum:** *U. Floßmann*, HRG (Zeiller) 1637 ff. – *dies.*, Österreichische Privatrechtsgeschichte, 5. Aufl. (2005), 13 ff. – *A. Figal/W. Ellerbrock*, Das Österreichische ABGB vom 1.6.1811, JuS 1988, 519 ff. – *W. Brauneder*, Das österreichische ABGB: Eine neuständische Kodifikation, in: FS G. Wesener (1992), 67 ff. – *P. Caroni*, Privatrecht. Eine sozialhistorische Einführung, 2. A. (1999).

## 4. Wissenschaftliche Bearbeitung und Außenwirkung

Die österreichische Zivilistik und die pandektistische deutsche Wissenschaft bewerteten die Qualität des ABGB unterschiedlich. Savigny hatte der Kodifikation mangelnde Wissenschaftlichkeit attestiert und dieses Verdikt hatte Folgen. Noch bis zur Jahrhundertmitte verwaltete die sog. exegetische österreichische Zivilrechtsschule das Gesetzbuch hauptsächlich durch Auslegung (*Exegese*), statt durch rechtsfortbildende Eingriffe in den Gesetzestext.

Eine wissenschaftspolitische Neuorientierung leitete nach der Revolution von 1848 der Unterrichtsminister *Leo Graf Thun-Hohenstein* ein. In bewusster Abkehr von Josephinismus und Naturrecht nannte er 1852 in einer Rede das ABGB zwar das „berühmteste Rechtskompendium der neueren Zeit", das jedoch „aus dem Boden einer philosophischen Schule hervorgewachsen" war, „über die aber seitdem die Wissenschaft hinweggeschritten ist". Als neue Orientierung forderte er die Rückbesinnung auf historische Werte und Grundlagen. Mit der Hinwendung der österreichischen Zivilistik zur modernen, von der Historischen Rechtsschule bestimmten Pandektenwissenschaft sollte dieses Ziel verwirklicht werden.

Der zunächst an der Universität Prag (1853) und später in Wien (ab 1856) lehrende Professor *Joseph Unger* (1828–1913) förderte maßgebend diesen Richtungswechsel der österreichischen Zivilistik. In seinem dreibändigen Werk „System des österreichischen allgemeinen Privatrechts" (1856 -59) gelang ihm die „Historisierung" bzw. „Pandektisierung" der österreichischen Zivilrechtswissenschaft. Ziele der neuen österreichischen Historischen Schule waren wissenschaftliche Kritik und Interpretation des ABGB nach Maßgabe der historisch-systematischen Methode der deutschen Pandektistik.

Die Ergebnisse dieser nicht am positiven Recht, sondern am römischen Pandektenrecht orientierten begriffsjuristischen Betrachtung werden von der Forschung unterschiedlich bewertet. Eine ältere Meinung sieht die Folgen der wissenschaftlichen Auseinandersetzung zwischen exegetischer und historischer Schule in einer durchaus günstigen „Verwissenschaftlichung des österreichischen bürgerlichen Rechts" (*W. Ogris*). Neue Arbeiten haben aber auch das Klischee von der trockenen exegetischen Jurisprudenz Österreichs als nicht repräsentativ widerlegt und im positiven Sinne korrigiert (*W. Brauneder*).

Die Versöhnung zwischen Gesetz und Doktrin ermöglichte weitreichende, wenn auch nicht immer systemkonforme Revisionen. Nachdem er von seiner Forderung nach einer Totalrevision des ABGB Abstand genommen hatte, initiierte *Joseph Unger* punktuelle Revisionen des Gesetzbuchs, die es auch an das 1900 erlassene Deutsche Bürgerliche Gesetzbuch (BGB) anpassen sollten. Das Ergebnis waren schließlich die kriegsbedingt verzögerten „drei Teilnovellen" der Jahre 1914–1916 zum Personen-, Schuld-, Sachen-, Familien-, Vormundschafts- und Erbrecht. Die drei kaiserlichen Notverordnungen erfassten rund 18 % des Regelungsbestandes. Insgesamt haben sie das ABGB keineswegs radikal verändert, vielmehr eher „kosmetisch-systematisch" (*E.A. Kramer*) dem BGB angeglichen.

Weiterbildungen des ABGB vollzog die neue Gesetzgebung der Nachfolgestaaten der österreichisch-ungarischen Monarchie nach deren Zerfall. Über den Bereich der Deutschen Erbländer der Habsburger Monarchie hinaus galt das Gesetzbuch in den ehemaligen österreichischen Landesteilen der früheren Tschechoslowakei, in Galizien, dem ehemals ungarischen Burgenland, bis 1866 in der Lombardei, bis 1871 in Venetien, seit 1852/1853 vorübergehend (bis 1861) im eigentlichen Königreich Ungarn, länger in den ungarischen Nebenländern Siebenbürgen, Kroatien-Slawonien und nur teilweise bzw. subsidiär oder modifiziert in Bosnien und der Herzegowina. Außerhalb Österreichs gilt es (seit 1812) noch im Fürstentum Liechtenstein. Dieses seit 1719 reichsunmittelbare Territorium war nicht Bestandteil der österreichisch-ungarischen Monarchie und hatte umfassend österreichisches Recht rezipiert. Erst nach dem Ersten Weltkrieg (1918) wandte sich Liechtenstein weitgehend schweizerischen und deutschen Vorbildern zu (1923 im Sachenrecht, 1926 im Personen- und Gesellschaftsrecht). Vom ABGB gelten gegenwärtig nur noch das Ehe-, Kindschafts- und Erbrecht.

Mit dieser letzten großen Kodifikation der dritten mitteleuropäischen Großmacht des ausgehenden 18. Jahrhunderts fanden die Gesetzgebungsaktivitäten der Epoche des rationalistischen Naturrechts ihren Abschluss. In der Folgezeit erstarrte das Vernunftrecht. Es zerbrach schließlich mit seinem überzeitlichen Geltungsanspruch an einem gewandelten, neuen Verständnis, dem Historismus. Der Glaube an die gegenwartsgestaltende Kraft der Geschichte führte zu einer Neubestimmung des Rechts als eines historisch legitimierten, den Zeitbedürfnissen ständig unterliegenden gesellschaftlichen Phänomens. Das neue Geschichtsverständnis diskreditierte die naturrechtlichen Kodifikationen endgültig als ahistorische, spekulative, künstliche und unorganische Produkte einer vergangenen Zeit.

**Schrifttum:** *P. Caroni*, Der unverstandene Meister? Savignys Bemerkungen zum österreichischen ABGB, in: FS H. Baltl (1978), 107 ff. – *W. Brauneder*, Privatrechtsfortbildung durch Juristenrecht in Exegetik und Pandektistik in Österreich, ZNR 1983, 22 ff. – *Chr. Neschwara,* Über Carl Joseph v. Pratobevera und Franz v. Zeiller. Ein Beitrag z. Gesetzgebungsgeschichte des ABGB, in: FS H. Baltl (1998), 205 ff. – *E.A. Kramer*, Der Einfluss des BGB auf das schweizerische und österreichische Privatrecht, AcP 200 (2000), 385 ff. – *W. Ogris*, Elemente europäischer Rechtskultur (2003), 311 ff.

# § 6 Die Historische Schule der Rechtswissenschaft

## I. Kodifikationsstreit

Mit dem Sieg der aus Österreich, Preußen und Russland bestehenden Koalition über Napoleon bei Leipzig (1813) war das Ende der französischen Hegemonie über Europa besiegelt. Auch die Kodifikationsbewegung im Zeichen des Vernunftrechts der Aufklärung kam vorläufig zum Stillstand. Mit der Gründung des Deutschen Bundes (1815) begann eine Zeit der Restaurations- und repressiven Sicherheitspolitik (Demagogenverfolgung, Karlsbader Beschlüsse v. 1819). Die naturrechtlichen Prinzipien der Gleichheit und Freiheit als Grundlagen einer neuen Staatsverfassung und Rechtsordnung begannen zu verblassen. Eine andere politische Forderung drängte machtvoll in den Vordergrund: Die Idee von der Einheit und Freiheit der Nation.

Die Vision von der gestaltenden Kraft der „Vernunft" war zum national-romantischen „Gefühl" verkommen. Und dieses verlangte ungestüm auch nach einer Vereinheitlichung des Rechtswesens. Heftig umstritten blieb nur der Weg. Einige wollten den modernen Code civil zum natürlichen Vorbild nehmen. Die Gegner polemisierten gegen sein gesellschaftspolitisches Programm als „eine verderbliche, inzwischen überstandene politische Krankheit" (Savigny, Beruf, 135). Damit waren die beiden konträren Positionen formuliert. Sie sollten in dem sog. Kodifikationsstreit zwischen zwei Repräsentanten der zeitgenössischen Jurisprudenz ihre wissenschaftspolitische Zuspitzung erfahren.

Die Forderung nach einer Gesamtrechtskodifikation für Deutschland erhob erstmals publizistisch der Heidelberger Zivilrechtslehrer *Anton Friedrich Justus Thibaut* (1772–1840). In einer vielbeachteten Schrift „Über die Nothwendigkeit eines allgemeinen bürgerlichen Rechts für Deutschland" legte er 1814 die maßgeblichen Gründe für eine nationale, im Sinne der Aufklärung „weise" Gesetzgebung dar. Unter „bürgerlichem Recht" verstand er ausdrücklich das gesamte Privat-, Kriminal- und Prozessrecht (Thibaut, Nothwendigkeit, 12).

Thibaut argumentierte primär politisch. Der Glaube des gemäßigt Liberalen an die Erneuerungsfähigkeit einer Nation durch Gesetzgebung wurzelte im Rationalismus der Aufklärung im Sinne von *Jean-Jacques*

*Rousseau* (1712–1778), dessen Anhänger er war. In der Herstellung der staatlichen Einheit Deutschlands sah er die politisch unverzichtbare Vorbedingung für eine ihr notwendigerweise folgende Rechtseinheit. Seine unverhohlen geäußerten Sympathien galten der Französischen Revolution und der napoleonischen Gesetzgebung. In einer Öffentlichkeit, deren neues nationales Bewusstsein aus dem Erlebnis der Freiheitskriege (Kriege mit den französischen Revolutionsheeren) starke Impulse erhielt, fanden seine leidenschaftlichen Forderungen begeisterte Aufnahme.

Mit seinem politischen Postulat hatte Thibaut den damals führenden Zivilrechtslehrer *Friedrich Carl von Savigny* (1779–1861) in Berlin zum Widerspruch provoziert. Dessen auf das Privatrecht sich beschränkende Reaktion erfolgte noch im selben Jahre 1814 in einer ebenso berühmt gewordenen Gegenschrift „Vom Beruf unsrer Zeit für Gesetzgebung und Rechtswissenschaft". Darin lehnte Savigny kategorisch das statisch-systematische, materiale Naturrechtsdenken Wolffscher Prägung ab und damit auch jede Kodifikation als typische rechtspolitische Konkretisierung des unhistorischen Vernunftrechts.

Grundsätzlich war auch Savigny nicht gegen eine (Privat-) Rechtsvereinheitlichung. Insoweit beinhaltete der Kodifikationsstreit keine Auseinandersetzung zwischen zwei Antipoden. Im Unterschied zu Thibaut plädierte er jedoch für eine umfassende wissenschaftliche Reform, argumentierte juristisch-methodisch und attestierte seiner Zeit (noch) mangelnde Reife, die Rechtseinheit durch eine Kodifikation herzustellen. Konsequent setzte er gegen das geschichtsferne, vom Zweckmäßigkeitsdenken bestimmte unorganische Kodifikationsprogramm Thibauts die „Geschichtlichkeit" als Kriterium für ein neues, in einem „System" geordnetes Recht. Die Rechtswissenschaft hielt er für berufen, auf eine künftige Gesetzgebung vorzubereiten, wenn sie dabei „historisch" und „systematisch" vorging.

Ein Vorbild dafür erkannte er im empirisch-historischen römischen Recht. Zum Medium für die sichere Erkenntnis des richtigen Rechts aus seiner Entwicklungsgeschichte erklärte er die „Volksüberzeugung". Nachdem *Immanuel Kant* (1724–1804) die Vorstellung des rationalistischen Naturrechts von der Existenz eines überpositiven Rechts *ohne* geschichtliche Grundlagen überzeugend widerlegt hatte, suchte Savigny die Erneuerung der Jurisprudenz als Wissenschaft wieder in der Geschichtswissenschaft. Geschichte wurde für ihn zum einzigen Weg „zur wahren Erkenntnis unseres eigenen Zustandes", zum entscheidenden, das Wesen der Gegenwart umgreifenden und das gesamte Rechtsleben konstituierenden, es gestaltenden Element.

**Schrifttum:** *H.P. Benöhr*, Politik und Rechtstheorie: Die Kontroverse Thibaut – Savigny vor 160 Jahren, JuS 1974, 681 ff. – *W. Brugger*, Grundlinien der Kantischen Rechtsphilosophie, JZ 1991, 893 ff. – *D. Klippel*, Die Historisierung des Naturrechts, in: Recht zwischen Natur und Geschichte, hg. v. F. Kervégan u.a. (1997), 103 ff.

## II. Entstehung der Historischen Rechtsschule

### 1. Historismus anstelle Vernunftrecht

Den Niedergang des Vernunftrechts und der Kodifikation als Ergebnis gesetzgeberischer Willkür hatten zu Ausgang des 18. Jahrhunderts neue geistige Strömungen vorbereitet. Sie entdeckten elementare und irrationale Kräfte des menschlichen Lebens und beschäftigen sich vorrangig mit Begriffen, wie Volkstum, Seele, Gefühl, Empfindung, Entwicklung, Volksüberzeugung, die sie in die nationale Geschichte projizierten. In der Literatur wurde diese Bewegung unter dem Namen „Romantik" bekannt (Clemens und Bettina Brentano, Achim von Arnim, Novalis). Vor diesem intellektuellen Hintergrund entstand der „Historismus".

Diese seit dem 19. Jahrhundert vor allem in Deutschland herrschende Richtung sah die geistig-kulturellen Schöpfungen des Menschen in ihrer geschichtlichen Bedingtheit und individuellen Einmaligkeit auf der Zeitachse ihres historischen Entwicklungsprozesses. Alles Geschehene wurde als organisch gewachsenes, „gewordenes" Produkt einer komplexen Evolution verstanden und auf seine Zeit bezogen (Relativität). Dieser Betrachtung genügte allein die historisch-hermeneutische Methode. In dieser Ausprägung stand der Historismus zu allen Philosophien in Widerspruch, die auf das überzeitlich Richtige, Wahre, Absolute, Allgemeine und damit auf die Vernunftwahrheiten des rationalistischen Naturrechts abstellten.

Der Historismus hatte viele Wegbereiter. Einer der bedeutendsten war der italienische Geschichts- und Rechtsphilosoph *Giambattista Vico* (1668–1744). Als einer der Ersten proklamierte er das Primat der Geschichtswissenschaften vor dem Rationalismus des Vernunftrechts und sprach der Methode des „mos geometricus" jede Leistungsfähigkeit ab.

Vico entwickelte eine „organische" Geschichtsauffassung. Nach ihr wurde die Geschichte zum eigentlichen Gegenstand der Erkenntnis. Im Mittelpunkt stand der historisch-verstehend zu interpretierende, „organisch" wirkende Entwicklungsgedanke. Vicos Einfluss auf das europäische Denken war sehr groß.

Vorreiter eines frühen, im Vergleich zu Vico weniger dicht entwickelten Historismus in Deutschland war *Johann Schilter* (1632–1705). Er lehrte in Frankfurt a. Main und zuletzt in Straßburg. Als bedeutender Vertreter des späten Usus Modernus hat er mit seinen Arbeiten zum Lehens- und Privatrecht in der ersten Hälfte des 18. Jahrhunderts auch maßgeblich zur Ausbildung allgemeiner Lehren eines historisch gewachsenen deutschen Privatrechts beigetragen. In ähnlicher Weise wirkte *Justus Möser* (1720–1794). Als juristischer Praktiker und Staatsmann in Diensten des Fürstbistums Osnabrück hat er durch seine ständisch-konservative, historische Rechtslehre insbesondere in Göttingen den wohl berühmtesten Vertreter des Reichsstaatsrechts *Johann Stephan Pütter* (1725–1807) beeinflusst.

Zu Ausgang des 18. Jahrhunderts erhielt die neue Art des geschichtlichen Denkens stilprägende Impulse vor allem durch *Johann Gottfried Herder* (1744–1803). In seinem vierbändigen Werk „Ideen zur Philosophie der Geschichte der Menschheit" (1784–91) hatte er überzeugend gezeigt, dass der Mensch als Individuum in einem organischen Entwicklungsprozess zur Humanität fortschreitet. Herders Kulturphilosophie verstand den gemeinsamen Kulturbesitz, bestehend aus Dichtkunst, Sprache, Sitte, Gewohnheit und anderen Kulturerscheinungen (darunter auch das Recht), nicht als Produkt abstrakter Vernunft, vielmehr als von allen Völkern „geschichtlich gewordene und ständig sich wandelnde Wesenheiten". Die Vorstellung, das Historische könnte „organisch" das Wesen der Gegenwart gestaltend konstituieren, wurde auf diese Weise zum Kriterium, nach dem eine neue Gesellschaft und Rechtsordnung gemäß dem Prinzip der historischen Veränderlichkeit geformt werden sollte. Damit war der Rechtswissenschaft ihre künftige Richtung gewiesen.

## 2. Savigny und Eichhorn als Schulgründer

Zwei Juristen hatten die Zeichen der Zeit erkannt. Sie sahen die Zukunft der Rechtswissenschaft allein in ihrer Erneuerung im Geist der

Geschichte mit Hilfe der Methoden der Wissenschaft. Beide lehrten an der Universität Berlin: *Karl Friedrich Eichhorn* (1781–1854), Professor für Verfassungsgeschichte und Deutsches Privatrecht, sowie *Friedrich Carl von Savigny* (1779–1861), Professor für Römisches Recht und Zivilrecht. In bewusster Abkehr vom Vernunftrechtsdenken der Aufklärung gründeten sie die „Historische Rechtsschule".

Savigny besaß größtes Ansehen nicht nur in der deutschen Zivilrechtswissenschaft. Er hatte schon früh durch seine wissenschaftlichen Leistungen die Aufmerksamkeit der Fachwelt auf sich gelenkt. Nach einer akademischen Lehrtätigkeit in Marburg (1800–1804), die er zu Studienzwecken unterbrach, und einer nur zweijährigen Professur in Landshut (1808–1810) war er an die neu gegründete Reformuniversität Berlin berufen worden. In seiner Entgegnung auf Thibauts Kodifikationsforderung (1814) hatte er bereits die leitenden Gedanken der Historischen Schule entwickelt. Die Schrift wurde zum „Grundkodex" der Bewegung. Im Jahre 1815 gab er zusammen mit Eichhorn die programmatische „Zeitschrift für geschichtliche Rechtswissenschaft" (Vorläuferin der heutigen Savigny-Zeitschrift) heraus und machte sie damit zum Organ und „Punkt der Vereinigung". In dem Einleitungsaufsatz präzisierte er das wissenschaftliche und rechtspolitische Konzept. Während sich Eichhorn später der deutschen Verfassungsgeschichte zuwendete, wurde Savigny zum Wortführer und Lehrmeister der am klassischen römischen Recht orientierten sog. „Romanistik", in der die Historische Rechtsschule später aufging.

### III. Savignys Rechtslehre

Die Schulgründung fiel nicht zufällig zeitlich mit der Hochblüte von Romantik und Klassik zusammen, den „beiden größten Tendenzen der zeitgenössischen Kultur" (*F. Wieacker*). Deren Vorstellungen von der Geschichtlichkeit der eigenen Existenz (Historismus) stand Savigny nahe: dem Kreis der (jüngeren) Romantiker durch seine Heirat mit Kunigunde Brentano (1804), der Schwester von Clemens und Bettina Brentano, dem Klassizismus durch seine vom Humanismus geprägte Grundhaltung. Jedoch sollte der Anteil der Romantik an Savignys Programm nicht überbewertet werden. Gleichwohl befähigte ihn gerade diese Denkhaltung zur Entwicklung einer Rechtslehre aus dem römischen Recht als Emanation der organisch wirkenden Geschichte.

## 1. Organische Rechtsentstehung und Volksgeist

In dieser Rechtslehre griff Savigny auf *Johann Gottfried Herders* zweifellos romantische Vorstellungen vom gemeinsamen Kulturbesitz einer Nation zurück, durch den das „Volk" erst seine Individualität erhielt und aus dem auch das Recht als Teil der nationalen Gesamtkultur „still" wuchs. Vor dieser organischen Einheit von Recht und geschichtlich legitimiertem Volkscharakter ließen sich die unorganischen, durch verstandesmäßige Abstraktionen gewonnenen Systeme der Vernunftrechtler und Befehle eines Gesetzgebers nicht mehr als Recht begreifen. Sie erschienen als Akte einer gesetzgeberischen Willkür. Dagegen war Recht naturnotwendiger Bestandteil der Volkskultur und damit des Volksganzen. Wie die nationale Kultur wuchs es unsichtbar, natürlich und *organisch* aus dem „gemeinsamen Bewusstsein des Volkes" (Savigny, Beruf, 11), aus der Volksüberzeugung, dem späteren „Volksgeist". Recht war die Emanation des „in allen Einzelnen gemeinschaftlich lebenden und wirkenden Volksgeistes" (Savigny, System des heutigen Römischen Rechts I, 14), mithin „wirkliches Recht". Dieser allein, und nicht der künstliche Wille des Gesetzgebers, verlieh ihm Geltung durch geschichtliche Rechtfertigung.

Diese Grundauffassung von der Entstehung des Rechts aus dem historisch gewachsenen Wesen, Geist und Charakter des Volkes entsprach der Zeit der politischen Restauration, die den Staat und die Gesellschaft erfasst hatte. Für Savigny hatte das Gewohnheitsrecht Vorrang vor dem Gesetzesrecht. Die Gesetzgebung war allein „als ergänzende Nachhülfe für das positive Recht" oder „als Unterstützung seines allmäligen Fortschreitens" (Savigny, System I, 40) denkbar. Gesetztes Recht konnte bestenfalls das in einer Kodifikation redigierte Gewohnheitsrecht sein, das seine Kraft und Geltung allein durch das rechtsschöpferische Bewusstsein der Beteiligten erhielt. Insoweit war Savigny konsequent grundsätzlich gegen eine Kodifikation. Diese Einstellung hat er auch als preußischer Minister und Leiter der zur (restaurativen) „Revision des ALR" geschaffenen „Gesetzkommission" nicht aufgegeben (1842–1848). Als Nachfolger des als reaktionär geltenden *Karl Albert von Kamptz* (1769–1849) widersetzte er sich jeder Überarbeitung des ALR und entfaltete getreu der Konzeption der Historischen Schule seine legislatorischen Bemühungen auf Teilgebieten der Rechtsordnung (z.B. Reform des preußischen Strafrechts). Eine das gesamte Recht bindende Kodifikation erschien ihm geradezu schädlich, weil sie zugleich die natürliche Fortentwicklung des Rechts, sein „organisches

Wachstum" hemmte. Vom geschichtlichen Standpunkt aus konnte der Gesetzgebung allenfalls eine vorübergehende Bedeutung zukommen, da sie insoweit lediglich eine bestimmte Entwicklungsstufe in der natürlichen Weiterbildung des Rechts festschrieb.

## 2. Historische Methode der Rechtswissenschaft

Savigny hielt allein die „strenge historische Methode der Rechtswissenschaft" für geeignet, die praktische Brauchbarkeit des geltenden römischen Rechts (Ius commune) und der Partikularrechte (Ius proprium) wiederherzustellen. Nach seiner Überzeugung erlaubte allein sie es, „jeden gegebenen Stoff bis zu seiner Wurzel zu verfolgen und so ein organisches Princip zu entdecken, wodurch sich von selbst das, was noch Leben hat, von demjenigen absondern muß, was schon abgestorben ist und nur noch der Geschichte angehört" (Savigny, Beruf, 117 f.).

Damit waren Arbeitsrahmen und Ziel der Historischen Schule genau festgelegt: Erneuerung des wissenschaftlichen Charakters des geltenden Rechts durch das Medium des empirisch-geschichtlichen römischen Rechts. Dabei sah Savigny den „gegebenen Stoff" nicht primär in dem älteren germanisch-deutschen Recht. Als für seine Ziele nur bedingt geeignet erklärte er auch das im Mittelalter rezipierte römische Recht. Nach seiner Meinung musste es erst von den Entstellungen befreit werden, die es durch Glossatoren, Kommentatoren und später vor allem durch den bereits naturrechtlich orientierten Usus Modernus erfahren hatte. Das allein tragfähige Fundament für eine neue, die unhistorisch arbeitende Jurisprudenz verdrängende, empirisch-historische Rechtswissenschaft sah er im klassischen römischen Recht. Dessen Rezeption fand er in Deutschland als einen geschichtlichen Vorgang gerechtfertigt. In der hochstehenden Argumentationskunst der römischen Juristen, wie sie vor allem die justinianischen Digesten überlieferten, vermeinte er die schlechthin vollkommene Rechtstechnik wiederzuerkennen. Sie und die durch den Niedergang des Imperium Romanum unterbrochene Tätigkeit der römischen Rechtsklassiker wollte er „in gewissem Sinn" fortsetzen, ohne dabei „die dogmatische Aufgabe der Jurisprudenz durch rechtsgeschichtliche Erkenntnis" zu ersetzen (*F. Wieacker*). Zu keiner Zeit sollte das römische Recht eine „übermäßige, ungebührliche Herrschaft" über die zeitgenössische Wissenschaft erhalten (Savigny, System I, Vorrede XV f.).

Dabei konnte er in Einigem an den Göttinger Professor *Gustav Hugo* (1764–1844) anknüpfen. Dieser gilt als der eigentliche Begründer einer historisch orientierten Zivilrechtswissenschaft. Hugo war Kritiker sowohl des unhistorischen Naturrechts als Rechtsquelle wie auch des unkritischen Usus Modernus, der die römischen Rechtssätze seiner Ansicht nach wissenschaftlich unreflektiert, ohne Rücksicht auf ihre geschichtlichen Wurzeln und Zusammenhänge für den modernen Gerichtsgebrauch lehrte. Mit seiner Arbeitsweise, die nach dogmatischer, philosophischer und historischer Bearbeitung des Rechts unterschied, hat Hugo im Grundansatz die historisch-hermeneutische Methode der Historischen Schule vorweggenommen. Darin lag wohl seine eigentliche wissenschaftliche Bedeutung.

### 3. „System" als Form des Historischen

Savignys frühe Arbeiten sind ausschließlich dem römischen Recht gewidmet. Das gilt bereits für seine dogmatisch-historische, Aufsehen erregende Jugendarbeit über „Das Recht des Besitzes" (1803). Mit ihr wollte er die Effizienz der historischen Methode der Rechtsforschung sowie die Verbindlichkeit des römischen Rechts für die Gegenwart aufzeigen. Die Besitzmonographie hat seinen Ruhm als Zivilrechtsdogmatiker begründet.

Sein rechtshistorisches Hauptwerk ist die „Geschichte des Römischen Rechts im Mittelalter" (1815–1831). Ursprünglich als eine reine „Literargeschichte" geplant, war ihr Ziel, das Fortleben des römischen Rechts auch nach dem Ende Westroms bis zu seiner wissenschaftlichen Bearbeitung durch die Bologneser Rechtsschule nachzuweisen. Gleichzeitig wollte Savigny die Quellenwidrigkeit des mittelalterlichen Glossatorenrechts und damit seine Denaturierung in der mittelalterlichen Überlieferung belegen.

Das Hauptwerk seiner Zivilrechtsdogmatik ist das „System des heutigen Römischen Rechts" (1840–1849). Es enthält die Gesamtheit der allgemeinen privatrechtlichen Lehren (Allgemeiner Teil des Privat- und Schuldrechts) einschließlich die Methoden- und Rechtsquellenfragen. Viele der dort behandelten Rechtsinstitute, wie etwa gegenseitiger Vertrag, Irrtum oder Selbständigkeit des Erfüllungsgeschäfts (*traditio* als von ihrer *causa* losgelöster „dinglicher" Vertrag), waren unmittelbare Vorbilder für die moderne Zivilrechtsdogmatik. Der letzte (achte)

Band wurde durch die Grundlegung des internationalen Privatrechts (Kollisionsrechts) berühmt. Savigny vollzog im „System" die Vereinigung des Historisch-Positiven mit dem Systematischen. Damit war ihm die Grundlegung einer allgemeinen Rechtstheorie gelungen, wie sie bereits vor 1800 *Daniel Nettelbladt* (1719–1791), ein Schüler von Christian Wolff und Professor in Halle, sowie *Gustav Hugo* in Göttingen gefordert, aber nicht durchgesetzt hatten. Das Ergebnis war aber auch ein bürgerliches Rechtssystem, das im Grunde aus einem System des Vermögensrechts bestand, in dem sich nur das Familienrecht schwer begründen ließ. Im „System" als wissenschaftlich adäquate Form des geschichtlich Gegebenen hatte Savigny die Jurisprudenz zu einer wirklich positiven Rechtswissenschaft im Sinne der zeitgenössischen Philosophie des deutschen Idealismus erhoben. Die Forschung hat lange in seiner Privatrechtskonzeption die „Entfaltung eines auf kantischer Grundlage beruhenden Privatrechts freier, selbstverantwortlich handelnder Individuen" gesehen (*H. Kiefner*). Dagegen wird heute eingewendet, Savigny habe in Wahrheit in „historisch-philosophischer Doppelorientierung" die objektiv-idealistische Einstellung des zeitgenössischen deutschen Idealismus geteilt, ohne dabei einzelne kantische Elemente auszuschließen (*J. Rückert*).

**Schrifttum:** *H. Kiefner*, HRG (Savigny), 1313 ff. (1318) – *F. Wieacker*, Wandlungen im Bilde der historischen Rechtsschule (1967) – *H.H. Jakobs*, Wissenschaft und Gesetzgebung im bürgerlichen Recht nach der Rechtsquellenlehre des 19. Jahrhunderts (1983), 25 ff. – *J. Rückert*, Idealismus, Jurisprudenz und Politik bei F.C. v. Savigny (1984), 150 ff. – *A. Mazzacane*, in: F.C. v. Savigny, Vorlesungen über juristische Methodologie 1802–1842, hg. u. eingel. v. A. Mazzacane, Ius Commune-Sonderhefte 63/2 (1993), 30 ff. – *G. Vico*, Die neue Wissenschaft über die gemeinschaftliche Natur der Völker (2000), 25 ff. – *L. Moscati*, Italienische Reise. Savigny e la scienza giuridica della restaurazione (2000).

## IV. Entstehung der Pandektenwissenschaft

Die Forderung nach der Kodifikation des Rechts gehörte im 19. Jahrhundert zum Programm des Liberalismus. Die Herrschaft der kodifikationsfeindlichen und insoweit konservativen Historischen Schule in der Rechtswissenschaft hatte die Kodifikationsbewegung in Deutschland vorübergehend suspendiert. Savignys Rechtslehre auf der Grundlage des objektiven Idealismus und seine historisch-systematische Methode mussten ihren Charakter und ihren Arbeitsgegenstand ändern, sobald neue rechtspolitische Probleme entstanden, die sich als Folgen aus der Hinwendung zur Marktwirtschaft und aus der fortschreitenden Industrialisierung ergaben.

Aus der Historischen Schule und ihrer umfassenden Historisierung entwickelte sich als neuer und eigener Wissenschaftsstil die sog. „Pandektenwissenschaft" oder „Pandektistik". Sie konnte sich bis zu ihrer Ablösung durch die Zweckjurisprudenz und den Gesetzespositivismus der Zeit nach dem Inkrafttreten des Deutschen Bürgerlichen Gesetzbuchs (1900) als Rechtswissenschaft schlechthin behaupten. Ihr theoretisches Fundament blieb weiterhin die historisch-systematische Methode. Die sozialethische Basis wurde durch die kantische Pflicht- und Freiheitslehre definiert. Der diese Wissenschaftsrichtung kennzeichnende Kernbegriff „Pandekten" (auch *Digesten* genannt und Hauptstück der justinianischen Kodifikation) gibt bereits äußerlich Aufschluss über das Arbeitsobjekt und damit auch über die ideologische Verankerung.

Ziel der Pandektisten war es, durch Interpretation (*Exegese*) der justinianischen Pandekten als überpositive Legitimationsgrundlage (*K. Luig*) ein dogmatisch widerspruchsfreies, positives System eines allgemeinen Privatrechts zu formen (sog. „Pandektenharmonistik" der Pandektenlehrbücher). Es sollte vollkommen den rechtspolitischen Programmen und aktuellen Bedürfnissen der liberalen Gesellschafts- und Wirtschaftsordnung des 19. Jahrhunderts entsprechen. Die Entwicklung einer pandektistischen Rechtsdogmatik, die Unterschiedlichkeiten in den partikularen Rechten überbrückte, blieb jedoch keineswegs auf die deutsche Zivilrechtswissenschaft beschränkt. Sie hatte Auswirkungen auch auf das Rechtsdenken des Auslandes, insbesondere in der Schweiz, Österreich, Italien und England. Auf diese Weise leistete die Pandektistik bereits einen bedeutenden Beitrag zur systematischen Rechtsvergleichung.

## 1. Juristischer Formalismus

Die Nachfolger Savignys sahen ihre Hauptaufgabe in der Bereitstellung eines Rechtssystems, das den Wertvorstellungen einer bürgerlichen Gesellschaft wieder gerecht wurde. Die Umformung der Ständegesellschaft zu einer Industrie- und Wirtschaftsgesellschaft hatte die zeitgenössische Rechtswissenschaft vor bislang völlig unbekannte

Rechtsfragen gestellt. Ihre Beantwortung war allein im Wege einer wissenschaftlichen Reform des geläuterten römischen Rechts nicht mehr interessengerecht möglich. Dem Rechtsnotstand, mit dem sich eine auf den fragwürdigen Fundamenten des Rechtspartikularismus nur unsicher fußende Rechtswissenschaft konfrontiert sah, konnte der gesetzgeberische „Quietismus" Savignys nicht abhelfen. Sein Kampf gegen das als traditionsfeindlich, unkritisch und unhistorisch bezeichnete Naturrecht hatte die Rechtswissenschaft letztlich in eine Isolation geführt.

Deshalb sahen die Pandektisten in der Nachfolge Savignys ihre Hauptaufgabe in einer „zweiten Rezeption" des römischen Rechts, dieses Mal jedoch mit Hilfe der formal-begrifflichen, systematisch-konstruktiven Methode. Nach ihren Vorstellungen sollte ein hochentwickelter *„juristischer Formalismus"* die Gewinnung nicht nur eines zeitgemäßen, sondern auch des richtigen Rechts sicherstellen. Dadurch glaubten sie ihrer Pflicht zur historischen Legitimierung des künftigen neuen Rechts nachzukommen. Denn die Rechtfertigung, sich weiterhin mit dem Pandektenrecht zu beschäftigen, bezogen sie aus dem Programm der Historischen Schule.

Der neue pandektistische Stil versprach pragmatische Lösungen sowohl für die Gegenwart wie auch in Blickrichtung auf eine künftige Kodifikation. Die nur mehr schwer überschaubaren Stoffmassen des Ius commune erschienen allein durch ein kunstvolles, nach den Regeln der formalen Logik gebildetes System besonderer, materiell bedeutsamer Begriffe beherrschbar. Seine Erstellung auf der Grundlage der vernunftrechtlichen „Begriffspyramide" Christian Wolffs wurde deshalb zur zentralen Aufgabe der Juristen. Das Ergebnis waren in Genealogien und Hierarchien verbundene Rechtsbegriffe, aus denen logisch-deduktiv oder durch Analogieschlüsse wiederum neue Rechtssätze und Grundregeln abgeleitet wurden. Durch weitergehende Abstrahierungen konnte schließlich auch ein Bestand an allgemeinen Lehren gewonnen werden. Als „Allgemeiner Teil" bildeten sie fortan das Kernstück eines neuen, den Gliederungsentwürfen der akademischen Pandektenvorlesung entnommenen modernen Zivilrechtssystems. Das fünfteilige „Pandektensystem" hatte erstmals der Göttinger Pandektist *Georg Arnold Heise* (1778–1851) für seine Vorlesung entworfen („Grundriß eines Systems des gemeinen Civilrechts zum Behufe von Pandectenvorlesungen", 1807). Auf ihn geht die 5-Bücher-Gliederung des späteren Deutschen Bürgerlichen Gesetzbuchs zurück.

## 2. Begriffsjuristisches Rechtsdenken

Einer der bedeutendsten Dogmatiker und Rechtstheoretiker der Pandektenwissenschaft war *Georg Friedrich Puchta* (1798–1846), Savignys Schüler und seit 1842 auch sein Nachfolger in Berlin. Er wurde als „zweites Haupt der Historischen Schule" zum Repräsentanten ihres jüngeren Zweiges und bekannt vor allem durch seine Lehre vom Gewohnheitsrecht und vom Recht der Wissenschaft als weitere Rechtsquelle neben dem Gesetz und der Gewohnheit. In beiden ging er weit über die Erkenntnisse der älteren Historischen Schule hinaus.

Seine Auffassung vom gewohnheitlichen Gerichtsgebrauch nicht als Entstehungsgrund, sondern als reiner Erkenntnisquelle des bestehenden Rechts, der vom Richter von Amts wegen festgestellt werden musste und der nicht von der Partei, die sich darauf berief, zu beweisen war, ist noch heute verbindlich. Seine Theorie vom Recht der Wissenschaft auf der Grundlage begrifflich-dogmatischer Konstruktionen und Verfolgung von Begriffsgenealogien bis zu ihren Prinzipen in den feinsten Verästelungen hat wesentlich die Rechtsfortbildung durch die Rechtsprechung begünstigt. Auch dadurch ist ihm die Abwendung der Historischen Schule von der Rechtsgeschichte zum geltenden Privatrecht gelungen.

Puchtas formal-begriffliche Methode hat aber auch dazu beigetragen, dass er nach einer inzwischen weitverbreiteten Auffassung als „Begründer der klassischen Begriffsjurisprudenz des 19. Jahrhunderts" gilt (*F. Wieacker*). Ihr Kennzeichen war, dass sie das Recht allein auf seine logisch-systematische Richtigkeit gründete und dabei jegliche außerrechtlichen, gesellschaftlichen Wertungen ausschloss. Scharfe Kritik an Puchtas von der Lebenswirklichkeit entfernter Begriffsjurisprudenz hatte bereits 1860 *Rudolph von Jhering* (1818–1892) in den (zunächst anonym veröffentlichten) sechs Vertraulichen Briefen über die heutige Jurisprudenz geübt (*Jhering*, Scherz und Ernst in der Jurisprudenz, 1884). Nach dem Aufkommen einer naturalistischen Zweckjurisprudenz sollten sich diese Vorwürfe noch verschärfen.

Puchtas Verächtlichmachung als Begriffsjurist ist allerdings nur eingeschränkt sachlich gerechtfertigt, da stark überzeichnet. Nach neuen Forschungen wird dabei das für die Rechtswissenschaft unentbehrliche Arbeiten mit ausdifferenzierten Begriffen zu Unrecht und in überzogener Weise als Wesensmerkmal Puchtas Methode interpretiert. Auch haben undifferenzierte Analysen der „Logik" in seinem System zu Fehlbewertungen des Gesamtprofils seiner Rechtslehre geführt.

Das von der Pandektenwissenschaft entwickelte abstrakt-begriffliche System und formallogische Denken hat in der zweiten Hälfte des 19. Jahrhunderts die Zivilrechtsdogmatik nachhaltig bestimmt. Gleichzeitig wurden aber auch die der Rechtswissenschaft dadurch gezogenen Grenzen deutlich sichtbar. Durch die wachsende Vergeistigung der Rechtsbegriffe hatte sich das Rechtssystem immer weiter von der Lebenswirklichkeit entfernt. Stärker noch als in der Zeit des Vernunftrechts war das Recht zum Lehrstoff und damit vorzugsweise ein Gegenstand des akademischen Rechtsunterrichts geworden. Bezeichnend für diese Ausrichtung wurde das Lehrbuch, eine wegen seines enzyklopädischen Anspruchs im 19. Jahrhundert typische Gattung der Rechtsliteratur. Die Rechtswirklichkeit wurde nicht mehr als Ganzes gesehen, sondern nur noch als Reflexion künstlicher Unterscheidungskriterien der abstrakten Rechtsnormen wahrgenommen. Dadurch erhielt das aus der Geschichte legitimierte Recht einen internationalen, in gewisser Weise zeitlosen Charakter. Auch dies erklärt das starke Echo, das die Pandektistik im Ausland hervorrief.

Die Generation der Pandektisten nach Puchta beherrschte den begriffsjuristischen Formalismus perfekt. Ihre Repräsentanten zeichneten sich durch klare, dogmatisch scharfsinnige, „Pandekten" genannte Systementwürfe des gemeinen römischen Zivilrechts aus. Die Hauptvertreter waren die Professoren *Karl Adolf von Vangerow* (1808–1870) in Heidelberg, *Karl Ludwig von Arndts* (1803–1878) zuletzt in Wien, *Alois von Brinz* (1820–1887) in München, *Ernst Immanuel Bekker* (1827–1916) zuletzt in Heidelberg und *Ferdinand Regelsberger* (1831–1911) in Göttingen.

Mit *Bernhard Windscheid* (1817–1892) in Leipzig und *Heinrich Dernburg* (1829–1907) in Berlin fand die Epoche der deutschen Pandektistik ihren glanzvollen Abschluss und die Rechtswissenschaft zugleich Anschluss an die Redaktionsarbeiten am Bürgerlichen Gesetzbuch für das Deutsche Reich (BGB), die 1874 begonnen hatten. Windscheid nahm bereits als Mitglied der Ersten Kommission für die Ausarbeitung des Entwurfs des BGB (1880–83) beträchtlichen Einfluss auf diese Kodifikation. Dagegen war Dernburg an den Vorarbeiten zum BGB offiziell nicht beteiligt und stand dem gesamten Vorhaben zunächst ablehnend gegenüber. Diese Meinung änderte er später und begleitete seit 1896 das BGB in den letzten Jahren vor seinem Inkrafttreten mit engagierter, „an den Bedürfnissen des Lebens" orientierter, Verbesserungen einfordernder konstruktiver Kritik. Windscheid und Dernburg zählen zu den bedeutendsten Systematikern der Spätzeit der Pandektenwissenschaft. Bei allen ihren dogmatischen Leistungen war die Pandektenwissenschaft mit ihren Methoden jedoch nicht mehr geeignet, das durch das BGB verkörperte deutsche Privatrecht wissenschaftlich zu kontrollieren und rechtsfortbildend zu begleiten.

**Schrifttum:** *P. Caroni*, Savigny und die Kodifikation, SZGerm 86 (1969), 97 ff. – *J. Bohnert*, Über die Rechtslehre Georg Friedrich Puchtas (1975) – *R. Ogorek*, Richterkönig oder Subsumtionsautomat? (1986), 198 ff. – *W. Süss*, Heinrich Dernburg (1991), 143 ff., 163 ff. – *P. Landau*, Puchta und Aristoteles. Überlegungen zu den philosophischen Grundlagen der historischen Schule und zur Methode Puchtas als Zivilrechtsdogmatiker, SZRom 109 (1992), 1 ff. – *K. Luig*, Heinrich Dernburg, in: Deutsche Juristen jüdischer Herkunft, hg. v. H. Heinrichs u.a. (1993), 231 ff. – *J. Rückert*, Savignys Einfluss auf die Jurisprudenz in Deutschland nach 1900, in: H. Mohnhaupt (Hg.), Rechtsgeschichte in den beiden deutschen Staaten (1991), 34 ff. – *ders.*, Savignys Konzeption von Jurisprudenz und Recht, ihre Folgen und ihre Bedeutung bis heute, TRG 61 (1993), 65 ff. – *M. Reimann*, Historische Schule und Common Law. Die deutsche Rechtswissenschaft des 19. Jahrhunderts im amerikanischen Rechtsdenken (1993) – *A. Bürge*, Ausstrahlungen der historischen Rechtsschule in Frankreich, ZEuP 1997, 643 ff. – *H.-P. Haferkamp*, Georg Friedrich Puchta und die „Begriffsjurisprudenz" (2004).

## V. Historische Rechtsschule der Germanisten

Die Pandektenwissenschaft hatte eine Rechtsordnung entwickelt, die ihrem Profil und Inhalten nach vollkommen den liberalen Ideen des 19. Jahrhunderts entsprach. Das Privatrecht war für eine Gesellschaft und Wirtschaftsordnung bestimmt, in der nach Beseitigung der altständischen Sozial- und Wirtschaftsverfassung durch die „Industrielle Revolution" das über Besitz und Bildung verfügende Bürgertum die Nation repräsentierte. Die Pandektisten hatten die Forderungen dieser neuen Bürgergesellschaft nach größtmöglicher Vertrags- und Verkehrsfreiheit sowie nach Garantien für ein unumschränktes Eigentum in einem liberalen Verkehrsrecht verwirklicht. Dieses hatte nur einen Nachteil. Es ließ die Bedürfnisse der neuen Klasse der Lohn- und Industriearbeiter außer Betracht. In der neu entstandenen Industriegesellschaft zeigten sich bald schon die Grenzen des pandektistischen Sozialmodells. Vor allem auf den Schlüsselgebieten der neuen Wirtschaftsgesellschaft, dem Arbeits-, Handels- und Gesellschaftsrecht, versagte das Pandektenrecht, weil sein Instrumentarium unzeitgemäß und deshalb ungeeignet war, die aus der veränderten sozialen Realität entstandenen Probleme rechtlich und praktisch angemessen zu lösen. Eine wissenschaftliche Bearbeitung der Materien des Wirtschaftsrechts fand nicht statt.

Diesen rechtspolitisch brisanten Rechtsproblemen widmete sich eine neue Richtung der Rechtswissenschaft. Sie war ursprünglich als Schwesterdisziplin der Historischen Rechtsschule von Savigny und Eichhorn gegründet worden. Während sich der eine Zweig der Schule unter Führung von *Savigny* hauptsächlich mit dem römischen Recht befasste und sich deshalb „Romanistik" nannte, widmete sich der andere Flügel nach dem Vorbild von *Eichhorn* der Pflege und Erforschung der germanisch-deutschen Kulturelemente des Rechts und führte deshalb die Bezeichnung „Germanistik". Die Germanisten sahen in dem römische Recht das nicht nationale und deshalb als „fremd" ausgegrenzte Recht, das die als „rein" gedachten „deutschen" Rechte infiziert und verfälscht hatte.

Mit der Romanistik teilte die Germanistik allein das Selbstverständnis als geschichtliche Wissenschaft. Sie verstand sich anfänglich als deren vollkommen gleichberechtigter Wissenschaftszweig. Bei der inhaltlichen Bestimmung des Historischen bestanden aber durchaus unterschiedliche Auffassungen. Die nationalstaatsbewusste, politische Bewegung lenkte im 19. Jahrhundert den Blick der Germanisten auf die vermeintlich als typisch germanisch erkannte mittelalterliche Tradition. In den Mittelpunkt ihres Interesses rückten die Sichtung und Edition der ältesten deutschen Rechtsquellen in der Form der Volksrechte, Kapitularien, Stadtrechte, Rechtsbücher und Urkunden. Sie erst boten die Voraussetzung für die Isolierung *vermeintlich* originärer, allgemeiner, über die lokalen Besonderheiten ausgreifender, grundlegender Rechtsideen und Rechtsinstitutionen. Vom nationalen Pathos beflügelt nahmen sich die Germanisten begeistert dieses in den partikularen Rechten wiedergefundenen, *angeblich* originär deutschen, vom Ius commune unbeeinflussten Rechts an. Ihr Ziel war die Rekonstruktion eines sog. „Gemeinen deutschen Privatrechts" auf wissenschaftlicher Grundlage und in Konkurrenz zum Ius commune.

## 1. Germanistische Systementwürfe

Erste Ansätze und Spuren einer „germanistisch-deutschrechtlichen Forschung" finden sich bereits bei *Hermann Conring* (1606–1681), *Johann Schilter* (1632–1705) und *Christian Thomasius* (1655–1728). Sie alle haben sich teils gegen erhebliche Widerstände der „Traditionalisten" schon früh um eigene wissenschaftliche Bearbeitungen des nationalen Rechts und seine Geschichte bemüht. Der eigentliche Anfang der Germanistik als Wissenschaft des Deutschen Privatrechts und der Deutschen Rechtsgeschichte wird herkömmlich mit dem Göttinger Professor *Georg Beyer* (1665–1714), einem Schüler von Thomasius, verbunden.

Nach dem Vorbild seines Lehrers hielt der im Übrigen weniger bedeutende Schüler als einer der ersten selbstständige Vorlesungen über deutsches Recht. Sie erschienen 1718 als Nachschriften (Kollegienhefte) unter dem Titel „Specimen (Delineatio) iuris Germanici" und wurden für die neue Richtung wegweisend. Seitdem stieg die Zahl der Germanisten, die sich der Gewinnung eines nationalen allgemeinen Privatrechts und seiner Formung zu einem geschlossenen wissenschaftlichen System widmeten, das dem gemeinen römischen Recht ebenbürtig sein sollte.

Ein weiterer Thomasius-Schüler, der zuletzt in Halle lehrende Professor *Johann Gottlieb Heineccius* (Heinecke, 1681–1741), legte bereits 1735/36 in den „Elementa iuris Germanici" die erste selbständige, geschlossene Darstellung des deutschen Privatrechts vor. In Göttingen beschritt *Justus Friedrich Runde* (1741–1807) mit seiner Rechtsgewinnung aus der „gesunden Vernunft" und aus der „Natur der Sache" methodisch neue Wege. An der Bestimmung der wissenschaftlichen Prinzipien eines deutschen Privatrechts im Sinne der Historischen Schule versuchten sich in Göttingen *Karl Friedrich Eichhorn* (1781–1854) und in Heidelberg *Karl Joseph Anton Mittermaier* (1787–1867).

Wie Runde gehörte auch *Eichhorn* zu den bedeutenden Vertretern der Germanistik im Umkreis der „Göttinger Schule" des Frühhistorismus. Gemeinsam mit Savigny hatte er die noch beide Wissenschaftszweige vereinende Historische Rechtsschule begründet. In seinem Hauptwerk „Deutsche Staats- und Rechtsgeschichte" (4 Bde., 1808–1823) versuchte er, für das geltende Recht eine sichere geschichtliche Grundlage im Gesamtrahmen der politischen Entwicklung, die den Schwerpunkt der Darstellung bildete, zu erarbeiten (synchronistische Methode). *Mit-*

*termaier*, der sich selbst der Historischen Schule zurechnete, ging einen von der herrschenden Germanistik grundsätzlich abweichenden Weg. Pragmatisch sah er auf die aktuellen Bedürfnisse der Praxis und forderte ein neues Recht, das aus einer sinnvollen Verschmelzung der Quellen und Doktrin des Ius Commune mit Rechtsprinzipien des Ius proprium herzustellen war.

Weitere bedeutsame privatrechtliche Systementwürfe stammen von *Karl Friedrich Wilhelm Gerber* (1823–1891), *August Ludwig Reyscher* (1802–1880), *Georg Beseler* (1809–1888) und *Otto v. Gierke* (1841–1921), der schließlich die Summe aus diesen Arbeiten zog.

Inhalte, Geltung und Darstellungsprinzipien dieses auf methodisch höchst problematischen Wegen durch die germanistische Wissenschaft gewonnenen nationalen Privatrechts waren seit Anbeginn umstritten. Nach neuen Forschungen war die Existenz eines allgemeinen deutschen Privatrechts ein Produkt der Wunschvorstellungen der Germanisten, die diesem Mythos nachjagten. Die Ergebnisse dieser mit großem intellektuellem Aufwand betriebenen Forschungen hielten sich in Grenzen. In der Rückkehr der germanistischen Autoren zum Pandektenschema (5-Bücher-Grundriss) gegen Ende des 19. Jahrhunderts, das sie ihren deutschprivatrechtlichen „Systemen" als Gliederungsgerüst zugrunde legten, kündigte sich bereits die Vergeblichkeit und das endgültige Scheitern dieses Bemühens an. Am Ende der großartigen Forschungen stand eine „deutschrechtliche Pandektistik" (*O. v. Gierke*), die für sich und die Hilflosigkeit ihrer Erfinder spricht.

Erfolgreich arbeitete die Germanistik dagegen auf dem Gebiet der Edition nationaler Rechtsquellen. Das Fehlen entsprechender, durch geschichtliche Kontinuität legitimierter Sammlungen unterschied die Germanisten grundlegend von den Romanisten und deren zum „Juristenevangelium" stilisiertes justinianisches Corpus iuris. Was lag näher, als dieses Quellendefizit zu korrigieren. Die von Germanisten besorgten Editionen fanden in der „Monumenta Germaniae Historica" ihren Mittelpunkt, einer 1819 von *Karl Freiherr vom Stein* (1757–1831) begründeten, groß angelegten und bis heute mustergültigen Sammlung der bedeutendsten älteren deutschen Geschichtsquellen. Die Edition der germanischen Volksrechte sowie der hochmittelalterlichen Rechtsquellen und Kaiserurkunden (Diplomata) war mitursächlich für das große Engagement der Forschung für die deutsche Rechtsgeschichte.

Nicht minder einflussreich für die Beschäftigung mit dem deutschen Privatrecht waren die Arbeiten von *Jacob Grimm* (1785–1863), dem älteren der Brüder. Er war Schüler Savignys und wurde neben Eichhorn zu einem der bedeutendsten Vertreter der modernen germanistischen Historischen Schule. Aus Savignys Volksgeistlehre übernahm er den romantischen Anteil und wandte sein Interesse konsequent den geschichtlich gewordenen, ständig sich wandelnden Bestandteilen der germanisch-deutschen Volkskultur zu, wie z.B. der Dichtkunst, den Sagen, Mythen oder Märchen. Sein wichtigstes Werk sind die „Deutschen Rechtsalterthümer" (1828). Der Philologe Grimm – er hatte sein Rechtsstudium ohne Examen abgebrochen – verstand sie als Stoffsammlung zu den germanischen Rechtseinrichtungen von der Frühzeit bis zum Mittelalter. Ihr Wert besteht in dem gelungenen Nachweis eines gemeinsamen Zusammenhangs der germanischen Rechte aus ihren – poetisch verklärten – historischen Grundlagen heraus („Von der Poesie im Recht", 1816). Auf diese Weise trug er zur Begründung einer historischen Rechtsvergleichung bei. Öffentlich bekannt wurde Jacob Grimm (zusammen mit seinem Bruder Wilhelm) durch seine Beteiligung an der politischen Demonstration der „Göttinger Sieben". Diese Professorengruppe hatte 1837 gegen den einseitigen Widerruf der liberalen Hannoverschen Verfassung durch den erzkonservativen König Ernst August protestiert und deswegen ihre Ämter verloren.

**Schrifttum:** *H. Thieme*, Über Zweck und Mittel der Germanischen Rechtsgeschichte, JZ 1975, 725 ff. – *W. Sellert*, Karl Friedrich Eichhorn, JuS 1981, 799 ff. – *H. Schlosser*, Das „wissenschaftliche Prinzip" der germanistischen Privatrechtssysteme, in: Gedächtnisschrift H. Conrad (1979), 491 ff. – *ders.*, K.J.A. Mittermaier als Germanist, in: W. Küper (Hg.), C.J.A. Mittermaier Symposium 1987 (1988), 21 ff. – *G. Dilcher*, Jacob Grimm als Jurist, JuS 1985, 931 ff. – *K. Luig*, Die Anfänge der Wissenschaft vom deutschen Privatrecht, in: Römisches Recht, Naturrecht, Nationales Recht (1998), 395* ff. – *K. v. Lewinski*, Deutschrechtliche Systembildung im 19. Jahrhundert (2001).

## 2. Spaltung der Historischen Rechtsschule

Um 1840 leitete eine Gruppe um den nationalliberalen *Georg Beseler* (1809–1888) und den radikalliberalen *August Ludwig Reyscher* (1802–1880) die Trennung der Germanistik von der Romanistik ein. Die beiden „politischen Professoren" wurden zu Wortführern bei der Auseinandersetzung mit den Romanisten, denen mangelndes Eintreten für nationalpolitische Anliegen vorgeworfen wurde.

Ausgelöst wurde der Streit durch Puchtas provokante These von der rechtserzeugenden Kraft der Rechtswissenschaft. Die Germanisten sahen darin einen Angriff des „Juristenrechts" auf das „deutsche Volksrecht". Eine weitere Verschärfung der Kontroverse bewirkte die unterschiedliche Bewertung der Rezeption des römischen Rechts. Savigny und später die Romanisten unter Führung Puchtas sahen sie keineswegs als Bruch und Zäsur in der Tradition des nationalen Rechts, vielmehr als Konsequenz einer Entwicklung, die sich mit historischer Notwendigkeit vollzogen hatte. Dagegen bewertete vor allem Puchtas Antipode Georg Beseler in seinem Werk „Volksrecht und Juristenrecht" (1843) die Rezeption als „nationales Unglück" oder „Entartung unserer Jurisprudenz" und das römische Recht als unvolkstümliches „Juristenrecht". Ihm stellte er das nationale, aus „der breiten, natürlichen Basis des Volkslebens" erwachsene „Volksrecht" gegenüber. Beseler vertiefte damit öffentlich die Kluft, die eigentlich schon seit Schulgründung zwischen den beiden rivalisierenden Richtungen bestand.

Die Gegensätze veranlassten schließlich die Germanisten, sich enger zusammenzuschließen. Die vormärzlichen „Germanistenversammlungen" von 1846 in Frankfurt am Main (unter Vorsitz von Jacob Grimm) und 1847 in Lübeck wurden zu einem öffentlichen Podium, auf dem die Kontroversen ausgetragen wurden. Sie gewannen auch politische Bedeutung für die nationalen Bestrebungen der Paulskirchenversammlung (1848), der Beseler, Mittermaier und Jacob Grimm als Abgeordnete angehörten.

Rückblickend ist der Streit zwischen Germanisten und Romanisten, insbesondere die Heftigkeit, mit der er geführt wurde, nur schwer nachvollziehbar. Verständlich wird er, sieht man ihn vor dem geistigen und politischen Hintergrund der deutschen Einigungsbewegung. Erst die Reichsgründung von 1871 hatte die Vorbedingungen für eine Rechtseinheit geschaffen. Mit Blick auf dieses nationale Ziel fanden Romanisten und Germanisten auf den „Deutschen Juristentagen" – seit 1860 Nachfolgeorganisation der Germanistenversammlungen – wieder zusammen. Konkrete Formen nahm die neue Zusammenarbeit bei der Teilnahme der Romanisten (*Windscheid*) an den Kodifikationsarbeiten zum BGB an. Die pandektistische Methode hatte sich als Standard durchgesetzt.

Die jüngere Germanistik hat vor allem durch stärkere Berücksichtigung wirtschaftlicher, geographischer Bedingungen und rechtsvergleichender Zusammenhänge ihren Standort neu bestimmt und das Forschungsgebiet erweitert. Hauptvertreter dieser Richtung waren vor allem der Berliner Historiker der germanischen und fränkischen Rechtsgeschichte *Heinrich Brunner* (1840–1915) sowie der Münchner Rechtshistoriker *Karl v. Amira* (1848–1930), zu dessen Hauptarbeitsgebieten die nordgermanische Rechtsgeschichte und die Rechtsarchäologie gehörten. Diesem Kreis gehörte auch der Berliner Rechtshistoriker und Zivilrechtslehrer *Otto v. Gierke* (1841–1921) an, ein Schüler des Germanisten Georg Beseler. Gierke zählte zu den letzten großen Germanisten der Historischen Schule. Mit seinem gewaltigen wissenschaftlichen Werk zur Rechtsgeschichte, Rechtsphilosophie, Rechtsdogmatik und Rechtspolitik hat er die moderne Zivilrechtswissenschaft des 20. Jahrhunderts entscheidend mitgeprägt. Einer breiten deutschen Öffentlichkeit wurde Gierke durch seine originelle Kritik am Ersten Entwurf des BGB (1887) bekannt.

**Schrifttum:** *H.-G. Mertens*, Otto von Gierke, JuS 1971, 508 ff. – *J. Rückert*, August Ludwig Reyschers Leben und Rechtstheorie (1974) – *G. Dilcher*, Der rechtswissenschaftliche Positivismus, ARSP 61 (1975), 497 ff. (512 ff.) – *G. Dilcher/B.-R. Kern*, Die juristische Germanistik des 19. Jahrhunderts und die Fachtradition der Deutschen Rechtsgeschichte, SZGerm 101 (1984), 1 ff. – *P. Landau/H. Nehlsen/M. Schmoeckel*, Karl von Amira zum Gedächtnis (1999).

### 3.  Pandektistische Germanistik

Während sich die frühe Germanistik bevorzugt der antiquarischen Quellensammlung widmete, führte sie später ihr Pragmatismus an die aktuellen, rechtspolitisch bedeutsamen Probleme der Industriegesellschaft heran. Zu ihren bevorzugten Arbeitsgebieten wurden das Handels-, Unternehmens-, Wertpapier-, Seehandels-, Gewerbe-, Berg- und Privatversicherungsrecht.

Die Pandektisten hatte aus unterschiedlichen Gründen diese Rechtsmaterien vernachlässigt. Zum einen verengten bereits Begrifflichkeit, fehlende römische Überlieferung und strenge Bindung an die Quellen des Corpus iuris erheblich die Möglichkeiten einer Rechtsfortbildung. Zum anderen bewirkte auch der rechtspolitisch weitgehend neutrale Ansatz der Pandektistik, dass sie sich von diesen neuen, als partikularistisch verstandenen Sonderrechtsgebieten des Privatrechts fernhielt. Diesen seinerzeit als *modernes Recht* bezeichneten Bereichen wandte sich die Germanistik zu und war dabei erfolgreich.

Die Germanisten entdeckten das aus der mittelalterlichen Kaufmanns- und Wirtschaftspraxis stammende Handels- und Gesellschaftsrecht als eigenständige Rechtsgebiete. Für diese nahmen sie eine durch gewohnheitsrechtliche Überlieferung begründete, originäre Zuständigkeit in Anspruch. Die Folge davon war auch, dass sich die Germanistik später mit der Handelsrechtswissenschaft identifizierte.

Die wissenschaftliche Erfassung dieser Sonderrechtsgebiete wurde durch die pandektistische Systematik als herrschende zivilistische Methode entscheidend begünstigt. Die erste 1841 erschienene germanistische Darstellung des Handelsrechts auf der Grundlage romanistischer Begrifflichkeit und Dogmatik (übernommen wurde Puchtas Lehre von den Rechtsquellen) stammte von dem Göttinger Professor *Johann Heinrich Thöl* (1807–1884). Ihr folgte 1864 das historisch fundierte Handelsrechtslehrbuch des Berliner Romanisten *Levin Goldschmidt* (1829–1897), des ersten Inhabers eines Lehrstuhls für Handelsrecht in Deutschland. Thöl und Goldschmidt gelten als Begründer der modernen Handelsrechtswissenschaft. Handelsrechtliche Sätze wurden aus neuen Quellen abgeleitet, so etwa aus der Natur der Sache (d.h. aus den faktischen Verhältnissen und Rechtsinstituten selbst), oder aus dem Wesen des Handelsverkehrs gewonnen. Nicht zuletzt dank der pandektistischen Methode wurde die Handelsrechtswissenschaft zu einer dem Privatrecht ebenbürtigen juristischen Disziplin.

Die wohl perfekteste Übertragung des begriffsjuristischen Systemdenkens der Romanisten auf das deutsche Privatrecht gelang dem Puchta-Schüler *Karl Friedrich Wilhelm Gerber* (1823–1891), zuletzt Professor in Leipzig und sächsischer Kultusminister. Sein „System des deutschen Privatrechts" (1848/49) gehörte lange (letzte 17. Auflage 1898) zu den erfolgreichsten deutschrechtlichen Lehrbüchern auf pandektistischer Grundlage.

Nicht selten verband sich die antiquarisch sammelnde Richtung der Germanistik mit ihrem pragmatischen, am „modernen" partikularen Privatrecht arbeitenden Nebenzweig. Ihrer politischen Ausrichtung nach waren beide nationalkonservativ oder nationaldemokratisch. Dennoch wiesen sie trotz der grundsätzlich ablehnenden Haltung der Historischen Rechtsschule gegenüber Kodifikationen den Weg zur Gesetzgebung. Maßgebenden Anteil daran hatte der Schweizer *Johann Caspar Bluntschli* (1808–1881), Schüler Savignys, Professor in Zürich, München und Heidelberg. Durch seine nach Eichhorns Methode verfasste „Staats- und Rechtsgeschichte der Stadt und Landschaft Zürich" (1838/1839) hat er die Grundlagen für das später von ihm verfasste „Privatrechtliche Gesetzbuch für den Kanton Zürich" (1853–1855) geschaffen. Die in dieser „ersten deutschrechtlichen einzig und einmaligen Kodifikation" (*P. Liver*) geglückte Synthese von gelehrtem römischem Recht und partikularen schweizerischen Rechten verlieh dem Gesetzgebungswerk den Charakter einer modernen, Tradition und Fortschritt verbindenden Kodifikation. Sie wurde zum Vorbild des späteren einheitlichen schweizerischen Zivilgesetzbuches. Die Arbeiten Bluntschlis haben der schweizerischen rechtshistorischen Forschung maßgebliche Impulse gegeben. Sein (ambivalentes) Rechtsdenken bewerten neue Forschungen nunmehr allerdings differenzierter und kritischer (*M. Senn*).

Ähnlich wie Bluntschli hat auch *Friedrich Georg von Bunge* (1802–1897) durch seine Arbeiten zur Geschichte des Provinzialrechts in den drei Ostseeprovinzen Liv-, Est- und Kurland (1845–1862) die Erforschung des baltischen Rechts im Sinne der Historischen Rechtsschule begründet. Das von ihm in deutscher Sprache redigierte „Liv-, Est- und Kurländische Privatrechtsgesetzbuch" (1864) galt bis 1937 in Lettland und bis 1945 in Estland als Zivilgesetzbuch fort.

**Schrifttum:** *K.O. Scherner*, Anfänge einer deutschen Handelsrechtswissenschaft im 18. Jahrhundert, ZHR 136 (1972), 465 ff. – *F. Elsener*, Die Schweizer Rechtsschulen vom 16. bis zum 19. Jahrhundert (1975), 381 ff., 394 ff. – *W. Hochuli*, Johann Caspar Bluntschli, Zs. f. Schweizerisches Recht NF 101 I (1982), 87 ff. – *M. Senn*, Rassistische und antisemitische Elemente im Rechtsdenken von Johann Caspar Bluntschli, SavZRG GA 110 (1993), 372 ff.

## VI. Krise der Begriffsjurisprudenz und die soziale Aufgabe des Privatrechts

Mit der zweiten Hälfte des 19. Jahrhunderts beginnt eine neue Epoche der Rechtswissenschaft. Ihr Kennzeichen ist die Kritik am begriffsjuristischen Positivismus und die Hinwendung zu den sozialen Funktionen der Rechtsnormen. Im Werk und Wirken zweier herausragender Juristen ihrer Zeit lässt sich der „Paradigmenwechsel" am deutlichsten verfolgen. Der Romanist *Rudolph von Jhering* und der Germanist *Otto von Gierke*, beide Exponenten der zwei Flügel der Historischen Rechtsschule, gelten als die eigentlichen Vorkämpfer dieser neuen Richtung.

## 1. Zwecke als Schöpfer des Rechts

Es ist das historische Verdienst des zuletzt in Göttingen lehrenden *Rudolph von Jhering* (1818–1892), die Begriffsjurisprudenz zu ihrer absoluten Höhe als „Konstruktionsjurisprudenz" geführt zu haben. Gleichzeitig hat aber derselbe Jhering diese wohl extremste Position der Pandektistik als Verirrung entlarvt und vernichtend als „juristischen Begriffshimmel" verhöhnt. Als Alternative zu dem sterilen „Begriffsplatonismus" (*R. Ogorek*) verkündete er als Zukunftsprogramm eine völlig erneuerte produktive, soziologisch gestaltende Rechtswissenschaft.

In den ersten zwei Bänden seines Werkes vom „Geist des römischen Rechts auf den verschiedenen Stufen seiner Entwicklung" (3 Bde., 1852–1865) hatte Jhering das in Deutschland geltende gemeine römische Recht als Vorbild einer Rechtsordnung auf seine innere Vernünftigkeit hin kritisch überprüft. Davon ausgehend wollte er paradigmatisch eine allgemeingültige „Naturlehre des Rechts auf rechtsphilosophischem und empirisch-comparativem Wege" entwickeln. Die kritische Analyse des römischen Rechts sollte seine symptomatischen Zwecktendenzen auf den verschiedensten Entwicklungsstufen aufzeigen und damit „empirisch-comparativ" die Natur und Erscheinungsformen des *geltenden* Rechts durchsichtig machen. Das übergeordnete Ziel war, durch drei „Fundamentaloperationen der juristischen Technik" das geltende Recht zu einem System umzugestalten (*Konstruktion*), und zwar nach einer Reduktion der komplexen Rechtsverhältnisse auf ihre einfachsten Bestandteile (*Analyse*, das Rechtsalphabet) sowie nach der Zurückführung auf die gesetzgeberischen Rechtsprinzipien (*Konzentration*). Das so konstruktiv gewonnene Arsenal von Rechtssätzen, -grundsätzen, -instituten und -begriffen sollte ein Höchstmaß an Verdichtung und Präzisierung ermöglichen, die ihrerseits wiederum gleichsam auf naturwissenschaftlichem Weg kombinatorisch die freie Schaffung neuer Rechtsbegriffe zuließen (*naturhistorische Methode*). Hauptzweck dieser bestechenden, wenn auch nicht immer widerspruchsfreien Rechtstheorie war die Vervollkommnung der begriffsjuristisch-rechtserzeugenden Technik. Ihr Nachteil bestand in der Distanz, die zwischen der Konstruktionsmethode und der Lebenswirklichkeit lag.

Die Abkehr Jherings von diesem als „höhere Jurisprudenz" (im Gegensatz zum „niederen" interpretierenden) bezeichneten konstruktivistischen Denken (*Konstruktionsjurisprudenz*) kündigte sich in seinem dritten, unvollendet gebliebenen Band vom „Geist des römischen Rechts" (1865) an. Mitverursacher dieses Umschwungs war der englische Rechtstheoretiker *Jeremy Bentham* (1748–1832) und die von ihm entwickelte utilitaristische Rechtsbetrachtung. Nach ihr hatte das Recht nicht einer abstrakten Rechtsidee zu dienen, sondern den konkreten Interessen der am Rechtsverkehr Beteiligten. Konsequent setzte Jhering deshalb an die Stelle der systematischen Betrachtungsweise und Rechtstechnik soziologische Aspekte, soziale Zwecke, Funktionen, den Nutzen, Wert und die rechtlich geschützten Interessen. Eine Rechtsproduktion allein durch juristische Konstruktion erschien ihm nun als „absolut niedrigste Stufe aller wissenschaftlicher Thätigkeit".

Erste Anzeichen für Jherings oft diskutierte „Bekehrung" enthält seine vielbeachtete Schrift mit dem provokanten Titel: „Der Kampf ums Recht" (1872). In dieser aus einer Rede hervorgegangenen Studie zeichnete er die Konturen einer naturalistischen Wertlehre nach. Die Kausalfaktoren Macht und Kampf bestimmen die Entstehung und Verwirklichung des Rechts: Kampf als Wesensmerkmal jeder Rechtsdurchsetzung sowie Rechtsentstehung im Kampf realer Interessen. Die auf dieser – naturhafter Mechanik folgenden – Grundlage vorzunehmende Wertung widerstreitender gesellschaftsbezogener „Interessen" ermöglichte die Bestimmung der „Zwecke" als Schöpfer des Rechts.

Die Antwort auf die Frage, welchen Zwecken das objektive Recht konkret zu dienen hatte, gab Jhering in seinem zweibändigen Werk „Der Zweck im Recht" (2 Bde., 1877–1883). Darin löste er das Problem nicht aus dem Begriff der Rechtsnorm, sondern nach dem Zweck und verstand darunter das gesetzgeberische Motiv und die Funktion, die der Rechtssatz im kohärenten Rechtsganzen als Mittel der Interessendurchsetzung und Befriedung hat. Die Interpretation der Normen hatte deshalb stets teleologisch (griech. *telos* – Zweck, Ziel) zu erfolgen. Damit war letztlich an die Stelle des formalen begrifflichen Dogmatismus das funktionale Verständnis der Rechtsnormen (*ratio legis*) getreten.

Die moderne Zivilrechtsdogmatik verdankt Jhering die „Entdeckung" inzwischen unverzichtbarer Rechtsinstitute. Dazu zählen seine Begründung der Lehre von der vorvertraglichen Haftung aus „culpa in contrahendo", die Unterscheidungen zwischen Botenschaft und Stellvertretung sowie objektiver Rechtswidrigkeit und Schuld, die Lehre von der Abstraktheit der Vollmacht sowie die Kennzeichnung der juristischen Person als Sondervermögen ihrer Mitglieder. Durch seine Hinwendung zur pragmatischen Jurisprudenz wurde er zum Wegbereiter der radikalen Freirechtsbewegung sowie der späteren gemäßigteren Interessenjurisprudenz. Ohne Jhering ist auch das Verständnis von der Rechtswissenschaft als Wertjurisprudenz nicht denkbar und darstellbar.

**Schrifttum:** *F. Wieacker*, Rudolph von Jhering, SZRom 86 (1969), 1 ff. – *H. Coing*, Der juristische Systembegriff bei Rudolph von Jhering, in: J. Blühdorn u.a. (Hg.), Philosophie und Rechtswissenschaft (1969), 149 ff. (157 ff.) – *W. Wilhelm*, Zur Theorie des abstrakten Privatrechts, in: Studien zur europäischen Rechtsgeschichte, hg. v. W. Wilhelm (1972), 265 ff. – *F. Wieacker*, Jhering und der „Darwinismus", in: FS K. Larenz (1973), 63 ff. – *F. Wieacker/Chr. Wollschläger*, Jherings Erbe (1979) – *W. Pleister*, Persönlichkeit, Wille und Freiheit im Werke Jherings (1982) – *O. Behrends* (Hg.), Jherings Rechtsdenken (1996).

## 2. Genossenschaftlich-soziales Privatrecht

Der Berliner Professor *Otto von Gierke* (1841–1921) gehört zu den bedeutendsten Vertretern der jüngeren Germanistik. Er zählte sich zwar selbst der Historischen Schule zu, unterschied sich aber von ihr durch die Betonung der nationalen Elemente bei der Entstehung von Recht. Insoweit stand er dem Germanisten *Georg Beseler* (1809–1888), dessen Schüler er war, näher als Savigny. Gierkes Verdienst ist u.a., der Rechtswissenschaft ihre sozialen Aufgaben bewusst gemacht zu haben. Er sah in ihnen die aktuellen Alternativen zu der „atomisierenden und individualisierenden Grundhaltung" der romanistischen Pandektistik.

Gierkes Bedeutung für die Rechtsgeschichte ebenso wie für die moderne Zivilrechtdogmatik angemessen zu würdigen, fällt nicht leicht. Zu breit ist das Spektrum der Forschungsgegenstände, denen sein wissenschaftliches Interesse galt und über die er zum Teil monumentale Monographien geschrieben hat. Ein zum Lebenswerk gewordener Schwerpunkt war das Genossenschaftsrecht. Gierke griff den erstmals von Beseler juristisch präzisierten Begriff „Genossenschaft" als auf freier Vereinigung beruhende (deutschrechtliche) Körperschaft auf und entwickelte davon ausgehend eine Korporationslehre, die bis heute als politische Theorie für den Verbandspluralismus Aktualität besitzt. In seinem vierbändigen Werk über „Das deutsche Genossenschaftsrecht" (1868–1881) und in der Schrift „Die Genossenschaftstheorie und die deutsche Rechtsprechung" (1887) versucht er, die „Gemeinschaften" von der Gesamthandsgemeinschaft bis zur Körperschaft und bis zum Staat im Spannungsfeld von Privatrecht und Öffentlichem Recht in einer politisch-juristischen Darstellung zu erfassen. Im Gegensatz zu der aus dem späteren Naturrecht überlieferten individualistischen privatrechtlichen Lehre sah er im Anschluss an die mittelalterliche Auffassung in der Genossenschaft eine natürliche Ganzheit mit besonderen „sozialrechtlichen" Strukturen. Daraus entwickelte er seine Lehre von der juristischen Person als „reale Verbandspersönlichkeit" und als Gegenstück zur rezipierten gelehrten Fiktionstheorie, die sie lediglich als handlungsunfähige und deshalb fiktive Person verstand. Von diesem Standpunkt aus begriff er die Genossenschaft als eine zentrale Rechtsfigur. Als solche erschien sie auch hervorragend geeignet, der im Gefolge der Industriellen Revolution eingetretenen ständisch-gesellschaftlichen Bindungslosigkeit der besitzlosen Klassen wirksam zu begegnen. Ein Teil seiner Lehren wurde durch das 1868 erlassene Gesetz des Norddeutschen Bundes über die Erwerbs- und Wirtschaftsgenossenschaften verwirklicht.

Nicht minder bedeutsam waren Gierkes Lehren für das moderne Arbeitsrecht. In der Erfassung des Unternehmens als „Wirtschaftsorganismus", als verbandsrechtlich „organisierte Einheit" nahm er Rechtsphänomene des späteren Betriebsverfassungsrechts vorweg. Entsprechend seiner Auffassung von der Fortbildung des liberalen, den Warencharakter der Arbeit betonenden „freien Arbeitsvertrages" im sozial-ausgleichenden Sinne qualifizierte er den Arbeitsvertrag als Treudienstvertrag. Damit hat er wohl als einer der ersten Juristen die personenrechtlichen Elemente erkannt und als Gegensatz zu der herkömmlich romanistischen, rein schuldrechtlich-dienstrechtlichen Seite herausgearbeitet. Selbst der Tarifvertrag lässt sich nach seiner Theorie von der genossenschaftlichen Autonomie funktionsgerecht als Rechtsquelle erfassen. Gierke wollte in erster Linie Unzulänglichkeiten überwinden, die aus der Überschneidung von öffentlichem Recht und liberalem Privatrecht resultierten. Seine Gedanken hatten ihren Ursprung in jener Ungleichheit, die sich aus dem Grundsatz formaler Vertragsfreiheit bei gleichzeitiger faktischer sozialer Abhängigkeit notwendigerweise ergeben musste.

Bei der Redaktion des Deutschen Bürgerlichen Gesetzbuchs (BGB) war er zwar nicht persönlich beteiligt, was ihn gekränkt hatte. Gleichwohl hat er publizistisch lautstark seine Stimme erhoben. Seine berühmte Kritik am einseitig individualistischen, romanistisch befrachteten Ersten Entwurf des BGB von 1887 erregte großes Aufsehen und zeigte Wirkungen weit über die eigentlich juristische Öffentlichkeit hinaus. Allerdings hatte sie in nur begrenztem Umfang auch den weiteren Fortgang der Kodifikationsarbeiten beeinflusst. Aktuell geblieben ist seine Forderung nach Berücksichtigung der „sozialen Aufgaben des Privatrechts". Auch in seinen zahlreichen zivilrechtsdogmatischen Beiträgen hat er Entwicklungen vorbereitet, die später von der Rechtsprechung und Lehre aufgegriffen wurden. Dazu zählen z.b. die Funktion der Generalklauseln, die sozialen Gedanken im Dienst- und Mietvertragsrecht oder die Rechtsfiguren der Dauerschuldverhältnisse und der Sozialbindung des Eigentums. Auf Gierke, der ab 1872 dem „Verein für Socialpolitik", einem Zentrum sozialreformerischer deutscher Nationalökonomen angehörte, geht der Begriff „*Sozialrecht*" zurück.

**Schrifttum:** *A. Laufs*, Genossenschaftsdoktrin und Genossenschaftsgesetzgebung vor hundert Jahren, JuS 1968, 311 ff. – *A. Söllner*, Der industrielle Arbeitsvertrag in der deutschen Rechtswissenschaft des 19. Jahrhunderts, in: W. Wilhelm (Hg.), Studien zur europäischen Rechtsgeschichte (1972), 288 ff. – *G. Dilcher*, Genossenschaftstheorie und Sozialrecht: ein „Juristensozialismus" Otto v. Gierkes?, Quaderni Fiorentini 3/4 I (1974/75), 319 ff. – *S. Pfeiffer-Munz*, Soziales Recht ist deutsches Recht (1979), 22 ff., 32 ff. – *K. Schmidt*, Einhundert Jahre Verbandstheorie im Privatrecht – aktuelle Betrachtungen zur Wirkungsgeschichte von Otto v. Gierkes Genossenschaftstheorie (1987) – *J. Rückert*, „Frei" und „sozial": Arbeitsvertragskonzeptionen um 1900 zwischen Liberalismus und Sozialismus, Zeitschrift für Arbeitsrecht 1992, 225 ff. (269 ff.) – *M. Peters*, Die Genossenschaftstheorie O. v. Gierkes (2001).

# § 7 Die Kodifikation des Privatrechts in Deutschland

## I. Wirtschaftliche Einheit

Bereits im Kodifikationsstreit (1814) waren sich Thibaut und Savigny in dem Ziel einig, dass die Rechtszersplitterung in Deutschland durch eine nationale Rechtsordnung überwunden werden sollte. Umstritten war lediglich, ob dies kurzfristig durch eine Gesetzgebung oder erst nach gründlichen Vorarbeiten durch eine empirisch-historische Rechtswissenschaft bewirkt werden könnte. Nach dem Ende der napoleonischen Herrschaft (1813) verstärkten sich die Rufe nach einem Einheitsrecht. Die Vorbedingungen dafür waren an sich günstig. Die wirtschaftliche Situation, in der sich Deutschland in der ersten Hälfte des 19. Jahrhunderts befand, drängte förmlich nach einer Krönung der erstrebten politischen, verfassungsrechtlichen Einheit des Staatsgebietes durch eine einheitliche Kodifikation des gesamten Rechts.

Der Zusammenschluss von Staaten des Deutschen Bundes im Deutschen Zollverein (1834) bedeutete einen wichtigen Schritt in diese Richtung. Das neu geschaffene einheitliche Zoll- und Wirtschaftsgebiet umfasste zwar nicht alle Territorien, wohl aber die einflussreichsten. Dazu gehörten Preußen, Rheinhessen, Kurhessen, Sachsen, Thüringen, Württemberg und Bayern. Mit dem wirtschaftlichen Zusammenwachsen begann schrittweise die Vollendung der politischen Einheit. Auf diesem Weg hatten die Germanisten aufgrund ihres nationalen Engagements und ihrer Hinwendung zu dem neuen Wirtschaftsrecht die Führung übernommen.

**Schrifttum:** *H. Getz,* Die deutsche Rechtseinheit im 19. Jahrhundert als rechtspolitisches Problem (1966) – *F. Wieacker,* Industriegesellschaft und Privatrechtsordnung (1974), 79 ff. – *E. Wadle,* Der Zollverein und die deutsche Rechtseinheit, SZGerm 102 (1985), 99 ff. – *D. Grimm,* Historische Erfahrungen mit Rechtsvereinheitlichung – das frühe 19. Jahrhundert in Deutschland, RabelsZ 50 (1986), 61 ff. – *D. Willoweit,* Deutsche Verfassungsgeschichte, 5. Aufl. (2005), 286 ff.

## 1. Allgemeine Deutsche Wechselordnung v. 1848

Auf die mit der Gründung des Zollvereins beginnende Phase wirtschaftlicher Expansion folgte seit der Reichsgründung im Jahre 1871 die der Konsolidierung und Konzentration. Staat und Wirtschaft hatten sich zu einer gemeinsamen Ordnung zusammengeschlossen. Erste rechtliche Maßnahmen wurden 1836 anlässlich der Generalkonferenz der Zollvereinsstaaten in München beschlossen. Eine möglichst einheitliche, wenn auch partikuläre Handelsgesetzgebung sollte eingeleitet werden.

Hinzu kam die Abschaffung der Binnenzölle im Gebiet des preußisch-deutschen Zollvereins. Sie hatte einen Aufschwung des Binnenhandels zur Folge. Dessen ungeachtet wurde der handels- und wirtschaftsrechtliche Rechtsverkehr weiterhin durch veraltete partikulare Wechselgesetze und durch das Fehlen einer einheitlichen Geldordnung behindert. Im Jahre 1843 galten 56 deutsche Wechselordnungen nebeneinander. Die Schaffung eines gemeinsamen Wechselrechts hatte oberste Priorität. Deshalb beschäftigte sich 1846 auf der Generalkonferenz in Berlin auf Anregung Württembergs der Deutsche Zollverein mit der Vereinheitlichung des Wechselrechts, für das die preußische Regierung 1845 einen Entwurf vorgelegt hatte. Auf die Initiative Preußens wurden 1847 nicht nur die Zollvereinsstaaten, sondern auch die übrigen Staaten des Deutschen Bundes zu einer Konferenz nach Leipzig eingeladen. Das Ergebnis der Beratungen war die Verabschiedung des „Entwurfs einer Allgemeinen Deutschen Wechselordnung", der von Anhalt-Dessau, Sachsen-Meiningen und Nassau sofort als Landesgesetz in Kraft gesetzt wurde.

Auch die Frankfurter Nationalversammlung befasste sich nach ihrer Konstituierung mit dem Leipziger Konferenzentwurf, übernahm ihn unverändert und publizierte ihn am 27. November 1848 im Reichsgesetzblatt als „Allgemeine Deutsche Wechselordnung" (ADWO). Am 1. Mai 1849 trat die ADWO in allen Bundesstaaten – mit Ausnahme Österreichs – in Kraft, jedoch bestanden Zweifel an der Rechtmäßigkeit ihres Zustandekommens. Der Nationalversammlung wurde Überschreiten ihrer Gesetzgebungskompetenzen vorgeworfen. Die Folge war, dass nur einige Länder die ADWO unmittelbar als Reichsgesetz übernahmen, die meisten sie jedoch im Wege einer Parallelgesetzgebung als Landesrecht verkündeten. Als nach dem Scheitern der Einigungsbewegung die vorläufige Reichsverfassung außer Kraft trat, galt die ADWO als Partikularrecht fort. Das Gesetz hat das Wechselrecht aus dem allgemeinen Kaufmannsrecht der älteren Kodifikationen herausgenommen und brachte insoweit bereits einen Fortschritt gegenüber den älteren Rechten. Wechselfähig war, wer nach dem allgemeinen Privatrecht die Geschäftsfähigkeit besaß.

Im Jahre 1908 wurde die ADWO abgeändert und schlicht als „Wechselordnung" verkündet. Ihre endgültige Ablösung erfolgte am 21. Juni 1933 durch ein neues Wechselgesetz und am 14. August 1933 durch ein Scheckgesetz. Auch andere europäische Staaten nahmen die ADWO zum Vorbild ihrer Gesetzgebung. In Österreich, das dieses Gesetz 1850 übernommen hatte, blieb es bis 1938 in Kraft.

**Schrifttum:** *H.-P. Benöhr*, Wirtschaftsliberalismus und Gesetzgebung am Ende des 19. Jahrhunderts, Zeitschrift für Arbeitsrecht 1977, 187 ff. – *U. Huber*, Das Reichsgesetz über die Einführung einer allgemeinen Wechselordnung für Deutschland vom 26.11.1848, JZ 1978, 785 ff. – *H. Pohl* (Hg.), Sozialgeschichtliche Probleme in der Zeit der Hochindustrialisierung (1870–1914), (1979), 13 ff. – *K. v. Pannwitz*, Die Entstehung der Allgemeinen Wechselordnung (1999).

## 2. Allgemeines Deutsches Handelsgesetzbuch v. 1861

Die Frankfurter Nationalversammlung hatte auf Anregung Württembergs über das Wechselrecht hinaus auch die Vereinheitlichung des Handelsrechts ins Auge gefasst und zu diesem Zweck 1848 einen Gesetzgebungsausschuss eingesetzt. Ihm gehörte auch der Göttinger Handelsrechtler *Johann Heinrich Thöl* (1807–1884), Mitglied der Nationalversammlung, an. Die Kommission sollte den Entwurf eines allgemeinen Handelsgesetzbuches für ganz Deutschland vorbereiten. Die Arbeiten stagnierten jedoch infolge der politischen Geschehnisse. Der Ausschuss sprach sich lediglich dafür aus, bei den Beratungen den französischen Code de commerce von 1807 zu berücksichtigen. Diese Handelsrechtskodifikation galt bereits in Teilen Deutschlands. Sie war seit der Rezeption des Code civil einschließlich der napoleonischen „cinq codes" auch nach 1815 geltendes Recht in Rheinpreußen, Rheinhessen, in der Rheinpfalz, in Elsass-Lothringen sowie im Großherzogtum Baden. Mit diesem Gesetz hatte die französische Handelsrechtswissenschaft ihre führende Stellung in Europa auf Dauer gefestigt.

Erst in dem nach 1848/50 erneuerten Deutschen Bund wurde auf eine Initiative der bayerischen Regierung 1856 von der Bundesversammlung eine „Commission zur Entwerfung und Vorlage eines allgemeinen Handelsgesetzbuchs für die Deutschen Bundesstaaten" eingesetzt. Diese trat 1857 zusammen und tagte abwechselnd in Nürnberg und (bei der Diskussion des Seehandelsrechts) in Hamburg. Auf der Grundlage einer durch Preußen seit 1850 vorbereiteten und 1856 abgeschlossenen Vorlage sowie unter Einbeziehung österreichischer Vorentwürfe (von 1842, 1853 und 1857) stellte die Kommission nach ausführlichen Beratungen am 12. März 1861 den „Entwurf eines Allgemeinen Deutschen Handelsgesetzbuches" fest und überreichte ihn am 16. März 1861 der Bundesversammlung. Diese nahm ihn unverändert an und empfahl mit Beschluss vom 31. Mai 1861 allen Regierungen der Bundesstaaten seine Einführung. Daraufhin wurde der Entwurf von 1861 bis 1866 durch fast alle Bundesstaaten als „Allgemeines Deutsches Handelsgesetzbuch" (ADHGB) zum Gesetz erhoben. Nur die Staaten Holstein-Lauenburg, Limburg, Luxemburg und Schaumburg-Lippe verzichteten auf die Einführung. In Österreich wurde das ADHGB – mit Ausnahme des Seerechts – als „Allgemeines Handelsgesetzbuch" (AHGB) 1862 eingeführt und erst 1938 durch das deutsche Handelsgesetzbuch (HGB) von 1897/1900 abgelöst.

Im Gegensatz zum Code de commerce von 1807 hatte das ADHGB das – im preußischen Entwurf noch enthaltene – Versicherungsrecht (mit Ausnahme des Seeversicherungsrechts), das Wechsel- und Konkursrecht sowie die Handelsgerichtsbarkeit ausgeklammert. An Umfang und technischer Qualität übertraf das Gesetzbuch jedoch sein französisches Vorbild. Systematisch knüpfte es die Geltung handelsrechtlicher Normen sowohl an bestimmte Voraussetzungen in der Person der beteiligten Rechtssubjekte (Art. 4: Kaufmannseigenschaft – *„subjektives System"*), wie auch an das Vorliegen besonders gestalteter Sachverhalte (Art. 271, 307: Grundhandelsgeschäfte – *„objektives System"*). Das auf die Natur des betreffenden Rechtsgeschäfts abstellende objektive System wurde von *Levin Goldschmidt* (1829–1897), dem Begründer der modernen Handelsrechtswissenschaft, nach dem Vorbild des Code de commerce („acte de commerce") entwickelt und favorisiert. Demgegenüber propagierte vor allem *Johann Heinrich Thöl*, eine Autorität auf dem Gebiet des Handels- und Wechselrechts, das subjektive System, wie es im Ansatz bereits 1794 das preußische ALR im Handelsrecht, als einem besonderen Standesrecht für Kaufleute, kodifiziert hatte („Bürgerstand", II 8).

Schon bald nach der Einführung der ADWO durch die Bundesstaaten erwies sich das Wechselrecht novellierungsbedürftig. Daraufhin betraute die Bundesversammlung 1857 die in Nürnberg zusammengetretene Handelsgesetzgebungskommission auch mit der Behandlung bedeutsamer wechselrechtlicher, in der Theorie wie in der einzelstaatlichen Praxis aufgetretener Rechtskontroversen. Nach eingehenden Beratungen schlug die Kommission acht Zusätze zur ADWO vor. Diese wurden als sog. „Nürnberger Novellen" den Bundesstaaten zur Einführung empfohlen und von den meisten (mit Ausnahme Österreichs) landesgesetzlich (zuletzt 1856) in Kraft gesetzt.

Nach der Gründung des Norddeutschen Bundes (1866) kam es zu weiteren intensiven Bemühungen um die Rechtsvereinheitlichung. Die ADWO mit den „Nürnberger Novellen" und das ADHGB wurden am 1. Januar 1870 im gesamten Bundesgebiet in Kraft gesetzt. Nach der Reichsgründung (1871) galten die Gesetze als Reichsrecht (1872) fort. Die Wahrung der mühsam errungenen Rechtseinheit sollte ein Obergericht für Handelssachen garantieren. Einen gemeinsamen höchsten Gerichtshof hatten bereits 1861 *Levin Goldschmidt* und der Heidelberger Allgemeine Handelstag gefordert. Doch erst 1869 wurde die Sache spruchreif. Das Gericht erhielt den Namen „Bundes-Oberhandelsgericht" und wurde 1870 durch seinen ersten Präsidenten *Heinrich Eduard Pape* (1816–1888), den späteren Präsidenten der Ersten BGB-Kommission, feierlich an seinem künftigen Sitz in Leipzig eröffnet. 1871 nahm der Gerichtshof die Bezeichnung „Reichsoberhandelsgericht" an und ging am 1. Oktober 1879 im „Reichsgericht" auf.

Die Ablehnung der Kodifikation durch die Historische Rechtsschule hatte noch zu Beginn des 19. Jahrhunderts umfassende rechtsvereinheitlichende Gesetzgebungen verhindert. Die in Deutschland hergestellte, auch im Ausland viel beachtete handelsrechtliche Rechtseinheit hatte jedoch die gesetzgebungsfeindlichen Vorbehalte endgültig widerlegt. Im Gebiet des Norddeutschen Bundes (seit 1866) und des Deutschen Reichs (seit 1871) kam es zu einer Flut von Einzel- bzw. Sondergesetzen. Mit Rücksicht auf das politisch wie rechtlich vereinheitlichte Wirtschaftsgebiet wurde es unumgänglich, auch das Post-, Telegrafen-, Münz-, Maß- und Gewichtswesen, das Gewerbe-, Aktien- und Genossenschaftsrecht anzugleichen.

**Schrifttum:** *F. Laufke*, Der Deutsche Bund und die Zivilgesetzgebung, in: FS H. Nottarp (1961), 8 ff. – *A. Buschmann*, 100 Jahre Gründungstag des Reichsgerichts, NJW 1979, 1966 ff. – *E. Wadle*, Das Reichsgericht im Widerschein denkwürdiger Tage, JuS 1979, 841 ff. – *R. Schulz*, Die Entstehung des Seerechts des ADHGB (1987), 25 ff. – *Chr. Bergfeld*, Preußen und das ADHGB, Ius Commune XIV (1987), 101 ff. – *K. Schmidt*, Levin Goldschmidt. Der Begründer der modernen Handelsrechtswissenschaft, in: Deutsche Juristen jüdischer Herkunft, hg. v. H. Heinrichs u.a. (1993), 222 ff. – *J. Conradi*, Das Unternehmen im Handelsrecht (1993), 1170 ff.

### 3. Handelsgesetzbuch für das Deutsche Reich v. 1897

Die nach der Reichsgründung (1871) begonnene Kodifizierung eines allgemeinen bürgerlichen Rechts lenkte den Blick auf zwangsläufig notwendig gewordene Angleichungen auch des Handelsrechts. Da im ADHGB für dieses Rechtsgebiet bereits eine Kodifikation vorlag, konnten die handelsrechtlichen Revisionsarbeiten noch vor der Verkündung des Deutschen Bürgerlichen Gesetzbuchs (BGB) am 18. August 1896 beginnen.

Bereits 1895 wurde dem Reichsjustizamt ein aus 414 Vorschriften bestehender Entwurf zugeleitet. An seiner Erarbeitung war eine aus Juristen, Kaufleuten und Industriellen zusammengesetzte Kommission beteiligt. Eines ihrer prominenten Mitglieder war der Germanist und Zivilrechtsdogmatiker *Otto v. Gierke* (1841–1912), Kommissionsvorsitzender der Staatssekretär des Reichsjustizamtes *Arnold Nieberding* (1838–1912). Vor allem ihm verdankte das spätere BGB die Überwindung größter politischer Hürden bei den Beratungen im Reichstag. Der umgearbeitete Entwurf wurde schließlich 1897 dem Reichstag zugeleitet und nach drei Lesungen als „Handelsgesetzbuch für das Deutsche Reich" (HGB) am 7. April 1897 einstimmig angenommen. Die Verkündung erfolgte am 10. Mai 1897.

Der Gesetzgeber hatte sich gegen das Mischsystem des ADHGB entschieden und zum Anknüpfungsmerkmal das subjektive System erklärt. Im Verhältnis zum BGB war das HGB lex specialis und Sonderprivatrecht. Es änderte und ergänzte gemäß Art. 2 EGHGB das allgemeine bürgerliche Recht nach Maßgabe der besonderen Anforderungen des Handelsrechtsverkehrs (z.B. Prokura, Handelskauf, Kommissions-, Speditions- und Frachtgeschäft).

Das HGB trat zusammen mit dem BGB am 1. Januar 1900 in Kraft. Es wurde in Österreich 1938 nach der nationalsozialistischen Eingliederung in das Deutsche Reich mit Modifikationen eingeführt. Die ehemalige DDR hatte das HGB zwar nicht förmlich aufgehoben, jedoch war das Gesetzbuch nur noch für das Speditions- und Frachtrecht bedeutsam. Grundlegende handelsrechtliche Regelungen im Sinne der sozialistischen Planwirtschaft hatte bereits 1965 das sog. „Vertragsgesetz" getroffen.

In der jüngeren Rechtsentwicklung verschmilzt das Handelsrecht als besonderes Privatrecht der Kaufleute weitgehend mit dem allgemeinen Zivilrecht. Das zeitgenössische Schlagwort von der „Kommerzialisierung des Zivilrechts" hatte bereits Levin Goldschmidt in seiner „Theorie vom relativen Handelsrecht" konkretisiert. Er sah im Handelsrecht die Quelle für neue Rechtsgrundsätze. Einmal entstanden, wechselten diese rasch, einer immanenten natürlichen Gesetzlichkeit folgend, in das allgemeine Privatrecht über, fanden dort allgemeine Anerkennung und wurden so zu Schrittmachern der Rechtsentwicklung. Beispielhaft unterstreichen diese Pionierfunktion des Handelsrechts die Lehren von der Verpflichtungswirkung des Rechtsscheins, vom Vertrauensschutz oder von der faktischen Gesellschaft. Auch die Rechtsfigur der Prokura wurde aus der Praxis des Handelrechtsverkehrs geschaffen und bedeutete eine Absage an das aus dem römischen Recht stammende, gemeinrechtliche Stellvertretungsverbot des „alteri stipulari nemo potest" (*zugunsten eines Dritten kann sich niemand etwas versprechen lassen*, Corpus iuris, Digesten 45, 1, 38, 17).

Bei der Schaffung des HGB wurde bereits die grundsätzliche gesetzgebungstechnische Frage diskutiert, ob es zweckmäßig sei, das Handelsrecht getrennt vom allgemeinen Privatrecht zu kodifizieren, und kontrovers beantwortet, bis man schließlich der gesonderten Kodifikation den Vorzug gab. Für eine Einbeziehung handelsrechtlicher Materien *in* die Kodifikationen des Zivilrechts haben sich die Schweiz (Obligationenrecht von 1881/1911) und später Italien (der Codice civile von 1942 übernahm den Codice di commercio von 1882) entschieden. Auch in den Niederlanden wurde die auf den französischen Code de commerce von 1807 zurückgehende Trennung des Zivilrechts vom Handelsrecht (Wetboek van Koophandel von 1838) aufgegeben. Das Nieuw Burgerlijk Wetboek hat das Handelsrecht stufenweise in Kraft gesetzt, z.B. 1976 handelsrechtliche Verträge, Versicherung, Wertpapierrecht im 2. Buch, 1991 das gesamte Transportrecht im 8. Buch.

**Schrifttum:** *B. Grossfeld*, Die rechtspolitische Beurteilung der Aktiengesellschaft im 19. Jahrhundert, und *K.J. Hopt*, Ideelle und wirtschaftliche Grundlagen der Aktien-, Bank- und Börsenrechtsentwicklung im 19. Jahrhundert, *beide* in: Wissenschaft und Kodifikation IV, 236 ff. u. V, 128 ff. – *N. Reich*, Die Entwicklung des deutschen Aktienrechtes im 19. Jahrhundert, Ius Commune II (1969), 239 ff. – *K. Schmidt*, Das HGB und die Gegenwartsaufgaben des Handelsrechts (1983), 24 ff. – *A.S. Hartkamp*, Einführung in das Neue Niederländische Schuldrecht, in: Renaissance der Idee der Kodifikation, hg. v. F. Bydlinski u.a. (1991), 85 ff. – *K.O. Scherner*, Das HGB – Monument oder Reformgesetz?, ZNR 2000, 358 ff.

## II. Vorläufer der Privatrechtseinheit

## 1. Bürgerliches Gesetzbuch für das Königreich Sachsen v. 1865

Die fruchtbaren Bemühungen um eine Kodifikation des Wirtschaftsrechts hatten die deutschen Mittelstaaten zur umfassenden Bereinigung ihrer Landesprivatrechte animiert. Das hier neben den Partikularrechten immer noch geltende römische Recht als Ius commune genügte den Bedürfnissen einer aufstrebenden Industriegesellschaft nicht mehr. Bedeutsame Teilentwürfe wurden in Preußen 1841/1842, Hessen-Darmstadt 1842/1847 und in Bayern 1861/1864 erarbeitet. Sie alle wurden jedoch nicht Gesetz.

Wirklich erfolgreich war der partikuläre Kodifikationsgedanke nur im Königreich Sachsen. Pläne zu einem privatrechtlichen Gesetzbuch reichen in die Zeit des Kurfürstentums zurück (1763), blieben aber unvollendet. Erst die Initiative der sächsischen Landesregierung (Dekret) brachte im Jahre 1834 die Gesetzgebungsarbeiten wieder in Gang. 1852 lag ein erster vollständiger Entwurf vor und wurde publiziert. Verfasser war der ehemalige Justizminister *Gustav Friedrich Held* (1804–1857). Der Gesetzesentwurf orientierte sich vorwiegend am österreichischen ABGB, gliederte erstmals nach dem – auf *Georg Arnold Heise* (1778–1851) zurückgehenden – Pandektensystem (5-Bücher-Schema), war aber auch durchaus eigenständig und trug den besonderen sächsischen Rechtsverhältnissen Rechnung. Überraschenderweise fand er nicht ungeteilte Zustimmung. Einer der heftigsten Kritiker war der in der Fachwelt hoch angesehene Rechtsprofessor *Carl Georg v. Wächter* (1797–1880), früher in Tübingen und seit 1852 in Leipzig. Das Justizministerium zog daraufhin den Entwurf zurück.

1860/1861 lag ein zweiter, von einer hochrangigen Revisionskommission erarbeiteter Entwurf vor. Seinen Inhalt haben Vorlagen des späteren Vizepräsidenten des Appellationsgerichts Dresden *Eduard Siebenhaar* (1806–1893) sowie des Jenaer Professors und Präsidenten des thüringischen Oberappellationsgerichts *Friedrich Otto Ortloff* (1797–1868) maßgeblich bestimmt. Ursprünglich lediglich als Korrektur des Held-Entwurfes gedacht, war die Revision tatsächlich eine völlig neue Kodifikation des in Sachsen geltenden Rechts, der Landesgesetze, des gemeinen Sachsenrechts (Recht der mittelalterlichen Rechtsbücher) und des Ius commune. Der Entwurf wurde mit den Motiven dem Landtag zur Beratung und Beschlussfassung zugeleitet und trotz grundsätzlicher Einwände von Seiten der Wissenschaft in (mehrfach) abgeänderter Form angenommen. Hauptkritiker war der bekannte österreichische Zivilrechtslehrer *Joseph Unger* (1828–1913). Das Gesetz wurde am 2. Januar 1863 als „Bürgerliches Gesetzbuch für das Königreich Sachsen" verkündet und mit Wirkung zum 1. März 1865 in Kraft gesetzt.

Kodifikationsgeschichtlich ist das Sächsische Bürgerliche Gesetzbuch eine Besonderheit. Es war die letzte geschlossene territoriale Privatrechtsordnung unmittelbar vor dem reichseinheitlichen Deutschen Bürgerlichen Gesetzbuch (BGB). Sowohl in der Strukturierung und Gliederung der Rechtsmaterien wie auch gesetzestechnisch wies es in die Zukunft. Ausgeschieden bzw. Spezialgesetzen vorbehalten waren – wie auch im späteren BGB – die auf bestimmte Personengruppen, Sachen und Rechtsverhältnisse bezogenen Vorschriften, wie z.B. die bäuerlichen Rechtsverhältnisse, das Jagd-, Fischerei- und Wasserrecht, das Lehensrecht, die Berggesetzgebung, das Handels- und Wechselrecht sowie das literarische und künstlerische Urheberrecht. Die im engeren Sinne privatrechtlichen Materien wurden nach dem pandektistischen „Fünf-Bücher-Schema" geordnet. Gesonderte Regelungen ergingen für die Rechtssubjekte (natürliche und juristische Personen), die Rechtsobjekte (Sachen und die daran möglichen Rechte) sowie die Rechtsbeziehungen verschiedener Personen (Schuldverhältnisse). Gemäß der herrschenden pandektistischen Zivilrechtsdoktrin kannte das Gesetzbuch einen Allgemeinen Teil. Dieser enthielt neben den Lehren von den bürgerlichen Gesetzen allgemeine Vorschriften über Rechtsgeschäfte, unerlaubte Handlungen sowie übergreifende, das Personenrecht einschließende Rechtsgrundsätze. Familien- und Erbrecht ließen sich allerdings nur schwer in das pandektistische Dispositionssystem einfügen. Wie im späteren BGB wurden diese Rechtsgebiete in besonderen Büchern erfasst.

Die sächsische Kodifikation orientierte sich exakt an der zeitgenössischen Zivilrechtsdogmatik. „Eine etwas verspätete Frucht des deut-

schen Rechtspartikularismus" (*Enneccerus-Nipperdey*, Allgemeiner
Teil des Bürgerlichen Rechts, § 9 V) war sie jedoch keineswegs. Das
Gesetz hat sich in der Praxis bewährt und fand sehr bald über seinen unmittelbaren Geltungsbereich hinaus Beachtung als Musterrechtsord-
nung. Größte Bedeutung gewann es als Vorbild bei der Redaktion des
BGB. Dessen Inkrafttreten am 1. Januar 1900 beendete die Geltung des
sächsischen Gesetzes.

Im Ganzen hat das Gesetzbuch die Rechtswissenschaft der Verwirklichung einer deutschen Privatrechtseinheit entscheidend näher gebracht. Innerhalb der zersplitterten und unüberschaubar gewordenen
Rechtslandschaften zählt das Gesetz zu den letzten großen Leistungen
der Pandektenwissenschaft. Für diese Bewertung hat erst die neue
rechtshistorische Forschung überzeugende Nachweise erbracht. Die
wenigen nach Inkrafttreten des BGB gemäß Art. 3 EGBGB als Landesrecht noch fortgeltenden sächsischen Nachbarrechtsbestimmungen
hatte erst das Zivilgesetzbuch der DDR am 1. Januar 1976 gegenstandslos werden lassen.

## 2. Dresdener Entwurf v. 1866

Nach dem Vorbild der Rechtseinheit auf dem Gebiet des Handels- und
Wechselrechts sollte bald auch das für das Wirtschaftsleben wichtige
Recht der Schuldverhältnisse vereinheitlicht werden. Die erfolgreiche
sächsische Gesetzgebung hatte die mögliche Realisierung eines derar-
tigen Vorhabens nachhaltig unter Beweis gestellt. Deshalb wurde noch
vom Deutschen Bund nach dreijährigen Beratungen der Bundesversammlung (1859–1862) die Schaffung eines allgemeinen Obligationenrechts beschlossen. Den Anstoß dazu hatten zehn deutsche Mittel-
und Kleinstaaten gegeben, darunter Bayern, Württemberg, Sachsen,
Kurhessen und Nassau.

1862 wurde eine Kommission zur Ausarbeitung eines entsprechenden
Entwurfs eingesetzt, die 1863 in Dresden ihre Beratungen aufnahm. Ihr
gehörten die Vertreter der Regierungen von Österreich, Württemberg,
Bayern, Hannover, Hessen-Darmstadt, Frankfurt und Sachsen an. Die
Einbeziehung des Familien- und Erbrechts wurde mit der Begründung
abgelehnt, eine einheitliche Gesetzgebung würde in unzumutbarer und
unerträglicher Weise in Sitte und Gewohnheiten eingreifen, die immer
noch vor allem das eheliche Güterrecht bestimmten.

Allein Preußen protestierte dagegen aus politischen Gründen und wollte die Verhandlungen außerhalb des Deutschen Bundes führen. Ursächlich dafür waren wohl die Pläne des preußischen Ministerpräsidenten und Außenministers *Otto v. Bismarck* (1815–1898), die Bundesverfassung zu ändern und die Gesetzgebungskompetenzen des Bundes zu beschneiden. Ungeachtet dessen konnte die Dresdener Kommission der Bundesversammlung 1866 den „Entwurf eines allgemeinen deutschen Gesetzes über Schuldverhältnisse" (sog. *Dresdener Entwurf*) zuleiten. Eine Beratung fand nicht statt. Den Fortgang der Kodifikationsarbeiten und damit auch die Bemühungen um die deutsche Rechtseinheit beendeten im gleichen Jahr der preußisch-österreichische Krieg und die Auflösung des Deutschen Bundes. Der Dresdener Entwurf hat den Allgemeinen Teil (Willenserklärung, Stellvertretung) und das Schuldrecht des späteren BGB entscheidend beeinflusst. Auch ausländische Rechtsordnungen, wie etwa das Schweizerische Obligationenrecht von 1881, nahmen ihn zum Vorbild.

**Schrifttum:** Handbuch III 2, 1562 ff. (*Dölemeyer*) – *J.W. Hedemann*, Der Dresdner Entwurf von 1866 (1935) – *A. Buschmann*, Das Sächsische Bürgerliche Gesetzbuch von 1863/65, JuS 1980, 553 ff. – *S. Leitel*, 125 Jahre Sächsisches Bürgerliches Gesetzbuch, Staat und Recht 1988, 323 ff. – *Chr. Ahcin*, Zur Entstehung des bürgerlichen Gesetzbuchs für das Königreich Sachsen von 1863/65 (1996).

## III. Deutsches Bürgerliches Gesetzbuch v. 1896/1900

### 1. Lex Miquel-Lasker und Vorkommission

Die Verfassung des Norddeutschen Bundes von 1867 und die Reichsverfassung von 1871 hatten das Gesetzgebungsrecht des Bundes bzw. des Reichs auf Teilgebiete beschränkt (Obligationen-, Handels- und Wechselrecht, allgemeine Bestimmungen über das Bankwesen, Erfinderpatentrecht und Schutz gegen Nachdruck bzw. des „geistigen Eigentums"). Die Kompetenz des Bundes zur Gesetzgebung auf dem Gebiet des gesamten bürgerlichen Rechts hatte erstmals 1867 der nationalliberale Abgeordnete *Johannes v. Miquel* (1828–1901) gefordert, war aber an der (norddeutschen) Reichstagsmehrheit gescheitert. Daraufhin versuchte er es mit Unterstützung seines Kollegen, des ebenfalls Nationalliberalen *Eduard Lasker* (1829–1884) noch fünfmal, bis schließlich 1873 die Verfassungsänderung gelang. Ein mit großer

Mehrheit des Reichstags und nach Zustimmung auch des Bundesrats erlassenes verfassungsänderndes Reichsgesetz vom 20. Dezember 1873 (*Lex Miquel-Lasker*) übertrug dem Reich das Recht zur Gesetzgebung für „das gesamte Bürgerliche Recht, das Strafrecht und das gerichtliche Verfahren". Die Arbeiten an der Kodifizierung des bürgerlichen Rechts konnten beginnen.

Schon am 28. Februar 1874 setzte der Bundesrat eine Kommission ein, die gutachtliche Vorschläge zu Plan und Methode bei der Erstellung des Entwurfs eines bürgerlichen Gesetzbuches erarbeiten sollte. Die fünf Mitglieder dieser sog. „Vorkommission" waren hohe Richter, die Präsidenten der obersten Gerichte von Preußen, Sachsen, Württemberg und Bayern, sowie als einziger Theoretiker der Berliner Handelsrechtsprofessor *Levin Goldschmidt.* Auf der Grundlage seines Gutachten riet die Kommission dem Bundesrat zu einer wissenschaftlichen und kompilatorischen Kodifizierung des vorhandenen Rechtszustands und fand Gehör.

Der weitere Fortgang der Gesetzgebung wurde maßgeblich durch Kodifizierungsarbeiten an den sog. „Reichsjustizgesetzen" gefördert. Diese bereits um 1850 in Angriff genommenen Rechtsetzungsakte waren Werke der Praxis, der Regierungen und ihrer juristischen Fachleute. Die reichseinheitliche Justizgesetzgebung verfolgte das Ziel, die Rechtseinheit auf der Basis einer vereinheitlichten Gerichtsorganisation durch entsprechend uniforme Prozessgesetze vorzubereiten. Anfang 1877 wurden sie für die Gebiete der Gerichtsverfassung (GVG), des Konkursrechts (KO), des Straf- (StPO), des Zivilprozesses (ZPO) sowie für einige Nebengebiete (Rechtsanwaltsordnung, Gerichtskostengesetz) verkündet und traten am 1. Oktober 1879 in Kraft. Sie haben „mehr als alle anderen Gesetze des 19. Jahrhunderts eine Tradition von Rechtsstaatsprinzipien in Deutschland begründet" (*P. Landau*).

## 2. Erster Entwurf

Unabhängig von diesen Arbeiten beschloss der Bundesrat am 22. Juni 1874 die Ausarbeitung des Entwurfs eines bürgerlichen Gesetzbuchs nach den Vorschlägen der „Vorkommission". Die sog. „Erste Kommission" bestand aus elf Mitgliedern, von ihnen sechs Richter, drei Ministerialbeamte und zwei Professoren. Sie alle wurden streng nach Länderproporz berufen. Die Wissenschaft vertraten der in Leipzig lehrende

Romanist *Bernhard Windscheid* (1817–1892) und der Münchener Germanist *Paul v. Roth* (1820–1892). Den Vorsitz führte der Präsident des Reichsoberhandelsgerichts *Heinrich Eduard Pape* (1816–1888). Den maßgebenden Einfluss hatte der später als „Ziehvater des BGB" genannte *Gottlieb Karl Georg Planck* (1824–1910), Richter und Honorarprofessor in Göttingen. Im Unterschied zu den Vorarbeiten zum ADHGB wurden weder Repräsentanten der Wirtschaft noch der Anwaltschaft in den Ausschuss berufen. Es fehlten auch die in der zeitgenössischen Zivilrechtswissenschaft führenden Professoren *Rudolph v. Jhering* (1818–1892) und *Heinrich Dernburg* (1829–1907).

Die Kommission legte in Anlehnung an das Sächsische Bürgerliche Gesetzbuch das Fünfbüchersystem fest. Für jedes Buch wurde einem Mitglied die Redaktion eines Teilentwurfs übertragen. 1881 begannen die gemeinsamen Beratungen. Der Teilentwurf für das Recht der Schuldverhältnisse blieb infolge des Todes seines Redaktors (*Franz v. Kübel*) unvollendet und wurde durch das Obligationenrecht des Dresdener Entwurfs von 1866 ergänzt. 1887 legte die Gesamtkommission nach gründlichen (unveröffentlichten) Verhandlungen dem Reichskanzler den Gesamtentwurf vor. Dieser wurde 1888 als „Erster Entwurf" zusammen mit den „Motiven" (fünf Bände) zu den einzelnen Büchern veröffentlicht.

Der Erste Entwurf entfachte in der Öffentlichkeit eine sehr lebhafte, zum Teil massive Kritik. Die Kommission hatte in völliger Selbstisolation gearbeitet, ohne Verbindung zu Kreisen der Wirtschaft oder zu anderen juristischen Fachverbänden aufzunehmen. Eine vom (1877 errichteten) Reichsjustizamt erstellte Sammlung kritischer Äußerungen umfasste allein sechs Bände, hinzu kamen drei weitere amtliche Stellungnahmen. Hervorzuheben sind ferner Gutachten und Verhandlungen des Deutschen Juristentags sowie des Anwaltsvereins. Anerkannt wurde zwar im allgemeinen die große technische Leistung, auf Ablehnung stieß jedoch das Ergebnis. Der Entwurf war hyperromanistisch und doktrinär.

Am bedeutsamsten war die Ablehnung des Gesetzbuchs durch *Otto v. Gierke* (1841–1921), der praktisch einen Gegenentwurf verfasst hatte („Der Entwurf eines Bürgerlichen Gesetzbuches und das Deutsche Recht", 1888/1889). Er rügte mangelnde soziale Tendenzen, vor allem aber die pandektistische Schrankenlosigkeit der privatrechtlichen Befugnisse des Inhabers, ohne gleichzeitig ihre soziale Pflichtbindung zu sichern, und beklagte das Fehlen des inzwischen legendären „Tropfens sozialistischen Öles". Dabei forderte Gierke keineswegs ein wirklich modernes Gesetzbuch. Vielmehr hatte er im Kern einen „Rechtskatechismus" vor Augen, in dem u.a. pseudogermanisches Freiheits- und Genossenschaftsdenken, somit weithin mittelalterliche Werthaltungen konserviert waren. Für das Familienrecht propagierte er z.b. den deutschrechtlichen Gemeinschaftsgedanken als einzige Alternative zum Individualismus des römischen Rechts. Folgerichtig trat er für die Rückstufung der Rechtsstellung der Frau auf die Ebene einer Minderjährigen mit beschränkter Geschäftsfähigkeit ein, verbunden mit der Ablehnung jeglicher selbständigen, eigenverantworteten Handlungs- und Verwaltungsrechte. Gemeinschaft vertrug nach germanistischer Auffassung keine individuelle Ausgestaltung.

Ähnlich grundsätzlich, wenn auch rigoroser fiel die Abrechnung des österreichischen Professors für Zivilprozessrecht *Anton Menger* (1841–1906) aus. Er gehörte den sog. „Kathedersozialisten" an, einer politischen, den Manchesterliberalismus kritisierenden sozialreformerischen Gruppierung der deutschen Nationalökonomie. In seiner Schrift „Das bürgerliche Recht und die besitzlosen Volksklassen" (1890, 4. Aufl. 1908) prangerte er engagiert den „individuellen Egoismus" an, der den Entwurf als durchgehend leitendes, sozial-bürgerliche Forderungen missachtendes rechtspolitisches Prinzip charakterisierte. Das Produkt der Ersten Kommission bewertete er abschließend als „ein der Form nach abschreckendes, dem Inhalte nach völlig ideenloses, in Paragraphen gebrachtes Pandektenkompendium". Aber auch Menger war keineswegs in allen Punkten ein Fortschrittsprediger und „Stimme der enterbten besitzlosen Volksklassen", zu der er sich selbst stilisiert hatte. So meinte er z.b. ebenfalls bezogen auf das streng patriarchalisch strukturierte Familienrecht, das Recht der Ehe sei im Entwurf durchaus „in gerechter und unparteiischer Weise geordnet", anstatt die tatsächlich eklatante Diskriminierung der Frau zu geißeln.

Insgesamt war die Kritik sachlich berechtigt. Die Mitglieder der Ersten Kommission hatten in erster Linie ein wissenschaftliches, für Fachjuristen bestimmtes Gesetz erarbeitet, aktuelle sozialpolitische Forderungen dagegen eher sehr zurückhaltend berücksichtigt. Die an der nationalen Einigung auch auf dem Gebiet des Rechtswesens interessierte Bevölkerung hatte aber mehr erwartet und war vom Ergebnis enttäuscht. Die Ursachen dafür waren vielschichtig. Sie lagen weniger in der übersteigerten individualistischen Privatrechtstheorie der späten Pandektistik, die eindeutig den Entwurf prägte. Der Reichsgerichtsrat

*Otto Bähr* (1817–1895), Autor eines Gegenentwurfs, hatte den Entwurf spöttisch „*kleiner Windscheid*" genannt, „der sich von dem großen nur dadurch unterscheidet, daß dieser bisher noch der freien wissenschaftlichen Thätigkeit und Forschung neben sich Raum ließ, während jener mit seinen Paragraphen die Wissenschaft ein für alle Mal abschließt" (*O. Bähr*, „Zur Beurtheilung des Entwurfs eines bürgerlichen Gesetzbuchs für das Deutsche Reich", 1888, 7). Verantwortlich war vielmehr die vom rechtswissenschaftlichen Positivismus der Pandektenwissenschaft bestimmte Grundeinstellung der Redaktoren. Diese herrschende juristische Denkhaltung, für die allerdings Bernhard Windscheid nach neuen Forschungen nicht mehr als Symbolfigur bemüht werden kann (*W. Schubert, U. Falk, J. Rückert*), ließ als Gegenstand der Rechtswissenschaft nur das gesetzte positive Recht als wirkliches Recht gelten. Unausweichlich blieben hierbei die sozialpolitischen Grundlagen des Rechts und der bürgerlichen Gesellschaft ausgespart.

## 3. Zweiter Entwurf

Ungeachtet der Mängel beharrten bedeutsame kritische Stimmen jedoch auf dem Fortgang der kodifikatorischen Bemühungen im Interesse der nationalen Einigung. Schon am 4. Dezember 1890 beschloss daher der Bundesrat, mit der Umarbeitung des Ersten Entwurfs eine neu zu berufende sog. „Zweite Kommission" zu betrauen. Sie bestand aus zehn (später elf) ständigen und zwölf (später dreizehn) nichtständigen Mitgliedern, unter letzteren jetzt auch Vertreter wirtschaftlicher Interessen (Rittergutsbesitzer, Bankdirektor) sowie Angehörige nichtjuristischer Berufsgruppen (Nationalökonom, Bergrat, Oberforstmeister). Generalreferent wurde Gottlieb Planck, der in der Ersten Kommission Redaktor des Familienrechts war.

Insgesamt hielt sich die Reformfreudigkeit der Kommission in Grenzen. So wurden beispielsweise im Familienrecht (eheliches Güterrecht, Vormundschaftsrecht) die beanstandeten Mängel des Ersten Entwurfs, wie übertriebene Rechts- und Verweisungstechnik, kaum beseitigt. Auch fand Mengers Verdikt bei den Beratungen nicht die Beachtung, die es an sich verdient hätte. Die Kommission tagte aber nunmehr öffentlich und publizierte laufend die von ihr geänderten Teilentwürfe im „Reichsanzeiger". Die zahlreichen Anregungen der Kritik wurden weitgehend berücksichtigt. Der „Zweite Entwurf" gewann an Klarheit und Einfachheit der Sprache. Im Vergleich zum Ersten Entwurf wurde er auch insgesamt mehr den wirtschaftlichen wie sozialen Anforderungen der Zeit gerecht.

Ein von der Kommission angefügtes sechstes Buch behandelte das zwischenstaatliche, sog. Internationale Privatrecht (IPR). Auf Einspruch des Auswärtigen Amtes wurden die kollisionsrechtlichen Normen später in das Einführungsgesetz zum BGB (EGBGB) aufgenommen und das sechste Buch gestrichen. Der nach einer Schlussrevision und rund fünfjährigen Arbeit schließlich am 24. Oktober 1895 dem Bundesrat zugeleitete Zweite Entwurf wich von den bereits vorher publizierten verbesserten Teilentwürfen materiell nur geringfügig ab und wurde mit den sog. „Protokollen" veröffentlicht.

### 4. Dritter Entwurf (Reichstagsvorlage) und Verkündung

Der Bundesrat verwies den Zweiten Entwurf an den Justizausschuss, der Abänderungen vornahm. Den geänderten Entwurf zusammen mit einer Denkschrift des Reichsjustizamtes („Dritter Entwurf" oder sog. *Reichstagsvorlage*) erhielt der Reichstag am 17. Januar 1896. Dort wurde er nach einer Plenardebatte in der ersten Lesung einer Kommission von 21 Reichstagsmitgliedern überwiesen. Unter ihnen war auch *Ludwig Enneccerus* (1843–1928), Professor für römisches Recht in Marburg/Lahn und Referent der ersten zwei Bücher des Entwurfs. Die Veränderungen, die in 53 Sitzungen vorgenommen wurden, waren erheblich. Allerdings erwiesen sich nicht alle auch wirklich als Verbesserungen.

Bei der zweiten und dritten Lesung im Reichstag standen überwiegend innenpolitisch motivierte Fragen im Vordergrund. In dieser Schlussphase der Gesetzgebung wurde der Reichsjustizamts-Staatssekretär *Arnold Nieberding*, seit 1893 Mitglied der Zweiten Kommission, zur Schlüsselfigur. Er, der politisch außerordentlich Gewandte, den *August Bebel*, Vorsitzender der sozialdemokratischen Reichstagsfraktion, den „offiziellen Interpreten des Bürgerlichen Gesetzbuchs" bezeichnet hatte, rettete das Gesetz mehrere Male vor dem Scheitern in der Auseinandersetzung der politischen Parteien. Im Übrigen haben neue Forschungen gezeigt, dass das Reichsjustizamt als oberste Justizbehörde

des Reichs großen Einfluss auf die Lösung insbesondere gesellschafts-
politisch brisanter Fragen genommen hatte (*H. Schulte-Nölke*).

In diesem Zusammenhang zählte zu den besonderen politischen Pro-
blemfeldern das Vereinsrecht. In der Zweiten Kommission war
nämlich die Entscheidung zwischen dem „Normativsystem", das bei
Idealvereinen eine freie Vereinsbildung ermöglichte, und dem „Kon-
zessionssystem", das dem Staat bei wirtschaftlichen Vereinen ein Prü-
fungs- und Einspruchsrecht gab, zugunsten eines Mischsystems gefallen. In der parlamentarischen Beratung opponierten dagegen in seltener
Koalition das Zentrum und linke Parteien. Die einen befürchteten eine
Einschränkung der freien Vereinsgründungen. Die anderen wollten
Vereine mit politischem, sozialpolitischem oder religiösem Zweck, die
sie für „gemeinschädlich wirkende Verbindungen" hielten (Motive, I
90), der Kontrolle der Verwaltungsbehörde unterwerfen. Das ganze
Gesetz schien gefährdet zu sein. Die Lösung wurde schließlich im
„nichtrechtsfähigen Verein" gefunden, der als bewusste Fehlregelung
des Gesetzgebers auf die Beteiligten Druck ausüben wollte, sich um die
Erlangung der Rechtsfähigkeit zu bemühen.

Im Eherecht, dem anderen Problemfeld, geriet die obligatorische Zivilehe zu einem echten Stolperstein. Das Zentrum, eine vor allem die katholische Bevölkerung repräsentierende Partei, forderte die gesetzliche
Anerkennung der fakultativen, vor einem Geistlichen geschlossenen
kirchlichen Trauung neben der Zivilehe. Wiederum retteten – u.a. auch
mit Papst *Leo XIII.* (1878–1903) abgestimmte – Kompromisse das Gesetz. Die Zentrumspartei erhielt für die Tolerierung der obligatorischen
Zivilehe mit (dem zivilrechtlich inhaltsleeren) § 1588 BGB eine Garantie der für Kirchenangehörige verbindlichen „kirchlichen Verpflich-
tungen in Ansehung der Ehe" und in § 1575 BGB die dem kirchlichen
Vorbild folgende „Trennung von Tisch und Bett", ohne die Ehe dem
Banne nach lösen zu müssen. Völligen Schiffbruch erlitt die gut organisierte, publizistisch aktiv in der Öffentlichkeit wirkende Frauenbewe-
gung mit ihren Reformforderungen. Die von engagierten Juristinnen,
wie *Sera Proelß*, *Marie Raschke* oder *Emilie Kempin*, eindringlich ein-
geforderte Gleichberechtigung wurde zynisch und sachlich unqualifi-
ziert ebenso abgelehnt, wie die Rufe nach einem anderen Güter-, Kind-
schafts- oder Scheidungsrecht. Hierbei hatte sich das als „Dichter des
deutschen Rechts" gefeierte Kommissionsmitglied *Rudolph Sohm*
(1841–1917), Leipziger Kirchenrechtsprofessor, besonders hervorgetan. Die „querelle des femmes" war vergeblich geblieben.

Geradezu anachronistisch wurden die Rechtsverhältnisse der sog. Dienstboten in Privathaushalten (Köchinnen, Hausmädchen) und der Vielzahl auf dem Lande in bäuerlich-landwirtschaftlichen Betrieben tätigen Knechte und Mägde geregelt. Die Qualität ihrer „Dienste" befand man für so minderwertig, dass man sie sogar vom neuen unsozialen BGB-Dienstvertragsrecht ausnahm und weiterhin den bestehenden mittelalterlichen „Gesindeordnungen" der Landesrechte und damit einem im Prinzip gemilderten Leibeigenenrecht überließ. Die Sozialdemokraten waren vergeblich gegen diese absurde Regelungssituation angerannt, nach der „feudales" Gesinderecht neben dem „bürgerlichen" Dienstvertragsrecht weiterexistieren sollte.

Die dritte Lesung am 30. Juni und 1. Juli 1896 wurde mit einer namentlichen Abstimmung geschlossen. Die sozialdemokratischen Abgeordneten hatten mit Nachdruck zur Ergänzung des unzureichenden Dienstvertragsrechts ein besonderes Arbeitsvertragsgesetz gefordert. Nachdem dies nicht durchzusetzen war, stimmten alle 42 Sozialdemokraten, 3 Konservative und 3 föderalistisch gesinnte Abgeordnete gegen das Gesetz. Von den 288 anwesenden Abgeordneten – über 100 waren überhaupt nicht erschienen – wurde das Gesetzbuch mit der Mehrheit der Nationalliberalen und des Zentrums mit 222 Stimmen – bei 18 Enthaltungen und im ganzen 393 Sitzen im Reichstag – angenommen.

Der Bundesrat erteilte am 14. Juli 1896 seine Zustimmung zu den vom Reichstag beschlossenen Abänderungen. Kaiser Wilhelm II. fertigte am 18. August 1896 das Gesetz aus. In der am 24. August 1896 ausgegebenen Nummer 21 des Reichsgesetzblattes wurde es verkündet und trat am 1. Januar 1900 als „Bürgerliches Gesetzbuch für das Deutsche Reich" (BGB) in Kraft. In der Zeit zwischen Verkündung und Geltung sollte sich die Praxis mit dem neuen Recht vertraut machen. Auch waren im partikularrechtlich zersplitterten Reich die durch das Einheitsgesetzbuch notwendig gewordenen Ausführungsgesetze und Übergangsvorschriften zu erlassen. Eine Flut von Publikationen und Kommentierungen von Juristen und Nichtjuristen bereitete das In-Kraft-Treten vor. Diese Literatur ist bislang nur ansatzweise wissenschaftlich angemessen erschlossen.

Gleichzeitig mit dem BGB wurde ein eigenes Einführungsgesetz (EGBGB) verabschiedet. Es enthielt sog. Kollisionsnormen, die für Sachverhalte mit Auslandsberührung auf jene Privatrechtsordnung verwiesen, die für den konkreten Fall als maßgebliche zur Anwendung kam (Art. 7 ff. a.f. – *Internationales Privatrecht*). Daneben behandelte es das Verhältnis des BGB zu den Reichsgesetzen und regelte schließlich praxiswichtige Geltungsfragen, die sich aus dem Nebeneinander von neuem Gesetzbuch und fortgeltenden alten privatrechtlichen Landesgesetzen ergaben.

Die bei In-Kraft-Treten des BGB vorhandenen Reichsgesetze wurden grundsätzlich aufrechterhalten, mussten aber dem Einheitsgesetzbuch angepasst werden. Das geschah nur in einfacheren Fällen durch das EGBGB. Bei den 1877 geschaffenen Reichsjustizgesetzen (GVG, ZPO, KO) sowie bei dem Gesetz über die Zwangsversteigerung und Zwangsverwaltung (1897), bei der Grundbuchordnung (1897) und beim Gesetz über die Angelegenheiten der freiwilligen Gerichtsbarkeit (1898), auch „Nebengesetze" des BGB genannt, wurde eine umfangreiche Neuredaktion notwendig. Das neue Handelsrecht war schon während der BGB-Redaktion harmonisiert worden. Es trat am 1. Januar 1900 als „Handelsgesetzbuch" (HGB) gleichzeitig mit dem BGB in Kraft.

Um das Verhältnis des BGB zum (geltenden bzw. fortgeltenden) Landesprivatrecht zu bestimmen, wurde das sog. Kodifikationsprinzip zugrunde gelegt. Danach regelte die Kodifikation eines Rechtsgebietes diese Materien erschöpfend und schloss die Landesgesetzgebung von jeder (konkurrierenden) Betätigung auf diesem Gebiet aus. Gemäß Art. 55 EGBGB traten deshalb landesprivatrechtliche Normen grundsätzlich in ihrer Gesamtheit außer Kraft, soweit nicht durch BGB oder EGBGB Abweichendes bestimmt wurde. Fortgeltung garantierte Art. 73 EGBGB z.B. für historisch gewachsene sog. „Regalien", wie Schatz (Baden-Württemberg) oder Perlfischerei (Bayern). Diese Vorbehalte des Einführungsgesetzes vornehmlich zugunsten partikularistischer und feudalistischer Sonderinteressen (Gesinderecht, Familienfideikommisse) wurden in den Reichstagsverhandlungen von den Unitariern als „Verlustliste des deutschen Einheitsgedankens" bezeichnet.

**Schrifttum:** *H.-P. Benöhr,* Die Grundlage des BGB – Das Gutachten der Vorkommission von 1874, JuS 1977, 79 ff. – *P. Landau,* Die Reichsjustizgesetze von 1879 und die deutsche Rechtseinheit, in: FS Vom Reichsjustizamt zum Bundesministerium der Justiz (1977), 161 ff. – *W. Schubert,* Materialien zur Entstehungsgeschichte des BGB (1978), 27 ff. – *T. Vormbaum* (Hg.), Politik und Gesinderecht im 19. Jahrhundert (1980), 288 ff. – *ders.,* Die Sozialdemokratie und die Entstehung des Bürgerlichen Gesetzbuchs (1997) – *U. Falk,* Ein Gelehrter wie Windscheid (1989), 6 ff. – *J. Rückert,* Bernhard Windscheid und seine Jurisprudenz „als solche" im liberalen Rechtsstaat, JuS 1992, 902 ff. – *K.-H. Fezer*, Wider eine neopositivistische Begrifflichkeit im Recht – Zur Wiederbelebung von Windscheids Begriffsjurisprudenz als liberalem Rechtsstaatsdenken im Neopositivismus, JuS 1993, 103 ff. – *A. Laufs*, Eduard Lasker, und *K. Luig*, Heinrich Dernburg, *beide* in: H. Heinrichs u.a. (Hg.), Deutsche Juristen jüdischer Herkunft (1993), 262 ff., 236 ff. – *Berneike*, Die Frauenfrage ist Rechtsfrage (1995) – *H. Schulte-Nölke*, Das Reichsjustizamt und die Entstehung des Bürgerlichen Gesetzbuchs (1995) – *ders.*, Die schwere Geburt des BGB, NJW 1996, 1705 ff. – *H. Schlosser* (Hg.), Bürgerliches Gesetzbuch 1896–1996 (1997) – *U. Gerhard*, Frauen in der Geschichte des Rechts (1997) – *D. Schwab*, Das BGB und seine Kritiker, ZNR 2000, 325 ff.

## 5. Stil und „Sozialmodell" des Gesetzes

Das BGB gehört zum Nachlass spätpandektistischer Rechtsetzungskunst. Es verfügt über eine klare Systematik, verbunden mit kasuistischer Gründlichkeit und dogmatischer Regelungsperfektion. Die Beherrschung des Gesetzes setzt eine gute Kenntnis seiner exakten Begrifflichkeit sowie ein hohes Maß an Abstraktionsvermögen voraus. Die unausbleibliche Folge davon ist, dass dem Gesetzbuch lebensnahe Anschaulichkeit, „Volkstümlichkeit" fehlt. Studienanfänger finden nur schwer Zugang zu den Grundstrukturen des Gesetzes und seiner komplizierten Regelungstechnik. Für Nichtjuristen ist bereits die Fachsprache eine schwer überwindbare Barriere (z.B. §§ 137, 932 Abs. 1 S. 1 oder 1138).

Ungeachtet dessen stand das BGB seit Anbeginn vor allem im Ausland in hohem Ansehen. Beispielsweise hielt es der führende englische Common-Law-Rechtshistoriker *Frederic William Maitland* (1850–1906) für „the best code that the world has yet seen". Dabei waren es weniger Einflüsse durch unmittelbare Übernahmen gesetzlicher Regelungen. Weit mehr hat dem BGB das Phänomen der sog. „circolazione di modelli" (*R. Sacco*) eine Modellfunktion verliehen. Darunter versteht die Rechtsvergleichung das Zirkulieren dogmatischer Grundsätze oder Theorien zwischen verschiedenen Rechtsordnungen, die im Gesetzestext noch keine unmittelbare Stütze hatten, wie etwa die Rechtsfiguren der culpa in contrahendo, clausula rebus sic stantibus oder der faktischen Vertragsverhältnisse. Das BGB hat in diesem Sinne das Zivilrecht der Schweiz (1907/1912), Griechenlands (1930/1946), Japans (1898), Brasiliens (1916), Thailands (1925) und Perus (1936) beeinflusst. Auch das Bürgerliche Gesetzbuch der Republik China von

1929–1931 hat – neben Anleihen beim japanischen Rechtswesen – in vielen Bereichen das deutsche bürgerliche Recht als Vorbild berücksichtigt. Das Gesetz wurde nach der Gründung der Volksrepublik China im Jahr 1949 abgeschafft.

Das BGB spiegelt die politischen, sozialen und ökonomischen Verhältnisse seiner Entstehungszeit wider. Mit allen Kodifikationen teilt es das Schicksal des Unvollkommenen und Veralteten bereits im Zeitpunkt des In-Kraft-Tretens. Der Entwicklungsprogress der Industriegesellschaft vergrößerte seit Beginn des 20. Jahrhunderts immer mehr die Distanz, die zwischen der sozialen Realität und der kodifizierten Rechtsordnung bestand. In der Beurteilung als „spätgeborenes Kind des klassischen Liberalismus und Frucht der Pandektenwissenschaft" (*F. Wieacker*), als „Kompromiss zwischen dem 1848 politisch gescheiterten Bürgertum einerseits und Krone und Adel andererseits" oder als „verspätetes Gesetzbuch einer verspäteten Nation" (*T. Ramm*) wird zielgenau das zugrunde liegende rechtspolitische Programm des Gesetzbuchs charakterisiert.

Repräsentanten der formalen Rechtsordnung des BGB zu Ausgang des 19. Jahrhunderts waren der besitzende Bürger, der kleine Landwirt und der mittelständische Unternehmer. Den Idealen dieser *bürgerlichen* Gesellschaft entsprach der liberale Grundgedanke von der (privatautonomen) Selbstgestaltung des eigenen Lebensbereiches, juristisch konkretisiert in der schuldrechtlichen Vertragsfreiheit, in der Freiheit des (Grund-) Eigentums und der Testierfreiheit. Die Möglichkeiten staatlicher Eingriffe in diese Bastionen der Bürgerlichkeit wurden an Tatbestände der Beeinträchtigung allgemeiner Interessen gebunden (§§ 138, 157, 242, 903). Ein Netz allgemeiner, weitgefasster ausfüllungsbedürftiger Grundregeln (*Generalklauseln*) sicherte die Offenheit des Rechtssystems gegenüber den wechselnden Anforderungen des Rechtsverkehrs und erlaubte die Realisierung neuer Werthaltungen im Privatrecht.

Gegenwärtig sieht sich die durch das Prinzip der Privatautonomie nur formal ausbalancierte bürgerliche Rechtsordnung mit den typischen Problemen einer modernen Massen- und Wirtschaftsgesellschaft konfrontiert. Die Verflechtung und wirtschaftliche Machtstellung des marktbeherrschenden Großunternehmertums, Bodenknappheit, unsichere Wirtschaftslage und die katastrophalen Folgen der Arbeitslosigkeit verzerren das Ideal der Inhalts- und Vertragsfreiheit des selbstbestimmten und selbstverantwortlichen Individuums. In den gesellschaftspolitischen und ökonomischen Rahmenbedingungen der Kodifikation hat ein grundlegender Strukturwandel stattgefunden. Aufgabe der Rechtsprechung ist es deshalb, als genuines Medium der Rechtsfortbildung nach einer inhaltlichen Neubestimmung der Privatrechtsnormen zu suchen, um den sozialpolitischen Forderungen einer nicht mehr am individualistischen, sondern kollektivistischen Liberalismus orientierten pluralistischen Gesellschaft gerecht zu werden.

**Schrifttum:** *R. Knieper*, Gesetz und Geschichte (1996) – *M. Schmoeckel*, 100 Jahre BGB, NJW 1996, 1697 ff. – *R. Stürner*, Der hundertste Geburtstag des BGB – nationale Kodifikation im Greisenalter?, JZ 1996, 741 ff. – *T. Ramm*, Zum freiheitlichen sozialen Rechtsstaat, Ausgewählte Aufsätze (1999), 505 ff. – *Jiandong Shao*, Die Rezeption des deutschen Zivilrechts im alten China, JZ 1999, 80 ff. – *N. Horn*, Ein Jahrhundert Bürgerliches Gesetzbuch, NJW 2000, 40 ff. – *A. Georgiades*, Der Einfluss des deutschen BGB auf das griechische Zivilrecht, AcP 200 (2000), 493 ff. – *M. Dittmann*, Das Bürgerliche Gesetzbuch aus der Sicht des Common Law (2001).

## IV. Bürgerliches Recht zwischen Monarchie, Republik und Diktatur

### 1. BGB und Weimarer Republik

Die Kodifikation des BGB hatte mit ihrem Inkrafttreten am 1. Januar 1900 das bislang herrschende Pandektenrecht als Ius Commune und Basiswissenschaft endgültig seiner gesetzlichen Normativität beraubt. Dies veränderte grundlegend die Arbeitsbedingungen für die Judikatur ebenso wie für die Rechtslehre. Eine neue Standortbestimmung war unumgänglich geworden.

Noch bis zum Ende der konstitutionellen deutschen Monarchie (1918) wurde bei Unklarheiten oder beim Fehlen von Bestimmungen das BGB zunächst rein aus sich selbst heraus, d.h. nach dem Wortlaut des Gesetzestextes interpretiert. Diese positivistische Buchstabengläubigkeit ergänzten methodenkonforme Rückgriffe auf die Entstehungsgeschichte des Gesetzes, wie sie in den „Protokollen" und „Motiven" dokumentiert war. Eine authentische Interpretation nach dem „Willen des Gesetzgebers" oder nach dem (gefährlichen) „Willen des Gesetzes" wurde umso fragwürdiger, je schneller das Privatrecht unter dem Druck der sozialpolitischen Umbrüche der Kriegs- und Notzeit seine ursprünglich individualistische Grundlage verlor.

Spätestens mit dem Beginn des Ersten Weltkriegs stand fest, dass mit der bisherigen textnahen Auslegung allein die Probleme nicht mehr zu bewältigen waren. In dieser Zeit des Umbruchs war es die Rechtsprechung, die eine fehlende oder versagende Gesetzgebung ergänzte. Novellierungen des BGB waren die große Ausnahme. Geradezu rührend aus heutiger Sicht erscheint die gesetzgeberische Korrektur des § 833 BGB, der ursprünglich für alle Tierhalter eine Gefährdungshaftung vorsah. Die Interessen der Landwirtschaft verlangten nach einer Ausnahmeregelung für die Nutztiere (Zugtiere). Der Gesetzgeber entsprach 1908 der Forderung durch Einfügen des Satzes 2. Fortan waren die Halter von Nutztieren der Verschuldenshaftung mit Beweislastumkehr unterworfen, während es für die Halter sog. Luxustiere bei der Gefährdungshaftung blieb.

Die bei jeder gesetzestextnahen Interpretation sich stellende Grundfrage war, ob überhaupt und wie weit sich der Richter bei der grundsätzlich immer noch rechtspositivistisch gebundenen Auslegung bewegen durfte. Einen systemkonformen Ausweg eröffneten die Generalklausel-Paragraphen mit ihren unbestimmten, im Sinne der „individualisierenden Gerechtigkeit" auslegungsbedürftigen Rechtsbegriffen, wie „gute Sitten" und „Treu und Glauben" (§§ 138, 157, 242). Aufgrund ihrer geradezu exzessiven Berücksichtigung in einer „Billigkeitsrechtsprechung" warnte vor ihrer Hochkonjunktur das Schlagwort von der „Flucht in die Generalklauseln" (*J. W. Hedemann*).

Diese neue Art der richterlichen Rechtsfortbildung durch normvertretenden Richterspruch erreichte ihre Höhepunkte nach dem Übergang der Monarchie zur Republik von Weimar. Sie diente hauptsächlich der Bewältigung der Folgen der Inflation. Vor allem in der auf die Novemberrevolution von 1918 folgenden Epoche hatte sich der ökonomische und gesellschaftliche Wandel unter dem Eindruck krisenhafter Geschehnisse in Staat und Politik beschleunigt. Endlich erhielt mit der Arbeiterschaft auch jene Bevölkerungsgruppe Anteil am politischen Geschehen, den ihr die Monarchie noch verweigert hatte. Die Modifizierung der Eigentumsordnung und eine umgestaltende Erweiterung des Privatrechts (Grundstücks- und Wohnungsrecht) durch völlig neue Rechtsgebiete (Kartell- und Konzernrecht) waren die Folgen. Vor allem in der sog. „Aufwertungsrechtsprechung" des Reichsgerichts wurde versucht, die wirtschaftlichen Benachteiligungen der Inflation und den damit verbundenen Währungsverfall zu Gunsten der Inflationsopfer zu korrigieren. Die Aufwertung der Geldleistung im Nennbetrag oder die Anerkennung der Veränderung der Geschäftsgrundlage als Folge der Geldentwertung sind nur einige Rechtsschöpfungen des eine Gesetzgebung ersetzenden Richterrechts.

Gefördert wurde diese „interpretatorische Emanzipation des Richters" (*H. Mohnhaupt*) durch zwei sich in der Weimarer Epoche entwickelnde sog. „soziologische" Rechtsanwendungslehren: „Freirechtslehre" und „Interessenjurisprudenz". Für das Schließen festgestellter Gesetzes- bzw. Rechtslücken forderten beide Richtungen die Gleichsetzung von Recht und gesellschaftlicher Ordnung, ein freieres Verhältnis des Richters zum Gesetz, mehr Sach- und Lebensnähe sowie die Verwirklichung der Einzelfall- bzw. Interessengerechtigkeit auf der Grundlage gesellschaftlich legitimierter Rechtsvorstellungen. Der Anteil beider Lehren an der Rechtsprechungspraxis der Weimarer Zeit wird unterschiedlich beurteilt. Nach neuen, überzeugenden Forschungen hatte die Freirechtslehre größeren Einfluss gewonnen. Demgegenüber erwies sich die Interessenjurisprudenz wegen ihrer nach wie vor gesetzespositivistischen Grundeinstellung als weitgehend unfähig, den politischen wie soziökonomischen Wandlungen Verständnis entgegenzubringen (*K.W. Nörr*).

Zu rechtspolitisch aktuellen Rechtsetzungsakten kam es unter dem Eindruck der katastrophalen Notlage auf dem Gebiet des Wohnungswesens. Die Gesetzgebung hatte die Aufgabe, die kriegsbedingten Störungen des Wirtschaftslebens wieder zu beseitigen. In der „Verordnung über das Erbbaurecht" vom 15.1.1919 wurde ein erster wirklich bedeutsamer Eingriff in den Normenbestand des BGB (§§ 1012–1017) vorgenommen. Das Gesetz verfolgte das Ziel, finanziell schwächeren Bevölkerungsschichten Bauvorhaben zu ermöglichen, die regelmäßig an hohen Grundstückskosten zu scheitern drohten. Für den Grundstückseigentümer ist das Erbbaurecht ein sein Grundstück belastendes, beschränktes dingliches Recht. Zugunsten des Erbbauberechtigten wird es wie ein „grundstücksgleiches" Eigentum am Erbbauwerk behandelt. Das in Ausübung dieses Rechts genutzte Gebäude ist wesentlicher Bestandteil des Erbbaurechts und nicht des Grundeigentums. Die Spezialgesetzgebung war notwendig geworden, weil nach einem sachenrechtlichen Prinzip des BGB das Eigentum am Gebäude zwingend dem Grundstückseigentum folgt (§§ 94, 95). Diese Konstruktion verhinderte die Schaffung von Sondereigentum am Bauwerk. Im Grunde genommen bewirkte die Erbbaurechtsverordnung eine Rückkehr zur Figur des geteilten Eigentums. Das Erbbaurecht ist in der Praxis gängige Rechtsform der städtischen Siedlung und erfüllt auch heute noch wichtige wohnungspolitische Aufgaben. Gegenwärtig wird diese Rechtsfigur von Kommunen bei der Ausgabe gemeindeeigener Liegenschaften zur Ansiedlung von Industrie bevorzugt. Ferner ergingen zum Schutze der Mieter 1920 das Wohnraummangelgesetz, 1922 das Reichsmietengesetz und 1923 das Mieterschutzgesetz.

**Schrifttum:** *J.W. Hedemann*, Die Flucht in die Generalklauseln (1933) – *K.W. Nörr*, Zwischen den Mühlsteinen (1988) – *F. Börner*, Die Bedeutung der Generalklauseln für die Umgestaltung der Rechtsordnung in der nationalsozialistischen Zeit (1989), 25 ff. – *R. Weber*, Entwicklung und Ausdehnung des § 242 BGB zum „königlichen Paragraphen", JuS 1992, 631 ff. – *U. Falk/H. Mohnhaupt*, Das Bürgerliche Gesetzbuch und seine Richter (2000) – *W. Sellert*, Das BGB in der Weimarer Epoche, in: U. Diederichsen u.a. (Hg.), Das BGB im Wandel der Epochen (2002), 73 ff. – *U. Wesel*, Recht, Unrecht u. Gerechtigkeit. Von der Weimarer Republik bis heute (2003), 11 ff.

## 2. BGB und NS-Diktatur

Das BGB war vom politischen Systemmodell des Liberalismus beeinflusst. Liberales Denken garantierte dem Individuum die freie Entfaltung seiner Persönlichkeit, freies Eigentum, freie wirtschaftliche Betätigung und individuelle Rechtsgleichheit. In der Zeit der Weimarer Republik verlor es diese ursprünglich strenge liberalistisch-pandektistische Grundausrichtung. Es geriet in den Strudel der Inflation, der Banken- und Konzernkrise und änderte vor allem in der Rechtsprechung seinen Charakter. Es wurde zum „entindividualisierten" Instrument bei der Überwindung der wirtschaftlichen Depression. Der Staat bediente sich seiner zur Durchsetzung des Gemeinwohls und der guten Ordnung.

Aber selbst in dieser veränderten Gestalt blieb das Privatrecht die Rechtsordnung eines Rechtsstaates, der die Weimarer Republik war. Die Wende brachte erst das Jahr 1933, in dem der Diktator zum Reichskanzler ernannt worden war. Dieses Geschehen veränderte, beseitigte den bislang bekannten Privatrechtsbegriff des BGB vollständig. „Die Verhöhnung der Rechtsstaatsidee (war) die deutlichste Abkehr des NS-Regimes von Weimar. Einen tieferen Kontinuitätsbruch (konnte) es rechtsgeschichtlich gar nicht geben" (*K.W. Nörr*, Mühlsteine, 242 f.). Damit begann eines der dunkelsten Kapitel der deutschen Rechtsgeschichte.

In der „Rechtsordnung" des totalitären NS-Staates wurde das Recht durch Gewalt und Willkür, die Freiheit und Würde des Individuums durch seine totale Entrechtung ersetzt. Das Privatrecht des NS-Regimes war ein politisch manipuliertes Instrument in der typischen Ausprägung einer „völkischen", rasseorientierten Ideologie.

Aufgabe dieses völkischen Rechts war die Erneuerung der gesamten Rechtsordnung im Sinne der NS-Ideologie allein zum Zwecke der Erhaltung und Verfestigung der uneingeschränkten Macht. Dem Begriff des „Völkischen" lag die Vorstellung vom Recht als „Rassenlehre" zugrunde. Sie wurde instrumentalisiert und rücksichtslos zur Sicherung der Vorherrschaft der sog. „nordischen" Rasse als „Herrenrasse" insbesondere gegenüber „dem Juden" als „Todfeind" des deutschen Volkes eingesetzt. Die „Rasse" war Quelle und Ziel all dessen, was als „Recht" ausgegeben wurde, was sich in Wahrheit jedoch als unverblümter Anschlag auf alle politischen wie zivilisatorischen Werte darstellte. Allein über die Rasse wurde das bürgerliche in ein völkisches, letztlich pervertiertes „Recht" umgedeutet. Völkisches Recht hatte und kannte keine allgemeine Rechtstheorie. Es bestand aus einer Ansammlung unterschiedlichster, an substantieller Beliebigkeit kaum mehr zu übertreffender sog. Grundsätze, die sich in „Kampfparolen", wie Volksgebundenheit, Artgleichheit, Gleichschaltung oder Führerwille erschöpften. Der Unrechtsstaat unterwarf alle „artreinen rassegleichen arischen Volksgenossen" auf der Grundlage eines primitiven Sozialdarwinismus ausnahmslos einer inhaltlich diffusen „völkischen, ganzheitlichen" Zwangsordnung. Mit dem Völkischen sollte die Würde und Individualität der menschlichen Existenz als Subjekt von Rechten und Adressat von Rechtspflichten durch die bedingungslose Unterwerfung unter eine irrationale Volksgemeinschaft vernichtet werden. Die „gliedhafte Rechtsstellung des Volksgenossen in der Gemeinschaft" (*K. Larenz*) bedeutete Gleichschaltung und totale Entrechtung als Persönlichkeit. Mit sozialverbrämten Devisen, wie „Du bist nichts, Dein Volk ist alles" oder „Gemeinnutz geht vor Eigennutz", wurde die Entpersönlichung des Menschen bemäntelt. Das völkische Rechtsdenken machte die Menschen für die Machthaber uneingeschränkt verfügbar und erniedrigte sie zum Objekt schrankenloser ideologischer Manipulation und Willkür.

Ein derart pervertiertes Rechtsdenken musste die Rechtsordnung des Bürgerlichen Gesetzbuchs als Produkt eines normativistischen und damit sterilen, volksschädlichen Positivismus und Dogmatismus verwerfen. Gegen den als materialistisch denunzierten Positivismus hatte bereits das nationalsozialistische Parteiprogramm von 1920 polemisiert und seinen angeblich verderbten fremdvölkischen Vorbildern – dem „römischen Rezeptionsrecht" und dem „Typus des rezeptionsrechtlich geprägten Juristen" – den Kampf angesagt. Punkt 19 des Parteiprogramms forderte „Ersatz für das der materialistischen Weltordnung dienende römische Recht durch ein deutsches Gemeinrecht". Der Rechts- und Staatstheoretiker *Carl Schmitt* (1888–1985), einer der umstrittensten Vordenker des Nationalsozialismus, erhob diesen Satz zur „verfassungsrechtlichen Bestimmung ersten Ranges".

Das völkische Rechtsdenken beanspruchte absolute Geltung. Die sog. „Kieler Schule", ein Zusammenschluss junger Rechtslehrer, unter ihnen *Karl Larenz, Wolgang Siebert* oder *Franz Wieacker*, wurde zur Speerspitze der Rechtserneuerung, die sich in einer wahren Literaturoffensive artikulierte. Die Protagonisten versuchten, die neue Gemeinschaftsordnung durch plakative Leerformeln mit Rechtsquellencharakter, wie „Volksanschauung, Rechtsgewissen des Volkes, gesundes Volksempfinden", zu konkretisieren. Das alte Bürgerliche Gesetzbuch erschien vor dem Hintergrund nebulöser völkischer Ideale dafür ungeeignet. Uneinigkeit herrschte vorerst jedoch bei der Frage, ob dem neuen „rasserechtlich" orientierten Denken durch Einzelgesetze oder durch ein völlig neues „völkisches" Privatrechtsgesetzbuch Rechnung getragen werden sollte. Noch im Jahre 1937 hatte das Reichsjustizministerium die Zerschlagung des BGB in Einzelgesetze favorisiert. Erste Ergebnisse dieser Novellengesetzgebung waren im Jahre 1938 das „Testamentsgesetz" sowie das durch den sog. „Anschluss" Österreichs notwendig gewordene „Ehegesetz". Am 13. Mai 1939 wurde jedoch der Plan zur Kodifikation des völkischen Rechts in einem „großen Gesetz für alle Volksgenossen" (*H. Lange*) der Öffentlichkeit verkündet. Ein vielbeachteter, propagandawirksamer Vortrag, den der Staatssekretär im Reichsjustizministerium *Franz Schlegelberger* (1876–1972) im Jahre 1937 mit dem Titel „Abschied vom BGB" auf Einladung der Universität Heidelberg gehalten hatte, gab den letzten Anstoß dazu. Mit der Realisierung des Vorhabens wurde die im Oktober 1933 in München gegründete „Akademie für Deutsches Recht" betraut. Aufgabe dieser Institution war es, „die Erneuerung des Deutschen Rechts im Sinne der nationalsozialistischen Weltanschauung nach den Grundsätzen strenger wissenschaftlicher Methode vorzubereiten" (Jahrbuch d. Akademie 1933/34, 7).

Die Liquidierung des Bürgerlichen Rechts begann 1939 unter dem ersten Präsidenten der Akademie *Hans Frank* (1900–1946), Reichskommissar für die Gleichschaltung der Justiz in den Ländern und für die Erneuerung der Rechtsordnung sowie seit 1939 „Generalgouverneur für die besetzten polnischen Gebiete". Er wurde als Kriegsverbrecher in Nürnberg hingerichtet. Die Demontage wurde mit Nachdruck unter seinem Nachfolger *Heinrich Lange* (1900–1977), dem wohl rigorosesten Prediger des völkischen Rechts, fortgesetzt. Die Elite deutscher Rechtswissenschaftler, unter ihnen *Gustav Boehmer, Alfred Hueck, Justus W. Hedemann, Hans Carl Nipperdey, Arthur Nikisch* und *Eugen Ulmer*, hatte ein sog. „Volksgesetzbuch" zu erarbeiten. In ihm sollte die Ganzheit des völkischen, blutgebundenen und rassegemäßen Volksbürgerrechts als Magna Charta des neuen völkischen Privatrechts niedergelegt werden. Das Gesetzbuch war als Ersatz des volksfremden BGB geplant. Eingeleitet wurde es von 25 sog. „Grundregeln", die nach eigenem Verständnis „mehr sein (wollten) als eine bloße ‚Präambel'". Sie waren ihrem eigenen Anspruch nach echte „Rechtssätze" und dem nationalsozialistischen Parteiprogramm von 1920 „als Hilfsmittel auf einem Sondergebiet völkischen Daseins, nämlich auf dem Gebiet des Volksgesetzbuches, unterstellt" (*Hedemann* u.a., Volksgesetzbuch, 38). Den „Grundregeln" sollten die Bücher „Der Volksgenosse" (I), „Die Familie" (II), „Das Erbe" (III), „Vertrags- und Haftungsordnung" (IV), „Die Eigentumsordnung" (V), „Die Arbeit" (VI), „Unternehmen" (VII) und „Die Vereinigungen" (VIII) folgen.

Der Verzicht auf bewährte Elemente jeder Kodifikation, wie z.B. auf einen Allgemeinen Teil, sowie die Vermengung des Unternehmensrechts mit dem Handels- und Arbeitsrecht, stellte die Redaktoren schon bald vor grundsätzliche Probleme. Schließlich verhinderte der Zusammenbruch des Regimes die Fertigstellung. Die Arbeiten wurden im August 1944 eingestellt (Teilentwürfe von 1942). Damit endete zugleich die rechtsferne, rechtsleere Epoche mit der totalen Zerstörung, der „Perversion der Rechtsordnung" (*F. v. Hippel*). Demgegenüber erhob sich nach 1945 das alte, verächtlich gemachte BGB wie ein Phönix aus der Asche und wurde wieder zum Mittelpunkt der Privatrechtsordnung eines von den NS-Machthabern in das Verderben getriebenen Landes.

**Schrifttum:** *C. Schmitt*, Aufgabe und Notwendigkeit des deutschen Rechtsstandes, Deutsches Recht 6 (1936), 181 ff. – *J.W. Hedemann/H. Lehmann/W. Siebert*, Volksgesetzbuch – Grundregeln und Buch I (1942) – *J. Gernhuber*,

Das völkische Recht, in: Tübinger FS E. Kern (1968), 167 ff. – *K. Anderbrügge*, Völkisches Rechtsdenken (1978), 47 ff., 58 ff., 92 ff., 106 ff., 132 ff. – *A.G. v. Olenhusen*, Zur Entwicklung völkischen Rechtsdenkens, in: FS M. Hirsch (1981), 77 ff. – *H. Hattenhauer*, Die Akademie für Deutsches Recht, JuS 1986, 680 ff. – *D. Majer*, Grundlagen des nationalsozialistischen Rechtssystems (1987), 37 ff., 117 ff. – *G. Otte*, Die zivilrechtliche Gesetzgebung im „Dritten Reich", NJW 1988, 2836 ff. – *W. Schubert* (Hg.), Volksgesetzbuch (1988) – *M. Stolleis/D. Simon* (Hg.), Rechtsgeschichte und Nationalsozialismus (1989) – *G. Brüggemeier*, Oberstes Gesetz ist das Wohl des deutschen Volkes. Das Projekt des „Volksgesetzbuches", JZ 1990, 24 ff. – *F.J. Säcker* (Hg.), Recht und Rechtslehre im Nationalsozialismus (1992) – *R. Dreier*, Karl Larenz über seine Haltung im „Dritten Reich", JZ 1993, 454 ff. – *H.H. Jakobs*, Karl Larenz und der Nationalsozialismus, JZ 1993, 805 ff – *P. Landau*, Die deutschen Juristen und der nationalsozialistische Deutsche Juristentag in Leipzig 1933, ZNR 1994, 373 ff. – *H. Nehlsen* u.a. (Hg.), Münchener rechtshistorische Studien zum Nationalsozialismus (1996) – *R. Frassek*, Karl Larenz. Privatrechtler im Nationalsozialismus und im Nachkriegsdeutschland, JuS 1998, 296 ff. – *W. Wolf*, Vom alten zum neuen Privatrecht. Das Konzept der normgestützten Kollektivierung in den zivilrechtlichen Arbeiten Heinrich Langes (1998).

## V. Entwicklung des Privatrechts in der Bundesrepublik Deutschland

### 1. „NS-Altlasten" und Ursachensuche

Nach der Übernahme der obersten Regierungsgewalt über Deutschland durch die Besatzungsmächte wurden aus dem Privatrecht die typisch nationalsozialistisch-faschistischen Rechtsvorstellungen entfernt. Die Beseitigung der unvereinbaren Normen erfolgte im Wege der ausdrücklichen oder allgemeinen Aufhebung. Radikale Eingriffe wurden für das Ehe-, Familien- und Erbrecht notwendig. Das 1938 verselbständigte, von rassistischen Leitbildern geprägte Ehegesetz musste 1946 durch den von den Siegermächten eingesetzten Kontrollrat als Kontrollratsgesetz Nr. 16 vom 20. Februar 1946, d.h. als bereinigtes („entnazifiziertes") „Ehegesetz 1946" neu erlassen werden. Für den Bereich des bäuerlichen Erbrechts beseitigte das Kontrollratsgesetz Nr. 45 vom 20. Februar 1947 das nationalsozialistische „Reichserbhofgesetz" von 1933 mit seinen Ausführungsbestimmungen. Das „Testamentsgesetz" von 1938 wurde nur teilweise außer Kraft gesetzt. Privatrechtliche Einzelbereinigungen betrafen das Adoptionsrecht. Die demokratische

Bundesrepublik Deutschland hatte 1949 das BGB gemäß Art. 123 Abs. 1 und Art. 125 GG als Bundesrecht in Kraft gesetzt.

Eine nach dem Kriegsende zunächst zögerlich und in neuerer Zeit – nicht zuletzt als Folge des Beitritts der ehemaligen DDR zur Bundesrepublik – wieder neu aufgeworfene Frage betrifft die eigentlichen Ursachen, die für die Zerstörung der Rechtsordnung durch den Nationalsozialismus bestimmend geworden waren. Die Suche galt auch den Faktoren, die zur Vernichtung der Weimarer Republik und zur Vorbereitung der NS-Diktatur beigetragen haben. Umstritten war dabei das tatsächliche Gewicht des behaupteten blinden Gesetzesgehorsams der Juristen. Unbefriedigend bewertet wurden anfänglich auch Rolle und Anteil der Universitäten sowie ihrer Mitglieder im Dienste einer grundlegenden „Rechtserneuerung" im Geiste des „Dritten Reichs".

Einen ersten Erklärungsversuch unternahm die neu belebte Naturrechtsbewegung der Nachkriegsjahre. Sie verstand sich als in die Zukunft weisende Alternative zu der durch den Unrechtsstaat pervertierten Rechtswerteordnung und trat für eine neue Rechtsprechung ein, die einer neuen unabhängigen, unpolitischen Richterelite anvertraut war, die sich an dem Wert der Gerechtigkeit, insbesondere an dem Naturrecht orientierte. Für den weitgehend kritiklosen, formalrechtlichen Vollzug der Gesetze der Diktatur durch die Richterschaft machte sie den allgemein herrschenden extremen, selbst die Geltung moralwidriger Normen anerkennenden Rechtspositivismus verantwortlich (*H. Weinkauff*). Das nationalsozialistische Recht erklärte sie als einen Exzess des Positivismus. Demgegenüber stellten andere auf die zentrale Legitimationsfunktion des rassistisch-nationalistischen Naturrechts ab, das durch die NS-Gesetzgebung konkretisiert wurde. Danach waren es hauptsächlich die antiliberal und antidemokratisch gesinnten Justizjuristen, die im obrigkeitsstaatlichen Denken der wilhelminischen Zeit gefangen, gefügig diese Gesetze vollzogen, sowie die bedingungslose, vielfach von beflissen-vorauseilendem Gehorsam begleitete ideologische Verfügbarkeit einer deutlichen Mehrheit deutscher Rechtslehrer, die beide eine Hauptverantwortung an der Rechtszersetzung tragen (*E. Franssen*). Der Rechtswirklichkeit am Nächsten dürfte wohl die Ansicht kommen, wonach mit dem Jahr 1933 eine „prinzipielle Umpolung des ganzen Bestands (des Rechtlichen) auf den totalitären Staat" erfolgt war. Demnach sei das NS-Reich in einen bereits rechtsleeren Raum eingetreten (*K.W. Nörr*, Mühlsteine, 242 f.).

Welcher Interpretation man auch folgen mag, eines dürfte allgemein konsensfähig sein. Auch aus der zeitlichen Distanz von inzwischen 60 Jahren gibt es darauf immer noch keine eindeutigen, wissenschaftlich zureichenden Antworten. Für Generationen, die den Unrechtsstaat nicht miterlebt haben, ist es schwer, diesem oder jenem Argument die größere Überzeugungskraft zuzusprechen. Unbestritten hatte der Nationalsozialismus und seine willfährige NS-Justiz das Rechtsbewusstsein vollständig korrumpiert. Dass dies in dem bekannten Umfang überhaupt geschehen konnte, ist eine der tragischsten und bittersten Erfahrungen der deutschen Rechtsgeschichte.

**Schrifttum:** *E. Franssen*, Positivismus als juristische Strategie, JZ 1969, 766 ff. – *H. Weinkauff*, Was heißt das: „Positivismus als juristische Strategie?", JZ 1970, 54 ff. – *M. Stolleis/D. Simon* (Hg.), Rechtsgeschichte im Nationalsozialismus (1989) – *R. Dreier/W. Sellert* (Hg.), Recht und Justiz im „Dritten Reich (1989) – *J. Schliepkorte*, Entwicklungen des Erbrechts zwischen 1933 und 1953 (1989), 68 ff. – *R. Schröder*, Rechtsgeschichte der Nachkriegszeit, JuS 1993, 617 ff. – *J. Rückert*, Abbau und Aufbau der Rechtswissenschaft nach 1945, NJW 1995, 1251 ff. – *B. Rüthers*, Wende-Experten (1995) – *W. Wilhelm*, Zivilrechtswissenschaft ohne Larenz. Die Positionierung des Privatrechts zwischen 1945 und 1953, KritVj (1997), 400 ff. – *B.C. Frenzel*, Das Selbstverständnis der Justiz nach 1945 (2003).

## 2. Ehe- und Familienrecht

Eine entscheidende Reformphase leiteten 1957 das „Gleichberechtigungsgesetz" und 1961 das „Familienrechtsänderungsgesetz" ein. Für die Verwirklichung des Gleichberechtigungsgebotes des Art. 3 Abs. 2 des Grundgesetzes (GG) von 1949 im Familienrecht benötigte der Deutsche Bundestag zwei Legislaturperioden: 1949 bis 1953 sowie 1953 bis 1957. Das Parlament wurde zum Austragungsort tiefer weltanschaulicher Auseinandersetzungen. Im Mittelpunkt der Familienrechtsreform der 50er Jahre standen die Vorschriften des persönlichen Eherechts der §§ 1354 und 1356 sowie das Kindschaftsrecht (§§ 1626 ff.) in der Fassung des Gesetzes von 1896 bzw. 1900. Besonders von den beiden Kirchen, extrem dabei die massiven Interventionen der katholischen Bischofskonferenz unter dem Kölner Kardinal *Frings*, wurde die Gleichberechtigung mit Berufung auf das göttliche Recht und Naturrecht verhindert. Die hierarchische Eheordnung basierend auf dem Vorrang des (von Gott zuerst erschaffenen) Mannes (sog. Ursprungshierarchie) wurde aus der Schöpfungsgeschichte der Bibel

(Genesis 2, 7, 18–24) abgeleitet. Deren Eheauffassung als Offenbarungsgut sollte selbst der Änderung durch den staatlichen Gesetzgeber unzugänglich sein. Die Regierungsparteien, voran CDU/CSU, beugten sich dieser archaischen Argumentation. Am Ende der deprimierenden Debatten standen als gesetzlicher Güterstand die Zugewinngemeinschaft sowie teils groteske, teils wieder nur ansatzweise dem Gleichberechtigungsgebot des Grundgesetzes entsprechende rechtliche „Gleichstellungen" der Frau.

Ähnlich unvertretbar verzögert wurde die Verwirklichung des Verfassungsgebots des Art. 6 Abs. 5 GG, der 1949 den Gesetzgeber verpflichtet hatte, die nichtehelichen den ehelichen Kindern gleichzustellen. Erst nach Anmahnung durch das Bundesverfassungsgericht wurde 1969 das „Nichtehelichengesetz" erlassen, das jedoch nur Teilreformen brachte. Erst 1998 beseitigten die „Kindschaftsrechtsreformgesetze" alle noch bestehenden, die Nichtehelichen diskriminierenden Bestimmungen in den Bereichen der elterlichen Sorge, des Abstammungs-, Namens-, Adoptions-, Unterhalts- und Erbrechts.

Einschneidende, an die Rechtssubstanzen des BGB-Familienrechts rührende Bereinigungen vollzogen im Jahre 1976 das Erste Gesetz zur Reform des Ehe- und Familienrechts („1. Eherechtsreformgesetz"), ferner das Gesetz über die Annahme als Kind („Adoptionsgesetz") und 1979 das Gesetz zur Neuregelung des Rechts der elterlichen Sorge („Sorgerechtsgesetz"). Diese seit der Geltung des BGB umfassendste Korrektur des materiellen Familienrechts, die auch das Gerichtsverfassungs- und Verfahrensrecht (Familiengerichte) tiefgreifend umgestaltete, beendete eine in der Bundesrepublik seit Jahren geführte rechtspolitische Diskussion. Abkehr vom Leitbild der Hausfrauenehe, Übergang vom Verschuldensprinzip zum „Zerrüttungsprinzip" im Scheidungsrecht, Versorgungsausgleich im Scheidungsfolgenrecht, weitgehende Staatseinflüsse im Bereich der elterlichen Sorge sowie „Volladoption" und „Dekretsystem" (statt des rein privatrechtlichen Adoptionsvertrages) sind die wichtigsten neuen Lösungen.

Die nach der Vereinigung der beiden deutschen Staaten notwendig gewordenen Angleichungen hatten auch für das Familienrecht Auswirkungen. 1992 trat das „Betreuungsgesetz" in Kraft. Es beseitigte die Rechtsinstitute der Entmündigung, Vormundschaft über Volljährige, Pflegschaft über Gebrechliche und ersetzte sie durch das neue Institut der Betreuung. Mit dem „Familiennamensrechtsgesetz" entfiel 1993 der Grundsatz der obligatorischen Ehenamenseinheit. Das „Gesetz zur

Neuregelung des Eheschließungsrechts" hob 1998 die noch fortgeltenden Normen des Ehegesetzes auf und traf eine Neuregelung in den
§§ 1303–1320 BGB. Das 2001 in Kraft getretene „Lebenspartner-
schaftsgesetz" ermöglichte es zwei Personen gleichen Geschlechts,
eine *eingetragene* Lebenspartnerschaft zu begründen, die vergleichbare Rechtswirkungen hat wie eine Ehe (z.b. gesetzliches Erbrecht).
2002 beseitigte das „Gewaltschutzgesetz" das elterliche Züchtigungs-
recht gegenüber minderjährigen Kindern und schützt vor allem Frauen
und Kinder vor der Anwendung oder Androhung von Gewalt (Entfernung des „Gewalttäters" aus der Wohnung).

**Schrifttum:** *J. Gernhuber*, Neues Familienrecht (1977) – *T. Ramm*, Familienrecht. Verfassung – Geschichte – Reform (1996) – *ders.*, Zum freiheitlichen sozialen Rechtsstaat, Ausgewählte Aufsätze (1999), 245 ff. – *R. Frank*, 100 Jahre
BGB – Familienrecht zwischen Rechtspolitik, Verfassung und Dogmatik, AcP
200 (2000), 401 ff. – *H. Vaupel*, Die Familienrechtsreform in den fünfziger Jahren im Zeichen widerstreitender Weltanschauungen (1998).

## 3. Schuldrecht

Der Wohnungsmangel nach dem Zweiten Weltkrieg führte zu ein-
schneidenden Änderungen des Mietrechts. Staatliche Eingriffe in die
Privatautonomie waren notwendig geworden. Dazu gehörten die Her-
ausnahme der Raummiete aus dem auf dem Grundsatz der Vertragsfreiheit konzipierten BGB-Mietrecht, ferner die Beseitigung des freien
Vermieterkündigungsrechts, eine Höchstmietenregelung sowie die
Wohnraumbewirtschaftung mit Abschlusszwang. Mit dem aus dem
Jahre 1923 stammenden und 1946 novellierten „Mieterschutzgesetz",
dem „Wohnungsgesetz" aus dem gleichen Jahr und dem „Wohnraum-
bewirtschaftungsgesetz" von 1953 wurde die Wohnungszwangswirtschaft begründet. Eine neue Mietrechtsära begann 1960 mit dem „Gesetz über den Abbau der Wohnungszwangswirtschaft und über ein
soziales Miet- und Wohnrecht". Das Ziel dieser Gesetzgebung war der
schrittweise Abbau des Wohnungsnotrechts, die Wiederherstellung der
Vertragsfreiheit und die soziale Umgestaltung des Mietvertragsrechts.
Aus der Vielzahl entsprechender Sondergesetze gilt heute noch das
sog. „Zweite Wohnraumkündigungsschutzgesetz" von 1974. Es garantiert dem Mieter für befristete Mietverträge einen Fortsetzungsan-
spruch und verbietet die sog. Änderungskündigung zum Zweck der
Mieterhöhung.

Die Fortentwicklung des Schuldrechts des BGB wurde seit den vergangenen fünfzehn Jahren entscheidend durch das Europäische Gemeinschaftsrecht bestimmt. Die Europäische Union (EU) verfolgt als Ziel die Angleichung der innerstaatlichen Vorschriften an die Erfordernisse des Gemeinsamen Marktes. Dieser Prozess wird durch das Instrument der „Richtlinie" gesteuert. Sie ist von den Mitgliedstaaten der EU in nationales Recht umzusetzen. Daneben existiert als weiteres Mittel der Rechtsangleichung die „Verordnung", die unmittelbare Wirkungen in den Mitgliedsstaaten zeitigt.

Auf solche Richtlinien gehen zurück das „Produkthaftungsgesetz" von 1988, das den Verschuldensgrundsatz durch eine verschuldensunabhängige sog. Gefährdungs- oder Kausalhaftung des Herstellers für fehlerhafte Produkte ersetzte, ferner das „Verbraucherkreditgesetz" von 1990, das an die Stelle des aus dem Jahr 1894 stammenden Gesetzes betreffend die Abzahlungsgeschäfte getreten ist. Diese Sondergesetze hatte vor allem der Schutz des Verbrauchers vor mangelhaften oder gefährlichen Produkten notwendig werden lassen. Zwar versuchte die Judikatur im Wege der Rechtsfortbildung die Unzulänglichkeiten der BGB-Regelung zu korrigieren (z.B. durch Beweislastumkehr zugunsten des Verbrauchers oder Informations-, Produktbeobachtungs- und Rückrufpflichten), doch erwiesen sich diese Maßnahmen letztlich als nicht zureichend. Auf Richtlinien beruhen ferner das „Haustürwiderrufsgesetz" von 1986, das den Käufer durch Gewährung eines Widerrufsrechts vor einem Vertragsschluss am Arbeitsplatz, im Bereich seiner Privatwohnung, bei Freizeitveranstaltungen oder durch überraschendes Ansprechen in Verkehrsmitteln oder auf öffentlichen Verkehrswegen schützt, sowie Änderungen des „Gesetzes zur Regelung der Allgemeinen Geschäftsbedingungen" von 1976 (z.B. für Verbraucherverträge seit 1996). Auch der durch das „Reisevertragsgesetz" 1979 geschaffene neue Vertragstyp wurde 1994 durch die Richtlinie über Pauschalreisen grundlegend den Anforderungen vor allem des modernen Fernreise-Tourismus angeglichen.

Die seit der Geltung des BGB größten Eingriffe in den Normenbestand des Gesetzes brachte das am 1. Januar 2002 in Kraft getretene „Gesetz zur Modernisierung des Schuldrechts". Veranlasst wurde die Reform durch die Umsetzung von drei EG-Richtlinien: Verbrauchsgüterkauf-, e-commerce- und Zahlungsverzugsrichtlinie. Der deutsche Gesetzgeber nahm dies zum Anlass, die bereits seit längerer Zeit in Planung befindliche Schuldrechtsreform inhaltlich umfassend durchzuführen. Die

Geschichte der Schuldrechtsmodernisierung begann 1984 mit der Einsetzung einer „Kommission zur Überarbeitung des Schuldrechts" durch den Bundesminister der Justiz. Das Ergebnis der Arbeiten sind heute Neuregelungen wesentlicher Teile des Allgemeinen und Besonderen Schuldrechts sowie des Verjährungsrechts. Das Kernstück der Reform ist die Neufassung des Rechts der Leistungsstörungen. Ebenfalls grundlegend umgestaltet wurde die Sach- und Rechtsmängelhaftung. Schließlich wurden Spezialgesetze wieder in das BGB aufgenommen, wie z.B. das Gesetz zur Regelung der Allgemeinen Geschäftsbedingungen und die meisten Verbraucherschutzgesetze. Besondere rechtsdogmatische Beachtung verdient die Kodifizierung allgemeiner Rechtsgrundsätze oder Anspruchsnormen, deren Geltung bisher durch richterliche Gewohnheitsrechtspraxis begründet worden war. Durch den neuen zentralen Haftungstatbestand des § 280 Abs. I und die Normierung der Nebenpflichten aus dem Schuldverhältnis konnten folgende Rechtsinstitute gesetzlich verankert werden: Die positive Vertragsverletzung (§§ 241 Abs. II, 280 ff.), die *culpa in contrahendo* und der Vertrag mit Schutzwirkung für Dritte (§§ 311 Abs. II, 241 Abs. II), die gemeinrechtliche *clausula rebus sic stantibus* als Störung/Wegfall der Geschäftsgrundlage (§ 313) und die Kündigung von Dauerschuldverhältnissen aus wichtigem Grund (§ 314).

**Schrifttum:** *J. Braun*, Vom Beruf unserer Zeit zur Überarbeitung des Schuldrechts, JZ 1993, 1 ff. – *W. Ernst*, Kernfragen der Schuldrechtsreform, JZ 1994, 801 ff. – *A. Schwarze*, Die künftige Sachmängelgewährleistung in Europa – Die Verbrauchsgüterkauf-Richtlinie vor ihrer Umsetzung, ZEuP 2000, 394 ff. – *R. Zimmermann*, Schuldrechtsmodernisierung, JZ 2001, 171 ff.

## 4. Arbeitsrecht

Schon bald nach dem Inkrafttreten des BGB hat sich das „Arbeitsrecht" als eigenes Rechtsgebiet mit besonderer Gerichtsbarkeit außerhalb des Gesetzbuchs entwickelt. Die arbeitsrechtlichen Normen für die unselbständig Tätigen gehören zum Sonderrecht, ähnlich wie das Handels-, Gesellschafts- und Wertpapierrecht. Der BGB-Gesetzgeber hat bewusst von einer Regelung des Arbeitsvertrages abgesehen, obwohl dies die sozialdemokratische Reichstagsfraktion wiederholte Male gefordert hatte. Ursächlich für die Sonderbildung war vor allem die staatliche Sozialpolitik des 19. Jahrhunderts. Auf den zunehmenden Druck der Forderungen der Arbeiterschaft antwortete der Bismarck-Staat mit der Einführung der gesetzlichen Kranken- (1883), Unfall- (1884), Alters- und Invaliditätsversicherung (1889) sowie mit dem Arbeiterschutzgesetz (1891), das die Höchstarbeitsdauer für Frauen und Kinder regelte. Hinzu kam der durch die rasche Industrialisierung bewirkte Wandel des ökonomischen Unterbaus der Gesellschaft.

Deshalb war bereits bei Inkrafttreten des BGB die Fortbildung und Ergänzung der im Zivilgesetzbuch enthaltenen spezifisch arbeitsrechtlichen Normen (§§ 611–630) durch Sondergesetze und Rechtsprechung unausweichlich. Die bedeutendsten und richtungweisenden Gesetze und Verordnungen wurden in der Weimarer Zeit erlassen (Tarifverordnung von 1918, Betriebsrätegesetz von 1920). Der NS-Staat hatte durch das Führerprinzip, das an die Stelle der Arbeitnehmermitbestimmung trat, und durch intensive staatliche Betriebskontrollen (Treuhänder der Arbeit) das Arbeitsrecht denaturiert (Gesetz zur Ordnung der nationalen Arbeit von 1934).

Nach 1945 begann die Phase des Wiederaufbaus eines neuen demokratischen Arbeitsrechts, wiederum außerhalb des kodifizierten bürgerlichen Rechts. Ungeachtet der durch Richterrecht und Sondergesetze geförderten selbständigen Entwicklung dieses Rechtsgebietes vor allem in den Bereichen des „kollektiven" Arbeitsrechts (Tarifvertrag, Betriebsvereinbarung, Gewerkschaften, Arbeitgeberverbände, Streik und Aussperrung) regeln die BGB-Normen des Dienstvertragsrechts weiterhin Grundfragen des Arbeitsverhältnisses und bilden die Grundlage des „individualrechtlichen" Teiles des Arbeitsrechts. Wirtschafts- und gesellschaftspolitische Neuorientierungen haben wichtige Novellierungen notwendig werden lassen. Dazu zählen z.B. die Harmonisierungen 1969 durch das „Erste Arbeitsrechtsbereinigungsgesetz" (§§ 620, 621, 622, 626 und 627), die 1972 erfolgte Einfügung des arbeitsmarktpolitisch weitreichenden § 613a, die 1975 im Hinblick auf Sterilisation und Schwangerschaftsabbruch vorgenommenen Korrekturen des § 616 Abs. 2 und 3 oder die 1994/98 ergangenen Konkretisierungen des allgemeinen Gleichbehandlungsgebots für Männer und Frauen am Arbeitsplatz (§§ 611a, 611b und 612 Abs. III).

**Schrifttum:** *A. Söllner*, Entwicklungslinien im Recht der Arbeitsverhältnisse, in: NS-Recht in historischer Perspektive (1981), 135 ff. – *K. Deventer*, Arbeitsrecht im Nationalsozialismus, JuS 1988, 13 ff. – *H. -P. Benöhr* (Hg.), Arbeitsvermittlung und Arbeitslosenversorgung in der neueren Rechtsgeschichte (1991) – *T. Weiß*, Die Entwicklung des Arbeitsvertragsrechts und das BGB (1991) – *J. Rückert*, „Frei" und „sozial": Arbeitsvertrags-Konzeptionen um

1900 zwischen Liberalismus und Sozialismus, Zeitschrift für Arbeitsrecht 1992, 225 ff. – *G. Graf*, Das Arbeitsgerichtsgesetz von 1926 (1993), 95 ff. – *K. Adomeit*, Dienstvertrag des BGB und Entwicklung zum Arbeitsrecht, NJW 1996, 1710 ff. – *M. Kaltenborn*, Die Sozialgesetzgebung des Reichskanzlers Fürst Otto von Bismarck, JZ 1998, 770 ff. – *T. Repgen*, Die soziale Aufgabe des Privatrechts (2001) – *M. Stolleis*, Historische Grundlagen der Sozialpolitik bis 1945 (2001), 199 ff. (223 ff.).

# § 8 Neuere Kodifikationen des Privatrechts in Europa

Gesetze sind „der verhaltene Atem des Lebens" (*J.W. Hedemann*), die Magna Charta einer Gesellschaft in ihrer historischen Identität und mit ihren sozialethischen Wertvorstellungen. Diese Verflechtung der Kodifikation mit der geschichtlichen Entwicklung einer Rechtsordnung, mit der typischen juristischen Denkweise und der zugrunde liegenden weltanschaulich-ideologischen Orientierung erlaubt es, die Rechtssysteme Europas besonderen Rechtsgruppen zuzuweisen. Die Rechtsvergleichung nennt sie „Rechtskreise" und ordnet die aus der Kodifikationsbewegung des 18. und 19. Jahrhunderts hervorgegangenen Zivilrechtsgesetze nach „stilprägenden Faktoren" (*Zweigert/Kötz*). Entscheidende Kriterien sind u.a. die historische Provenienz und die Art der Rechtsquellen.

Nach diesen Zuordnungsvorgaben existieren in Europa zwei große Rechtskreise. Wesensmerkmal der *kontinentaleuropäischen* Rechtsordnungen ist die Kodifikation, das sog. Gesetzesrecht. Von ihm unterscheidet sich grundlegend der Rechtskreis des *englischen* oder *angelsächsischen* Rechts. Dessen stilformendes Element ist das ungeschriebene Recht, das aus der Rechtsprechung als Fallrecht („case law") oder als Richterrecht („judge made law") hervorgegangen ist. Als Ganzes wird es „Common Law" genannt. Seine Übernahme durch die Vereinigten Staaten von Nordamerika trotz der Unabhängigkeitserklärung der britischen Kolonien im Jahre 1766 erweiterte den ursprünglich auf das englische Mutterland und spätere Empire beschränkten Rechtskreis.

Die Common-Law-Rechtsordnungen werden deshalb in einem eigenen *angloamerikanischen* Rechtskreis erfasst und vom kontinentaleuropäischen Gesetzesrecht getrennt behandelt.

## I. Mitteleuropäischer Rechtskreis – deutschsprachige Rechtsgruppe

Die deutschsprachigen Privatrechtskodifikationen Österreichs, Deutschlands und der Schweiz gehören zum mitteleuropäischen

Rechtskreis. Hinzu kommen alle jene Länder, in denen entweder infolge geographischer Nachbarschaft, politischer Rechtsnachfolge oder durch eine gezielten Rezeption das Privatrecht dieser drei Staaten eingeführt wurde oder als Modell für eine eigene, nationale Kodifikation diente.

## 1. Schweizerische Zivilgesetzgebung

Nach Österreich und Deutschland gab sich die Schweiz eine nationale Privatrechtskodifikation. Die politischen Rahmenbedingungen waren mit den deutschen, vor der durch HGB und BGB geschaffenen Rechtseinheit bestehenden Verhältnissen weitgehend vergleichbar. Die verfassungsrechtliche Grundlage für eine einheitliche eidgenössische Zivilgesetzgebung fehlte jedoch. Erst der Sturz Napoleons (1813 Kassierung der „Mediationsakte") machte den Weg zu einer begrenzten nationalen Rechtsvereinheitlichung frei und ermöglichte den Anschluss an die europäische Privatrechtswissenschaft.

### a) Kantonale Zivilgesetze

Beeinflusst durch die kontinentaleuropäische Kodifikationsbewegung begannen fast alle Kantone – 25 wurden gesetzgeberisch tätig – mit der Schaffung eigener Gesetzbücher. Noch besaßen sie die privatrechtliche Gesetzgebungskompetenz. Das Ergebnis war eine Verbindung einheimischer Rechtstradition mit den naturrechtlichen Modellen des Auslands. Nach der jeweiligen Intensität der Anlehnung an ausländische Vorbilder können die kantonalen Privatrechtsgesetzbücher drei Gruppen zugeordnet werden.

Die erste Gruppe in der West- und Südschweiz folgte dem französischen *Code civil*. Dazu gehörten Genf (1804), Waadt (1819), Tessin (1837), Freiburg (1835–1850), Wallis (1853–1855) und Neuenburg (1854–1855).

Die zweite Gruppe der mittelschweizerischen Kantone legte ihren Arbeiten das österreichische *ABGB* zugrunde. Zu ihr rechneten: Bern (1824–1831, Redaktor *Samuel Ludwig Schnell* [1775–1849]), Luzern (1831–1839, Redaktor *Kasimir Pfyffer* [1794–1875]), Solothurn (1841–1847, Redaktor *Johann Bapt. Reinert* [1790–1853]) und Aargau (1847–1855, Redaktor *Augustin Keller* [1805–1883]).

Die dritte Gruppe orientierte sich an dem bedeutenden *Zürcher Privatrechtlichen Gesetzbuch* (1853–1855). Dieses Gesetz war von dem in Zürich lehrenden, als Vertreter der Historischen Rechtsschule in der Schweiz geltenden Professor *Friedrich Ludwig Keller* (1799–1860) begonnen worden. Es hatte die Ideen dieser Schule verarbeitet, wurde aber von dem Zürcher Professor *Johann Caspar Bluntschli* (1808–1881) fertig gestellt. Von diesem Gesetz beeinflusst waren z.b. das Privatrechtliche Gesetzbuch von Thurgau (1858–1860), Schaffhausen (1863–1865) und das Glarnerische Bürgerliche Gesetzbuch (1869–1874, Redaktor *Johann Jakob Blumer* [1819–1875]). Eine Sonderstellung nahm das von *Peter Conradin von Planta* (1815–1902) geschaffene Zivilgesetzbuch von Graubünden (1862) ein. Es berücksichtigte das Zürcher Privatrecht, zugleich aber auch die preußische, französische und österreichische Gesetzgebung.

### b) Schweizerisches Obligationenrecht v. 1881

Mitte des 19. Jahrhunderts begann die Diskussion über die Zuständigkeit des Bundes zum Erlass von Privatrecht. Im Jahre 1874 beendete die *Totalrevision der Bundesverfassung* förmlich die Ära der partikularen kantonalen Zivilgesetze. Der Bund erhielt die Gesetzgebungskompetenz „über alle auf den Handel und Mobiliarverkehr bezüglichen Rechtsverhältnisse (Obligationenrecht mit Inbegriff des Handels- und Wechselrechtes)", ferner über die persönliche Handlungsfähigkeit, das Urheberrecht, das Beitreibungsverfahren und das Konkursrecht (Art. 64). Das Recht zur Gesetzgebung für alle übrigen Gebiete des Zivilrechts, die ein Verfassungsentwurf schon 1872 gefordert hatte, blieb dem Bund jedoch weiterhin versagt.

Auf der Grundlage der Verfassungsänderung von 1874 wurden zwei wichtige Einzelgesetze des Bundes verabschiedet: Das die bürgerliche Eheschließung und Ehescheidung regelnde Zivilstands- und Ehegesetz von 1874 sowie das „Bundesgesetz über das Obligationenrecht" von 1881 (OR), das am 1. Januar 1883 in Kraft trat.

Das Obligationenrecht von 1881 enthielt – ebenso wie das revidierte Obligationenrecht von 1911/1937 – Bestimmungen über das allgemeine und besondere Schuldrecht, behandelte die dinglichen Rechte an beweglichen Sachen und regelte das gesamte Handels- und Wertpapierrecht. Mit der Einbeziehung der handelsrechtlichen Materien in das allgemeine Zivilrecht war damit auch für die Schweiz die Entschei-

dung für den „Code unique" und gegen eine besondere Handelsrechtskodifikation gefallen. Der Bundesrat betraute 1868 mit der Redaktion
eines Obligationenrechts-Entwurfes den Berner Professor für französisches Zivilrecht *Walther Munzinger* (1830–1873), der bereits 1864 mit
einem vorzüglichen Entwurf eines Handelsgesetzbuchs bekannt geworden war. Munzingers 1871 vorgelegter erster „vollständiger Entwurf für ein schweizerisches Obligationenrecht" orientierte sich u.a. an
Bluntschlis Zürcher Privatrechtlichem Gesetzbuch, an dem französischen Code civil, dem österreichischen ABGB, dem deutschen
ADHGB von 1861 sowie an dem Dresdener Entwurf von 1866. Nach
neuen Forschungen hat dieser Entwurf das OR entscheidend beeinflusst. Munzingers bisher so nicht gekannte Leistung als Gesetzgeber
des Handels- wie des Obligationenrechts und „Kreator des *Code
unique*" ist dabei „nicht hoch genug einzuschätzen" (*U. Fasel*). Die
Schaffung des 1881 in Kraft gesetzten (alten) Obligationenrechts war
ein erster bedeutsamer Schritt auf dem Weg zur Vereinheitlichung des
gesamten Privatrechts.

### c) Schweizerisches Zivilgesetzbuch v. 1907/1912

Bereits 1884 entschied der (1861 gegründete) *Schweizerische Juristen-
verein*, zur Vorbereitung der Rechtseinheit eine rechtsvergleichende
Darstellung aller geltenden kantonalen Zivilrechtssysteme erstellen zu
lassen, „um vermittelnd in das Rechtsleben des Volkes und auf ein har-
monisches Ganzes hinwirken zu können". Diese Aufgabe übernahm
der in Basel lehrende Professor *Eugen Huber* (1849–1923). Er war Präsident des Juristenvereins, Landespolitiker, Publizist und als Hochschullehrer Vertreter der Historischen Schule germanistischer Richtung in Basel. Später folgte er einer Berufung nach Bern. Die
Ergebnisse seiner Arbeiten legte er nach nur neun Jahren in dem vierbändigen Werk „System und Geschichte des Schweizerischen Privatrechts" (1886–1893) nieder. Daraufhin (1892) wurde er vom Eidgenössischen Justiz- und Polizeidepartement mit der Ausarbeitung eines
Entwurfs zum Zivilgesetzbuch beauftragt. In den Jahren 1893, 1895
und 1898 legte er drei Teilentwürfe für das Personen-, Familien-, Sa-
chen- und Erbrecht vor. Sie sollten auch die Machbarkeit einer Kodifikation unter Beweis stellen, wurden von kleinen Expertengremien beraten und nach einer Neuredaktion des deutschen und französischen
Textes am 15. November 1900 als Vorentwurf veröffentlicht. Alle
„Landesgegenden und Berufskreise" waren zu konstruktiver Kritik

aufgerufen. Huber verfasste kurz darauf wieder im Auftrag des Justiz- und Polizeidepartements die „Erläuterungen zum Vorentwurf" (1901–1902).

Inzwischen wurde durch Verfassungsänderung von 1898 die ausschließliche Bundeskompetenz auf das gesamte Zivilrecht erweitert. Daraufhin erfolgte von 1901 bis 1903 die Beratung des Vorentwurfs durch eine große Expertenkommission, in der Eugen Huber als Referent wirkte. 1904 wurde der Entwurf der schweizerischen Bundesversammlung zugeleitet. Diese nahm den Vorentwurf von 1903 nach parlamentarischen Beratungen (1904–1907) ohne große Änderungen an. Den deutschen, französischen und italienischen Text stellte eine Redaktionskommission verbindlich fest. Nachträglich erfolgte eine Übersetzung in die rätoromanische Nationalsprache. Die beiden eidgenössischen Kammern (Nationalrat und Ständerat) nahmen den Entwurf am 10. Dezember 1907 einstimmig als „Schweizerisches Zivilgesetzbuch" (ZGB) an; es trat am 1. Januar 1912 in Kraft. Von einer Inkorporierung des Obligationenrecht von 1881 in das ZGB wurde abgesehen.

Das ZGB hat vier Teile: Personen- und Familienrecht (I-II), Erbrecht (III) und Sachenrecht (IV) sowie die aus zehn Artikeln bestehende Einleitung. Es gilt als ein in der neueren Kodifikationsgeschichte „atypisches Gesetzbuch", als „eigenwillige, selbstbewusste Kodifikation", als „Kodifikation des sozialen Individualismus" (*P. Caroni*), weil es grundsätzlich auf ausländische und historische Vorbilder verzichtet und selbst schwierige Rechtsfragen nach der Nützlichkeit und Machbarkeit der Lösungen entschieden hat. Das ZGB ist ein inhaltlich wie formell volkstümliches Gesetzbuch. Dieses Kriterium entspricht der demokratisch-republikanischen Tradition der Schweiz. Bereits durch die allgemeinverständliche, anschauliche Sprache, die weitgehend Fachausdrücke vermeidet, unterscheidet es sich von der abstrakten Technik und Begrifflichkeit etwa des deutschen BGB. Das ZGB verzichtet auf ein durchgehend straffes System und kennt keinen Allgemeinen Teil. Es beschränkt sich auf die Fixierung allgemeiner Regeln und die Verkündung leitender Rechtsprinzipien. Auch darin weicht es vom BGB ab, das Vollständigkeit und Lückenlosigkeit anstrebt. Der schweizerische Gesetzgeber überlässt der rechtsschöpferischen Verantwortlichkeit des Richters die Feststellung und Konkretisierung von Ausnahmen. Das Lückenhaftigkeit bewusst in Kauf nehmende elastische, „offene System" des Gesetzes garantiert der bekannte Art. 1 Absatz 2 und 3. Danach hat der Richter Gesetzes- und Rechtslücken nach der Regel zu schließen, die er als Gesetzgeber – unter Befolgung bewährter Lehre und Überlieferung – aufstellen würde.

### d) Revision und Anpassung des Obligationenrechts v. 1911/1937

Eugen Huber hatte in einem Memorial vom Jahre 1893 die Frage aufgeworfen, ob das bereits als Bundesgesetz in Kraft befindliche Obligationenrecht von 1881 – einschließlich der Bundesgesetze über Eheschließung, Zivilstand (1874) sowie die persönliche Handlungsfreiheit (1882) – als Sondergesetz fortgelten oder revidiert und angepasst in das zu erwartende ZGB aufgenommen werden sollte. Eine vom Justiz- und Polizeidepartement 1901 eingesetzte Spezialkommission (nach dem Tagungsort „Langenthaler Kommission" genannt) entschied sich für die Anpassung, empfahl jedoch, lediglich das Wechsel-, Aktien- und Genossenschaftsrecht auszugliedern und durch Spezialgesetze zu regeln.

Das Ergebnis wurde 1905 der Bundesversammlung als Gesetzentwurf zugeleitet. Der Vorschlag fand jedoch keine Billigung. Stände- und Nationalrat sprachen sich vielmehr dafür aus, die Revision des Obligationenrechts bis zum Abschluss der Beratungen des ZGB zu verschieben. Erst danach sollte eine Kommission die Anpassung vornehmen. Die 1908 berufene große Expertenkommission für die Revision des Obligationenrechts, in der wiederum Eugen Huber als Referent wirkte, legte das Ergebnis ihrer Arbeit 1909 in einem Gesetzentwurf vor. Dort waren lediglich die Titel 1–23 des Obligationenrechts (allgemeines Vertragsrecht, Delikts-, Bereicherungsrecht, Recht der einzelnen Vertragstypen) einer Revision und Angleichung an das ZGB unterzogen worden. Die Titel 24–33 (handelsrechtliche Normen des Obligationenrechts) blieben mit dem Aktien-, Genossenschafts- und Wechselrecht ausgeklammert und (aus Termingründen) einer späteren Revision vorbehalten. Am 30. März 1911 akzeptierte die Bundesversammlung dieses Vorgehen. Das „Bundesgesetz betreffend die revidierten Titel 1–23 des Obligationenrechts" wurde am 1. Januar 1912 als Ergänzung zugleich mit dem ZGB (Obligationenrecht als Teil V) in Kraft gesetzt. Die gesonderte Artikelzählung wurde beibehalten. OR und ZGB bilden zwar materiell eine Einheit, formell aber gesondert in Kraft gesetzte Teilrechtsordnungen.

Mit der aufgeschobenen Revision der Titel 24–33 des Obligationenrechts wurde 1911 erneut Eugen Huber betraut. Der Ausbruch des Ersten Weltkrieges (1914), der Tod Hubers (1923) und die gewandelte politische Situation behinderten jedoch eine zügige Fertigstellung. Erst 1923 konnte *Arthur Hoffmann* (1857–1927), der nach der Erkrankung Hubers die Revisionsarbeiten fortführte, den umgearbeiteten Entwurf eines „Bundesgesetzes über die Revision der Titel XXIV-XXXIII des schweizerischen Obligationenrechts" mit Erläuterungen vorlegen. Nach Beratung durch eine Expertenkommission (1924/1925) und Behandlung als Bundesratsvorlage (1928) durch Stände- und Nationalrat (1931–1934) wurde die von der Redaktionskommission festgestellte endgültige Fassung am 18. Dezember 1936 angenommen. Sie trat am 1. Juli 1937 als Bundesgesetz in Kraft.

Die beiden das Obligationenrecht von 1881 revidierenden und an das ZGB anpassenden Bundesgesetze von 1911 und 1937 werden heute als „Schweizerisches Obligationenrecht" zitiert.

**Schrifttum:** *H. Merz*, Fünfzig Jahre Schweizerisches ZGB, JZ 1962, 585 ff. – *P. Liver*, in: Berner Kommentar I, hg. v. A. Meier-Hayoz (1966), 8 ff. (32 ff.) – *F. Elsener*, Die Schweizer Rechtsschulen vom 16. bis zum 19. Jahrhundert (1975), 277 ff. – *L. Carlen*, Österreichische Einflüsse auf das Recht in der Schweiz (1977), 15 ff. – *H. Merz*, Das schweizerische Obligationenrecht von 1881, und *H.-P. Benöhr*, Der Dresdner Entwurf von 1866 und das Schweizerische Obligationenrecht von 1881, *beide* in: H. Peter u.a. (Hg.), Hundert Jahre Schweizerisches Obligationenrecht (1982), 3 ff., 57 ff. – *E. Bucher*, Hundert Jahre schweizerisches Obligationenrecht, Zs. f. Schweizerisches Recht N.F. 102 II (1983), 257 ff. – *ders.*, Der Einfluss des französischen Code civil auf das Obligationenrecht, in: P. Caroni (Hg.), Das Obligationenrecht 1883–1983 (1984), 139 ff. – *P. Caroni*, Rechtseinheit in der Schweiz, in: H. Hofmeister (Hg.), Kodifikation als Mittel der Politik (1986), 29 ff. – *ders.*, Die Schweizer Romanistik im 19. Jahrhundert, ZNR 1994, 246 ff. – *ders.*, Das „demokratische Privatrecht" des Zivilgesetzbuches, in: FS H. Deschenaux (1977), 37 ff. – *ders.*, Il mito svelato: Eugen Huber, Zs. f. Schweizerisches Recht N.F. 110 (1991), 381 ff. – *ders.*, Einleitungstitel des Zivilgesetzbuches (1996), 22 ff. – *M. Wittibschlager*, Einführung in das schweizerische Recht (2000), 44 ff. – *E.A. Kramer*, Der Einfluss des BGB auf das schweizerische und österreichische Privatrecht, AcP 200 (2000), 371 ff. – *U. Fasel*, Bahnbrecher Munzinger (2003) – *ders.*, Walther Munzinger – Vorreiter der Schweizer Rechtseinheit, ZEuP 2003, 345 ff.

## 2. Fernwirkung und Rezeption des Schweizerischen Privatrechts durch die Türkei

Der Einfluss der schweizerischen Kodifikation auf Staaten, die moderne, zeitgemäße Rechtsreformen anstrebten, war sehr groß. Die Anziehungskraft des ZGB als Modell einer fortschrittlichen Privatrechtsordnung wird durch seine Elastizität erhöht. Sie ermöglicht Anpassungen an wechselnde Bedürfnisse des Zivilrechtsverkehrs, ohne gleichzeitig systematische Grundentscheidungen in Frage stellen zu müssen. Auch dies erklärt die starke Ausstrahlungswirkung der Gesetzgebung auf das Ausland.

Unmittelbar beeinflusst wurden zahlreiche kontinentale und überseeische Privatrechtsordnungen, z.B. das Zivilgesetzbuch des Fürstentums Liechtenstein (ab 1926–1928 nach dem wirtschaftlichen auch gesetzgeberischer Anschluss an die Schweiz), der italienische Codice civile von 1942, ferner die Privatrechtsordnungen von Österreich, Griechenland, Ungarn, Jugoslawien, Bulgarien, Polen, Tschechoslowakei, Sowjetunion, Peru, Siam und die Republik China (bis 1949).

Zu einer nur scheinbar exotischen und an sich unverständlichen Rezeption des ZGB kam es in der Türkei. Modernität und Qualität des schweizerischen Privatrechts haben im Jahre 1923 die unter dem Staatspräsidenten *Mustafa Kemal* (Atatürk, 1881–1938) zu einem laizistischen Nationalstaat westeuropäischer Prägung reformierte Türkei zur Übernahme der schweizerischen Rechtsordnung veranlasst. Nach dem Ende des Ersten Weltkrieges hatten die Siegermächte im Friedensvertrag von Lausanne (1923), der die Auflösung des osmanischen Reiches rechtlich besiegelte, den Reststaat „Türkische Republik" völkerrechtlich zur Reorganisation auch des traditionsreichen Rechts- und Justizwesens verpflichtet. Ursächlich dafür war die Uneinheitlichkeit des osmanischen Gerichtswesens: Christen und Juden durften interne Streitigkeiten vor ihren Autoritäten regeln, die Ausländer waren exemt und einer eigenen, durch zwischenstaatliche Verträge („Kapitulationen") geschaffenen „Konsulargerichtsbarkeit" unterworfen. Um dieser Verpflichtung möglichst rasch nachzukommen, entschied sich die politische Führung für eine globale Rezeption des Schweizer Zivilgesetzbuchs und Obligationenrechts. Nach Verabschiedung durch die Große Türkische Nationalversammlung wurden am 4. Oktober 1926 das „Türkische Zivilgesetzbuch" und das „Türkische Obligationengesetzbuch" in Kraft gesetzt. Beide stellen heute eine teilweise sehr freie Übersetzung der französischsprachigen Vorlagen dar.

Mit der Inkraftsetzung des laizistischen Zivilrechts, die einer „rechtlichen Revolution" (*E. Özsunay*) gleichkam, verließ die Türkei endgültig den islamischen Rechtskreis. Die Einführung des schweizerischen

Rechts war für das türkische Rechtswesen jedoch weder außergewöhnlich, noch erfolgte sie völlig überraschend. Schon während des 18. Jahrhunderts hatte sich das osmanische Reich wirtschaftlich den europäischen Staaten gegenüber geöffnet. Der Ausbau der Handelsbeziehungen mit dem Westen ließ eine Modernisierung der zahlreichen alten, vornehmlich aus dem Koran abgeleiteten Rechtsregeln und Rechtsgutachten („Fetvas") geboten erscheinen. In der Zeit von 1839 bis zur Gründung der Türkischen Republik 1923 wurden deshalb nach dem Vorbild der französischen Gesetzgebung das Handels- und Strafrecht sowie eine Zivil- und Strafprozessordnung kodifiziert. Die Einbeziehung des Privatrechts in die Kodifikationsarbeiten scheiterte jedoch am Widerspruch der Konservativen. Die Zivilrechtsreform erschöpfte sich in einer lediglich bereinigenden Zusammenfassung des unübersichtlichen islamischen Fallrechts in dem „Medjelle" genannten Privatrechtsgesetzbuch (1870–1877). Ungeachtet des Bruches mit der osmanisch-islamischen Rechtstradition konnte sich das auf schweizerisches Recht gegründete türkische Zivilrecht in seiner Gesamtheit zu einem durchaus selbständigen Rechtssystem entwickeln. Allerdings blieb das Kindschafts- und Eherecht des ZGB totes Recht. Es brach in grundlegende Sozialstrukturen der islamischen Tradition ein. Die so entstandene Lücke wurde durch Sondergesetze geschlossen (sog. Amnestiegesetze). Die Veröffentlichung von vorbereitenden Entwürfen zu einem neuen Privatrechtsgesetzbuch (vorwiegend zum Personen- und Familienrecht) in den Jahren 1971 und 1984 unterstreicht die langfristigen Reformziele der türkischen Gesetzgebungspolitik.

Gleichzeitig mit den Zivilgesetzbüchern trat das „Türkische Handelsgesetzbuch" in Kraft. Es regelte im ersten Buch das Landhandelsrecht einschließlich des Wechsel-, Scheck- und Versicherungsrechts und folgte dem deutschen HGB von 1897/1900, dem deutschen Wechsel- und Scheckrecht sowie dem italienischen Codice di commercio von 1882, der seinerseits eine Nachbildung des französischen Rechts war. Das zweite Buch über den Seehandel wurde erst 1929 in Kraft gesetzt. Es bestand aus einer Übersetzung der seehandelsrechtlichen Bestimmungen des deutschen HGB von 1897 und trat an die Stelle des osmanischen Seehandelsgesetzbuchs von 1864, dessen Vorbild wiederum das zweite Buch des französischen Code de commerce von 1807 war. Die mangelnde Abstimmung des Türkischen Handelsgesetzbuchs mit den beiden Zivilgesetzbüchern, vor allem aber die Diskrepanz zwischen rechtlicher Regelung und den Besonderheiten der türkischen Gesellschaftsordnung sowie des Wirtschaftssystems machten grundlegende Reformen notwendig. Die Arbeiten wurden 1956 durch den Erlass eines neuen, das gesamte Handelsrecht regelnden Handelsgesetzbuchs beendet.

**Schrifttum:** Handbuch III 2, 2001 ff. (*Dölemeyer*) – *E.E. Hirsch*, Das Schweizerische Zivilgesetzbuch in der Türkei, Schweizerische JZ 1954, 337 ff. – *ders.*, Das neue Türkische Handelsgesetzbuch, ZHR 119 (1956), 157 ff. – *ders.*, Vom schweizerischen Gesetz zum türkischen Recht, Zs. f. Schweizerisches Recht N.F. 95 I (1976), 223 ff. – *H.V. Velidedeoglu*, Erfahrungen mit dem schweizerischen Zivilgesetzbuch in der Türkei, Zs. f. Schweizerisches Recht N.F. 81 I (1962), 51 ff. – *Z. Gören-Ataysoy*, Die Fortbildung rezipierten Rechts, Zs. f. Schweizerisches Recht N.F. 95 I (1976), 265 ff. – *J.G. Jonas*, Ein zeitgenössischer Rezeptionsprozeß am Beispiel des türkischen Zivilrechts, JuS 1987, 266 ff. – *E. Özsunay*, Some remarks on the amendments proposed by the preliminary draft of the Turkish Civil Code, in: Liber Memorialis F. Laurent 1810–1887, hg. v. J. Erauw u.a. (1989), 605 ff. – *H. Scholler*, VI. Fachgruppe für Rechtsgeschichte, orientalische Rechte und Rechtsethnologie (Westliches Recht in der Republik Türkei), JZ 1997, 30.

## II. Romanischer Rechtskreis

Vorbild für die Privatrechtsordnungen des romanischen Rechtskreises ist die napoleonische Gesetzgebung. Durch die außerordentliche Verbreitung insbesondere des Code civil wurde diese Rechtsgruppe zu einer der größten in Europa. Allerdings waren bereits Mitte der 40er und Anfang der 50er Jahre des 20. Jahrhunderts bei einigen europäischen Regierungen Tendenzen sichtbar, die sich seit den 70er Jahren noch verstärkten und darauf abzielten, bei der Neukodifikation des Privatrechts materiell wie formell Grundsätze zugrunde zu legen, die sich keinem der stilprägenden Kriterien der alten Rechtskreise eindeutig zuordnen lassen. Diese Staaten haben ihre Zivilgesetzbücher an die politischen, sozialethischen und sozioökonomischen Vorgaben expandierender Massen- und Industriegesellschaften in einem wirtschaftlich wie politisch sich konsolidierenden Europa angeglichen. Der dadurch kreierte neue Rechtsstil ist ein gemeineuropäischer. Er könnte durchaus für ein künftig zu schaffendes „Europäisches Privatrecht" als Vorlage dienen. Zu dieser sich neu formierenden, eigenen Rechtgruppe gehören gegenwärtig Italien und die Niederlande.

## 1. Italienischer Codice civile v. 1942

Die historischen Wurzeln des heute geltenden Codice civile von 1942 reichen in die Zeit des Königreichs Italien zurück. Die nationale Einigungsbewegung des „Risorgimento" hatte 1861 mit der Gründung des „Regno d'Italia" und der Proklamation von *Vittorio Emanuele II* aus dem piemontesischen Königshaus Savoyen durch das erste Parlament zum König ihr Ziel erreicht. Mit der Herstellung der politischen Einheit wurde der Ruf auch nach einer einheitlichen Zivilrechtskodifikation laut. Zu ihrer Verwirklichung boten sich vier Möglichkeiten an: Übernahme des Code Napoléon, Rückkehr zum nicht-kodifizierten Ius commune vergleichbar dem Postulat Savignys und seiner Historischen Schule, Erhebung der Privatrechtsgesetzgebung eines der präunitarischen, d.h. vor der Gründung des Königreichs bestehenden (italienischen) Staaten zum Nationalgesetzbuch oder die Schaffung einer völlig neuen Kodifikation des nun gesamtitalienischen „ius patrium".

Die Regierung entschloss sich zunächst für den einfachsten Weg. Es sollte der piemontesische, 1837 von König *Carlo Alberto* erlassene „Codice (civile) Albertino" als Einheitsgesetzbuch eingeführt werden, mit dessen grundlegender Revision bereits 1849 begonnen worden war. Da jedoch die seit 1860 fertige, novellierte Fassung des Codice Albertino am Widerspruch des Parlaments scheiterte, wurde das Vorhaben aufgegeben und die neue Kodifikation eines gesamtitalienischen Privatrechts beschlossen. Nach längeren vorbereitenden Kommissionsarbeiten gelang schließlich 1863 dem neuen Justizminister *Giuseppe Pisanelli* (1812–1879) der Durchbruch. Nahezu im Alleingang erarbeitete er aus Vorentwürfen und kritischen Stellungnahmen der Praxis ein Zivilgesetzbuch, das am 25. Juni 1865 verkündet werden und zum 1. Januar 1866 in Kraft treten konnte.

Der aus einem Einführungstitel und drei Büchern bestehende „Codice civile del Regno d'Italia" folgte in seinem Aufbau und Sozialmodell weitgehend dem französischen Code civil. Er war ein überwiegend konservatives Gesetzbuch des gehobenen Bürgertums und der wirtschaftlich privilegierten Gesellschaftsgruppen, zugleich aber auch ein wirksames Instrument der Zentralisierungspolitik, von der die ersten Jahre des neuen Königreichs geprägt wurden. Weil die Legislative dem Wandel Italiens von einem Agrarland zu einem Industriestaat nicht Rechnung getragen hatte, war das Gesetzbuch bereits bei seinem Erlass veraltet. Es zog massive Kritik von Seiten der aufgeklärten Liberalen,

der herrschenden italienischen Rechtsschule des „socialismo giuridico" sowie von Anhängern der neuen christlichen Soziallehren auf sich.
Sie alle traten für eine gesellschafts- und wirtschaftskonforme Refor-
mierung des Codice civile ein. Nach vergeblichen Anläufen (1906 Einsetzung einer Kommission im Justizministerium, doch schon 1909 ihre
Auflösung) kam es gegen Ende des Ersten Weltkriegs zu ersten wirklichen Reformen.

Das Signal dazu gab *Vittorio Scialoja* (1856–1933), amtierender Justizminister Italiens und ein Bewunderer Savignys sowie der deutschen Pandektistik. Schon als Professor in Rom war er für eine praktische Verwirklichung der Rechtseinheit zwischen Italien und
Frankreich eingetreten. Im Jahre 1917 griff Frankreich sofort die Aufforderung zu einer Zivilrechtsreform auf. Je eine französische und italienische Kommission nahmen ihre Beratungen auf. Das Ergebnis dieser Zusammenarbeit war ein international vielbeachteter, von der
Wissenschaft später unterschiedlich bewerteter Entwurf für ein Obligationenrecht von 1927 („Codice italo-francese delle obbligazioni e
dei contratti"). Das Reformprojekt wurde jedoch 1939 allein aus politischen Gründen abgebrochen: Der „Duce del Fascismo" *Benito Mus-
solini* (1883–1945) geriet immer stärker in die Abhängigkeit vom Hit-
ler-Faschismus.

Parallel zu den italienisch-französischen Reformarbeiten wurde in Italien schon seit 1921 die Notwendigkeit einer modernen nationalen Privatrechtskodifikation diskutiert. 1923 setzte schließlich die Regierung
offiziell eine Kommission ein, die ihre Arbeiten 1924 aufnahm. Ein
zentrales Problem war, ob die historische, auf das französische Vorbild
zurückgehende Trennung des Handelsrechts (*diritto commerciale*)
vom übrigen Privatrecht (*diritto civile*) beibehalten werden sollte. 1865
war nämlich mit dem Codice civile gleichzeitig ein eigenes Handelsgesetzbuch in Kraft gesetzt worden, das 1882 ein neuer „Codice di commercio" abgelöst hatte. Für die Beibehaltung der Trennung der Materi-
en sprach unter anderem auch die deutsche Gesetzgebung. Dagegen
legte eine Vereinheitlichung des Privatrechts in einem „Codice unico"
das schweizerische Vorbild nahe, dem die Kommission letztlich auch
folgte. Im Jahre 1939 traten die Kodifikationsarbeiten in die entscheidende Phase. 1940 wurde die Vereinheitlichung des gesamten Privatrechts förmlich beschlossen; der Einheitskodex sollte auch das gesamte
Handels-, Gesellschafts- und Unternehmensrecht enthalten. Ab 1941
wurden die (insgesamt sechs) Bücher zunächst getrennt in Kraft gesetzt

und am 21. April 1942 in ihrer endgültigen Fassung im neuen „Codice civile" vereinigt. Ein (auch das private Seerecht regelndes) Schiffahrtsgesetzbuch vom 27. Januar 1941 („Codice della navigazione") ergänzte das Gesetzeswerk.

Der Codice civile von 1942 nahm – ungeachtet fortbestehender Anleihen beim Code Napoléon – sowohl nach Inhalt (insbesondere Schuldrecht), wie auch in System und Methode das schweizerische Zivilrecht zum Vorbild. Bereits dadurch entfernte er sich vom Modell des romanischen Rechtskreises. Anstelle eines Allgemeinen Teiles ist eine knappe Grundsatzregelung vorangestellt. Hinzu kommt, dass das Gesetzbuch während des Krieges und in den letzten Jahren einer Diktatur entstand, als sich bereits die Katastrophe abzuzeichnen begann. Es war insoweit natürlich von der faschistischen Ideologie beeinflusst. Das autoritäre Regime hatte schon 1927 in der „Carta del lavoro", einem Parteiprogramm mit leitenden allgemeinen, auch die Justiz bindenden Grundsätzen (*principi generali dell'ordinamento giuridico dello Stato*), massiv auf das Rechtswesen Einfluss genommen. Die Gründung von Staat, Politik, Gesellschaft und Wirtschaft auf sog. korporativistische Strukturen sollte die überfällige Versöhnung der Klassen in einer neuen Ordnung sicherstellen (*ordine corporativo*). Der Codice civile hatte die Aufgabe, staatliche Eingriffe in die Privatautonomie sowie (mittelbar oder unmittelbar) in den Produktionsprozess im Geiste der korporativistischen Ideologie zu ermöglichen und zu legitimieren.

Nach dem Zweiten Weltkrieg erfolgte die Reinigung des Gesetzbuches (*defascistizzazione*) von Relikten der faschistischen Rassenpolitik (z.B. auf dem Gebiet der Rechtsfähigkeit Schlechterstellung der Nicht-„ariani") sowie der korporativistischen Ökonomie (insbesondere im Arbeits- und Wirtschaftsrecht). Eine Säkularisierung betraf auch das vom katholischen Kirchenrecht (Konkordat/Lateranverträge von 1929: katholische Religion als „*sola religione dello Stato*") bestimmte Eherecht. Gegen massive Proteste des Vatikan und gewisser Teile der italienischen Öffentlichkeit erlaubte 1970 ein Gesetz die zivilrechtliche Ehescheidung, im Wesentlichen auf der Grundlage des Zerrüttungsprinzips. In einer Zeit allgemein zu beobachtender „Dekodifikation" (N. Irti) hat gegenwärtig auch der Codice civile seine ursprüngliche Zentralität zugunsten einer Flut privatrechtlicher Einzel- und Sondergesetze eingebüßt. Dies muss nicht zwangsläufig einen Qualitätsverlust nach sich ziehen, kann vielmehr zu einer durchaus zeitgemäßen Erneuerung der Kodifikation auch im Sinne der veränderten politischen, europäischen Rahmenbedingungen beitragen.

**Schrifttum:** Handbuch III 1, 297 ff. (*Ranieri*), *I*II 3, 3231 ff. (*Padoa Schioppa*) – *M. Rotondi*, Die italienische Rechtswissenschaft der letzten hundert Jahre, RabelsZ 30 (1966), 105 ff. – *ders.*, Entstehung und Niedergang des autonomen Handelsrechts in Italien, AcP 167 (1967), 29 ff. – *C. Ghisalberti*, La codificazione del diritto in Italia 1865–1942 (1985) – *ders.*, Unità nazionale e unificazione giuridica in Italia, ed. 3 (1989) – *R. Bonini*, Disegno storico del diritto privato italiano – dal codice civile del 1865 al codice civile del 1942 (1980) – *C. Salvi*, La giusprivatistica fra codice e scienza, in: A. Schiavone (Hg.), Stato e cultura giuridica in Italia dall'unità alla repubblica (1990), 233 ff. – *P. Rescigno*, Introduzione al codice civile (1991), 5 ff. – *P. Kindler*, Einführung in das italienische Recht (1993), 74 ff. – *G. Cian*, Fünfzig Jahre italienischer Codice civile, ZEuP 1993, 120 ff. – *C. Moos*, Die „guten" Italiener und die Zeitgeschichte, HZ 259 (1994), 671 ff. (674 ff.) – *M. Luminati*, Resistente Richter? – Die italienische Richterschaft nach 1945 und ihr Umgang mit der eigenen Vergangenheit, in: Juristische Zeitgeschichte 5 (1999), 99 ff.

## 2. Niederländisches Burgerlijk Wetboek

In der neueren Geschichte der Zivilrechtsgesetzgebung der Niederlande ist das mit seinen zentralen Teilen am 1. Januar 1992 in Kraft gesetzte, gegenwärtig geltende „Burgerlijk Wetboek" die erste Kodifikation, die sich nicht mehr einseitig am französischen Code civil von 1804 orientiert. In der Reihe der Vorläufer war das erstmals stark vom Code civil beeinflusste „Wetboek Napoleon ingerigt voor het Koningrijk Holland" im Jahre 1809 von König Louis Napoléon, einem Bruder des Kaisers, verabschiedet worden. Nach der Annexion der Niederlande durch Frankreich (1810) wurde es 1811 vollständig durch den Code Napoléon ersetzt.

Unmittelbar nach der Befreiung von der französischen Herrschaft (1813) begannen Arbeiten an einem eigenen nationalen Gesetzbuch. Ihr Ergebnis war das „Burgerlijk Wetboek" von 1838, eine wiederum weitgehend, teilweise bis zu 70 % wörtlich (insbesondere das Schuldrecht) auf dem Code civil beruhende und nur in geringem Umfang auch Normen des römisch-holländischen Rechts (Roman-Dutch-Law) enthaltende Gesetzgebung. Nach allgemeiner Einschätzung war es qualitativ nur mäßig gelungen. Gleichzeitig trat ein gesondertes Handelsgesetzbuch in Kraft. Überlegungen zur Novellierung des Wetboek scheiterten in der Folgezeit an der Inaktivität des Gesetzgebers. Statt dessen propagierten Rechtsprechung und Doktrin eine eng am Wortlaut sich orientierende Auslegung und standen selbst unter starkem Einfluss der französischen Judikatur und Lehre.

Erst Anfang des 20. Jahrhunderts endete die Phase der legislatorischen Abstinenz. Auch unter dem Einfluss der schweizerischen und deutschen Kodifikationen wurden (seit 1907) neue Vorschriften insbesondere zum Arbeitsvertragsrechts (1909), zum Abzahlungskauf, zum Kindschafts-, Miet- und Pachtrecht erlassen. Die Frage nach der Notwendigkeit einer neuen Kodifizierung des gesamten Privatrechts bejahte schließlich ein Regierungsbeschluss und beendete damit eine lange, lebhaft geführte Diskussion. Durch königliches Dekret vom 25. April 1947 wurde *Eduard Maurits Meijers* (1880–1954) mit dieser Aufgabe betraut. Meijers war Professor für Zivilrecht und internationales Privatrecht an der Universität Leiden, ein international bekannter Jurist, der wegen seiner jüdischen Herkunft von der deutschen Besatzungsmacht entlassen wurde und drei Jahre in deutschen Konzentrationslagern verbringen musste. Er war schon vor dem Zweiten Weltkrieg für eine Neukodifikation des Privatrechts eingetreten. Bis zu seinem Tod lagen die ersten vier Bücher und ein Einführungstitel vor. Danach setzten Kommissionen und Ausschüsse die Arbeiten fort.

Das „Nieuw Burgerlijk Wetboek" besteht aus acht Büchern. Von ihnen wurden bereits 1970 das Personen- und Familienrecht (1971 Novellierung des Ehescheidungsrechts) und 1976 das Rechtspersonenrecht (Juristische Personen) in Kraft gesetzt. Zum 1. Januar und 1. April 1992 traten die übrigen Teile (Allgemeiner Teil des Vermögensrechts, Sachenrecht, Allgemeiner Teil des Obligationenrechts, Besondere Verträge, Verkehrsmittel- und [See-] Transportrecht) in Kraft. Das dem Erbrecht vorbehaltene Buch 4 war schon seit 1969 fertig. Jedoch wurde sein Inkrafttreten durch eine rechtspolitisch zwischen dem Justizministerium und den Notaren umstrittene Regelung des gesetzlichen Erbrechts des überlebenden Ehegatten und der gemeinsamen Kinder verhindert. Inzwischen wurde der Konflikt 1998 beigelegt.

Das Wetboek verwirklicht den Grundsatz der Gleichberechtigung der Geschlechter, berücksichtigt den Einfluss der Menschenrechte auf das Privatrecht, den Verbraucherschutz, nimmt für das Recht der Willensmängel Anleihen beim angloamerikanischen Common Law und realisiert die Theorie der ökonomischen Analyse des Rechts (*economic analysis of law*). Hervorzuheben ist, dass die niederländische Gesetzgebung das internationale Einheitsrecht (internationales Kaufrechtsübereinkommen 1964/1980) in einem Umfang berücksichtigt hat, der für andere europäischen Staaten vorbildlich werden könnte. Beachtung verdient ferner, dass sich der Gesetzgeber für die Integration des Handelsrechts in das Zivilrecht entschieden hat. Für die niederländische Rechtswissenschaft war dies nichts Außergewöhnliches, zumal ein *code unique* schon seit 1838 angestrebt wurde. Das gegenwärtige Zivilgesetzbuch der Niederlande gehört nicht mehr der französischen Rechtsfamilie an, sondern einer neuen Rechtsgruppe, deren stilprägende Grundlage ein modernes europäisches Ius commune ist.

**Schrifttum:** Handbuch III 1, 1295 ff. (*Holthöfer*) – E. *Hondius*, Das neue Niederländische Zivilgesetzbuch, AcP 191 (1991), 378 ff. – *F. Bydlinski* u.a. (Hg.), Renaissance der Idee der Kodifikation. Das Neue Niederländische Bürgerliche Gesetzbuch von 1992 (1992) – *A.S. Hartkamp*, Das neue niederländische Bürgerliche Gesetzbuch aus europäischer Sicht, RabelsZ 57 (1993), 664 ff. – *O. Moorman van Kappen*, Zum Einfluss des Code civil in den Niederlanden, in: R. Schulze (Hg.), Französisches Zivilrecht in Europa während des 19. Jahrhunderts (1994), 177 ff. – *E.J.H. Schrage*, Das System des neuen niederländischen Zivilgesetzbuches, Juristische Blätter 1994, 501 ff. – *H. Ankum*, Römisches Recht im neuen niederländischen Bürgerlichen Gesetzbuch, in: R. Zimmermann u.a. (Hg.), Rechtsgeschichte u. Privatrechtsdogmatik (1999), 101 ff.

### III. Nordischer Rechtskreis

Die Zuordnung der skandinavischen oder (besser) nordischen Rechte zu einer eigenen Gruppe rechtfertigt ihre besondere Entwicklungsgeschichte. Sie unterscheidet sich grundlegend von der kontinentaleuropäischen. Die nordischen Reiche Dänemark, Schweden und Norwegen lagen außerhalb der Gebietsgrenzen des Heiligen Römischen Reiches. Wie auch England gehörten sie niemals zu den Ländern des Ius commune. Die Grundbedingungen ihrer politischen Geschichte waren in den Wesenszügen gleichförmig, die gegenseitigen kulturellen Beziehungen eng und intensiv. Die Kernländer Schweden-Finnland bildeten bis 1809, Dänemark-Norwegen mit Island bis 1814 eine politische und rechtliche Union. Materiell lässt sich das nordische Recht seiner historischen Herkunft nach weder dem mittelalterlichen englischen Common Law noch einem anderen Rechtskreis zuordnen. Es teilt aber mit dem kontinentaleuropäischen Gesetzesrecht seit dem 13. Jahrhundert das Merkmals der Kodifikation.

Die Entwicklungsgeschichte des nordischen Rechts kennzeichnet vor allem eine auffallende Zurückhaltung der Justiz gegenüber dem gelehrten Recht, die notwendigerweise spezifisch nationale Rechtsbildungen zur Folge hatte. Eine Rezeption des römisch-kanonischen als unmittelbar geltendes Ius commune in dem Umfang, wie sie in Zentraleuropa erfolgt war, fand in Skandinavien nicht statt. Allerdings widerspräche es der historischen Realität, wollte man daraus schließen, das nordische Recht habe sich während des Mittelalters auf Dauer frei von Einflüssen des Ius commune bewahren können. Neuere Forschungen haben vielmehr auf die wichtige Funktion der römischen Kirche als Vermittlerin des kanonischen Rechts aufmerksam gemacht. Nachdem insbesondere die Gebiete des Ehe- und Erbrechts der kirchlichen Jurisdiktion als „causae spirituales" unterworfen worden waren, fand das kanonische Recht um 1250 über das Eheschließungs-, Testamentsrechts sowie das Strafrecht Eingang in das nordische Rechtswesen.

Dies änderte sich erst im 17. Jahrhundert mit dem Siegeszug der absolutistischen Staatsidee. Eine grundlegende Erneuerung des nordischen Rechts, begleitet von einer gezielten Rezeption des römisch-kanonischen Rechts und der Literatur des Usus Modernus, waren die Folgen. Der Anspruch des Absolutismus auf das Gesetzgebungsmonopol löste in Skandinavien eine Kodifikationsbewegung aus, deren Ergebnisse der kontinentaleuropäischen in nichts nachstehen.

## 1. Mittelalterliche Provinzialrechte

Während in Süd- und Mitteleuropa die Zeit von etwa 1150 bis 1250 als „Juristisches Jahrhundert" und als Epoche der Renaissance des römischen Rechts bekannt ist, verlief zur gleichen Zeit die Rechtsentwicklung in Skandinavien völlig anders. Charakteristisch für das nordische Rechtswesen dieser Zeit ist das Festhalten an den überkommenen altskandinavischen Provinzialrechten, die seit Ausgang des 12. Jahrhunderts galten. Die ältesten Rechtquellen entstammen den vier norwegischen Jurisdiktionsgebieten (Thingverbänden): Frostating, Gulating, Eidsivating und Bogarting.

Seit dem Ende des 13. Jahrhunderts gab es allerdings immer wieder Anläufe zur Vereinheitlichung dieser städtischen und ländlichen Rechtsgewohnheiten in privaten Sammlungen (Rechtsbücher – *logbok*) oder offiziellen Gesetzen. Zu den ersten Kodifikationen von Landschaftsrechten gehören in Dänemark der um 1200 entstandene „Liber legis Scaniae" des Erzbischofs *Anders Sunesen* von Lund (1201–1224), in Norwegen das Landrecht (Landslag) von *Magnus VI. Hakonsson* (1263–1280, genannt *Lagabötar* – „Gesetzesverbesserer") von 1274, in Schweden das Land- (Landslag) und Stadtrecht (Stadslag) von *Magnus VII. Eriksson* (1319–1363) von 1350 sowie das Landslag *Christoffers III. von Bayern* (1440–1448) von 1442.

Die römische Kirche hatte sich bereits während des 12. Jahrhunderts auf die Seite des erstarkenden Königtums gestellt. Grundsätze des kanonischen Rechts fanden Verwendung zur Legitimierung und Festigung der königlichen Herrschaft. Das Ausgreifen des kirchlichen Rechts auch auf privatrechtliche Materien war unausbleiblich. Die geistliche Gerichtsbarkeit (Offizialate) fasste im Familien- und Erbrecht Fuß. Entgegen den auf traditionellen Bindungen des Familienverbandes (Sippe) basierenden Rechtsgrundsätzen wurden letztwillige Verfügungen (*mortis causa*) zugelassen und auch das Eheschließungsrecht im kirchlichen Sinne umgestaltet. Erst die Reformation (Schweden 1527, Dänemark 1536, Norwegen 1537) setzte der Geltung des kanonischen Rechts ein Ende.

Junge Juristen hatten anfänglich keine Möglichkeit, in ihrer Heimat römisch-kanonisches Recht zu studieren. Seit dem 12. und 13. Jahrhundert mussten sie entsprechende Kenntnisse an den italienischen Universitäten erwerben. Zurückgekehrt fanden sie Verwendung hauptsächlich bei der Kirche. Nur selten standen diese Klerikerjuristen in Diensten des Königs. In der Regel waren sie aber nicht bei den weltlichen Gerichten tätig. Die Rechtsprechung lag hier traditionsgemäß in den Händen von Laien.

Dies änderte sich mit der Gründung der ersten nordischen Universitäten, 1477 in Uppsala und 1479 in Kopenhagen. Die ursprünglich für Kleriker vorgesehenen Ausbildungsstätten hatten gemäß der mittelalterlichen Tradition stets auch eine juristische Fakultät. Gegenstand des Unterrichts war kanonisches und wahrscheinlich auch römisches Recht (Institutionen), selbst wenn sein Zuschnitt (Elementarunterricht – *studium generale*) noch nicht an zeitgenössischen zentraleuropäischen Maßstäben gemessen werden konnte. Bevorzugtes Tätigkeitsfeld der an diesen Universitäten geschulten Juristen waren anfangs die geistlichen Gerichte. Bischof *Knud Mikkelsen* von Viborg (†1480) hatte als einer der ersten eine gelehrte Glosse zum Jütischen Recht in lateinischer Sprache verfasst, die in der Praxis weit verbreitet war. Eine vom römischen Recht stärker beeinflusste Rechtskultur entstand allerdings erst nach 1500.

## 2. Nationale Kodifikationen

Um die Wende vom 17. zum 18. Jahrhundert beginnt mit dem Vordringen des Absolutismus eine neue Phase in der Geschichte der nordischen Rechtswissenschaft. Der absolutistische Staat war ein Gesetzgebungsstaat. Das Monopol für Gesetzgebung im umfassendsten Sinne brachte die staatliche Souveränität am sichtbarsten zum Ausdruck. Deshalb setzte in den nordischen Ländern mit dem Übergang zu absolutistischen Regierungsformen eine allgemeine Revision des alten Rechts ein. Sie verfolgte als Ziel die Schaffung einer verbindlichen Sammlung des geltenden Rechts.

Die juristische Theorie, bis dahin eher von untergeordneter praktischer Bedeutung, erhielt vor allem durch das Naturrecht neuen Auftrieb. Mit der Rezeption der Naturrechts-, Souveränitäts- und Gesetzgebungslehren von Jean Bodin, Thomas Hobbes, Hugo Grotius, Montesquieu, Samuel Pufendorf (1670 als Professor in Lund, 1677 am Hof in Stockholm) und Christian Wolff begann sich ab dem 18. Jahrhundert die nordische Jurisprudenz zu einer Wissenschaft vom Recht zu wandeln. Mit der Einführung des juristischen Staatsexamens (1736 in Dänemark und Norwegen) wurden dänisches, schwedisches, römisches Recht und Naturrecht zu Lehrfächern. Damit waren die allgemeinen Voraussetzungen für die Bildung einer eigenständigen nordischen Rechtstheorie gegeben.

In der zweiten Hälfte des 19. Jahrhunderts kam die nordische Rechtswissenschaft auch mit der Konstruktionsjurisprudenz der deutschen Pandektistik und ihrer Methode in Berührung. Tief beeinflusst von (dem fast gleichaltrigen) Savigny und den Ideen der deutschen Historischen Rechtsschule, ohne deren Anhänger zu werden, brach der Däne *Anders Sandøe Ørsted* (1778–1860), Richter am obersten Gerichtshof und Politiker, mit dem rationalistischen überpositiven Naturrechtssystem. Er wurde „Vater der dänischen Rechtswissenschaft" genannt und begründete eine praxisnahe realistische, als analytisch-deskriptiv bezeichnete eigenständige Methode der nordischen Rechtswissenschaft.

*a) Dänemark*

Dänemark, in dem 1660 die absolutistische Regierungsform eingeführt worden war, erreichte als erstes Land in Europa das Ideal einer vollständigen Kodifikation seines Rechts unter *Christian V.* (1646–1699).

Im Jahr 1683 trat das Dänische Gesetzbuch („Danske Lov") in Kraft. Als Ergebnis des politischen Wandels wollte es das Landesrecht vereinheitlichen, beseitigte die Trennung von Stadt- und Landrecht und erklärte alle bisherigen Gesetze, Ordonnanzen, Rezesse und Verordnungen, soweit sie nicht Aufnahme gefunden hatten oder dem Gesetzbuch entgegenstanden, für aufgehoben.

Das Danske Lov war kein eigentliches Reformgesetz. Die Grundlage bildeten die dänischen, insbesondere die jütischen Provinzialrechte. Der eigentliche Autor des Gesetzbuchs war der Professor für Geschichte und Griechisch an der Universität Kopenhagen *Rasmus Vinding*. Er besaß nur mäßige rechtstheoretische Kenntnisse, hatte jedoch als Assessor an der königlichen Kanzlei und am Obersten Gerichtshof praktische Rechtserfahrungen gesammelt. Ungeachtet seiner technisch-systematischen Unvollkommenheit war das eher volkstümliche Danske Lov eine beachtliche gesetzgeberische Leistung. Es wurde ins Englische, Deutsche und Lateinische übersetzt. Obwohl im Laufe der Zeit durch zahlreiche Einzelgesetze ergänzt, bildet es bis heute in gewissem Sinne immer noch die Grundlage des dänischen Rechts.

### b) Norwegen

Schon im 16. Jahrhundert waren vereinzelte Versuche, das norwegische Recht zu vereinheitlichen, letztlich unbefriedigend geblieben. Erst unter dem dänischen Unionskönig *Christian V.* gelang eine dauerhafte allgemeine Kodifikation. Das im Jahr 1687 erlassene Norwegische Gesetzbuch („Norske Lov") enthielt jedoch keine Zusammenfassung des Provinzialrechts. Es war vielmehr weitgehend eine Übernahme des Danske Lov von 1683, das an die norwegischen Verhältnisse angepasst wurde. Obwohl auch das Norske Lov durch Einzelgesetze auf weite Strecken hin überholt ist, stellt es auch heute noch die Grundlage des norwegischen Rechts dar.

### c) Schweden, Finnland

Trotz verschiedener Teilreformen im 16. und 17. Jahrhundert wurde in Schweden eine umfassende Revision des Rechts erst Mitte des 18. Jahrhunderts in Angriff genommen. Im Jahr 1734 verabschiedete der Reichstag ein allgemeines, alle Rechtsgebiete regelndes Gesetzbuch („Sveriges Rikes Lag"), das 1736 in Kraft trat. Gesetzestechnisch steht es im Vergleich zum Danske Lov auf einer höheren Stilstufe und berücksichtigt in stärkerem Maße das Naturrecht. Das heutige schwedische Reichsgesetzbuch hat jedoch mit dem von 1734 nur noch Titel und Grundeinteilung gemeinsam.

Finnland, mit Schweden bis 1809 vereinigt, hatte das schwedische Gesetzbuch übernommen; es gilt bis heute fort. Zwischenzeitlich erfolgte Änderungen fallen im Gegensatz zu den am schwedischen Gesetz vorgenommenen kaum ins Gewicht.

## 3. Interskandinavische Gesetzgebung

Seit dem Ende des 19. Jahrhunderts führte die natürliche Gemeinschaft und Gleichartigkeit der Interessen der Staaten Dänemark, Norwegen und Schweden (seit 1918 auch Finnland) dazu, dass in immer größerer Zahl nicht nur im Bereich des Wechsel-, Scheck- und Urheberrechts, sondern auch auf einzelnen Gebieten des Vermögens-, Handels- und Seerechts sachlich übereinstimmende interskandinavische Gesetze erlassen wurden: Nordisches Kaufgesetz (1905 in Schweden, 1906 in Dänemark, 1907 in Norwegen, 1922 in Island in Kraft getreten) und Vertragsgesetz (1915 in Schweden, 1917 in Dänemark, 1918 in Norwegen, 1929 in Finnland in Kraft getreten). Aber auch über diese Rechtseinheit hinaus haben sich die skandinavischen Länder in steigendem Maß gegenseitig beeinflusst. Da die Einzelgesetzgebung (z.B. bei den allgemeinen Regeln des Vertrags- und Schuldrechts) naturgemäß unvollständig ist und Lücken durch die Rechtsprechung geschlossen werden, der Einfluss der sehr hochstehenden wissenschaftlichen Theorie dagegen begrenzt bleibt, entsteht eine – nach mitteleuropäischen Vorstellungen – außerordentliche Offenheit des Rechtssystems vor allem gegenüber sozialen Fragen und rechtspolitisch brisanten Problemen. Dies zeigt sich z.B. auf dem Gebiet des Verbraucherschutzrechts (Gesetze von 1973, 1979 und 1981) sowie im Familienrecht (Eheschließungs-, Ehescheidungs- und Adoptionsrecht zwischen 1915 und 1922). Gerade hier wurde die Gleichberechtigung der Geschlechter, die Gleichstellung der nichtehelichen mit den ehelichen Kindern oder die Verbesserung der erbrechtlichen Stellung des überlebenden Ehegatten beträchtlich früher verwirklicht als in Zentraleuropa.

**Schrifttum:** Handbuch I, 307 ff. (*Horn*), 762 ff. (*Wolf*), II 2, (505 ff.), III 4, 6 ff. (*Tamm*), 32 ff. (*Dübeck*), 179 ff. (*Tamm*), 235 ff. (*Regner*), 375 ff. (*Sand-*

*vik*), 485 ff. (*Godenhielm*) – *F. Korkisch*, Einführung in das Privatrecht der nordischen Länder I (1977), 3 ff. (13 f.) – *O. Fenger*, L'influence du droit romain dans la Scandinavie médiévale, IRMAE V 14 (1981) – *H.T. Klami*, The Legalists. Finnish legal science in the period of autonomy – 1809–1917 (1981), 27 ff., 121 ff. – *L. Björne*, Nordische Rechtssysteme (1987) – *W. Wagner*, Zur 300-Jahr-Feier des Dänischen Gesetzbuches König Christians V., Der Staat 23 (1984), 106 ff. – *ders.* (Hg.), Das schwedische Reichsgesetzbuch (Sveriges Rikes Lag) von 1734 (1986) – *D. Tamm*, Roman law and European legal history (1997), 216 ff.

## IV. Sozialistischer Rechtskreis

Der Zusammenbruch der kommunistischen Sowjetunion (UdSSR) hatte das Verschwinden auch des gesamten sozialistischen Rechts in Europa zur Folge. Führende Lehr- und Handbücher der Rechtsvergleichung nahmen dies zum Anlass einer Art „damnatio memoriae". Der sozialistische Rechtskreis wurde ersatzlos gestrichen und auch in seiner geschichtlichen Entstehung nicht mehr behandelt (z.B. *Zweigert/ Kötz*). Eine primär der *historischen* Rechtsvergleichung verpflichtete Darstellung kann auf die Einbeziehung der sozialistischen Rechtsfamilie nicht verzichten. Dies nicht zuletzt auch deshalb, wenn, wie in der Bundsrepublik Deutschland, neben dem bürgerlichen Recht des einen demokratischen deutschen Staates fast 25 Jahre ein sozialistisches Zivilrecht des anderen kommunistischen deutschen Staates gegolten hatte und partiell noch in Kraft ist. Mit dem Beitritt der DDR zur Bundesrepublik ist am 3. Oktober 1990 das sozialistische Zivilgesetzbuch von 1976 zwar entfallen, gilt aber für eine Übergangszeit für bestimmte Rechtsgebiete weiterhin neben dem bürgerlichen Recht des BGB.

## 1. Stilbildende Elemente des sozialistischen Rechts

Zur sozialistischen Rechtsgruppe zählten in Europa die Zivilrechtsordnungen der bis 1990/1991 der UdSSR als Hegemonialmacht angehörenden Satellitenstaaten des ehemaligen sog. Ostblocks: Bulgarien, CSSR, DDR, Polen, Rumänien und Ungarn. Hinzu kamen das kommunistische, blockfreie einstige Jugoslawien und stalinistische Albanien. Die Rechtsfamilie dieser Staaten kennzeichnete eine bemerkenswert anmaßende ideologische Selbsteinschätzung. Das sozialistisch-kommunistische Recht war qualitativ höherwertig und progressiv, da es – in den Dienst der Entwicklung der Gesellschaft gestellt – eine „höhere" Stufe der Rechtsentwicklung beinhaltete. Demgegenüber erschien jedes nichtkommunistische, spätkapitalistische „bürgerliche Recht und Rechtdenken" als reine „juristische Illusion" und rückschrittlich, weil es Geltung ohne Beachtung der ökonomischen Substrukturen verlangte.

Wesen und besondere Funktionen des Rechts auf der ideologischen Grundlage der Theorie des historischen und dialektischen Materialismus rechtfertigen die Zuordnung der darauf gegründeten Rechtssysteme der ehemaligen kommunistisch-sozialistischen Staaten und sog. Volksdemokratien zu einem eigenen „sozialistischen" Rechtskreis. Im sozialistischen, allgemeinen Volksstaat hatte das Recht nach marxistisch-leninistischer Lehre zwei grundlegende, ausschließlich gesellschaftlich-politische Funktionen. Sie waren die „dialektischen" Konsequenzen der Grundthese, wonach jede historisch gewachsene Rechtsordnung als klassenbezogen, d.h. als Spiegelbild einer bestimmten Gesellschafts- und Wirtschaftsordnung galt, und das Recht als ideologisch-institutionelle Erscheinung dem sog. „Überbau" zugeordnet blieb.

Versehen mit dieser Klassennatur besaß das Recht eine ökonomisch-organisatorische *sowie* edukatorische Funktion. Auf der Grundlage sozialistischer Grundsätze griff es lenkend in den Produktionsprozess ein, organisierte die Produktionskräfte und hatte jedem die Wirtschaftsgüter nach seinen Bedürfnissen zu vermitteln. Zugleich erzog es die Menschen zu einer sozialistischen Verantwortlichkeit im Geiste der neuen Gesellschaftsordnung und kommunistischen Bewegung. In diesen beiden Grundfunktionen entfaltete sich der sog. „Instrumentalcharakter" des sozialistischen Rechts. Er diente der Durchsetzung der Politik (nach „sozialistischer Gesetzlichkeit") unter Führung der kommunistischen Partei als Garantin der marxistisch-leninistischen Bewegung und der wahren Interessen des gesamten Volkes.

Innerhalb der sozialistischen Rechtsfamilie war die Sowjetunion (seit 1917) die diktatorisch-totalitär agierende Groß- und Führungsmacht. Nach herrschender Ansicht der kommunistischen Rechtslehre hatte die von der UdSSR gesteuerte Rechtsentwicklung auf den Grundlagen des Marxismus-Leninismus zwei Phasen durchlaufen: (1) Die Periode des sozialistischen Aufbaues vom Beginn der proletarischen Revolution von 1917 bis zur Stalin-Verfassung von 1936 und daran anschließend (2) die Zeit des Aufbaues einer klassenlosen kommunistischen Gesellschaft, der durch das Ende der Sowjetunion äußerlich gegenstandslos geworden war.

Der zeitliche Rahmen dieser privatrechtshistorisch-vergleichenden Darstellung zwingt zu einer gedrängten Behandlung der wichtigsten Epochen in der russischen Privatrechtsentwicklung. Mit einem Ausblick auf die Grundlagen des sozialistischen Zivilrechts der DDR, des in der deutschen Geschichte ersten kommunistischen Staates, sowie auf einige Probleme als Folgen der weitgehend übergangslosen Wiedereinführung des freiheitlich-demokratischen bürgerlichen Rechts des BGB soll der Aufriss enden.

**Schrifttum:** Handbuch II 2, 551 ff. (*Pauli*); III 2, 2099 ff. (*Pauli*), 2141 ff. (*Zlinszky*) – *A. Csizmadia* u.a. (Hg.), Die Entwicklung des Zivilrechts in Mitteleuropa (1848–1944) (1970), mit Beiträgen zur Privatrechtsentwicklung in *Ungarn, Polen* und in der *CSSR* – *N. Reich*, Recht und Politik im sowjetischen Sozialismus, Zeitschrift für Rechtspolitik 1970, 278 ff. – *ders.*, Marxistische und sozialistische Rechtstheorie (1972) – *ders.*, Sozialismus und Zivilrecht (1972) – *P. Landau*, Karl Marx und die Rechtsgeschichte, TRG 41 (1973), 361 ff. – *N. Reich/H.C. Reichel*, Einführung in das sozialistische Recht (1975) – *D. Kühne*, Der marxistisch-sozialistische Rechtsbegriff (1985), 39 ff. – *T. Giaro*, Aufstieg und Niedergang des sozialistischen Zivilrechts, in: G. Bender u.a. (Hg.), Recht im Sozialismus I (1999), 217 ff.

## 2. Sowjetrussische Privatrechtsentwicklung

Das Rechtswesen der Sowjetunion hat sich völlig eigenständig entwickelt. Die despotische Regierungsform der Zaren kannte kein System der Gewaltenteilung und damit auch keine scharfe Trennung zwischen privatem und öffentlichem Recht. Dem russischen Justizwesen war der Begriff des Gesetzesrechts im west- und mitteleuropäischen Sinne fremd. Noch zu Beginn des 19. Jahrhunderts bestand das russische „Zivilrecht" im Wesentlichen aus dem Recht des Adelsstandes.

### a) Vorrevolutionäre Gesetzgebung des Svod Zakonov

Modernisierungen des Rechtswesens nach westlichen Vorbildern, initiiert schon durch *Peter I. d. Gr.* (1689–1725), betrafen lediglich die Verwaltung sowie das Militär- und Bildungswesen, ohne auf das Privatrecht auszustrahlen. Zu Plänen, die bestehende Rechtsunsicherheit durch eine einheitliche Gesetzgebung westeuropäischen Stils zu beseitigen, hatten die westlichen Naturrechtslehren und die französische Gesetzgebung zwar angeregt. Jedoch scheiterten die unter *Alexander I.* (1801–1825) begonnenen Reformbemühungen nach dem Sieg über Napoleon (1813) endgültig. Davon betroffen waren Teilkodifikationen, die der Berater des Zaren *Graf Michail M. Speranskij* (1772–1839) in engster Anlehnung an den Code civil veranlasst hatte. Es begann eine Periode der Reaktion. Der als frankophil geltende Speranskij wurde nach Sibirien verbannt.

Liberale Rechts- und Verwaltungsreformen kamen erst wieder unter *Nikolaus I.* (1825–1855) und unter der maßgeblichen Mitwirkung des inzwischen rehabilitierten Speranskij in dem 15bändigen „Svod Zakonov Rossijskoj Imperii" von 1833 zu greifbaren Ergebnissen. Dieses umfangreiche Werk russischer Rechtserneuerungsbewegung war jedoch nicht mehr als eine systematische Zusammenfassung der bestehenden nationalen, feudalständischen Rechte, ohne diese auch inhaltlich zu verändern. Der Svod diente primär dem Behördengebrauch. Er enthielt auch das Zivilrecht (Familien-, Sachen-, Schuld-, Erbrecht), wurde jedoch ständig durch die Gerichtspraxis überholt und musste durch die Rechtsprechung des Obersten Gerichts (sog. Dirigierender Senat) ergänzt und erneuert werden. Die Gesetzessammlung galt bis zur Oktoberrevolution von 1917.

Zu weiteren liberalen, autokratisch von oben vorangetriebenen Reformen kam es erst wieder unter *Alexander II.* (1855–1881). 1861 wurde die Leibeigenschaft der russischen Bauern für „immer und ewig" abgeschafft und 1864 das Justizwesen erneuert. 1882 begann eine auf Veranlassung *Alexanders III.* (1881–1894) eingesetzte Kommission mit Arbeiten an einem einheitlichen Zivilgesetzbuch. Die privatrechtlichen (und handelsrechtlichen) Teile des Svod waren inzwischen völlig überholt. 1899 und 1903 wurden Entwürfe vorgelegt, die sich an den europäischen Kodifikationen (z.B. Fünf-Bücher-System) orientierten. Vorbild für das Schuldrecht war das deutsche BGB. Die Revolutionen von 1905/1906 und 1917 setzten den Arbeiten ein Ende. Nur das fünfte Buch des Obligationenrechts fand bei der ersten sowjetischen Zivilrechtskodifikation (1922) Beachtung.

*b) Sowjetisches Zivilgesetzbuch v. 1922 und 1964*

Die Revolution von 1917 hatte die zaristische Gesetzgebung vollständig beseitigt. Mit der Abschaffung des bürgerlichen oder feudalen Privateigentums an Grund und Boden, des Erbrechts, der Schenkungen, des Geldes sowie mit der Verstaatlichung der Industrie war dem Zivilrecht die Grundlage entzogen. Aus ideologischen Gründen wurden durch je ein besonderes revolutionäres Gesetzbuch Ehe-, Familien- und Vormundschaftsrecht (16. September 1918) sowie das Arbeitsrecht (22. Oktober/4. November 1918) geregelt und damit vom Zivilrecht abgetrennt. Über diese Gesetze ist in der Zwischenzeit die Entwicklung hinweggegangen.

Die Ära des Bürgerkrieges zwischen „Roten" und „Weißen" (1918–1920) und einer völlig zerrütteten Wirtschaft (sog. Kriegskommunismus) wurde 1921 durch die „revolutionäre Gesetzlichkeit" der sog. „Neuen Ökonomischen Politik" (NEP) abgelöst. Diese beließ zwar die Hauptproduktionsmittel und die auf ihnen aufgebaute Wirtschaft in den Händen des Staates (Staatskapitalismus), gestattete dem einzelnen aber wieder in gewissen Grenzen eine eigene privatwirtschaftliche, unternehmerische Tätigkeit. Eine besondere Deklaration vom 22. Mai 1922 über die Grundsätze des Vermögensrechts erlaubte in bestimmtem Umfang privatkapitalistische Verhältnisse. Die privatwirtschaftliche Betätigung der Bürger hatte sich allerdings im Rahmen der kommunistischen Wirtschaftsauffassung zu halten.

Die Verwirklichung der durch die NEP proklamierten Ziele setzte eine Rückkehr zur Gesetzmäßigkeit voraus und erforderte entsprechende rechtliche Regelungen. Die Zuständigkeit zu deren Erlass besaßen ursprünglich die einzelnen Sowjetrepubliken. Ihnen stellte die Union (UdSSR) nur allgemeine, teilweise allerdings weit in Einzelheiten gehende Rechtsgrundsätze zur Verfügung. Tatsächlich wurde aber fast überall das „Zivilgesetzbuch der Russischen Sozialistischen Föderativen Sowjetrepublik" vom 31. November 1922 als maßgebendes Gesetz übernommen. Es berücksichtigte neben Entwürfen der vorrevolutionären letzten Zarenepoche (Obligationenrecht des Entwurfs von 1903/13) auch westeuropäische Gesetzbücher (u.a. das deutsche BGB). Insgesamt war es eher von bürgerlichem Gedankengut bestimmt und regelte nur das Recht des beweglichen Vermögens, nachdem die Bereiche des Arbeits-, Ehe- und Familienrechts bereits durch Sondergesetze aus dem Zivilrecht ausgeklammert (1918) und private Eigentumsrechte an Grund und Boden für unzulässig erklärt worden waren.

Die „Stalin-Verfassung" vom 5. Dezember 1936 hatte der Union u.a. die alleinige Kompetenz zur Schaffung eines Zivilgesetzbuches übertragen. Es gelang jedoch nicht, einen solchen Entwurf vorzulegen. Im Zuge des Abbaues der Zentralisation nach dem Tode Stalins (1953) legte deshalb die Verfassungsänderung von 1957 in die Zuständigkeit der Union wiederum lediglich den Erlass allgemeiner Rechtsgrundsätze, auf deren Grundlage die einzelnen Sowjetrepubliken ihre Gesetze zu erstellen hatten. Diese sog. „Grundlagengesetze" waren in der Geschichte der sowjetischen Zivilgesetzgebung eine Besonderheit. Keineswegs handelte es sich hierbei um Rahmengesetze, die lediglich Grundsätze fixierten und den einzelnen Republiken die Ausfüllung überließen. In der Rechtswirklichkeit enthielten die Grundlagengesetze abschließende Regelungen nahezu sämtlicher Materien eines bestimmten Rechtsgebietes. Sie konnten zwar theoretisch durch die Republikgesetzgebung den besonderen Gegebenheiten angepasst werden, wurden aber tatsächlich schlicht en bloc übernommen.

Für das Zivilprozess- und Zivilrecht ergingen am 8. Dezember 1961 entsprechende umfassende Prinzipien der Union. Am 11. Juni 1964 erließ die Russische Sowjetrepublik (RSFSR) ein 458 Artikel umfassendes Zivilgesetzbuch und eine Zivilprozessordnung. Bis zum Ende der UdSSR besaßen alle 15 Sowjetrepubliken neue Zivilgesetze, die weitgehend einander angeglichen waren und die Unionsgrundsätze wiederholten. 1968 ergingen Grundlagengesetze für eine moderne sozialistische Ehe- und Familiengesetzgebung, 1970 zum Arbeitsrecht. Auf ihnen beruhten die bis zuletzt maßgeblichen Kodifikationen der Sowjetrepubliken, so auch die des Familienrechts vom 30. Juli 1969 und des Arbeitsrechts der RSFSR vom 9. Dezember 1971.

**Schrifttum:** Handbuch III 2, 2281 ff. (*Reich*) – *E. Völkl*, Die Rechtsentwicklung in Russland und der Sowjetunion, in: Entstehung und Wandel rechtlicher Traditionen, hg. v. A. Kaufmann u.a. (1980), 729 ff. – *N. Reich*, Kodifikation und Reform des Russischen Zivilrechts im 19. Jahrhundert bis zum Erlass des Svod Zakonov (1833), Ius Commune III (1970), 152 ff. – *F.B. Kaiser*, Die russische Justizreform von 1864 (1972), 133 ff. – *A.M. Kleimola*, Justice in medieval Russia, Transactions of the american philosophical society, NS 65/6 (1975), 5 ff. – V. *Petev*, Sozialistisches Zivilrecht (1975), 29 ff. – *R.S. Wortman*, The development of a russian legal consciousness (1976), 9 ff., 35 ff. – *D.h. Kaiser*, The growth of the law in medieval Russia (1980), 18 ff. – *G. Geilke*, Einführung in das Sowjetrecht, 2. Aufl. (1983), 34 ff., 59 ff. – *J. Baberowski*, Das Justizwesen im späten Zarenreich 1864–1914, ZNR 1991, 156 ff.

## 3. DDR-Zivilgesetzbuch v. 1976

*a) Sozialistisches Rumpfzivilrecht*

In der DDR galt bis zur Herstellung der Einheit Deutschlands (3. Oktober 1990) das BGB formell bis zum 31. Dezember 1975 fort. Allerdings war es nur partiell Grundlage des Zivilrechts. Aus grundsätzlichen ideologischen Gründen wurden als erste Rechtsmaterien das Arbeits- und Familienrecht aus dem typischen zivilrechtlichen Regelungsbereich herausgenommen. Bereits 1961 traten ein „Arbeitsgesetzbuch" (novelliert 1963, 1966, 1977) und am 20. Dezember 1965 ein „Familiengesetzbuch" in Kraft. Im gleichen Jahr 1965 wurde auch das Vertragsrecht („Gesetz über das Vertragssystem in der sozialistischen Wirtschaft"), soweit es die Kooperationsbeziehungen der sozialistischen Betriebe, insbesondere Wirtschaftsverträge für Produktion und Handel zum Gegenstand hatte, ausgegliedert. Rechtsbeziehungen der nationalisierten Wirtschaft regelten ferner das Gesetz über die landwirtschaftlichen Produktionsgenossenschaften von 1959 und die Verordnung über die Arbeiterwohnungsbaugenossenschaften von 1973. Das Gesetz über die Verleihung von Nutzungsrechten an volkseigenen Grundstücken von 1970 schuf die Möglichkeit, kleine Bodenflächen, z.B. zum Bau eines Eigenheims, zu nutzen.

Neben der neuen Form des ausschließlich der Planvorbereitung und -konkretisierung dienenden Wirtschaftsvertrages besaß der den Bürgern verbliebene und nach BGB-Recht zu beurteilende Privatvertrag im praktischen Rechtsleben einer autoritären Gesellschaftsordnung eine untergeordnete Bedeutung. Die Funktionen des klassischen Vertrages als Ordnungsinstrument des Wirtschaftsverkehrs in einem freiheitlichen, demokratischen Rechtsstaat hatte im sog. realexistierenden Sozialismus der „Plan" übernommen. Das sozialistische Zivilrecht war in die staatliche Planwirtschaft voll integriert.

Mit dem Zivilgesetzbuch von 1976 begann ein neuer Abschnitt der sozialistischen Zivilrechtswissenschaft. Über den Gang der Gesetzgebungsarbeiten war bis zur Vereinigung der beiden deutschen Staaten nur Weniges bekannt. Erst nach dem möglich gewordenen Zugang zu den Archiven konnte die Entstehungsgeschichte der Gesetzes von ihren Anfängen bis zur Verkündung des Gesetzes wirklichkeitsgetreu rekonstruiert werden.

Die Propaganda der DDR hatte nämlich unterschlagen, dass die Arbeiten an einer sozialistischen Zivilrechtskodifikation bereits im Jahre 1952 begonnen wurden, aber nach drei weiteren Unterbrechungen (1958, 1963 und 1967) erst 1975 zu Ende geführt werden konnten. Ursächlich für die Verzögerungen waren politische Richtungsänderungen in der DDR-Rechts- und Wirtschaftspolitik. Sie hatten entscheidende Auswirkungen sowohl auf den Inhalt wie auch auf die jeweils konkreten ideologischen Zielvorgaben der Gesetzgebung. Das Spektrum der Leitentscheidungen, die im Laufe der rund 25 Jahre währenden Redaktion von der Parteiführung vorgegeben und von den wechselnden Kommissionen umgesetzt wurden, ist außerordentlich breit. Dazu gehörten Fragen, wie Einheit oder Trennung von Zivil- und Wirtschaftsrecht, ferner Übernahme oder Ablehnung des traditionellen pandektistischen Aufbaus zugunsten einer Regelungskonzeption nach sozialen Tatbeständen. Nach eingehenden Diskussionen sowohl in der juristischen wie auch in der interessierten nichtjuristischen Öffentlichkeit wurde das Gesetz am 19. Juni 1975 ohne Kritik und einstimmig in der Volkskammer angenommen. Als „Zivilgesetzbuch" trat es am 1. Januar 1976 in Kraft.

Das Gesetz bestand aus sieben Teilen und erfasste in seinem sachlich sehr eingeschränkten Geltungsbereich nur die Rechtsbeziehungen, „die von den Bürgern zur Befriedigung ihrer materiellen und kulturellen Bedürfnisse mit Betrieben sowie untereinander eingegangen werden" (§ 1 Abs. 2). Hierzu rechneten insbesondere Beziehungen, die von den Bürgern auf den Gebieten des Wohnens und der Versorgung mit Konsumgütern und Dienstleistungen begründet wurden (Präambel). Ausgenommen und einem besonderen planwirtschaftlichen Reglement unterstellt waren demnach alle zwischenbetrieblichen Rechtsbeziehungen, d.h. die wichtigsten Rechtsverhältnisse des allgemeinen Wirtschaftsverkehrs nach freiheitlich marktwirtschaftlichem Verständnis. Von einer einheitlichen Regelung des Privatrechts wurde aus ideologischen Gründen Abstand genommen. Zudem überlagerte eine Vielzahl inhaltlich zu Leerformeln verkommener ideologischer Phrasen, Vorgaben und Anweisungen für den realsozialistischen Alltag sowie für die politische Erziehung eines „neuen Menschen" die echten Rechtsnormen und überfrachtete das Gesetzbuch in einer nur schwer erträglichen Weise. Für den Aufbau und die Stoffgliederung hatte der sozialistische Gesetzgeber auf das Pandektenschema (5-Bücher-System) bewusst verzichtet. Im Interesse einer der klassenlosen Gesellschaft gemäßen Volksnähe und Volkstümlichkeit regelte das Gesetz die Materien nach dem übergeordneten Gesichtspunkt sozial kohärenter Lebenssachverhalte. Eine nach internationalen Maßstäben vergleichbar kritische, dogmatische Fortschritte und Weiterentwicklungen markierende wissenschaftliche Auseinandersetzung mit dem DDR-Zivilrecht fand kaum statt.

## b) Rechtsangleichung v. 1990

Nach der Außerkraftsetzung des ZGB wurde auch die Frage diskutiert, ob es rechtspolitisch richtig war, das Gesetzbuch durch Übertragung der bürgerlichen Rechtsordnung der Bundesrepublik von einem Tag auf den anderen zu ersetzen. Gerade im Hinblick auf das Rechtsempfinden der Bürgerinnen und Bürger der ehemaligen DDR erschien dieser Weg zunächst als äußerst fragwürdig. In diesem Zusammenhang wurde deshalb auch die materielle Verwertbarkeit des ZGB für die Erarbeitung eines neuen bürgerlichen Rechts für die vereinigte Bundesrepublik diskutiert, aber insgesamt, wenn nicht negativ, so doch überwiegend zurückhaltend beantwortet. Die Haupthindernisse sah man in der konsequent die sozialistische Ideologie umsetzenden Eigentumsordnung, ferner in dem ausschließlich dem Warenkauf des Bürgers vorbehaltenen Kaufrecht und in dem insgesamt ebenfalls aus ideologischen Gründen einschneidend begrenzten Geltungsbereich des ZGB für den Rechtsverkehr des Alltags. Diese und andere Gesichtspunkte ließen das ZGB für jeden normalen und größeren Wirtschaftsverkehr als unbrauchbar erscheinen. Möglicherweise wird das Gesetzbuch im Rahmen einer allgemeinen nationalen oder europäischen Neuordnung des Zivilrechts Berücksichtigung finden, wenn auch nur als eine Art „Steinbruch" (*T. Ramm*).

Das Nebeneinander zweier Rechtsordnungen hatte das von den gesetzgebenden Körperschaften der beiden deutschen Staaten bestätigte „Einigungsvertragsgesetz" vom 31. August 1990 ermöglicht. Nach Maßgabe der Artikel 8 und 9 trat mit dem Wirksamwerden des Beitritts am 3. Oktober 1990 in den fünf neuen Bundesländern Brandenburg, Mecklenburg-Vorpommern, Sachsen, Sachsen-Anhalt und Thüringen das gesamte Bundesrecht in Kraft, mithin auch das BGB und alle privatrechtlichen Nebengesetze. Das alte Recht der DDR sollte grundsätzlich nur dann als Landesrecht weitergelten, soweit es nach der Kompetenzordnung des Grundgesetzes Landesrecht wäre und im übrigen mit dem

Grundgesetz sowie mit dem unmittelbar fortgeltenden Recht der Europäischen Gemeinschaften vereinbar ist (Anlagen I und II). Mit dieser Maßgabe bleibt das ZGB 1976 (i.d. Fassung d. Änderung v. 28. Juni u. 22. Juli 1990) weiterhin Entscheidungsgrundlage nicht nur für vor dem 3. Oktober 1990 entstandene Rechtsfragen, sondern hauptsächlich für das durch das Einigungsvertragsgesetz in das EGBGB eingefügte Übergangsrecht (6. Teil §§ 230–236).

Erforderlich gewordene Angleichungen des DDR-Wirtschaftsrechts an das der Bundesrepublik vollzog ein besonderes, unter der Regierung *de Maizière* geschaffenes Transformationsrecht: z.B. Privatisierung und Umwandlung des volkseigenen Vermögens (VE Betriebe) in Kapitalgesellschaften (Treuhandgesetz v. 17. Juni 1990) sowie Umwandlung bzw. Auflösung der Landwirtschaftlichen (bis Ende 1991) und Produktionsgenossenschaften des Handwerks (bis Ende 1992) in eingetragene Genossenschaften, Kapital- oder Personengesellschaften (Landwirtschaftsanpassungsgesetz v. 29. Juni 1990 und Verordnung v. 8. März 1990). Das Arbeitsrecht in der zuletzt 1977 umfassend novellierten Fassung des Arbeitsgesetzbuchs wurde durch den von den beiden deutschen Staaten abgeschlossenen Vertrag vom 18. Mai 1990 über die Schaffung einer Währungs-, Wirtschafts- und Sozialunion an die Grundordnung der Arbeitsverfassung der Bundesrepublik angepasst. Das Familienrecht musste in den Bereichen des Ehegüterrechts (Errungenschaftsgemeinschaft als gesetzlicher Güterstand), des Unterhalts- und Nichtehelichenrechts angeglichen werden (Art. 234, 235 EGBGB).

**Schrifttum:** *G. Brunner*, Was bleibt übrig vom DDR-Recht nach der Wiedervereinigung, JuS 1991, 353 ff. – *U. Magnus*, Deutsche Rechtseinheit im Zivilrecht, JuS 1992, 456 ff. – *K. Westen*, Das „sozialistische Zivilrecht" und die Kontinuität europäischer Zivilrechtsentwicklung, JZ 1993, 8 ff. – *N. Horn*, Die Rolle des Zivilrechts im Prozess der Wiedervereinigung Deutschlands, AcP 194 (1994), 190 ff. – *J. Eckert* u.a. (Hg.), Das Zivilgesetzbuch der DDR (1995) – *T. Ramm*, Das Zivilgesetzbuch der DDR – damals und heute, JZ 1996, 456 ff. – *O. Jauernig*, „Übergestülptes Recht?". Zur Rechts- und Bewusstseinslage nach dem Einigungsvertrag, NJW 1997, 2705 ff. – *R. Will*, Die Eigentumsordnung der DDR, und *K.A. Mollnau*, Sozialistische Gesetzlichkeit in der DDR, *beide* in: G. Bender u.a. (Hg.), Recht im Sozialismus I (1999), 117 ff., 59 ff. – *B. Rüthers*, Recht und Juristen in der Diktatur des Proletariats, JZ 1999, 1009 ff. (1012 ff.) – *M. Flinder*, Die Entstehungsgeschichte des Zivilgesetzbuches der DDR (1999) – *G. Lingelbach*, „In der DDR war alles ganz einfach …" – Zum ZGB und seiner Ablösung, in: E. Koch (Hg.), 10 Jahre Deutsche Rechtseinheit (2001), 67 ff. – *U. Wesel*, Recht, Unrecht u. Gerechtigkeit. Von der Weimarer Republik bis heute (2003), 130 ff.

# § 9 Das angloamerikanische Rechtssystem

Zum angloamerikanischen Rechtskreis gehören die Rechtsordnungen Englands und der Vereinigten Staaten von Amerika sowie der Gebiete des vormaligen britischen Kolonialreichs (*British Commonwealth of Nations*). Die gemeinsame Basis dieser Rechtssysteme ist das „Common Law". Eine Rezeption des römisch-kanonischen Rechts, wie sie für die kontinentaleuropäische Rechtsordnungen prägend wurde, fand in diesen Dimensionen in England nicht statt.

## I. Englisches Recht

### 1. Entstehung des Common Law

Das Common Law als nicht kodifiziertes, reines Fallrecht (*case law*) und Rechtsprechungsrecht (*judge made law*) bestimmt den typischen Rechtsstil des geltenden englischen Rechts. Er unterscheidet sich grundlegend vom Rechtsdenken, das im Gesetzesrecht geschult wurde. Die Besonderheiten haben historische Gründe.

Die Geschichte des *englischen* Rechts beginnt 1066 mit der Eroberung des angelsächsischen Königreichs durch die Normannen in der Schlacht von Hastings. Unter Herzog Wilhelm von der Normandie, dem späteren *Wilhelm I. d. Eroberer* (1066–1087), wurde das im (späteren französischen) Herzogtum Normandie geltende Lehenswesen fränkischer Prägung in England eingeführt. Damit waren die Vorbedingungen für einen zentralistischen Aufbau eines Staatswesens auf englischem Boden geschaffen. Die Französisch sprechenden Normannen übernahmen zwar die alten vorhandenen angelsächsischen Rechts- und Verwaltungsstrukturen, begannen jedoch mit der Feudalisierung vor allem des Justizwesens. Der dadurch bewirkte Bruch mit der alten angelsächsischen Rechtstradition führte zur Entstehung einer eigenständigen Rechtsordnung.

Das Common Law als Grundlage dieses neuen Rechtswesens unterschied sich von den lokalen und regionalen Gewohnheitsrechten durch seine Einheitlichkeit als „universal custom of the realm". Es galt zunächst allein vor den königlichen Gerichten. Dies waren nach der Zentralisation der Judikatur im 12. Jahrhundert die Gerichtshöfe *Court of King's Bench*, *Court of Common Pleas* und *Court of Exchequer*. Diese drei Gerichte wurden nach ihrem festen Sitz auch Westminster-Gerichte genannt. Bereits unter *Edward I* (1272–1307) war die Rechtsprechung der sog. Common-Law-Gerichte (*Common Law Courts*) voll ausgebildet. Sie überlagerte bzw. verdrängte die örtlich verschiedenen Rechte, nach denen die Hundertschafts- und Grafschaftsgerichte (*county courts*) Recht sprachen.

Gleichzeitig mit der Erhebung der drei zentralen königlichen Spruchkörper zu Erstinstanzgerichten entstand ein neuer Typus des Richters und Praktikerjuristen. Seine Anfänge sind eng mit der Institution des „Reiserichtertums" verbunden. Unter König *Henry II* (1154–1189) wurden vom King's Council (*curia regis*), der Ratsversammlung der Großen, Richter abgeordnet, die ergänzend zu den Westminster-Gerichten im Lande herumreisten (*itinerant justices*) und dort Rechtsfälle nach Common Law entschieden (*on circuit*). Die Praxis der Reiserichter wurde nach der Zentralisierung der Gerichtshöfe in Westminster noch im 14. Jahrhundert beibehalten.

In den Händen der Spezialisten des Common Law lag fortan seine Pflege. Diese Justizjuristen organisierten sich im 14. und 15. Jahrhundert in festen berufsständischen Korporationen. In London schlossen sie sich in vier zunfteigenen, „Inns of court" genannten Rechtsschulen zusammen. Hier erhielten die jungen Juristen in praktischen Lehrgängen ihre anwaltliche und richterliche Berufsausbildung im Common Law, die ein Universitätsstudium entbehrlich werden ließ. Durch diese Juristen bekam das „judge made law" jenes besondere Gepräge, das den Rechtsstil des Common Law als Fall- und Richterrecht bis in die Gegenwart auszeichnet.

Die richterlichen Mitglieder der Common-Law-Gerichte (*Common Law Courts*) wurden üblicherweise aus einem Kreis qualifizierter älterer Advokaten berufen. Der Anwaltstand (*serjeants-at-law*) rekrutierte sich anfänglich aus einer relativ großen Gruppe praktizierender, ursprünglich „apprentices" und ab dem 16. Jahrhundert „barristers" genannter Juristen. Später wurden für die englische Anwaltschaft die Bezeichnungen „attorney" und „solicitor" (nur für den an dem „Chancery court" tätigen Advokaten) üblich. Beide waren zuständig für die Durchführung des Verfahrens und das Zusammenwirken zwischen dem barrister sowie der prozessführenden Partei. Erst im letzten Viertel des 19. Jahrhunderts, als die Common-Law-Gerichte mit den „Equity

239

courts" verschmolzen waren, setzte sich der Name „solicitor" als allgemeine Funktionsbezeichnung für den rechtsberatend-forensisch tätigen Anwalt durch.

Frühe Versuche, römisch-kanonisches Recht als Ius commune neben dem Common Law einzuführen, blieben erfolglos. Als historischer Beweis einer ausdrücklichen Ablehnung gilt die überlieferte berühmte, 1236 auf dem Landtag in Merton gegebene einstimmige Antwort der englischen Grafen und Barone: „Sie wollen das geltende und bewährte Recht Englands nicht ändern" (*nolunt leges Angliae mutare que usitate sunt et approbate*). Mit ihr wurde allen Bemühungen der Kirche, Grundsätze des kanonischen Rechts einzuführen, eine Absage erteilt. Im konkreten Fall war es um die Einführung des Rechtsinstituts der Legitimation durch nachfolgende Ehe (*legitimatio per subsequens matrimonium*) gegangen.

Trotz der Ablehnung der Übernahme des Ius commune als geltendes Recht in der Spruchpraxis blieben die englischen Juristen vom gelehrten Recht nicht völlig unbeeinflusst. Dieses war nämlich bereits seit dem 12. Jahrhundert an den Rechtsschulen (*schools*) in Oxford und Cambridge Gegenstand des Rechtsunterrichts. Unbekannt ist, ob ein Mitte des 12. Jahrhunderts für Oxford ausgesprochenes königliches Verbot, römisches Recht zu lehren, praktische Beachtung fand. Nachweislich wirkte bereits um 1070 in Oxford (oder Lincoln) der Bologneser Glossatorenschüler Magister *Vacarius* (* um 1120). Er war um 1145 dem Erzbischof *Theobald von Canterbury* von Italien nach England gefolgt und erteilte Rechtsunterricht auf der Grundlage der justinianischen Institutionen sowie eines von ihm verfassten, Digesten und den Codex exzerpierenden Hilfsbuchs. Die nach diesem vornehmlich für ärmere Studenten bestimmten, „Liber Pauperum" genannten Lehrbuch Studierenden, für die der Erwerb eines Corpus iuris unerschwinglich war, trugen lange Zeit den Namen „Pauperistae".

Die Absolventen der universitären Studien im gelehrten „ius civile" waren vorwiegend Kleriker. In Abgrenzung zu den „Common-Law-Juristen" nannten sie sich „civilians" und verfügten über eingehende Kenntnisse des römisch-kanonischen Rechts (*civil law*). Ihre Ausbildung hatten sie an den oberitalienischen Universitäten (Padua, Bologna) oder an den englischen „Schools" in Oxford und Cambridge erhalten. Das erwähnte, für das 12. Jahrhundert überlieferte königliche Verbot, an den englischen Universitäten römisches Recht zu studieren, scheint wirkungslos geblieben zu sein. Diese Klerikerjuristen waren an den kirchlichen Gerichten, ferner an dem für Handels- und Seerecht zuständigen Admiralitätsgericht (*Admiralty Court*) und in der Diplomatie tätig.

Das Nebeneinander von Common-Law-Juristen und Civilians sowie die weit reichende zivilrechtliche Zuständigkeit der geistlichen Gerichte (Ehe-, Nachlass-, Schuldsachen) waren maßgeblich dafür verantwortlich, dass es in der Rechtspraxis Englands noch im späten Mittelalter zwei Bereiche gab, in denen entweder nach Common Law oder nach civil law judiziert wurde. Angesichts dessen war es nur eine Frage der Zeit, dass gelehrte Rechtsideen auch in der Rechtsprechung der königlichen Gerichte Fuß fassten.

Erst nach der Trennung der englischen von der römischen Kirche (1535) kam auch für das kanonische Recht als Rechtsordnung des abgelehnten Papsttums und universitäres Unterrichtsfach das Ende. Für das römische Recht bedeutete dies eine erhebliche Aufwertung. Gleichzeitig nahm die Verwendung gelehrter Juristen in der königlichen Zentralverwaltung deutlich zu.

Im Übrigen hat sich an der für das englische Justizwesen charakteristischen Doppelgleisigkeit der Juristenausbildung bis heute kaum etwas Grundlegendes geändert. Die Universitäten – Oxford und Cambridge als zentrale Ausbildungsstätten einst für die insbesondere an den kirchlichen Gerichten (*ecclesiastical courts*) tätigen Juristen – übernehmen lediglich die Vermittlung einer gewissen juristischen Allgemeinbildung in den zugrunde liegenden historischen und philosophischen Fächern, die das Erlernen einer theoretischen, allgemeinen Rechtslehre begünstigen. Dagegen erfolgt die praktische Vorbereitung auf den künftigen Beruf ausschließlich durch die Standeskorporationen der *Inns of court* (für barristers) und die *Law society* (für solicitors).

**Schrifttum:** *Lange*, Römisches Recht I, 57 ff., 246 ff. – *R.C. van Caenegem*, The birth of the English Common Law (1973), 29 ff., 85 ff. – *ders.*, The English Common Law, a divergence from the European pattern, TRG 47 (1979), 1 ff. – *P. Stein*, Vacarius and the civil law, in: FS C.R. Cheney (1976), 119 ff. – *R.W. Southern*, Master Vacarius and the beginning of an english academic tradition, in: Medieval learning and literature, Essays presented to R.W. Hunt, ed. by J.J.G. Alexander u.a.(1976), 257 ff. – *L.E. Boyle*, The beginning of legal studies at Oxford, Viator 14 (1983), 107 ff. – *R.H. Helmholz*, Canon law and the law of England (1987), 1 ff. – *F. de Zulueta/P. Stein*, The teaching of roman law in England around 1200 (1990), xxii ff. – *J.F. Winkler*, Roman law in anglo-saxon England, Journal of Legal History 13 (1992), 101 ff. – *P. Brand*, The making of the Common Law (1992), 77 ff.

## 2. Gerichtsverfassung und Verfahrensrecht

Das Common Law war Produkt und Ergebnis der Rechtsprechung der königlichen Westminster-Gerichte. Deshalb wurde es in seiner Fortentwicklung stets maßgeblich durch das Verfahrensrecht bestimmt. Die Einheitlichkeit von Judikatur, Rechtsschöpfung und Rechtsfortbildung garantierte eine zentralistische Gerichtsverfassung.

An der Spitze stand das (neben legislatorischen) über Jurisdiktionsbefugnisse verfügende „Parliament" als höchster Spruchkörper, das spätere „House of Lords". Der „Court of King's (Queen's) Bench" als anfänglich mit dem König reisendes, ihm beiderseits des Kanals folgendes Gericht wurde im 13. Jahrhundert zum ordentlichen Gerichtshof. Seit dem 14. Jahrhundert trat er ständig in Westminster Hall zusammen und war für Prozesse des Königs und seiner Verwaltung (Strafsachen und Appellationen) zuständig. Im 14. Jahrhundert wurde auch der „Court of Common Pleas" (auch „Common Bench") zum zentralen und ständigen Gericht mit festem Sitz in Westminster für allgemeine Klagen zwischen Privatpersonen erhoben. Der im 12. Jahrhundert errichtete „Court of Exchequer" war oberstes Finanz- und Verwaltungsgericht, auch zuständig für Klagen gegen königliche Beamte.

Später kamen weitere, für Sondergebiete kompetente Spruchkörper hinzu. Dazu zählten vor allem der für das Seerecht ab 1357 zuständige „Court of Admirality" und die für das Ehe- und Testamentsrecht vorgesehenen geistlichen „Ecclesiastical Courts". Erst durch die Judicature Acts 1873/75 wurden sie zu einem einzigen, dem obersten weltlichen „Supreme Court of Judicature" zusammengefaßt (*Probate, Divorce and Admiralty Division* mit den Zuständigkeiten: „wills, wives and wrecks").

In der Zeit der Rechtsreform des Königs *Henry II* wurde der „writ" zum wichtigen Instrument bei der Fortbildung des Common-Law-Prozessrechts. Dabei handelte es sich um formelhafte Anweisungen des Königs („official written document", lat. *breve*), ein Gerichtsverfahren durchzuführen. Insoweit sind „writs" mit den Klageformeln des römischen Rechts (*actiones*) vergleichbar und das Common Law durchaus dem römischen „Aktionensystem" ähnlich.

Ursprünglich wurde nach englischem Recht die Klageerhebung als ein Privileg, die Rechtsgewährung durch das Gericht als Akt freier Gnade des königlichen Gerichtsherrn verstanden. Der Kläger begann den Prozess mit der Bitte um Genehmigung der Rechtsdurchsetzung und wurde durch die königliche Verwaltung mit der Erteilung eines sog. writ beschieden. Sein Inhalt war ein königlicher Befehl an das zuständige Gericht, den Beklagten vorzuladen und in der Sache zu verhandeln. Die Zahl der writs als stereotype, auf allgemeine Lebenssachverhalte zugeschnittene, automatisch gewährte Klageformulare wuchs und wurde in den „registers of writs" zusammengefasst. Die negative Folge dieser Rechtspraxis war aber auch eine Beschränkung der freien Rechtsfortbildung. Nach einer Phase durchaus fruchtbarer Rechtsschöpfungen auf der Grundlage der writs erstarrte das Common Law im 14. Jahrhundert in einer Vielzahl von Prozessformalismen. Es war nur eingeschränkt in der Lage, den sich wandelnden Bedürfnissen des Rechtslebens gerecht zu werden. Die Suche nach einer Erweiterung des „writ-Systems" als Rechtsschutz wurde unabweislich.

## 3. Equity-Rechtsprechung

Maßgeblichen Anteil an der Überwindung der Stagnation des Common Law hatte die korrigierende Rechtsprechung des königlichen Kanzlers nach Billigkeitsgesichtspunkten (*ex aequo et bono – aequitas –* „equity", Treu und Glauben) im „Court of Chancery". Dieser Justiznebenzweig hat sich aus der Zuständigkeit des Königs als letzte Instanz und Quelle allen Rechts bei der Rechtsgewährung im Gnadenwege entwickkelt. Entsprechende Ansuchen der Parteien wurden in der Regel dem Kanzler vorgelegt und von ihm, dem „keeper of the king's conscience", im königlichen Auftrag entschieden. Voraussetzung war, dass eine Klage nach den strengen Regeln der writs vor den königlichen Westminster-Gerichten nicht zugelassen wurde oder die Anwendung eines Grundsatzes des Common Law zu unbilligen Härten führten würde.

Der Chancery Court als Kanzleigericht half aufgrund der equity aber nicht nur bei Unzulänglichkeiten des Common Law-Rechtsschutzes. Seinen entscheidenden Einfluss entwickelte der Gerichtshof auf dem Gebiet der Rechtsfortbildung. Die equity erlaubte eine elastische Rechtsanwendung und Rechtsergänzung. Historisch geht sie auf Einflüsse des kanonischen Rechts zurück und ermöglichte bei der Rechtsfindung auch die Berücksichtigung gelehrter Rechtsgrundsätze. Mit der Kanonisierung der „maxims of equity" durch Judikatur und Literatur im 17. Jahrhundert bildete sich ein besonderes Rechtssystem heraus. Es trat neben das Common Law, jedoch niemals zu ihm in Widerspruch (*equity follows the law*), und verschmolz schließlich mit ihm im letzten Viertel des 19. Jahrhunderts. Die Folge war der strukturelle Dualismus des englischen Rechts der Gegenwart. Unter Common Law in einem weiteren Sinne versteht man heute auch die „rules of equity", die das Common Law als Rechtsprechungsrecht ergänzen und korrigieren.

**Schrifttum:** *A.B. Schwarz*, Rechtsgeschichte und Gegenwart (1960), 206 ff. – *J.S. Critchley*, The early history of the writ of judicial protection, Bulletin of the Institute of Historical Research 45 (1972), 196 ff. – *A. Harding*, The law courts of medieval England (1973) – *W. Teubner*, Kodifikation und Rechtsreform in England (1974), 24 ff. – *R.M. Jackson*, The machinery of justice in England (1977), 24 ff. – *P. Brand*, The making of the Common Law (1992), 135 ff.

### 4. Präjudizien

Die Praxis der Rechtsfindung und Rechtsanwendung bestimmte maßgeblich die Kompetenz des einzelnen Gerichts. Diese beruhte nicht auf dem Grundsatz der Gewaltenteilung. Deshalb spielte auch die Unterscheidung zwischen öffentlichem und Privatrecht kaum eine Rolle. Entscheidend war vielmehr der Zuständigkeitsbereich des betreffenden Gerichts und die vor ihm geltende Spruchpraxis im materiellen und Verfahrensrecht.

Diese besondere historische Rolle des judge made law verpflichtet heute konsequenterweise die Richter, bei der Konkretisierung des Common Law im Einzelfall früher gefällte Gerichtsentscheidungen als bindende Präjudizien zu berücksichtigen (*rule of precedents*). Der Grundsatz der sog. „*stare decisis*" (lat. *stare decisis et non quieta movere* – bei dem einmal Entschiedenen bleiben und auf diese Weise Beruhigtes nicht weiter bewegen) wurde erst seit dem 19. Jahrhundert streng beachtet. Die Regel trägt dem Bedürfnis nach Vorhersehbarkeit und Rechtssicherheit Rechnung. Allerdings haben nur die tragenden Gründe der Entscheidung (*rationes decidendi*) die Qualität einer bindenden Rechtsprechungsnorm. Das trifft vor allem für precedents der Obergerichte zu, die für die Untergerichte verpflichtend sind (*binding precedent*, im Gegensatz zu der nur *persuasive authority* eines precedent). Keine Geltungskraft besitzen dagegen die für die Rechtsgewinnung nicht maßgebenden, für den eigentlichen juristischen Gedankengang nur beiläufig getroffenen Ausführungen (*obiter dicta*). Allerdings wird in der Praxis durch die fein ausgebildete Technik des Differenzierens (*distinguishing*) zwischen einschlägigen und unangemessenen, nicht zu berücksichtigenden Präzedenzfällen das Prinzip des stare decisis erheblich eingeschränkt.

Diese Art des juristischen Denkens ist praktisch-empirisch orientiert. Nicht die Subsumtion eines Sachverhalts unter die Begrifflichkeit und Systematik einer gesetzlichen Norm interessiert, sondern das wirklichkeits- und lebensnahe Problem und seine praktische rechtliche Lösung. Diese Rechtsgewinnungstechnik geht induktiv vom konkreten Einzelfall aus, argumentiert mit Präjudizien und denkt in Fallgruppen (*reasoning from case to case*).

Zwingend bindende Präjudizien stellen die Vorentscheidungen des „Supreme Court of Judicature", des als Berufungsgericht fungierenden „Court of Appeal" sowie die Urteile des „House of Lords" dar. Allerdings hat gerade dieser Gerichtshof mit einer Einschränkung der absoluten Bindung an eigene Vorentscheidungen begonnen (Practice statement von 1966). Dadurch wurde eine wichtige Wandlung in der „doctrine of stare decisis" eingeleitet, die zu weiteren Lockerungen des einstigen Rigorismus führen dürfte. Die Rechtsprechung der unteren Gerichte ist dagegen grundsätzlich nicht oder höchstens so lange maßgebend, als sie nicht durch die Entscheidung eines höheren Gerichts überholt wird (*overruling*).

Das für die Geltung des richterlichen Fallrechts und die Kenntnis der Präjudizien wichtige Entscheidungsmaterial wurde ursprünglich in den sog. „Year Books" gesammelt. Diese Jahrbücher sind seit Ende des 13. bis Anfang des 16. Jahrhunderts überliefert und in dem sog. „Law French" (Rechtsfranzösisch) abgefasst. Sie enthalten Verhandlungsnotizen, Plädoyers der serjeants und Kurzprotokolle (*Law Reports*) über Prozesse, die vor den königlichen Gerichtshöfen geführt wurden. Die Bücher sind anonym, gelegentlich knapp kommentiert und dienten als Lehrmaterial in der praktischen Ausbildung der Juristen im Common Law an den Rechtsschulen der Inns of court.

Seit 1865 ersetzen die heutigen „Law Reports" die mittelalterlichen Year Books. Die dort gesammelten, in einer altertümlichen, von technischen Begriffen und Abkürzungen durchsetzten Sprache abgefassten Berichte über Gerichtsentscheidungen sind nicht offizielle Verlautbarungen des Gerichts. Vielmehr enthalten sie (häufig) verkürzte Wiedergaben der in der mündlichen Verkündung vorgetragenen Gründe, die durch einen barrister redigiert wurden. Vielfach geben sie lediglich sog. „obiter dicta" wieder, die eine Entscheidung als solche nicht tragen und für die Rechtsbildung nur „persuasive authority" genießen. Vereinzelt werden abweichende Stellungnahmen einzelner Mitglieder eines Kollegialgerichts mitgeteilt (*dissenting votes, concurring opinions*). Im Gegensatz zur kontinentaleuropäischen Praxis ergehen die Urteile nicht anonym. Vielmehr beruht das Gewicht einer Entscheidung maßgeblich auf der Autorität des erkennenden Richters. Nur vor diesem Hintergrund einer extensiven Verfahrensöffentlichkeit wird die Befugnis des Richters, bei Gerichtsbeleidigungen im weitesten Sinne (*contempt of court*) Haft und Geldstrafen in unbeschränkter Höhe zu verhängen, nach kontinentalem Rechtsempfinden verständlich.

**Schrifttum:** *W. Fikentscher,* Methoden des Rechts II (1975), 58 ff., 81 ff. – *D. Blumenwitz,* Einführung in das anglo-amerikanische Recht, 6. A., (1998), 24 ff. – *G.R. Dolezalek,* „Stare Decisis": Persuasive Force of Precedent and Old Authority (12th-20th Century), University of Cape Town New Series No. 156 (1989)

## 5. Statute Law

Eine weitere Besonderheit des englischen Rechts ist das von der Legislative geschaffene Gesetz im engeren Sinne: *Statute, Act of Parliament.* Dazu gehören auch die auf besonderer Ermächtigungsgrundlage erlassenen, nicht parlamentarischen, delegierten oder subsidiären Verordnungen: *Delegated legislation.* Das „statute law" ist nur nach der klassischen Theorie eine zweitrangige Rechtsquelle. Es hat die Aufgabe, die Rechtsgrundsätze des *case law* den Bedürfnissen des Rechtsverkehrs anzupassen, sie zu berichtigen, zu präzisieren oder zu ergänzen.

Indessen wächst die Bedeutung des Gesetzesrechts im englischen Rechtssystem in zunehmendem Maße. Wichtige Instrumente dieser Gesetzgebung sind die „Consolidation Acts" und „Codification Acts". Durch sie wird das materielle Recht grundlegend neu geordnet.

Die *Consolidation Acts* stellen seit dem 19. Jahrhundert einzelne Rechtsmaterien des Common Law verbindlich und systematisch fest. Da sie nur das statute law vereinheitlichen oder bereinigen und kein neues Recht setzen, ist bei der Auslegung stets der Rückgriff auf das case law möglich. Im Gegensatz dazu fassen die *Codification Acts* ganze Rechtsgebiete durch Erlass neuer Normen, unter Einbeziehung des statute law und der Regeln des älteren Richterrechts (*Common Law, equity*) zusammen. Auf ihren Teilgebieten entsprechen sie deshalb weitgehend dem kontinentalen Gesetzesrecht. Da jedoch in England eine Gesamtkodifikation des Privatrechts fehlt, beschränkt sich der Gesetzgeber dabei auf die Vorgabe leitender Rechtsprinzipien, die durch die Rechtsprechung konkretisiert werden. Mit diesen Korrekturen des teilweise erstarrten Common Law vollzieht das englische Rechtssystem eine Annäherung an die Dogmatik und Praxis des europäischen Kontinents.

Der wachsenden Bedeutung des Gesetzesrechts trägt eine seit 1965 offiziell durch den „Law Commission Act" eingesetzte ständige „Law Commission" (*Law Reform Commitee*) Rechnung. Sie ist hauptamtlich mit einer umfassenden gesetzgeberischen Reform (*Law Reform*) befasst, arbeitet in zwei Sektionen (für England und Wales sowie für Schottland) und berichtet jährlich dem Parlament. Viele der Vorschläge zu Teilreformen wurden inzwischen verabschiedet, so z.B. die von der englischen Kommission vorgelegte gesellschafts- und rechtspolitisch wichtige Ehescheidungsreform (*Divorce Reform Act 1969*), die am 1. Januar 1971 in Kraft trat. Vom Arbeitsplan abgesetzt wurde allerdings eine umfassende Kodifizierung des Vertragsrechts.

**Schrifttum:** Handbuch III 2, 2217 ff. (*Cornish*) – *J.F. Farrar*, Law reform and the law commission (1974) – *W. Teubner*, Kodifikation und Rechtsreform in England (1974), 86 ff. – *O.R. McGregor*, Social history and law reform (1981) – *J.H. Baker*, An introduction to English legal history (1990), 234 ff.

## 6. Bedeutung der Rechtswissenschaft

Im Gegensatz zu Kontinentaleuropa hat sich in den angelsächsischen Ländern eine wissenschaftliche Rechtsliteratur erst relativ spät entwikkelt. Hauptursächlich dafür waren die materiellrechtlichen wie prozessualen Besonderheiten des Common Law. Die frühen, *Ranulf de Glanville* (†1190) und *Henry de Bracton* (†1268) zugeschriebenen Bearbeitungen des englischen Rechts in deren titelgleichen „Tractatus de legibus et consuetudinibus regni Angliae" waren zwar verbreitete, jedoch überwiegend praxisorientierte und vom römischen Recht nur unwesentlich beeinflusste Rechtsdarstellungen (bestr.). Von ihnen unterschieden sich spätere, erstmals theoretisch argumentierende und rechtspolitisch reflektierende Abhandlungen zum englischen Recht. Ihre Verfasser gehörten der Elite englischer Juristen an: *Sir John For-*

*tescue* (um 1394–1476/79), Oberrichter (*Chief Justice of the King's Bench*) unter *Henry VI*, ferner *Sir Thomas Littleton* (um 1415–1481), Richter am Court of Common Pleas, sowie *Sir Edward Coke* (1552–1634), als Kronanwalt, Oberrichter und Staatsmann eine der herausragenden Persönlichkeiten seiner Zeit.

*Fortescues* Dialog „De laudibus legum Angliae" (um 1470) beschäftigte sich in der Form eines Lehrgesprächs mit der Geschichte und Überlegenheit des englischen Fallrechts im Vergleich zu den Rechten Frankreichs. In seiner Schrift „De natura legis naturae" (im 1461/63) analysierte er kritisch die Unterschiede zwischen Naturrecht und positivem Recht. *Littleton* behandelte in den „New Tenures" in allen Einzelheiten das gesamte Grundbesitz- und Lehensrecht und schuf eine Darstellung von überragender Bedeutung. *Cokes* materialreiche Kommentierung zu Littletons Tenures im ersten der vier Bücher seines Werks „Institutes of the Laws of England" (*Coke upon Littleton*, 1628) gab eine Zusammenfassung des gesamten mittelalterlichen englischen Rechts und wurde für seine Weiterentwicklung richtungweisend. Den Werken dieser Juristen wurde bis zum Ende des 18. Jahrhunderts allgemein der Rang einer Rechtsquelle zuerkannt (*Books of Authority*). Als solche blieben sie Jahrhunderte lang für Studium und Praxis grundlegende, unverzichtbare Hand- und Lehrbücher.

Im 18. Jahrhundert ergänzte *Sir William Blackstone* (1723–1780), Inhaber des ersten Lehrstuhls für englisches Recht in Oxford und Kronanwalt der Königin, die Traditionsreihe der älteren Books of Authority um seine vierbändigen „Commentaries on the Laws of England" (1765–1770). Beeinflusst bereits vom Naturrechtsdenken beschrieb er die Gesamtheit des Common Law auf dem Höhepunkt seiner Entwicklung und brachte es in ein klares, durchsichtiges System. Die Commentaries blieben als Einführungen in das Common Law und Überblicke über das gesamte englische Recht für alle künftigen systematischen Darstellungen in England vorbildlich. Sie begünstigten auch die Aufnahme des Common Law in Nordamerika.

Allerdings behinderte die herausgehobene Bedeutung der Books of Authority als Rechtsquelle in gewisser Weise auch die unverzichtbare wissenschaftliche Fortbildung des judge made law. Einer der ersten, der dies erkannt und zu einer publizistischen Offensive genutzt hat, war *Jeremy Bentham* (1748–1832), der wohl einflussreichste Rechtstheoretiker und Rechtsphilosoph der neueren englischen Rechtswissenschaft. Bentham kritisierte Blackstone und warf ihm Unfähigkeit zu wirklichen Rechtsreformen vor. Bekannt und berühmt wurde er indessen als Begründer des klassischen englischen Utilitarismus und Gegner des Common Law, dem er Unwirklichkeit attestierte: „*as a system of general rules, the Common Law is a thing merely imaginary*" (A Comment on the Commentaries, 1776, 119). Nach seinem utilitaristischen Rechtsverständnis ist ein „Gesetz" nur dann gerecht, wenn es allein zum Glück der größten Zahl von Menschen beiträgt, wenn „Recht" sich als Mittel zur Verwirklichung des größten Glücks der größten Zahl darstellt. Bei der Beurteilung der Vorzugswürdigkeit einer „Handlung" verlangt Bentham Abwägung, ob das Handeln den größtmöglichen Nutzen für den Betroffenen bringt. Gegen das kasuistische, historisch befrachtete Common Law setzt er deshalb konsequent ausschließlich unhistorische Nützlichkeitsargumente und Zweckmäßigkeitserwägungen.

Von dieser sozialreformerischen Rechtsbetrachtung ausgehend entwickelte er den Begriff der „Kodifikation" als der einzig denkbaren und möglichen Form einer materiell vollständigen, rationalen Gesetzgebung für eine nach den utilitaristischen Richtigkeitskriterien der „Gemeinnützigkeit" oder des „Gesamtnutzens" verfasste Gesellschaft. Eine „Allgemeine Rechtslehre" (*universal jurisprudence*) sollte nach naturrechtlichem Vorbild durch Analyse der Terminologien, im Wege der Abstraktion und logischen Deduktion das rechtshistorische Fundament für die fällige Rechts- und Gesellschaftsreform schaffen. Benthams radikale Forderung nach einer umfassenden Rechtskodifikation blieb zwar unbeachtet. Sie gab aber dennoch in der zweiten Hälfte des 19. Jahrhunderts Anstöße zu Reformen des englischen Rechts, z.B. auf den Gebieten des Zivilprozesses und der Gerichtsverfassung.

Größten Einfluss hatten Benthams Schriften auf die sog. „Analytical Jurisprudence". Ihr Begründer war *John Austin* (1790–1859), ein Schüler Benthams, Professor in London und führender Vertreter des englischen Utilitarismus. Benthams Lehre vom Gesamtnutzen als Kriterium und Maßstab eines gerechten Rechts vertiefte Austin. Im Mittelpunkt seiner einflussreichen formalen, auf inhaltliche Fragen des Rechts nicht eingehenden Theorie stand der Begriff „Souveränität". Davon ausgehend definierte er objektives Recht als Gebot und Befehl des Souveräns an seine Untertanen (*Imperativtheorie*). Die auf der analytischen Methode beruhende positivistische Rechtslehre der Analytical Jurisprudence war aus der Kritik am englischen „case law" entstanden. Ihm machte Austin zum Vorwurf, die Rechtsordnung in ein monströses Chaos juristischer Haltlosigkeiten und Leerformeln verwandelt zu haben. Folgerichtig setzte er gegen die Systemlosigkeit und Unsicherheit des Richterrechts die Forderung nach einem aus der Autorität des höchsten Machtträgers abgeleiteten, begrifflich perfekt ausgebildeten positivistischen Rechtssystem. Dabei unterschied er eine „*particular jurisprudence*", die ein bestimmtes historisches Rechtssystem zum Gegenstand hatte, von der „*general jurisprudence*", deren Aufgabe es war, die allen Rechtssystemen gemeinsamen allgemeinen Lehren, Grundbegriffe und Grundprinzipien zu formulieren. Bei diesen Arbeiten wurden die Rechtsbegriffe „analytisch", d.h. in ihrer wechselseitigen logischen Verschränkung untersucht.

Das Streben nach Begrifflichkeit und Systematisierung lässt Austins Abhängigkeit von der deutschen pandektistischen Begriffsjurisprudenz erkennen, deren Lehren er in Deutschland studiert hatte. Die von ihm begründete Denkrichtung bezweckte – im Gegensatz zu Bentham – primär nicht den Ersatz des Common Law durch eine Kodifikation. Das Ziel war vielmehr, mit Hilfe eines Systems allgemeiner Lehren des Rechts das Richterrecht zu ordnen, um ihm Berechenbarkeit und Geltungskraft zu verleihen. Konsequenterweise mündete die „Analytical School" in einen rein konstruktiven Positivismus ein, dessen rechtspolitischer Zweck sich im Wesentlichen in der Rechtssystematik als Garant höchster Rechtssicherheit erschöpfte.

Die Analytical Jurisprudence hatte unmittelbar auch die österreichische (*H. Kelsen*) und deutsche positivistische Rechtsphilosophie (*K. Bergbohm*) beeinflusst. Sie wurde zum Ausgangspunkt neuer (rechtspositivistischer) Theorien. Eine der einflussreichsten hat für den angelsächsischen Sprachraum *Herbert L.A. Hart* (1907–1992) begründet. In seiner Philosophie (The Concept of Law, 1961) „analysiert" er mittels Logik und der – von *Ludwig Wittgenstein* (1889–1951) maßgeblich beeinflussten – modernen Sprachtheorie kritisch rechtliche Begriffe und Erscheinungsformen, um sie für eine neue Theorie des Rechts nutzbar zu machen. Auch die zur Zeit weltweit wohl am meisten beachtete „Theory of Justice" (1971) von *John Rawls* (1921–2002) hat sich aus ursprünglich utilitaristischen Wurzeln zu einer „modernen Form des Vernunftrechts" (*B. Rüthers*) entwickelt und steht in der Nähe zum analytischen Rechtsdenken.

**Schrifttum:** *A.B. Schwarz*, Rechtsgeschichte und Gegenwart (1960), 73 ff. (47 ff.) – *P. Koschaker*, Europa und das römische Recht, 4. A. (1966), 218 ff. – *W. Teubner*, Kodifikation und Rechtsreform in England (1974), 132 ff. – *W. Lö-*

*wenhaupt*, Politischer Utilitarismus und bürgerliches Rechtsdenken (1972), 97 ff. – *J. Beauté*, Un grand juriste anglais: Sir Edward Coke (1975) – *W. Fikentscher*, Methoden des Rechts II (1975), 42 ff. – *W.E. Rumble*, The thougt of John Austin (1985), 60 ff. – *B. Simpson*, The Common Law and legal theory, in: Legal theory and Common Law, hg. v. W. Twining (1986), 8 ff. – *D. Lieberman*, The province of legislation determined. Legal theory in eighteenth-century Britain (1989), 31 ff., 219 ff. – *B. Rüthers*, Rechtstheorie (1999), 214 ff., 269 ff. – *M. Reimann*, Who is afraid of the Civil Law? Kontinentaleuropäisches Recht und Common Law im Spiegel englischer Literatur seit 1500, ZNR 1999, 357 ff.

## 7. Mixed jurisdictions

Nicht überall auf der britischen Insel und nicht in allen Mitgliedstaaten des heutigen Commonwealth ist das Common Law Grundlage des geltenden Rechts. Zahlreiche Länder haben sich aufgrund ihrer besonderen politischen Geschichte eine eigene, vom Common Law ganz oder in Teilbereichen abweichende Rechtsordnung bewahren können. Diese sog. *mixed jurisdictions* stehen entweder in Konkurrenz zum Common Law oder kommen ergänzend zu ihm zur Anwendung.

Irland und Schottland hatten im Mittelalter Kontakte mit dem kontinentalen Rechtsdenken. Die historischen Rechte beider Länder waren vom römisch-kanonischen Recht beeinflusst, das irische Recht allerdings in geringerem Umfang als das schottische. Schottland war im 13. Jahrhundert zur Abwehr englischer Hegemonialansprüche eine Allianz mit Frankreich eingegangen (*Old Alliance*) und hat sich auf dem Gebiet des Kultur- und Rechtswesens dem Kontinent geöffnet. Für die eigene Rechtsentwicklung blieb diese Hinwendung zum Ius commune nicht folgenlos. Schottische Juristen studierten im Mittelalter römisch-kanonisches Recht an französischen und holländischen Universitäten. Nach der Realunion mit England (1707) galt in Schottland römisches Recht neben dem Common Law. Gegenwärtig hat Schottland ein Rechtssystem, das sich stark vom Common Law unterscheidet.

Die Isle of Man und die Schottland vorgelagerten Inseln besitzen ein ebenfalls vom Common Law abweichendes, dem älteren skandinavischen gleichendes Recht. Die Kanalinseln Guernsey und Jersey, einst Teile des Herzogtums der Normandie, haben sich das altnormannische Gewohnheitsrecht als Grundlage ihres heutigen Privatrechts bewahrt. Die übrigen Länder, soweit früher oder gegenwärtig Mitglieder des

**Commonwealth**, folgen überwiegend dem englischen Recht. Jedoch bildet z.b. in Südafrika, Zimbabwe (Rhodesien), Südwestafrika (Namibia) und Sri Lanka (Ceylon) aufgrund ihrer Geschichte als einstige holländische Kolonien eine Kombination von Common Law und römisch-holländischem Recht (*Roman-Dutch Law*), in Mauritius und dem kanadischen Québec eine am Code Napoléon orientierte Kodifikation die Grundlage des geltenden Rechts. In den zum ehemaligen spanischen Kolonialreich gehörenden Gebieten gilt partiell noch altspanisches Recht. In Indien, das 1947 in die volle Unabhängigkeit entlassen wurde, war das englische Recht gegen Ende des 19. Jahrhunderts örtlich kodifiziert worden (*Indian Contracts* [Vertragsgesetz] und *Evidence Act 1872* [Beweisgesetz], *Transfer of Property Act 1882* [Gesetz über Eigentumsübertragung]).

**Schrifttum:** Handbuch III 2, 501 ff. (*Luig*) – *H.R. Hahlo/E. Kahn*, The South African legal system and its background (1979), 578 ff. – *R.H. Grimes/P.T. Horgan*, Introduction to law in the Republic of Ireland (1981), 16 ff.


## II.  Recht der Vereinigten Staaten von Amerika

### 1. Bundesrecht und Einzelstaatenrecht

Das Recht der Vereinigten Staaten von Amerika gehört seiner historischen Entwicklung und seinem Charakter nach zur Rechtsgruppe des Common Law. Trotz grundsätzlicher Übereinstimmungen mit dem englischen Recht weichen jedoch beide Rechtsordnungen in zentralen Punkten voneinander ab. Vom englischen Recht unterscheidet sich das U.S.-amerikanische durch einen doppelten Gerichtsaufbau sowie durch die Gliederung der Rechtsordnung in eine bundes- und einzelstaatliche. Alle fünfzig Einzelstaaten verfügen über eine eigene Gerichtsorganisation, Gesetzgebung und ein besonderes Rechtswesen, das in vielem vom Recht des Bundesstaates abweicht.

Charakteristisch für das U.S.-amerikanische Recht ist das Nebeneinander von Bundesrecht und Recht der Einzelstaaten. Die sich daraus ergebenden Probleme sind vielschichtig. Allgemeinere Grundsätze für die nähere Bestimmung des Verhältnisses beider Rechtsordnungen zueinander werden durch viele Ausnahmen modifiziert. Die Gerichte des Bundes besitzen Zuständigkeit für alle ihnen nach Bundesrecht besonders übertragenen Gegenstände. In die Kompetenz der Einzelstaatsgerichtsbarkeit fallen alle übrigen sowie die nach Staatenrecht ihnen zugewiesenen Materien. Rechtsmittelverfahren und Rechtszug vom Einzelstaatsgericht zum Obersten Bundesgerichtshof (*U.S.-Supreme Court*) sind im Allgemeinen nur möglich, wenn die Verletzung einer Norm der Bundesverfassung durch ein Gesetz oder durch eine Gerichtsentscheidung eines Einzelstaats behauptet wird.

Heftig umstritten war die für eine Kompetenzabgrenzung ebenfalls wichtige Frage, ob das Common Law als allgemeine Rechtsordnung des Bundes (*federal general Common Law*) aufzufassen war oder ob es nur in der Form des parlamentarischen bzw. Rechtsprechungsrechts der Einzelstaaten galt. Nach längeren Auseinandersetzungen wurde sie 1938 zugunsten eines Gliedstaaten-Common Law entschieden. Dieses für die Schließung von Gesetzes- und Rechtslücken eminent wichtige Prinzip haben allerdings neuere Entscheidungen wieder eingeschränkt.

**Schrifttum:** *L.M. Friedman* u.a. (Hg.), American law and the constitutional order (1978) – *F.G. Kempin, Jr.*, Historical introduction to anglo-american law (1990) – *J. Annaheim*, Die Gliedstaaten im amerikanischen Bundesstaat (1992) – *P. Hay*, Einführung in das amerikanische Recht, 4. A. (1995), 44 ff.

## 2. Common Law oder Kodifikationen

Die Grundlage der Rechtsordnung der Einzelstaaten bildet das durch Rechtsprechung entwickelte und durch Akte der Legislative (*State Legislation*) zu Einzelproblemen präzisierte Common Law. Die Entscheidung für die Übernahme des englischen Rechts und gegen eine Kodifikation nach kontinentaleuropäischem Vorbild fiel erst Mitte des 19. Jahrhunderts.

Der Gedanke der Einführung eines eigenständigen amerikanischen Rechts wurde schon kurz nach der Erklärung der amerikanischen Unabhängigkeit (1776) populär. Im Streit zwischen Befürwortern und Gegnern einer Kodifikation spielte die 1771/72 in den Vereinigten Staaten erfolgte Veröffentlichung der „Commentaries on the Laws of England" von *William Blackstone* (1723–1780) eine große Rolle. Die Commentaries galten lange Zeit als wesentliche Quelle des Common Law und haben in Amerika entscheidend zu seiner Kenntnis und Verbreitung beigetragen. Von England aus trat 1811 auch *Jeremy Bentham* (1748–1832) für eine Kodifikation ein und erbot sich, selbst ein amerikanisches Gesetzbuch zu entwerfen. Zu den engagiertesten Verfechtern einer amerikanischen Kodifikation gehörte in New York der

Rechtsanwalt *David Dudley Field* (1805–1894), Verfasser einer zwischen 1848–1850 im Staat New York verabschiedeten Zivilprozessordnung. Bereits 1865 veröffentlichte er in New York, beeinflusst durch die europäischen Kodifikationen, den Entwurf eines Zivilgesetzbuches, der die geltenden uneinheitlichen und unübersichtlichen Regeln des Common Law zusammenzufassen, zu bereinigen und zu verdeutlichen suchte. Der sog. „Field Code" wurde zwar nicht im Staat New York angenommen, diente jedoch in Kalifornien, Nord- und Süddakota, Idaho und Montana als Vorlage für die heute bestehenden Zivilgesetzbücher.

Die Entscheidung gegen eine Kodifikation und für die Beibehaltung des Common Law fiel in den Vereinigten Staaten nicht zuletzt mit Rücksicht auf die ursprünglich überwiegend englische Bevölkerung. Eine Ausnahme davon machte der heutige Bundesstaat Louisiana. Als französisches Territorium 1803 von Napoleon für 15 Millionen Dollar verkauft und 1812 in die Union aufgenommen, hat Louisiana den Code Napoléon beibehalten. Eine Sonderstellung haben ferner die ehemals mexikanischen Landesteile des amerikanischen Südwestens (Texas, Neumexiko, Arizona) sowie das mit den Vereinigten Staaten verbundene Commonwealth of Puerto Rico. Sie besitzen ein Mischrecht, das Elemente des altspanischen Kolonialrechts mit solchen des Common Law vereinigt. Vom Common Law ausgenommen sind vielfach besondere Rechtsinstitute, wie etwa das Immobiliarsachenrecht und Ehegüterrecht.

## 3. Uniform Acts

Einzelstaatliche Rechtsverschiedenheit und die Zunahme von Gesetzen, die auch in den Vereinigten Staaten zur Fortbildung des Rechtsprechungsrechts erlassen werden, haben in der Praxis Probleme sichtbar werden lassen, deren Ursachen in einer fortschreitenden Erosion und Desintegration des Common Law gesehen werden. Die Gefahr einer schleichenden Auflösung der inneren Einheit des amerikanischen Rechts wurde schon zu Ausgang des 19. Jahrhunderts erkannt. Sie wuchs mit zunehmender Gesetzesproduktion, Differenzierung und Komplizierung der sozialen wie ökonomischen Lebensbedingungen. Seitdem bemühte sich die amerikanische Rechtswissenschaft um die Erhaltung und Wiederherstellung dieser inneren Geschlossenheit des Common Law. Zwei Organisationen haben sich dabei hervorgetan.

Im Jahre 1892 wurde auf Initiative der „American Bar Association" die „National Conference of Commissioners on Uniform State Laws" gegründet. Diese Vereinigung hat bis 1962 insgesamt 68 Einheitsgesetze (*Uniform Acts*) und 18 Mustergesetze (*Model Laws*) ausgearbeitet und der einzelstaatlichen Gesetzgebung zur Verabschiedung empfohlen. Das erste Modellgesetz regelte das Wechsel- und Scheckrecht (*Uniform Negotiable Instruments Act*) und wurde bis 1920 von jedem Einzelstaat angenommen. Zu den wichtigsten Einheitsgesetzen zählt der 1952 vorgelegte, 1956 in Kraft gesetzte und inzwischen mehrfach novellierte „Uniform Commercial Code". Dieses Handelsgesetzbuch hat in sämtlichen Staaten Gesetzeskraft erhalten.

Parallel dazu ist das von Anwälten, Richtern und Rechtsprofessoren im Jahre 1923 gegründete „American Law Institute" als private Institution laufend um eine Systematisierung und damit Vereinfachung der Normen des Common Law bemüht. In dem „Restatement of the Law" wird der Zustand der klassischen Rechtsgebiete in den Einzelstaaten, wie er durch Rechtsprechung oder Gesetzgebung konkretisiert und ständig fortgebildet wird, umfassend dokumentiert. Das Restatement ist kein Gesetz im technischen Sinne. Es bemüht sich – vergleichbar den Lehrbüchern der Pandektistik des 19. Jahrhunderts – nur um die systematisierende Erfassung des Fallrechts in seiner jeweils aktuellen Form. Als reine private Publikation besitzt es lediglich Erklärungscharakter, ist aber praktisch für die Rechtsprechung richtungweisend.

Bei den Bemühungen um Rechtsvereinheitlichung durch kritische Rechtsvergleichung leisten auch die amerikanischen „Law Schools" (z.B. Yale, Harvard, Columbia, Berkeley, Michigan, Chicago) einen bedeutenden Beitrag. Mit der Vermittlung juristischer Elementarkenntnisse und Argumentationstechniken schaffen sie die Voraussetzungen für eine Harmonisierung der einzelstaatlichen Rechtsordnungen und damit für die Grundlegung eines gemeinamerikanischen Rechts, das allerdings bislang in keinem der Staaten gilt.

**Schrifttum:** *S. Sobotka*, David Dudley Field und die Kodifikationsbestrebungen im Staat New York im 19. Jahrhundert, Diss. jur. Köln (1973), 49 ff. – *L.M. Friedman*, A history of American law (1973), 340 ff. – *G. Gilmore*, The ages of American law (1977) – *C.M. Cook*, The American codification movement: a study of antebellum legal reform (1981), 185 ff. – *D. Blumenwitz*, Einführung in das angloamerikanische Recht, 6. A. (1998), 45 ff. – *Chr. Börner*, Kodifikation des Common Law. Der Civil Code von David Dudley Field (2001).

## 4. Amerikanische und europäischen Rechtswissenschaft

Das Verhältnis der angloamerikanischen zur europäischen Rechtswissenschaft kennzeichnet, ungeachtet fortbestehender Unterschiede und Gegensätze, eine zunehmende gegenseitige Annäherung. Gegenwärtig erfolgt eine fruchtbare Übernahme von Rechtsinstituten des amerikanischen Rechts in die Privatrechtsordnungen Kontinentaleuropas. Dieser Vorgang weist überraschende Ähnlichkeiten zur europaweiten Aufnahme des römisch-kanonischen Rechts während des Mittelalters auf. Eine Vielzahl neuer Geschäftstypen (z.B. Leasing, Factoring, Franchising) ist voll in die Dogmatik des deutschen Kauf-, Miet-, Abtretungs- oder Kreditgeschäfterechts eingegliedert. Neue Rechtsfiguren (z.B. trust-Treuhand) und methodisch-theoretische Konzepte (z.B. Deregulierung, Ökonomische Analyse des Rechts, Richtersoziologie) haben ihren festen Platz in der Doktrin der nationalen Rechtssysteme gefunden. Dies rechtfertigt die Einschätzung, die Rezeption des amerikanischen Rechts sei zu einem irreversiblen und weitgehend unaufhaltsamen Prozess geworden (*W. Wiegand*).

**Schrifttum:** *R.H. Helmholz*, Continental law and Common Law: historical strangers or companions?, Duke Law Journal 1990, 1207 ff. – *R. Zimmermann*, Der europäische Charakter des englischen Rechts, ZEuP 1993, 4 ff. – *P.D. Carrington*, Der Einfluss kontinentalen Rechts auf Juristen und Rechtskultur der USA 1776–1933, JZ 1995, 529 ff. – *W. Wiegand*, Die Rezeption amerikanischen Rechts, Zeitschrift des Bernischen Juristenvereins, Sonderband 124 bis (1988), 229 ff. – *R. Stürner*, Die Rezeption U.S.-amerikanischen Rechts in der Bundesrepublik Deutschland, in: FS K. Rebmann (1989), 839 ff.

## 5. Juristische Soziologie und Legal Realism

Den Prozess der gegenseitigen Annäherung begünstigte und beschleunigte die Tatsache, dass bereits in den ersten Jahrzehnten des 20. Jahrhunderts zwischen deutschen und amerikanischen Juristen ein intensiver wissenschaftlicher Austausch und wechselseitiger Ideentransfer stattgefunden hatte. Diese Kontakte liefen über die Rechtsvergleichung als Brücke und wurden durch die NS-Rassenpolitik abrupt unterbrochen. Eine Vielzahl zur Elite der deutschen Rechtswissenschaft zählender Juristen jüdischer Herkunft wurde in Konzentrationslager verschleppt und ermordet. Nur wenige konnte sich in das – bevorzugt englische oder amerikanische – Exil retten. An diese alten Verbindungen konnte erst nach dem Zweiten Weltkrieg behutsam und langsam wieder angeknüpft werden. Vorreiter bei den Versuchen einer Reaktivierung früherer wissenschaftlicher Kontakte waren erneut die Fachdisziplinen Rechtsvergleichung, Rechtstheorie und Methodenlehre.

Die amerikanische Rechtslehre hat schon früh die Vorzüge einer Einbeziehung und Nutzbarmachung der Sozialwissenschaften für eine zeit- und interessengemäße Fortentwicklung des Rechts erkannt. Ihr Bemühen galt primär der Herstellung eines verstärkten Wirklichkeitsbezuges des Rechts (*Realismus*). Erst von ihm ausgehend erschien eine grundlegende Revidierung des traditionellen Richterbildes sowie des Rechtsfindungsprozesses möglich. Mit diesem Anspruch verfolgte die Rechtslehre im Prinzip vergleichbare Ziele, wie sie in Deutschland fast zeitgleich im ersten Drittel des 20. Jahrhunderts von Freirechtsschule, Interessenjurisprudenz und Rechtstatsachenforschung formuliert worden waren.

Das Programm einer juristischen Soziologie hatte die amerikanische Rechtswissenschaft bereits um die Jahrhundertwende entworfen. Es war als Alternative zu der für steril befundenen „Analytical Jurisprudence" des Utilitaristen und Rechtspositivisten *John Austin* (1790–1859) gedacht, einer englischen Methodenvariante der deutschen Begriffsjurisprudenz. Austins Rechtslehre nahm bei der Lösung von Rechtsproblemen gegenüber einer wertenden Berücksichtigung von einzelfallbezogenen Interessen und rechtstatsächlichen Voraussetzungen eine ablehnende Haltung ein. Der Richter hatte das Recht primär technisch korrekt anzuwenden (*mechanical jurisprudence*). Erst in zweiter Linie sollte er auch rechtsschöpferisch tätig werden.

Die Umsetzung des soziologischen Programms von einem System der Zusammenhänge zwischen Recht und Gesellschaft erfolgte im Wesentlichen in den ersten drei Jahrzehnten des 20. Jahrhunderts. Die neuen amerikanischen Lehren wurden als Reaktion auf die Erstarrung des Common Law in Tradition und Formalismus entwickelt. *Oliver Wendell Holmes jr.* (1841–1935), Rechtsprofessor und Richter am U.S.-Supreme Court, und *Roscoe Pound* (1870–1964), Richter und Rechtsprofessor in Harvard, waren die Begründer einer Soziologischen Rechtsschule (*sociological jurisprudence*). Die Ergebnisse dieser neuen Jurisprudenz wurden von *Benjamin Nathan Cardozo* (1870–1938), Richter am U.S.-Supreme Court, und *Karl Nickerson Llewellyn* (1893–1962), Rechtsprofessor in Chicago, aufgegriffen und für eine rechtsschöpferische, sozialgestaltende richterliche Entscheidungsmacht praktisch nutzbar gemacht. Llewellyn, von 1937–1952 „Chief

Reporter" für den Uniform Commercial Code, gehörte zum Kreis der bedeutenden Vertreter des „Juristischen Realismus" (*legal realism*). Später wurde ihm eine überzogene Betonung des Realen, Faktischen vorgeworfen.

Ziel der Erneuerungsbewegung war, das amerikanische Rechtsdenken aus seiner Stagnation mit Hilfe einer Rechtsanwendungslehre zu befreien, die große Ähnlichkeiten mit der deutschen Interessenjurisprudenz hatte. Die Realisten bedienten sich dabei der Soziologie, die sie zu ihren eigentlichen Aufgaben in der Wirklichkeit der Rechts-, insbesondere der Gerichtspraxis hinführen sollte. Eines der Ergebnisse war die Lehre von der sozialpsychologischen Rechtsgeltung durch die Entscheidungen der Gerichte (*law in action*). Diese Theorie verstand Recht als „*social engineering*". Rechtsnormen und Rechtsprinzipien waren niemals vom wirklichen Geschehen abgehoben. Recht galt vielmehr als ein Instrument, geeignet, die unterschiedlichsten „Interessen" möglichst harmonisch miteinander in Einklang zu bringen. Recht war Mittel zum Zweck. Als solches setzte es voraus, dass Gesetzgeber wie Richter bei der Rechtsschöpfung oder Rechtsanwendung stets die sozialen und ökonomischen Folgen ihres Handelns berücksichtigten. In dieser Funktion des Rechts als Steuerungsinstrument der sozialen Prozesse wurden die praktischen Möglichkeiten einer Verbindung der normativen Rechtswissenschaft mit den empirischen Sozialwissenschaften überzeugend unter Beweis gestellt.

Die überwiegend positivistisch orientierte deutsche Privatrechtswissenschaft hat die Lehren des amerikanischen Legal Realism erst relativ spät zur Kenntnis genommen. Eine vorübergehende Hinwendung zu den gesellschaftlichen Realitäten, angeregt durch die soziologisierenden Tendenzen von Interessenjurisprudenz und Freirechtslehre, wurde durch den Nationalsozialismus unterbrochen. Ein für „völkische" Zwecke missbrauchtes Recht bedurfte keiner rationalen Diskussion seiner Methoden und Grundlagen. Impulse zur Weiterentwicklung der Rechtstheorie und neue, nach empirischen Methoden getroffene Analysen der den Prozess der richterlichen Rechtsfortbildung bestimmenden Faktoren sind nahezu ausnahmslos von den amerikanischen Spitzenuniversitäten ausgegangen. Dies änderte sich erst nach dem Zweiten Weltkrieg.

Die deutsche Rechtswissenschaft hatte nur zögernd begonnen, über das Medium der juristischen Soziologie nach den zwischen Rechtsdogmatik, Gerichtspraxis, Gesellschaftswirklichkeit und Politik bestehenden

Abhängigkeiten zu fragen und die Ergebnisse unter dem Aspekt ihrer Verwendbarkeit für die Praxis zu prüfen. Allerdings behinderte anfangs eine politisch bemäntelte Voreingenommenheit, vielfach sogar Borniertheit die Effizienz und Sachlichkeit dieser Diskussion.

**Schrifttum:** *N. Reich*, Sociological Jurisprudence und Legal Realism im Rechtsdenken Amerikas (1967), 44 ff., 82 ff. – *W.E. Rumble*, American legal realism (1968) – *W. Fikentscher*, Methoden des Rechts II (1975), 151 ff., 223 ff., 273 ff. – *M. Rehbinder* (Hg.), Recht, Rechtsleben und Gesellschaft von K.N. LLewellyn (1977), 9 ff. – *H. Geddert*, Zur Einführung: Der amerikanische Rechtsrealismus (legal realism), JuS 1979, 393 ff. – *W. Twining*, Karl Llewellyn and the realist movement (1985), 170 ff., 375 ff., 488 ff. – *M. Reimann*, Historische Schule und Common Law (1993) – *B. Rüthers*, Rechtstheorie (1999), 171 ff.

# § 10 Rechtsgeschichte und Zivilrechtswissenschaft der Gegenwart

## I. Spätpandektistik und Zerfall der Kodifikation

### 1. Rechtsfortbildung durch Rechtsprechung

Das Deutsche Bürgerliche Gesetzbuch von 1896/1900 (BGB) ist das Produkt einer Zivilrechtswissenschaft, die ihren Zenith bereits längst überschritten hatte, und eines Kaiserreichs, das der Wilhelminismus wie ein Mehltau überdeckte. Die späte Pandektistik hatte ihre systembildende Kraft bereits weitgehend verloren. Ihren rechtsfortbildenden Aufgaben versuchte sie als Begriffsjurisprudenz nachzukommen. Das BGB atmet ihren Geist. Seine Sprache, Abstraktionshöhe und lebensferne Systematik verraten den Gelehrten als Urheber. Es war seiner Grundtendenz nach „weniger reformatorisch als konfirmatorisch und zusammenfassend" (*P. Oertmann*). Die Praxis erkannte bald die Defizite des pandektistischen Spätwerks.

Größere Brüche zeigten sich bereits in den ersten beiden Jahrzehnten nach dem Inkrafttreten. Bei der Anpassung der Rechtsnormen an die Bedürfnisse der Praxis versagten die begriffsjuristischen Methoden der Rechtsgewinnung und Interpretation. Nach dem Verständnis des Gesetzespositivismus, den das BGB vorbildlich repräsentierte, bestand Recht ausschließlich aus verfassungsmäßig zustande gekommenen, den Willen des Staates als Rechtsquelle umsetzenden Normen, die keiner Inhalts- oder Gerechtigkeitskontrolle unterlagen. Nachdem die begrenzten Möglichkeiten einer Fortentwicklung des Gesetzbuchs durch das begriffsjuristische Instrumentarium feststanden, musste nach einem adäquaten Ersatz gesucht werden. In der richterlichen Rechtsfortbildung wurde er schließlich gefunden.

Auf die Judikatur verlagerte sich künftig die Zuständigkeit zur Auslegung und Fortbildung des Normenbestands. Die Rechtsprechung fühlte sich nicht mehr dem Gesetz nach-, sondern ihm gleichgeordnet (*K.W. Nörr*). Das Ziel war, „durch das Gesetzbuch über das Gesetzbuch hinaus" (*E. Zitelmann*). Die Geschichte des neuen BGB wurde fortan maßgeblich von der Rechtsprechung des Reichsgerichts geschrieben.

An die Stelle der alle Rechtsfragen kompetent beantwortenden „Begriffe" traten nun die „Interessen" der Beteiligten. Dies veränderte die bisherige Aufgabenteilung zwischen Wissenschaft und Praxis. Die Rechtslehre war jetzt berufen, die Grundsatzfragen nach den Grenzen der Gesetzesbindung und der Richterfreiheit verfassungskonform und praxisgerecht zu definieren. In die Kompetenz der Judikative fielen nun eigentlich Aufgaben der Legislative. Durch richterliche Rechtsfortbildung musste das Gesetzbuch an die Veränderungen in Wirtschaft und Gesellschaft angepasst werden. Das Ergebnis waren zwei neue Rechtsanwendungslehren. Als „Freirechtsschule" und „Interessenjurisprudenz" haben sie den gesetzespositivistischen Grundansatz der Rechtsprechung grundlegend korrigiert.

## 2. „Zweite" Privatrechtsordnung und Dekodifikation

Eine weitere Problemzone zeigte sich in den Folgen der gesetzgeberisch misslungenen Schaffung einer materiell vollständigen Kodifikation. Schon während der Gesetzgebungsarbeiten hatten die Redaktoren die Vollständigkeit als leitendes Kodifikationsprinzip aufgegeben. Das BGB sollte die bürgerliche Rechtsordnung keineswegs erschöpfend fixieren. Wichtige Teilbereiche der ursprünglich als Einheit konzipierten bürgerlichen Rechtsordnung wurden als sog. besonderes Privatrecht in Neben- und Sondergesetze abgedrängt. Dazu gehörten beispielsweise das Abzahlungsgesetz von 1894 und die Viehmängelverordnung von 1899, beide wichtige Ergänzungen des Kaufrechts, oder das Gesetz gegen den unlauteren Wettbewerb von 1896. Von Anbeginn außerhalb der BGB-Kodifikation blieben ferner das Literatururheber- und Verlagsgesetz von 1901, das Kunsturhebergesetz von 1907 sowie das Versicherungsvertragsgesetz von 1908. Für andere rechtspolitisch zentrale und brisante Rechtsgebiete, wie Arbeits-, Wirtschafts- und Sozialrecht, hielt das Gesetzbuch allenfalls allgemeine Grundregeln bereit.

Diese Zurückhaltung des BGB gegenüber der „Zweiten" Rechtsordnung (*R. Stürner*) der privatrechtlichen Sonder- und Nebengesetze wurde im Hinblick auf die Funktionsfähigkeit der Kodifikation unterschiedlich interpretiert. Das Meinungsspektrum reicht von weiser Selbstbeschränkung bis hin zur Unfähigkeit des Gesetzgebers, das Gesetz den veränderten gesellschaftlichen Bedingungen anzupassen. Unübersehbar geht die gegenwärtige Zivilrechtwissenschaft vom Bestehen einer „zweiten", sonderprivatrechtlichen Rechtsordnung neben der des BGB als Tatsache aus. Die Anzeichen für einen Zerfall der Privatrechtseinheit sind offenkundig und seine Folgen derzeit kaum einschätzbar. Eine Industriegesellschaft, die ihre Probleme nicht mehr mit Hilfe einer kodifikationsimmanenten und -konformen Rechtsfortbildung bewältigt, die regelungsbedürftigen Fragen vielmehr in Sondergesetze abschiebt, die zum kodifizierten Recht in Konkurrenz treten, muss sich deshalb den Vorwurf gefallen lassen, sie beschleunige den Niedergang der Kodifikation und sei deshalb für diesen, in der Gesetzgebungswirklichkeit so bislang unbekannten Zustand der sog. „Dekodifikation" (*N. Irti*) verantwortlich. Da der Mehrzahl dieser Ausnahme- bzw. Sondergesetze ein „rechtssystematischer Brennpunkt" (*K. Schmidt*) als Wesensprinzip jeder echten umfassenden Gesetzgebung fehlt, ist die vollständige Auflösung der Privatrechtseinheit nur eine Frage der Zeit. Die Rechtsordnung läuft Gefahr, in ein „polyzentrisches System" ohne eindeutige Wert- und Rangordnung auseinander zu brechen. Durch die zunehmende Aufwertung des Richterrechts wird dieser Prozess zusätzlich beschleunigt.

Ob die Zurückhaltung der Zivilrechtswissenschaft gegenüber der Flut sonderprivatrechtlicher Gesetzgebungsaktivitäten „weise" oder schlicht bequem ist, lässt sich so lange nicht eindeutig beantworten, als nicht alle Faktoren erfasst und analysiert sind, die dekodifikatorische Folgen auslösen. Jedenfalls ist das zögerliche Angehen dieser Problematik ein unübersehbares Anzeichen für das Bestehen einer großen Ratlosigkeit.

**Schrifttum:** *P. Oertmann*, Die volkswirtschaftliche Bedeutung des BGB (1900), 21 f. – *E. Zitelmann*, Zur Begrüßung des neues Gesetzbuchs, DJZ 5 (1900), 6 – *N. Irti*, L'età della decodificazione, ed. 3 (1989) – *K. Kroeschell*, Rechtsgeschichte Deutschlands im 20. Jahrhundert (1992), 210 ff. – *R. Stürner*, Der hundertste Geburtstag des BGB – nationale Kodifikation im Greisenalter?, JZ 1996, 741 ff. – *R. Damm*, Das BGB im Kaiserreich, in: Das BGB im Wandel der Epochen, hg. v. U. Diederichsen u.a. (2002), 9 ff. – *P. Caroni*, Gesetz und Gesetzbuch (2003), 125 ff.

## II. „Emanzipation" der Rechtsgeschichte

Das BGB hatte die wissenschaftliche Präsenz des Pandektenrechts in Deutschland gegenstandslos werden lassen. Entscheidenden Anteil an der Beseitigung der herrschenden pandektistischen Zivilrechtswissenschaft hatten seine akademischen Vertreter an den Universitäten selbst. Eine im Jahre 1896 nach Eisenach einberufene Konferenz deutscher Zivilrechtslehrer beschloss, der Vorlesung über das BGB im Rechtsstudium eine herausgehobene Rolle zuzuweisen. In den Studienordnungen der Rechtsfakultäten sollte das römische Recht künftig, wenn überhaupt, dann nur noch die Aufgaben eines „pädagogischen Bildungsmittels" wahrnehmen.

Damit war der endgültige Bruch mit der Pandektenwissenschaft vollzogen, die Trennung der Rechtsgeschichte vom geltenden Recht besiegelt. *Ernst Immanuel Bekker* (1827–1916), einer der letzten bedeutenden Pandektisten, hatte diesen Prozess des Auseinandergehens noch selbstbewusst und überheblich „Emanzipation" der Rechtsgeschichte genannt. Dass damit in Wirklichkeit das Ende ihrer Attraktivität als Grundlagen- und Hauptfach im akademischen Rechtsunterricht eingeleitet worden war, hat er offensichtlich nicht bedacht. Anschaulich spiegelt die realitätsabgehobene Reaktion der Pandektistik auf den Verlust ihrer Zentralität und Aktualität das führende (erstmals 1862/70 erschienene) dreibändige „Lehrbuch des Pandektenrechts" von *Bernhard Windscheid* (1817–1892) wider. In der 1906 noch in 9. Auflage erschienenen, einstigen „zentralen Sammelstelle des Pandektenrechts" brachte der letzte Bearbeiter *Theodor Kipp* (1862–1931) das Recht des Bürgerlichen Gesetzbuches lediglich in Form von „Zusätzen" zur Darstellung.

Die neue, ausschließlich am BGB orientierte gesetzespositivistische Zivilrechtswissenschaft war an rechtshistorischen Zusammenhängen, wenn überhaupt, dann nur mäßig interessiert. An dieser Grundhaltung hat sich bis heute nur Unwesentliches geändert. Die Zivilistik arbeitete überwiegend exegetisch und beschäftigte sich primär mit der Auslegung des Wortlauts der Rechtssätze sowie mit ihrer Aufbereitung für eine problemlose, mechanische Anwendung in der Praxis. Dabei übernahm sie vom pandektistischen Positivismus den Begriff des „Rechts" und setzte ihn mit dem verfassungsmäßig erlassenen „Gesetz" (im materiellen Sinne) gleich. Der wissenschaftliche Positivismus war erfolgreich zum Gesetzespositivismus mutiert.

## 1. Romanistik

Das aus seinem Dienst für das geltende Recht entlassene römische Recht der Pandektistik wurde zum Gegenstand ausschließlich historischer Forschungen. Im juristischen Universitätsunterricht auf eine fragwürdige propädeutisch-dogmatische Funktion reduziert, kämpft es seitdem um seine Existenzberechtigung. Für die auf das geschichtliche Recht verengte, historisierte Fachwissenschaft vom römischen Recht (Romanistik) begann eine neue Epoche. Ihre Aufgaben hatte bereits zu Ausgang des 19. Jahrhunderts der Jurist, Historiker und Philologe *Theodor Mommsen* (1817–1903) programmatisch formuliert. Seine textkritischen Editionen und Forschungen nahm als einer der Ersten der zuletzt in Freiburg i. Br. lehrende Romanist *Otto Lenel* (1849–1935) zum Vorbild für eigene, umfassende Rekonstruktionen klassischer Juristentexte. Das Ziel war, durch Eliminierung von Interpolationen eine Absorbierung des klassischen „reinen" römischen Rechts aus dem justinianischen Corpus iuris zu erreichen. Für die nun wieder im Mittelpunkt stehende Interpolationenforschung wurden die Arbeiten des Philologen und Romanisten *Otto Gradenwitz* (1860–1935) wegweisend.

Der Graben zwischen der historisierten Romanistik und der Zivilistik wurde zusätzlich durch neue romanistische Forschungsgebiete vertieft. Für sie konnte der mit dem geltenden Recht befasste Jurist allenfalls ein ästhetisches Interesse aufbringen. Dazu gehörte insbesondere die juristische Papyruskunde, als deren Begründer der in Leipzig lehrende Romanist *Ludwig Mitteis* (1859–1921) gilt. Seine Forschungen zur Rezeption des römischen Rechts in den östlichen Provinzen des Reichs hatten den Blick auf Quellen gelenkt, die bislang außerhalb des Interesses lagen: Griechisch-hellenistisches Provinzialrecht, das syrisch-römische Rechtsbuch, gräko-ägyptische Papyri und mesopotamische Keilschrifturkunden. Unter seinem Schüler *Leopold Wenger* (1874–1953), Romanist in Graz, Wien, Heidelberg und München, den die Nationalsozialisten in Wien 1938 zwangsemeritierten, wurde München zu einem Zentrum der deutschen Papyrologie. Die Römische Rechtsgeschichte weitete sich zu einer umfassenden Antiken Rechtsgeschichte aus. Sie umfasste nun auch die sog. Keilschriftrechte (Babyloniens), mit deren systematischen Erforschung *Paul Koschaker* (1879–1951), ein Schüler von Mitteis, als Erster begonnen hatte.

Die Erträge dieser vom geltenden Recht abgelösten, absolut geltungsfreien Beschäftigung mit dem geschichtlichen Recht bestanden in einer philologisch ebenso wie historisch beeindruckenden Forschungsleistung. Das ohne Rücksicht auf praktische Verwendbarkeit angesammelte Detailwissen zu Genese, Entwicklung, Struktur und Dogmatik eines unverfälschten römischen Rechts bildete fortan ein enormes Reservoir für weitergehendes rechtsantiquarisches Arbeiten. Diese Art „puristischer" Rechtsgeschichtsforschung hat die Romanistik zu einer Exklusivwissenschaft verkümmern lassen, die in der Verantwortung nur einiger weniger eingeweihter Fachgelehrter stand.

**Schrifttum:** *E. Picker*, Zum Gegenwartswert des römischen Rechts, in: Das antike Rom in Europa, hg. v. H. Bungert (1985), 289 ff. – *W. Selb*, Antike Rechte im Mittelmeerraum (1993), 47 ff., 105 ff. – *K.W. Nörr*, Das römische Recht zwischen Technik und Substanz: Bemerkungen zu seiner Rolle am Ende des 20. Jahrhunderts, ZEuP 1994, 67 ff. – *L. Breunung*, Romanistik in der Weimarer Republik, SZRom 116 (1999), 279 ff. – *H. Schröder/D. Simon* (Hg.), Rechtsgeschichtswissenschaft in Deutschland 1945–1952 (2001).

## 2. Germanistik und Kanonistik

Die Ablösung der positivistischen Pandektenwissenschaft durch die neue, am BGB orientierte gesetzespositivistische Privatrechtslehre hatte weitreichende Folgen auch für die Wissenschaft vom germanisch-deutschen Recht (Germanistik). Die mit einem großen intellektuellen Aufwand betriebenen Versuche, ein „System des Gemeinen deutschen Privatrechts" aus den germanischen Rechtskulturelementen zu konstruieren, waren fehlgeschlagen. Mit dem BGB fand der alte Streit um die Revitalisierung und praktische Geltung eines deutschen Privatrechts seine endgültige Erledigung.

Auch die Germanistik suchte in dieser Situation ihre Zukunft in der vollen Historisierung. Der dogmatischen und rechtspolitischen Bedeutungslosigkeit einer antiquarisierenden deutschen Rechtsgeschichte versuchten ihre Vertreter durch die Betonung des Entwicklungsgedankens im deutschen Recht in seiner propädeutischen Funktion zu begegnen. Auch entdeckten sie als neues Forschungsgebiet die Verfassungsgeschichte wieder und erhofften sich von ihr für ihre Fachdisziplin eine zusätzliche politische Legitimation. Das auf diesen Grundlagen beispielsweise von dem Germanisten *Rudolf Hübner* (1864–1945) entwickelte Programm erklärte die Pflege des historischen germanisch-deutschen Rechts als „Vorstufe" des geltenden Rechts zur vorrangigen Aufgabe. Das Echo darauf war ebenso wie das Interesse mäßig.

Unter dem Einfluss kruder NS-Ideologie kam es dann noch einmal zu einer fragwürdigen, teilweise groteske Züge annehmenden Renaissance der Germanistik. Ihr war eine führende Rolle bei der sog. „völkischen Rechtserneuerung" zugedacht. Die Germanisten sollten vorzugsweise aus den germanischen Quellen „die geistigen und sittlichen Grundlagen des germanischen und des deutschen Rechts" (*Cl. v. Schwerin*) oder die typisch germanisch-deutsche „Rechtsgesinnung" (*W. Merk*) herauspräparieren. Protagonisten dieser allgermanischen Bewegung waren z.B. die Germanophilen *Claudius v. Schwerin* (1880–1944) und *Hans Planitz* (1882–1954). Zu ihnen zählte auch der Germanenrechteforscher *Karl August Eckhardt* (1901–1979). Er war als Urheber einer NS-Primitivitäten konsequent umsetzenden absurden, allgemein verbindlich gewordenen juristischen Studienordnung im Jahre 1935 zu zweifelhaftem Ansehen gekommen. Mit kosmopolitischer Anmaßung wurde germanisch-deutsches Recht zu einem „germanischen Weltrecht" stilisiert, das in dieser Überhöhung Modellcharakter für das zu schaffende „völkische Recht" haben sollte (*Hans Schreuer, Karl Haff*).

Der (vorerst) letzte Versuch einer Aktualisierung des historischen sog. gemeinen deutschen Privatrechts stammt von dem Münchener Germanisten *Heinrich Mitteis* (1889–1952). Er verstand das geschichtlich gewachsene deutsche Recht als Medium einer aktuellen universellen deutschen Rechtslehre, die u.a. als Prophylaxe gegenüber einer blinden Begriffsjurisprudenz ihre Aufgaben neu zu formulieren hatte. Anklang fanden diese Postulate in der neueren Germanistik nicht mehr.

Mit der Verabschiedung der Rechtsgeschichte vom geltenden Recht wurde auch der ursprüngliche Gegensatz zwischen Romanisten und Germanisten gegenstandslos. Dazu hat wesentlich der dritte, der römischen und deutschen Rechtsgeschichte ebenbürtige Zweig beigetragen: Die kirchliche Rechtsgeschichte oder historische Kanonistik. Sie erhielt ihre maßgebende Formung durch den schweizerischen, zuletzt in Berlin lehrenden Rechtshistoriker *Ulrich Stutz* (1868–1938). Er war bereits 1905 in einer programmatischen Rede für die „Erhebung der kirchlichen Rechtsgeschichte zu einem eigenen Gegenstand der Forschung und des Wissens" eingetreten.

**Schrifttum:** *H. Schlosser*, Das „wissenschaftliche Prinzip" der germanistischen Privatrechtssysteme, in: Gedächtnisschrift H. Conrad (1979), 491 ff.

(507 ff.) – *W. Simon*, Claudius Frhr. v. Schwerin (1991) – *K.O. Scherner*, Heinrich Mitteis' privatrechtsgeschichtliche Forschungen und seine Konzeption des Deutschen Privatrechts, in: P. Landau u.a. (Hg.), Heinrich Mitteis nach hundert Jahren (1991), 71 ff. – *J. Rückert/D. Willoweit* (Hg.), Die Deutsche Rechtsgeschichte in der NS-Zeit (1995) – *D. Schwab*, Zum Selbstverständnis der historischen Rechtswissenschaft im Dritten Reich, in: Geschichtliches Recht und moderne Zeiten. Ausgewählte rechtshistorische Aufsätze (1995), 27 ff. – *R. Frassek*, Steter Tropfen höhlt den Stein – Juristenausbildung im Nationalsozialismus und danach, SZGerm 117 (2000), 294 ff.

### 3. Historische Rechtsvergleichung und Rechtsethnologie

Die durch die Kodifikation des bürgerlichen Rechts in ihrem Selbstverständnis sich neu definierende geschichtliche Rechtswissenschaft hatte aber auch positive Nebenwirkungen. Das gilt insbesondere für die in ihren Anfängen betont historisch orientierte vergleichende Rechtswissenschaft. Diese neue Rechtslehre beschränkte sich nicht mehr allein auf die Registrierung geschichtlicher Parallelen im Rahmen und als Teil einer allgemeinen Weltkultur- und Universalrechtsgeschichte. Vielmehr versuchte sie eine Analyse der Erscheinungsformen des Rechts aus ihren konkreten gesamtgesellschaftlichen Zusammenhängen heraus.

Die mit der Rechtsvergleichung verwandte ethnologische Rechtsforschung wurde durch den Bremer Landgerichtsrat *Albert Hermann Post* (1839–1895) in seinem „Grundriss der ethnologischen Jurisprudenz" (1894/1895) wissenschaftstheoretisch gegenüber der Völkerkunde abgegrenzt und als Teildisziplin der Rechtswissenschaft reklamiert. In dieser Funktion widmete sie sich den durch Tabus sowie magisch-religiöse Vorstellungen bestimmten Rechten der sog. primitiven Kulturen und bemühte sich um die Rekonstruktion eines „Urrechts". In Deutschland wurde diese (evolutionistische) Richtung durch die in den vormaligen Schutzgebieten betriebene Kolonialpolitik entscheidend gefördert. *Josef Kohler* (1849–1919), Professor in Würzburg und Berlin, brachte die ethnologische Jurisprudenz zu ihrer großen Entfaltung. Er galt „als der größte Jurist der wilhelminischen Zeit" (*Kleinheyer/Schröder*). Veröffentlichungsorgan für rechtsethnologische Forschungen wurde die von ihm 1878 (neben *Bernhöft* und *Cohn*) mitbegründete „Zeitschrift für vergleichende Rechtswissenschaft". Die Arbeiten von Post und Kohler sind heute kaum noch von Bedeutung (*U. Wesel*).

Nach dem Ersten Weltkrieg ließ das Interesse an ethnologischen Fragen nach. In den Vordergrund traten wieder die im Wesentlichen auf Kontinentaleuropa konzentrierten, vergleichenden Untersuchungen der Kulturrechte. Begründer dieser modernen Rechtsvergleichung war *Ernst Rabel* (1874–1955), Romanist, Zivilrechtler und Rechtsvergleicher. Er wurde 1937 wegen seiner jüdischen Herkunft zur Emigration in die USA gezwungen und entfaltete dort (u.a. an den Law Schools von Harward und Ann Arbor) eine international vielbeachtete Lehr- und Forschungstätigkeit. Das Ziel seiner Arbeiten war, durch Rechtsvergleichung eine supranationale Rechtsvereinheitlichung vorzubereiten, ein Thema, das gegenwärtig vor dem Hintergrund eines „Gemeineuropäischen Privatrechts" wieder aktuell ist. Forschungszentren waren das 1926 gegründete „Kaiser-Wilhelm-Institut für vergleichendes und internationales Privatrecht" (heute Max-Planck-Institut) in Berlin unter seinem ersten Direktor Rabel sowie das Münchener Institut für Rechtsvergleichung. Der Nationalsozialismus unterbrach gewaltsam diese fruchtbare Forschungsphase. Anschluss an die internationale Forschung bekam die deutsche Rechtsvergleichung erst wieder nach dem Zweiten Weltkrieg.

**Schrifttum:** *S. Roberts*, Ordnung und Konflikt (1981), 204 ff. – *B. Großfeld*, Vom Beitrag der Rechtsvergleichung zum deutschen Recht, AcP 184 (1984), 289 ff. – *H.G. Leser*, Ernst Rabel – Begründer der modernen Rechtsvergleichung, JuS 1987, 852 ff. – *R. Schulze*, Das Recht fremder Kulturen. Vom Nutzen der Rechtsethnologie für die Rechtsgeschichte, Historisches Jahrbuch 110 (1990), 446 ff. – *G. Kegel*, Ernst Rabel, in: H. Heinrichs u.a. (Hg.), Deutsche Juristen jüdischer Herkunft (1993), 571 ff. – *U. Wesel*, Geschichte des Rechts, 2. A. (2001), 15 ff.

## 4. Methodendiskussionen

Ein zentrales Problem jeder rechtsgeschichtlichen Fragestellung ist, wie sich der Rechtshistoriker der Geschichte zu nähern hat, wenn er die über Vergangenes berichtenden Quellen in ihren spezifisch rechtlichen Inhalten zu verstehen und ihre Bedeutung aus der Sicht der Gegenwart zu bestimmen versucht. Die Rechtsgeschichtsforschung hat sich mit wechselnder Intensität um die Formulierung methodischer Leitgrundsätze und Kriterien für eine wirklichkeitsgetreue Interpretation des geschichtlichen Rechts bemüht. Ihr Ziel war, mit Hilfe eines allgemein akzeptierten methodischen Instrumentariums den konkreten rechts-

historischen Forschungsprozess einheitlich festzulegen, Problemstel-
lungen (Thematisierungen) wissenschaftlich exakt zu artikulieren und
auf diese Weise eine rationale Nachprüfbarkeit der erzielten Ergebnisse
zu garantieren. Ein breiterer Konsens über grundlegende, für die
rechtsgeschichtliche Forschung verbindliche methodische Richtlinien
gelang nicht, konnte wegen der Vielschichtigkeit der Gegenstände des
Erkenntnisinteresses möglicherweise auch nicht hergestellt werden.

Eine Ausgang der 60er Jahre des vergangenen Jahrhunderts begonnene, interdisziplinär geführte Diskussion rechtsgeschichtlicher Metho-
denfragen verebbte nach einer Phase erregt-engagierter wissenschaftlicher Auseinandersetzungen. Gegenwärtig ist das Thema zwar
weiterhin präsent, besitzt aber offenkundig nicht mehr die Attraktivität
von einst. Eine gewisse Sättigung und Behäbigkeit zugleich scheint inzwischen wieder eingetreten zu sein. Sie ist vielleicht auch eine Folge
der schwindenden Bedeutung der rechtshistorischen Fächer im Rechtsunterricht.

Aus der Fülle unterschiedlicher Positionen zur adäquaten Methode der
Rechtsgeschichte sind viele interessante Denkmodelle präsentiert worden. So wurde beispielsweise als Alternative zu einer schlicht auf die
praktische Nutzanwendung abhebenden „applikativen Hermeneutik"
(*Hermeneutik* als Kunstlehre vom Verstehen, Erklären und Auslegen)
die „kontemplative Methode" entwickelt, die bei der Interpretation der
Quellen ständig bewusst die bestehende historische Distanz reflektiert
(*F. Wieacker* gegen *K. Kroeschell*). Eine andere methodische Rich-
tungsvariante forderte als Ersatz der „idealistischen" eine „materialisti-
sche Methode" (*U. Wesel*) oder propagierte die Konzipierung der
Rechtsgeschichte nicht als Rechtswissenschaft, sondern methodisch
korrekter als rechtlich geprägter Zweig der Geschichtswissenschaften
(*D. Simon*).

Der vorwiegend mit dem geltenden Recht beschäftigte Jurist ist ge-
neigt, dem applikativen Modell den Vorzug zu geben. Kennzeichen
dieser Methode ist ihre Nähe zum modernen Recht. Sie begreift das historische Recht (Rechtssätze, Institutionen, Rechtsetzungsakte,
Rechtsfiguren und Denkmuster) in erster Linie als Medium oder Mittel
zum besseren Verständnis der geltenden Rechtsordnung. Rechtshisto-
risch gewonnenen Erfahrungen wird die Fähigkeit beigemessen, Dogmatik und Rechtspolitik unmittelbar beeinflussen zu können. Von einer
so verstandenen Rechtsgeschichte erwartet man sich die Vermeidung

von Fehllösungen oder die Falsifizierung ungeprüft verwendeter, stereotyper Argumentationsfiguren.

Die Vorstellung von einer ausschließlich nach ihrem Wert für das moderne positive Recht definierten, diesem „dienenden" historischen Rechtswissenschaft ist jedoch problematisch, weil dadurch die tatsächliche Breite ihres Funktions- und Forschungsspektrums einschneidend verkürzt wird. Das hat die Methodendiskussion der letzten Jahre verdeutlicht. Gleichwohl ist nicht zu übersehen, dass gerade die applikative Methode reiches historisches Erfahrungsmaterial für konkrete rechtsdogmatische und rechtspolitische Ordnungsprobleme des geltenden Rechts erschließt und bereithält, das sofort genutzt werden kann. Unter diesem Blickwinkel erscheint dann auch die Notwendigkeit einer Beschäftigung mit der Rechtsgeschichte als „Grundlagenfach" im europäischen Kontext während des Rechtsstudiums gerechtfertigt. Als solches könnte sie gerade während der universitären juristischen Ausbildung entscheidend zur Schärfung und Profilierung eines das historische Recht kritisch reflektierenden Bewusstseins beitragen, ohne das ein verantwortungsvoller, gestaltender Umgang mit dem geltenden Recht durch den immer wieder beschworenen „europäischen Juristen" nicht denkbar ist.

**Schrifttum:** *F. Wieacker*, HRG (Methode der Rechtsgeschichte), 518 ff. – *K. Kroeschell*, Haus und Herrschaft im frühen deutschen Recht (1968), 48 ff., 55 ff. – *U. Wesel*, Zur Methode der Rechtsgeschichte, Kritische Justiz 7 (1974), 337 ff. – *J. Rückert*, Zur Erkenntnisproblematik materialistischer Positionen in der rechtshistorischen Methodendiskussion, ZHF 5 (1978), 257 ff. – *ders*, Die Rechtswerte der germanistischen Rechtsgeschichte im Wandel der Forschung, SZGerm 111 (1994), 275 ff. – *G. Dilcher*, Vom Beitrag der Rechtsgeschichte zu einer zeitgemäßen Zivilrechtswissenschaft, AcP 184 (1984), 247 ff. – *D. Simon*, Vom Segen historischer Betrachtungen für die Rechtsanwendung, Rechtshistorisches Journal 4 (1985), 271 ff. – *M. Senn*, Stand und Zweck der neueren Grundlagendiskussion in der Rechtsgeschichtswissenschaft, ZNR 1993, 66 ff.

## III. Rechts- und Gesetzespositivismus

Der Begriff „Positivismus" bezeichnet eine wissenschaftstheoretische Lehre, nach der Quelle aller wissenschaftlichen Erkenntnis allein das durch Erfahrung Gegebene, d.h. empirisch „Positive" ist. Mit entsprechender Bedeutung wurde der Begriff von der Rechtswissenschaft übernommen. Seine Aktualität ist bis heute ungebrochen.

Die Wurzeln des rechtspositivistischen Denkens sind vielschichtig. Sie gehen bereits zurück auf den scholastischen Voluntarismus (*Wilhelm von Occam*) und führen über die englischen Empiristen des 17. Jahrhunderts und deren vernunftrechtliche Legitimation der Autorität des positiven Gesetzes (*auctoritas non veritas facit legem*, *Thomas Hobbes*, Leviathan [1651], cap. 26) schließlich zum Positivismus der älteren französischen soziologischen Schule von *Auguste Comte*.

## 1. Soziologie und Positivismus

Der französische Philosoph *Auguste Comte* (1798–1857) entwickelte Mitte des 19. Jahrhunderts im „Discours sur l'esprit positif" (1844) das Programm einer wissenschaftlichen Weltanschauung. Er nannte sie – bereits in der Tradition von *Claude Henri de Saint-Simon* (1760–1825) – „Positive Philosophie" (*philosophie positive*). Diese moderne, auf empirisch beweisbare Tatsachen gegründete, selbständige Gesellschaftslehre wurde europaweit von den Geisteswissenschaften aufgegriffen. Sie sollte Antworten auf die veränderten Rahmenbedingungen einer Gesellschaft geben, deren Entwicklung maßgebend durch den rasanten Fortschritt der exakten Naturwissenschaften bestimmt wurde.

Entwicklungsgeschichtlich wurden die Grundgedanken der „nouvelle philosophie" den Begriffen wie der Sache nach (z.B. Tatsachen, Beobachtung, Erfahrung, Verifizierbarkeit) bereits von den englischen Empiristen, wie z.B. *John Locke* (1632–1704), *David Hume* (1711–1776), *Jeremy Bentham* (1748–1832), *Charles Darwin* (1809–1882), oder von den utilitaristischen Sozialwissenschaftlern *John Stuart Mill* (1806–1873) und *Herbert Spencer* (1820–1903) diskutiert. Comtes positivistisches Konzept stand in Widerspruch zu der deutschen idealistischen Philosophie, wie sie etwa *Georg Wilhelm Friedrich Hegel* (1770–1831), *Johann Gottlieb Fichte* (1762–1814) oder *Friedrich Wilhelm Schelling* (1775–1854) lehrten. Seine „Positive Philosophie" blieb streng antimetaphysisch und erteilte jeder Form einer spekulativen Theorie eine entschiedene Absage. Die neue Gesellschaftstheorie war eine Erfahrungswissenschaft, als „Soziologie" eine Wissenschaft von der Gesamtheit sozialer Beziehungen und Gebilde. Sie basierte auf der Übernahme des naturwissenschaftlichen Kausalitätsprinzips, insbesondere auf der Annahme, dass die natürlichen Gesetzmäßigkeiten des menschlichen Zusammenlebens aus der Verschränkung mit dem durch Beobachtung Erfahrbaren (Empirie) – d.h. dem tatsächlich „Gegebenen, Wirklichen" und deshalb „Positiven" – ableitbar waren. Ihnen wurde die Eignung beigemessen, der gewünschten Steuerung, Entwicklung und Verbesserung der Lebensbedingungen als sichere Vorhersagen dienen zu können (*savoir pour prévoir, prévoir pour prévenir*).

Vorbereitet bereits durch die Positivierung des säkularisierten Naturrechts und die der Pandektistik eigene formalistische Grundeinstellung gegenüber dem Recht, stand die Rechtswissenschaft der allgemeinen positivistischen Geisteshaltung deshalb nahe. Sie konnte ohne Preisgabe von Grundpositionen an das Lehrgebäude des philosophischen Positivismus anknüpfen. Der Begriff „Rechtspositivismus" beschreibt eine besondere Vorstellung von der Geltungsweise des Rechts. Danach besteht Recht allein aus gesetzten („positiven") Normen, die formal ordnungsgemäß, nach einer geschriebenen oder ungeschriebenen Verfassung des Staats zustande gekommen und als allgemein verpflichtend erlassen wurden. Ein derart der staatlichen Regelungsmacht entstammendes Recht bedarf keiner zusätzlichen Begründung. Es wird streng von der Moral getrennt und unterliegt keiner Inhalts- oder Gerechtigkeitskontrolle. Vor- oder überpositive, z.B. naturrechtliche Rechtsnormen besitzen keine Verbindlichkeit.

Mitte des 19. Jahrhunderts entstand zum Teil in Konkurrenz zum Glauben an die rechtsgestaltenden Fähigkeiten der (positiven) Rechtswissenschaft und beeinflusst durch die vernunftrechtlichen Kodifikationen der sog. „Gesetzespositivismus". Darunter wurde die vollkommene Gleichsetzung des „Rechts" mit dem „Gesetz" verstanden. Alleinige Rechtsquelle war der staatliche Regelungswille. Eng verwandt mit dieser „Vulgärform des Rechtspositivismus" (*G. Otte*) ist der „wissenschaftliche Positivismus". Dieser Begriff wurde zur Kennzeichnung des formal-begrifflichen Rechtsdenkens der Pandektistik von Savigny bis Windscheid verwendet. Ihm lag die Vorstellung zugrunde, dass Recht allein durch die Rechtswissenschaft, ihre Begriffe, Lehrgebäude und Rechtssätze definiert würde. Es sollte ausschließlich aus den historischen, wissenschaftlich erschlossenen und deshalb „positiven" Quellen des gemeinen römischen Rechts abgeleitet werden können und war dann, unabhängig von den Inhalten, in eine vollständige und systematische Gesamtordnung zu bringen.

**Schrifttum:** *R. Grawert*, Rechtspositivismus, HWPh VIII (1992), 235 ff. -*H. Kelsen*, Was ist juristischer Positivismus?, JZ 1965, 465 ff. – *G. Dilcher*, Der rechtswissenschaftliche Positivismus, ARSP 61 (1975), 497 ff. – *K. Opalek*, Der Begriff des positiven Rechts, ARSP 68 (1982), 448 ff. – *D. Tripp*, Der Einfluss des naturwissenschaftlichen, philosophischen und historischen Positivismus auf die deutsche Rechtslehre im 19. Jahrhundert (1983), 50 ff., 77 ff., 120 ff. – *D. Wyduckel*, Recht und Rechtswissenschaft im nachpositivistischen Rechtsrealismus, Rechtstheorie, Beiheft 9 (1986), 349 ff. – *G. Otte*, Rechtspositivismus, Staatslexikon, hg. v. d. Görres-Gesellschaft, 4 (1988), 723 ff. – *B. Rüthers*, Rechtstheorie (1999), 271 ff.

## 2. Gesetzespositivismus und Gewaltenteilung

Die Vorbereitung des Rechtsdenkens auf den Positivismus war bereits durch das säkularisierte Naturrecht im 17. Jahrhundert erfolgt. Nach der Gleichsetzung des göttlichen Rechts mit dem auf Vernunft gegründeten Naturrecht verblieb dem Gesetzgeber als Aufgabe, das Vernünftige „positiv" in einem „Gesetz" als Recht zu kodifizieren. Dabei war er an keine weiteren Inhaltsbeschränkungen gebunden. Jedes Gesetz galt, wenn es unter Beachtung der Regeln über die Kompetenzen und das Verfahren korrekt zustande gekommen war.

Auch das liberale Rechtsdenken des 19. Jahrhunderts war unter dem Einfluss der Gewaltenteilungslehre gesetzespositivistisch. Indem scharf zwischen der Tätigkeit des Gesetzgebers (Rechtspolitik) und des Richters (Rechtsdogmatik) unterschieden wurde, blieb dem Richter jede rechtsbildende Tätigkeit versagt. Er war durch Verfassung und Gerichtsverfassung an das ordnungsgemäß zustande gekommene Gesetz gebunden. Die Rechtsanwendung erschöpfte sich in der erkennenden, deduktiven Reproduktion der in der Rechtsnorm vorgegebenen Konfliktlösung. Folgerichtig verbot deshalb auch der französische Code civil dem Richter ausdrücklich, sich in einer allgemeinen Regel und Vorschrift über die zur Entscheidung anstehenden Sachen auszusprechen (art. 5: *Il est défendu aux juges de prononcer par voie de disposition générale et réglementaire sur les causes qui leur sont soumises*). Die strikte Trennung zwischen richterlicher und gesetzgebender Gewalt verwies den Rechtsanwender auf den bloßen Vollzug des Gesetzeswortlauts. Als anonymer Funktionsträger und „*bouche de la loi*" (Montesquieu, De l'esprit des lois, XI 6 [49]), der das Gesetz als Inbegriff der Rechtsvernunft zum Sprechen zu bringen hatte, war er Garant höchster Rechtssicherheit, Berechenbarkeit und Gesetzlichkeit. Seine strikte Bindung an den Gesetzestext hatten das

Josephinische Gesetzbuch von 1787 (§§ 24–27) und das Preußische ALR von 1794 (Einleitung §§ 47–52) ausdrücklich statuiert. Bei angeblicher Lückenhaftigkeit des Gesetzes war der Richter verpflichtet, bei der gesetzgebenden Gewalt (Hof, Gesetzeskommission) anzufragen (*référé législatif*). Jedoch musste diese Vorlagepflicht bald aufgegeben werden, da sie in der Praxis zu unerträglichen Konsequenzen führte.

Die Gewaltenteilungslehre, die den Richter an den Wortlaut des Gesetzes band, setzte die Vollständigkeit bzw. Lückenlosigkeit des Gesetzes voraus. Nur dann war bei methodisch korrekter Normanwendung und Subsumtion die Lösung eines jeden Sachverhaltes möglich. Mit der Differenzierung der Lebensverhältnisse erwies sich dieses Prinzip jedoch alsbald als eine Fiktion. Dies zwang den Richter, auch für nicht geregelte Rechtsfragen eine Entscheidung in Anlehnung an Grundgedanken des Gesetzes im Wege der *Analogie* zu finden. Er durfte bei Unklarheit, Widersprüchlichkeit oder Lückenhaftigkeit des Gesetzes sein Urteil nicht einfach verweigern. Der Code civil hatte dieses sog. „Rechtsverweigerungsverbot" zu einem Grundprinzip der Rechtsfindung erhoben (art. 4: *Le juge qui refusera de juger sous prétexte du silence, de l'obscurité ou de l'insuffisance de la loi, pourra être poursuivi comme coupable de déni de justice*). Die Pflicht zur Ergänzung und Fortbildung des Rechts durch den Richter ist heute durch Artikel 1 Abs. 2 und 3 des geltenden Schweizerischen ZGB positivrechtlich festgeschrieben. Nach dieser Vorschrift wird der Richter nur noch soweit an das Gesetz gebunden, als dieses „nach Wortlaut oder Auslegung eine Bestimmung enthält" (Abs. 1). Er ist jedoch im Falle einer Rechtslücke ermächtigt, „nach der Regel (zu) entscheiden, die er als Gesetzgeber aufstellen würde, und folgt dabei bewährter Lehre und Überlieferung" (Abs. 2, 3). Dieser Grundsatz ist Bestandteil der geltenden Rechtsanwendungslehren.

**Schrifttum:** *A. Meier-Hayoz*, Der Richter als Gesetzgeber (1951), 220 ff. – *ders.*, Strategische und taktische Aspekte der Fortbildung des Rechts, JZ 1981, 417 ff. – *E. Schumann*, Das Rechtsverweigerungsverbot, Zeitschrift für Zivilprozess 81 (1968), 79 ff. – *W. Hassemer*, Rechtssystem und Kodifikation: Die Bindung des Richters an das Gesetz, in: *Kaufmann/Hassemer*, Einführung, 248 ff. – *H. Hübner*, Kodifikation und Entscheidungsfreiheit des Richters in der Geschichte des Privatrechts (1980), 33 ff. – *R. Ogorek*, Richterkönig oder Subsumtionsautomat? (1986) – *B. Rüthers*, Rechtstheorie (1999), 177 f., 457 ff. – *M. Miersch*, Der sog. référé législatif (2000) – *E.M. Frenzel*, Nachhaltigkeit als Prinzip der Rechtsentwicklung? (2005), 156 ff.

## IV. Soziologischer Positivismus

Nach dem Inkrafttreten des BGB wurde seine normative Ergänzungs-
bedürftigkeit bald schon als akutes Problem der praktischen Rechtsanwendung erkannt. Zur Lösung wurden im Interesse einer effektiven
Rechtspflege verschiedene Modelle diskutiert. Sie alle verfolgten als
gemeinsames Ziel, die Rechts- und Gesetzeslükken nicht ausschließlich einzelfallbezogen, d.h. dezisionistisch zu schließen. Vielmehr sollten besondere Lehren entwickelt werden, die eine gesellschafts- und
interessenkonforme, systemgerechte Fortbildung des gesamten positiven Rechts ermöglichten. Recht erschöpfte sich fortan nicht mehr in
seiner Positivität, sondern war das Ergebnis des beobachteten sozialen
und ökonomischen Verhaltens in einer gegebenen Gesellschaft. Die
Lockerung der strengen (legalen) Bindung des Richters an den Gesetzeswortlaut im Interesse lebens- und sachbezogener Entscheidungen
von Einzelfällen erschien dazu als der richtige Weg. Die wichtigsten,
vom Ansatz dem soziologischen Positivismus folgenden Theorien
wurden durch die Freirechtslehre und Interessenjurisprudenz formuliert.

## 1. Freirechtslehre

Die Frage, wie der Rechtsanwender bei Unvollständigkeit des Gesetzbuchs bzw. einer Rechtsnorm zu verfahren hat, wurde schon während
der BGB-Gesetzgebungsarbeiten eingehend diskutiert. Die möglichen
Alternativen waren entweder strikte Bindung an der Gesetzeswortlaut
oder eine freiere Stellung des Richters bei der Rechtschöpfung. Noch
1885 hatte der Leipziger Rechtsprofessor *Oscar Bülow* in einer Aufsehen erregenden Schrift „Gesetz und Richteramt" vergeblich die Priorität der richterlichen Rechtsschöpfung durch Entscheidung und Rechts-
kraft *vor* dem positiven Gesetz eingefordert. Aber erst im Jahre 1903
gelang ein Durchbruch. Ein Vortrag des Österreichers *Eugen Ehrlich*
(1862–1922) vor der Juristischen Gesellschaft in Wien über „Freie
Rechtsfindung und freie Rechtswissenschaft" gab das überfällige Signal zur Sammlung der antipositivistischen Kräfte in einer fest sich or-
ganisierenden Bewegung. Sie sollte zu einer der einflussreichsten
rechtstheoretischen Schulrichtungen ihrer Zeit werden.

Ehrlich war Professor für römisches Recht an der Universität Czerno-
witz (österr. Bukowina) und einer der frühesten Vertreter der Rechts-

soziologie, die sich zu einer Rechtsdisziplin zu formieren begann. In seinem Hauptwerk „Grundlegung der Soziologie des Rechts" (1913) propagierte er die Bedeutungslosigkeit des staatlichen gegenüber dem spontan entstehenden „gesellschaftlichen" Recht. In seinem Wiener Vortrag hatte er sich gegen die Auffassung gewandt, das Recht sei etwas Vorgegebenes und das Gesetz die einzige Form des Rechts. Er plädierte für eine „königliche" Freiheit des Richters, das unvollkommene Gesetz durch Konkretisierung in der richterlichen Entscheidung gesellschaftskonform zu ergänzen und auf diese Weise das Recht als Ganzes fortzubilden. Sein Hauptinteresse galt der Feststellung des „lebenden Rechts" als eigene Gattung innerhalb der Rechtsordnung. Er fand es in dem sich nach dem Sozialverhalten innerhalb einer Gesellschaft richtenden „gesellschaftlichen Recht", das sich grundsätzlich von den durch Gesetzgebung (staatliches Recht) und Rechtswissenschaft (Juristenrecht) erzeugten Normen unterschied. Daraus schloss er, dass allein die Persönlichkeit des Richters, der über dem Gesetz steht, die Anwendung eines den Interessen der Beteiligten ebenso wie der Gesellschaft entsprechenden Rechts gewährleisten könnte.

Ehrlichs Grundsatzprogramm wurde von seinen Anhängern aufgegriffen. Sie alle einte der Kampf gegen die „Gemeinschädlichkeit" einer auf Scheinlogik und Konstruktion gegründeten, rein technischen richterlichen Entscheidungskunst, die bewusst oder unbewusst einer rechtsschöpferischen Tätigkeit keinen Raum ließ. Der Karlsruher Rechtsanwalt *Ernst Fuchs* (1859–1929) und der in englischer Emigration (Cambridge) verstorbene Rechtstheoretiker, Rechtshistoriker und Strafrechtsdogmatiker *Hermann Ulrich Kantorowicz* (1877–1940) führten die Freirechtsbewegung zu ihrem Höhepunkt. Beide traten für eine an Einzelfallbedürfnissen wie an Rechtstatsachen orientierte schöpferische, eigenverantwortliche und insoweit „freie" bzw. „soziologische" richterliche Rechtsfindung ein. In polemischer Weise wurde der Schule (vor allem Kantorowicz) daraus zum Vorwurf gemacht, sie propagierte die Preisgabe der Bindung des Richterspruches an das Gesetz. In Wahrheit hatte die Freirechtslehre das Prinzip des Gesetzesgehorsams niemals aufgegeben. Sie wollte lediglich einen durch Rechtstechnik gebundenen, in Begriffen und Konstruktionen erstarrten Normenvollzug durch eine sozialgestaltend wertende Rechtsfindung unter strikter Berücksichtigung des gesetzgeberischen Gesamtprogramms ersetzen.

Die Blütezeit der Schule lag im ersten Drittel des vergangenen Jahrhunderts. Allgemein fanden ihre Lehren nur mäßige Beachtung. In der NS-Zeit wurden sie geradezu geächtet. Weiterhin aktuell geblieben ist ihr Plädoyer für ein enges „Zusammenwirken der Jurisprudenz mit Psychologie einerseits, Sozialwissenschaft andererseits" (*H.U. Kantorowicz*). Viele ihrer Lehren sind in die heutige Doktrin und Praxis eingegangen, so z.B. die Grunderkenntnis, dass jeder Rechtsanwendung Subsumtion *und* rechtsschöpferisch-eigenverantwortliche Interessenwertung im Rahmen des Gesamtplanes des Gesetzgebers zugrunde liegen. Dass die Freirechtslehre gegenwärtig weitgehend vergessen ist, liegt jedenfalls nicht an ihrem in vielen Bereichen weiterhin aktuellen Programm.

**Schrifttum:** *W. Krawietz*, Freirechtslehre, HWPh II (1972), 1098 ff. – *K. Riebschläger*, Die Freirechtsbewegung (1968) – *D. Moench*, Die methodologischen Bestrebungen der Freirechtsbewegung auf dem Wege zur Methodenlehre der Gegenwart (1971) – *L. Lombardi Vallauri*, Geschichte des Freirechts (1971), 37 ff., 131 ff. – *K. Müscheler*, Hermann U. Kantorowicz (1984) – *A. Kaufmann*, Freirechtsbewegung – lebendig oder tot? in: *A. Kaufmann* (Hg.) Rechtsphilosophie im Wandel, 2. A. (1984), 231 ff. – *A. Heldrich*, Eugen Ehrlich, in: H. Heinrichs u.a. (Hg.), Deutsche Juristen jüdischer Herkunft (1993), 469 ff. – *K. Lüderssen*, Einführung, in: Rechtssoziologie und Rechtswissenschaft – Klassische Texte (Kelsen/Ehrlich), Juristische Zeitgeschichte, Kleine Reihe 7 (2003), V ff.

## 2. Interessenjurisprudenz und Rechtstatsachenforschung

Eine neue rechtstheoretische Richtung übernahm die Fortsetzung des Programms der Freirechtslehre. Sie nannte sich nach dem Hauptziel ihrer Lehre von der Gesetzesauslegung „Interessenjurisprudenz" und verdankte ihre Entstehung nicht zuletzt der Resonanz, die Eugen Ehrlichs soziologische Jurisprudenz gefunden hatte. Mit der Freirechtsbewegung teilte sie die Ablehnung der deduktiven, konstruktivistischen, formalen Rechtsfindung der Begriffsjurisprudenz. Von ihr unterschied sie sich durch eine differenziertere, näher am Gesetz argumentierende Rechtsanwendungsmethode.

Die Grundgedanken dieser Schulrichtung der juristischen Methodenlehre gehen auf (den späten) *Rudolph von Jhering* (1818–1892) und seine Lehre von der philosophisch-anthropologischen Begründung des Rechts in seiner Schrift „Der Zweck im Recht" (1877–1883) zurück.

Der eigentliche Begründer der Interessenjurisprudenz war der Tübinger Zivilrechtslehrer *Philipp Heck* (1858–1943). Zu ihren Hauptvertretern zählten die in der sog. „Tübinger Schule" zusammengeschlossenen Rechtslehrer *Max Rümelin* (1861–1931) und *Heinrich Stoll* (1891–1937). Ihnen stand *Rudolf Müller-Erzbach* (1874–1959), zuletzt in Göttingen und München, mit seiner „kausalen Rechtslehre" sehr nahe.

Der Protagonist Heck wandte sich gegen die „technische Begriffsjurisprudenz" und ihre konstruktiv begriffliche, vom Gesetzestext praktisch nicht gedeckte Rechtsgewinnungsmethode. Davon ausgehend versuchte er die Rechtswissenschaft auf die „Interessenforschung", d.h. auf die „Untersuchung des Zusammenhanges zwischen den Rechtssätzen und den Interessenlagen" als ihre Hauptaufgabe festzulegen. Seiner Theorie liegt die Erkenntnis zugrunde, dass jede Rechtsnorm auf einem Gegeneinanderwirken entgegenstehender „Interessen" beruht und einen Interessenkonflikt entscheidet. Das Gesetz als „Kraftdiagonale ringender Faktoren" (*G. Ellscheid*) ist Mittel des Interessenschutzes und dient der Lösung sozialer Konfliktfälle. Der Richter hat bei der Anwendung des Gesetzes auf den konkreten Lebenssachverhalt „interessengliedernd" den zugrunde liegenden Konflikt herauszuarbeiten. Er muss die widerstreitenden Interessen der Beteiligten erkennen, gegeneinander abwägen und nach höher bewerteten, deshalb vorzugsweise zu berücksichtigenden entscheiden. Dabei verfährt er jedoch keinesfalls nach freiem Belieben, sondern bei prinzipieller Gebundenheit an das Gesetz im Geiste der vom Gesetzgeber in der Rechtsnorm bereits interessenwertend vorweggetroffenen Konfliktentscheidung.

Dieser im Ansatz positivistische Denkvorgang erfordert eine gründliche Erforschung und Feststellung derjenigen Interessen, die der Gesetzgeber für eine Bevorzugung oder Mitberücksichtigung als „kausal" erachtet hatte (sog. „kausales Rechtsdenken"). Der Richter konkretisiert somit die im Gesetz enthaltene allgemeine Konfliktlösungsregel (das Interesse als Kausalfaktor der Rechtsnorm). Lediglich bei Fehlen einer gesetzlich getroffenen Wertung (Gesetzeslücke), ist er ausnahmsweise zur rechtsschöpferischen sinngemäßen „Gebotsergänzung" befugt.

Von der Begriffsjurisprudenz unterscheidet sich die Rechtsanwendungsmethode der Interessenjurisprudenz dadurch, dass sie den Richter vom begrifflich-buchstäblichen Gesetzesgehorsam befreit und ihn statt dessen zu einem „denkenden Gehorsam" anhält. Dabei sinken die

Begriffe zu bloßen Ordnungsfaktoren ab. In der NS-Zeit wurde versucht, Philipp Heck und seine Lehre für die Rechtserneuerung im „völkischen" Sinne nutzbar zu machen. Heck wurde in dem 1933 entbrannten Methodenstreit schließlich von Karl Larenz, Ernst Forsthoff und Carl Schmitt ausgegrenzt. Die wissenschaftliche Aufarbeitung der heute vergessenen, für die weitere Rechtsentwicklung aber aufschlussreichen Auseinandersetzung ist ebenso wie sein „juristisch-methodisch unterbewertetes Werk" ein Desiderat der Forschung (*B. Rüthers*).

Die rechtstheoretischen Grundfragen der Interessenjurisprudenz setzten zwingend eine genaue Kenntnis der dem Recht zugrunde liegenden tatsächlichen Interessen voraus. In diesen Erkenntniszielen berührten sie sich mit der von *Arthur Nußbaum* (1877–1964) begründeten „Rechtstatsachenforschung". Als Zweig der Rechtssoziologie sollte sie in Ergänzung zur Dogmatik vor allem als wirksames Instrument gegen Formalismus und „Weltfremdheit" operieren. Ihre Aufgabe durfte sich keineswegs im Führen von Statistiken erschöpfen. Vielmehr hatte sie die den einzelnen Fällen zugrunde liegenden sozialen und politischen Bedingungen sowie tatsächlich beobachteten Rechtsübungen darauf zu untersuchen, ob sie noch den Interessenlagen entsprachen, die der Gesetzgeber unterlegt hatte. Im Sinne Nußbaums sind Rechtstatsachen diejenigen Tatsachen, deren Kenntnis für eine sachgemäße Anwendung der Normen erforderlich ist. Dieses Verfahren ermöglichte es u.a., die im Gesetz enthaltenen Rechtsnormen nach geltendem und nicht mehr angewendetem, „totem" Recht zu unterscheiden.

## 3. Topische Jurisprudenz

Die von der Freirechtslehre propagierte „königliche" Freiheit des Richters bei der Suche nach einer sachgerechten Entscheidung hatte zur Öffnung der begriffsjuristisch erstarrten Methoden der Rechtsfindung beigetragen. Davon inspiriert hat *Theodor Viehweg* (1907–1988) mit seiner 1953 erschienen Schrift „Topik und Jurisprudenz" eine neue Argumentationslehre aus der „Erfahrung der täglichen juristischen Arbeit" entwickelt. Sein Ziel war, das im Gesetz geschlossene System durch ein „topisch-rhetorisches" Verfahren zu öffnen.

Zum Anknüpfungspunkt seiner – später auch „rhetorische Jurisprudenz" genannten – Theorie nahm er die klassischen antiken Vorbilder (Aristoteles, Cicero): „Topoi" (griech. *topos* – Ort, *topoi* – Orte; lat.

Synonym *locus – loci communes*) als allgemeine sprachlich-sachliche
Gesetzmäßigkeiten, die dialektisch und rhetorisch zu Problemlösungs-
gesichtspunkten führen. Die topische Problemdiskussion war von
Viehweg als Alternative zur herrschenden Methode der deduktiv-syste-
matischen Entscheidungsbegründung gedacht. Sie sollte den Rechtsanwender befähigen, mit Hilfe allgemein anerkannter, allseitig verwend-
barer sachlicher und rhetorischer Argumente Rechtsfragen zu
entscheiden. Die Topik hatte Sammlungen von Orientierungsgesichts-
punkten („Topoikataloge") bereitzustellen. Mit dieser Art von „Check-
listen" (*E.A. Kramer*) konnte sich der Richter bei der Suche nach einer
plausiblen Begründung seiner Entscheidung kontrollieren.

Die Übertragung des topisch-rhetorischen Verfahrens auf die Prüfung
und Entscheidung von Rechtsfragen blieb problematisch. Der rhetorische Diskurs brachte nur Gesichtspunkte (Topoi) des im konkreten
Falle „Sachgerechten". Die Topik scheiterte, weil sie als „unstrenges
Verfahren der Rechtsfindung" (*F. Wieacker*) keine inhaltlichen Richtig-
keitsmaßstäbe lieferte, nach denen eine Entscheidung beurteilt werden
konnte. Eine normative Bindung konnten die Topoikataloge nicht begründen. Anderenfalls hätten sie gegen das rechtsstaatliche Prinzip der
Gewaltenteilung verstoßen.

Die topische Jurisprudenz ist heute bedeutungslos. Viehweg hatte mit
seiner Schrift einst eine überaus produktive rechtswissenschaftliche
Grundlagendiskussion angeregt. Dies und der hohe Wirklichkeitsbe-
zug erklären die zeitweise große Attraktivität seiner Lehre.

## 4. Wertungsjurisprudenz

Die moderne Zivilrechtswissenschaft versteht sich vorwiegend als zeitgemäße Fortbildung der Interessenjurisprudenz. Sie nennt sich „Wert-"
oder „Wertungsjurisprudenz" und bringt damit zum Ausdruck, dass
zum Wesen der Rechtswissenschaft ein Denken in Werten gehört und
die Entscheidungen von Interessenkonflikten prinzipiell nur durch ein
Werte realisierendes Erkennen, Gewinnen und Anwenden von Rechtsnormen möglich ist. Als Verlängerung der Interessenjurisprudenz rückt
sie dezidiert von der positivistischen Einseitigkeit der Rechtstechnik ab
und identifiziert sie als Erblast der Spätpandektistik. Sie distanziert
sich insbesondere vom Subsumtionsdogma und dem damit verbundenen blinden Vertrauen in die Lückenlosigkeit des Gesetzes, das auf alle

Rechtsfragen die maßgeblichen Rechtsentscheidungen bereithält, die der Rechtsanwender nur durch formal-begriffliche Ableitung abzurufen braucht (Schlussmodell des sog. Syllogismus).

Rechtstheoretisch-methodisch beginnt die Wertungsjurisprudenz dort, wo die Leistungsfähigkeit der Interessenjurisprudenz endete. Deren Ausgangspunkt war das (insoweit unvollständige) Gesetz, das auf bestimmte Fragen keine vom Gesetzgeber vorbereitete Konfliktlösungsregel vorsah, weil z.b. planwidrige Rechts- und Gesetzeslücken aufgetreten (Wertungslosigkeit) oder die Voraussetzungen für die Wertvorstellungen des historischen Normgebers entfallen waren (Wertewandel). Nach ihrem Grundverständnis hatte die Interessenjurisprudenz konsequent die in der Rechtsnorm enthaltene allgemeine Regel als Ergebnis einer abschließend kodifizierten Werterfahrung des historischen Gesetzgebers begriffen. Sie legte den Richter auf die gesetzesgetreue Reproduktion sowie Vollstreckung einer fremden, zur Zeit der Kodifikation gültigen Wertentscheidung fest. Wertende Gesetzesanwendung bestand im Wesentlichen in einer statischen, historischen Interessenerforschung.

Dagegen ist bei der Wertungsjurisprudenz Grundvoraussetzung einer „Interessenbewertung" (*H. Westermann*) die Existenz eines der Gesamtrechtsordnung immanenten, hierarchisch gegliederten Wertsystems (Werthierarchie). Jedoch hat bereits die Auseinandersetzung mit der philosophischen materialen Wertlehre, wie sie von *Max Scheler* (1874–1928) und *Nicolai Hartmann* (1882–1950) vertreten wurde, die Fragwürdigkeit einer nach Rang- und Stufenfolge differenzierenden Wertbegründung des Rechts deutlich gemacht. Die Wertungsjurisprudenz musste deshalb nach einem Ausweg zwischen den beiden extremen Positionen Wertabsolutismus und Wertnihilismus suchen.

In der Anerkennung eines gemäßigten Wertrelativismus als Entsprechung zur pluralistischen demokratischen Gesellschaft mit grundsätzlich begrenzbaren und im Einzelfall objektivierbaren Werthorizonten wurde er gefunden. Das Bemühen der modernen Wertungsjurisprudenz gilt der Konkretisierung und rationalen Begründung von Aussagen über das Wertungsverfahren in einer freiheitlich-demokratischen Rechtsordnung. Ihre Aufgabe ist Wertableitung durch rationale Folgendiskussionen.

**Schrifttum:** *H. Westermann*, Wesen und Grenzen der richterlichen Streitentscheidung im Zivilrecht (1955) – *K. Knauthe*, Kausales Rechtsdenken und

Rechtssoziologie (1968) – *A. Nußbaum*, Die Rechtstatsachenforschung, hg. v.
M. Rehbinder (1968) – *W. Kallfass*, Die Tübinger Schule der Interessenjuris-
prudenz (1972) – *F. Wieacker*, Über strengere und unstrenge Verfahren der
Rechtsfindung, in: FS W. Weber (1974), 421 ff. – *G. Ellscheid/W. Hassemer*
(Hg.), Interessenjurisprudenz (1974), 1 ff. – *O. Hartwieg*, Rechtstatsachenfor-
schung im Übergang (1975), 21 ff. – *K. Larenz*, Grundformen wertorientierten
Denkens in der Jurisprudenz, in: FS W. Wilburg (1975), 217 ff. – *K. Rehbock*,
Topik und Recht (1988) – *C. Starck*, Notwendigkeit einer Wertbegründung des
Rechts, ARSP Beiheft 37 (1990), 47 ff. – *Larenz-Canaris*, Methodenlehre der
Rechtswissenschaft, 3. Aufl. (1995), 137 ff. – *Chr. Nunn*, Rudolf Müller-Erz-
bach (1998) – *E.A. Kramer*, Juristische Methodenlehre (1998), 205 f. – *B.
Rüthers*, Rechtstheorie (1999), 315, 353 ff. – *H. Schoppmeyer*, Juristische Me-
thode als Lebensaufgabe (2001), 183 ff. – *J. Petersen*, Von der Interessenjurisprudenz zur Wertungsjurisprudenz (2001) – *R. Zippelius*, Juristische Methodenlehre, 4. Aufl. (2003), 87 ff.

## V.  Rechtsphilosophische Erneuerungen

Interessenjurisprudenz und Freirechtslehre waren Gegenmodelle zu
der begriffsjuristisch-technisch verengten Zivilrechtswissenschaft.
Dabei hatte sich die Erkenntnis durchgesetzt, dass bei der Rechtsanwendung die Realbedingungen des Rechts stärker berücksichtigt werden mussten. Damit traten die Naturrechtslehren ein weiteres Mal in
den Vordergrund. Fragen, nach welchen Kriterien das Recht zu bilden
sei, ob wissenschaftlich verbindliche Aussagen über materiale Grund-
gehalte der Normen oder über eine inhaltliche Wertbestimmung und
Rangordnung des Rechts gemacht werden konnten, bekamen auf diese Weise neue Aktualität. Begleitet wurde diese Umorientierung in einen „kritischen Positivismus" von einer Rückbesinnung auf die
Rechtslehren von *Immanuel Kant* (1724–1804) im sog. „Neu-Kan-
tianismus".

Mit der Aufdeckung der Realitätsdefizite des Rechts verlor auch die
Vorstellung vom unwandelbaren, „absoluten" Naturrecht an Überzeugungskraft. Das Postulat des Vorrangs der überpositiven Rechtsordnung vor dem gesetzten (positiven) Recht war gerade wegen dieses
mangelnden Wirklichkeitsbezuges des absoluten Naturrechts fragwürdig geworden und wissenschaftlich schwer zu begründen. An seine
Stelle trat die Suche nach Elementen der Realität eines zeitgemäßen
und sachgerechten, aus der historischen Erfahrung heraus wandelbaren
und damit „konkreten" Naturrechts.

## 1. Gerechtigkeitslehre des „richtigen Rechts"

*Rudolf Stammler* (1856–1938), Professor in Halle und Berlin, Rechtsphilosoph, Neukantianer und „der letzte Pandektist" (*A. Erler*), bemühte sich in seiner programmatischen Schrift „Die Lehre von dem richtigen Rechte" (1902) um ein derart inhaltlich wechselndes Naturrecht. Dort kennzeichnet er richtiges Recht als ein „besonders geartetes wirkliches Recht" und versteht darunter diejenigen positiven Rechtssätze, „welche die formale Eigenschaft der ‚Richtigkeit' besitzen". Über sie verfügt eine Norm dann, „wenn deren bedingter Inhalt dem allgemeinen Gedanken der menschlichen Gemeinschaft – dem *sozialen Ideal* – entspricht". Der zentrale Begriff des „sozialen Ideals" wird als formale Gesetzmäßigkeit, als höchster methodischer Gesichtspunkt und damit als Kriterium für die Frage der rechtlichen Richtigkeit verwendet.

Daraus ergeben sich für Stammler die materialen Kriterien des richtigen Rechts: Grundsätze des Achtens („a. Es darf nicht der Inhalt eines Wollens der Willkür eines anderen anheimfallen. b. Jede rechtliche Anforderung darf nur in dem Sinne bestehen, dass der Verpflichtete sich noch der Nächste sein kann", Wesen des Rechts, LI) sowie Grundsätze des Teilnehmens (a. „Es darf nicht ein rechtlich Verbundener nach Willkür von der Gemeinschaft ausgeschlossen sein. b. Jede rechtlich verliehene Verfügungsmacht darf nur in dem Sinne ausschließend sein, dass der Ausgeschlossene sich noch der Nächste sein kann", Wesen des Rechts, LI). Im Zuge der Harmonisierung der eigentümlichen Wechselwirkungen zwischen der formalen Eigenschaft eines konkreten, geschichtlich bedingten Rechtsinhaltes und dem Ideal einer „Gemeinschaft frei wollender Menschen" kommt die Lehre vom richtigen Recht schließlich zu einem materialen „Naturrecht mit wechselndem Inhalt" („… mehr eine Methode wertender Rechtsbetrachtung als ein System von Werturteilen über das Recht", *G. Radbruch* – Gesamtausgabe, hg. v. A. Kaufmann, Bd. 16 [1988], 53).

Stammlers Theorie war Teil eines komplexeren Vorhabens. Er wollte die Rechtsphilosophie, der ein rigoroser Gesetzespositivismus die Existenzberechtigung bestritt, im Sinne des neukantianischen Verständnisses der *Marburger Schule*, einer formalistischen, an Logik und Methodik orientierten sog. „logizistischen" Richtung, grundlegend erneuern. Bleibender Erfolg war ihm nicht beschieden. Das gleiche gilt von seiner neukantianischen Kritik an der materialistischen Geschichtsauffassung von Karl Marx. Erfolgreich war seine Theorie vom richtigen

Recht jedoch bei der Suche nach Kriterien für die Konkretisierung der Generalklauseln (gute Sitten, Treu und Glauben) durch die Rechtsprechung in der Epoche der Weimarer Republik (*K.W. Nörr*).

**Schrifttum:** *G. Ellscheid*, Das Naturrechtsproblem, in: *Kaufmann/Hassemer*, Einführung, 179 ff. – *R. Stammler*, Wesen des Rechts und der Rechtswissenschaft, in: Systematische Rechtswissenschaft, hg. v. R. Stammler u.a. (1906), I ff. – *G. Boehmer*, Grundlagen der bürgerlichen Rechtsordnung II 1 (1951), 140 ff. – *H. Henkel*, Einführung in die Rechtsphilosophie, 2. A. (1977), 505 ff. (513 ff.) – *K.W. Nörr*, Zwischen den Mühlsteinen (1988), 32 ff. – *K. Larenz*, Methodenlehre der Rechtswissenschaft, 6. Aufl. (1991), 85 ff.

## 2. Naturrechtliche Neuauflagen

Die Impulse, die von Stammlers Gerechtigkeitslehre ausgingen, waren geeignet, eine Restauration des Naturrechts einzuleiten. Dabei spielten die rigide Ablehnung des traditionellen juristischen Positivismusverständnisses als Normativismus und die Unterdrückung des weltanschaulichen Denkens durch den Nationalsozialismus eine entscheidende Rolle. Eine verstärkten Wiederbesinnung auf überpositive, sittlichethische Maßstäbe und Werte war die Folge.

Dem Nachweis der Kontinuität des Naturrechtsgedankens diente das Buch des deutschamerikanischen Rechtsphilosophen *Heinrich Rommen* (1897–1967) „Die ewige Wiederkehr des Naturrechts" (1936). Diese Schrift eröffnete die erste Phase einer modernen Naturrechtsdiskussion. Ausgehend von der katholischen Moralphilosophie und der scholastisch-thomistischen Sozialethik erhob Rommen konkrete Forderungen für die Gesellschafts- und Rechtsordnung der modernen Industriegesellschaft. Gegen den positivistischen Naturalismus und ein auf Zweckmäßigkeit und Vernünftigkeit abstellendes Naturrecht propagierte er eine zeitgemäße Erneuerung. Sein Ziel war eine christliche, metaphysische Naturrechtslehre im Sinne einer sozialethischen Verantwortung. Weitere Vertreter dieser religiös geprägten, christlichen Rechtslehre (*Neuscholastik, Neuthomismus*) waren *Victor Cathrein* (1845–1931), *Josef Mausbach* (1861–1931), *René Marcic* (1919–1971) und *Alfred Verdross* (1890–1980).

Eine zweite Naturrechtsrenaissance begann nach dem Zweiten Weltkrieg (1945). Sie war eine Reaktion auf die durch den Nationalsozialismus zerstörte Rechts- und Werteordnung sowie die Verbrechen des NS-Regimes. Insbesondere angesichts des nunmehr für alle sichtbar gewordenen Grauens des Holocaust hatte die Neuauflage des Naturrechtsgedankens in der Rechtsnot der Nachkriegsjahre eine gewisse Berechtigung. Gleichwohl musste sich bereits die naturrechtlich an die christlich-abendländische Tradition anknüpfende Rechtsprechung des Bundesgerichtshofes „unkritisches", häufig widerspruchsvolles Naturrechtsbewusstsein vorwerfen lassen. Gegenwärtig werden die Ergebnisse dieser zweiten Wiederkehr des Naturrechts von Rechtsphilosophen zurückhaltend, eher skeptisch beurteilt (*A. Kaufmann*), von Philosophen sogar als nur von mäßigem Niveau abqualifiziert (*J. Habermas*). Für eine abschließende Bilanzierung dürfte es noch zu früh sein.

Vielleicht steht die Rechtswissenschaft gegenwärtig vor einer dritten Auflage der Naturrechtsdiskussion. Jedenfalls ähneln viele Argumente in den Urteilen zu den sog. „Mauerschützen" (z.B. BGH NJW 1991, 2654, BGH JZ 1993, 199, BGH NJW 1994, 2708, BVerfG JZ 1997, 142), mit welchen die demokratische Bundesrepublik eine strafrechtliche Aufarbeitung des im Namen der DDR begangenen Unrechts versuchte, auffallend jenen des Bundesgerichtshofs der Nachkriegszeit. Eine Wiedergeburt feiert u.a. die berühmte, von dem Strafrechtler, Rechtsphilosophen und Politiker *Gustav Radbruch* (1878–1949) stammende, nach ihm benannte sog. „Radbruchsche Formel". Mit ihr hatte der Autor bereits 1946 unter dem Eindruck des von den NS-Tätern formal mit Gesetzen und Befehlen gerechtfertigten Unrechts die berühmt gewordene Unterscheidung zwischen „gesetzlichem Unrecht" und „übergesetzlichem Recht" getroffen. Sie wird nach wie vor kontrovers diskutiert und ist jedenfalls ungeeignet, mit zwingender und letzter Sicherheit das „gerechte" vom „ungerechten" Gesetz zu trennen.

**Schrifttum:** *H. Weinkauff*, Der Naturrechtsgedanke in der Rechtsprechung des BGH, NJW 1960, 1689 ff. – *F. Wieacker*, Zum heutigen Stand der Naturrechtsdiskussion (1965) – *M. Kriele*, Rechtspositivismus und Naturrecht – politisch beleuchtet, JuS 1969, 149 ff. – *K. Kühl*, Rückblick auf die Renaissance des Naturrechts nach dem 2. Weltkrieg, in: G. Köbler u.a. (Hg.), Geschichtliche Rechtswissenschaft (1990), 331 ff. – *A. Kaufmann*, Die Naturrechtsrenaissance der ersten Nachkriegsjahre – und was daraus geworden ist, in: FS S. Gagnér (1991), 105 ff. – *ders.*, Die Radbruchsche Formel vom gesetzlichen Unrecht und vom übergesetzlichen Recht in der Diskussion um das im Namen der DDR begangene Unrecht, NJW 1995, 81 ff. – *J. Hruschka*, Vorpositives Recht als Gegenstand und Aufgabe der Rechtswissenschaft, JZ 1992, 429 ff. – *R. Schröder*, Rechtsgeschichte der Nachkriegzeit, JuS 1993, 617 ff. – *H. Wullweber*, Die Mauerschützen-Urteile, Kritische Justiz 1993, 49 ff. – *H. Dreier*, Gustav Radbruch und die Mauerschützen, JZ 1997, 421 ff.

## 3. Rechtspositivismus der Reinen Rechtslehre

Der Wiener Professor für Staats- und Verwaltungsrecht sowie Richter am österreichischen Verfassungsgerichtshof *Hans Kelsen* (1881–1973), der bereits 1920 als Mitgestalter der „unpolitischen" Verfassung Österreichs in Erscheinung getreten war, begründete die positivistische, sog. „Reine Rechtslehre". Nach dieser Auffassung verdiente „Recht" die Bezeichnung „positiv" (gesetzt) nur, wenn es von allen Einflüssen der Politik, Soziologie, Psychologie, Ethik oder Religion gereinigt war. Davon ausgehend entwickelte er die von „unjuristischen" philosophischen Methoden oder sonstigen fremden Elementen (z.B. Nützlichkeit, Gerechtigkeit) befreite, ausschließlich intellektuelle, unpolitische, Sein und Sollen streng trennende, neutral-objektive „Theorie des positiven Rechts", die deshalb mit dem Attribut „rein" versehen wurde. Ihr Grundkonzept hatte Kelsen bereits 1911 in seinem Buch „Hauptprobleme der Staatsrechtslehre" dargelegt. Das in seiner Schrift „Reine Rechtslehre" im Jahre 1934 veröffentlichte und von seiner „Wiener Rechtstheoretischen Schule" weiterentwickelte Lehrgebäude hatte zum Ziel, in Anlehnung an die englische „Analytical Jurisprudence" (*J. Bentham, J. Austin*) hauptsächlich für das Staatsrecht wertfreie, von einer inhaltlichen Diskussion abgelöste, allgemeine Aussagen über das Recht vorwiegend formal-technischer Art zu treffen (z.B. Identität der Begriffe Recht und Staat).

Das Hauptinteresse der reinen Rechtslehre galt dem Geltungsgrund einer gesetzlichen Vorschrift, d.h. der Begründung der Wirksamkeit bzw. Verbindlichkeit einer positiven Rechtsnorm. Exemplarisch konkretisierte sich das Kernproblem in der beim Kaufvertrag elementaren Frage, warum das Gesetz den Käufer nach Abschluss des Kaufvertrages über einen Gegenstand oder ein Recht zur Zahlung des Kaufpreises verpflichtet? Die Antwort darauf wurde aus der legitimierenden Funktion eines besonderen, hierarchisch gedachten Normerzeugungsprozesses abgeleitet.

Der Begründer dieses rechtstheoretischen Modells war *Adolf Julius Merkl* (1890–1970), Kelsens Schüler und nach dessen (wegen seiner jüdischen Herkunft) Emigration in die USA sein Nachfolger in Wien. Er hatte die Lehre vom „Stufenbau der Rechtsordnung" entwickelt, die von Kelsen in sein System übernommen und herrschend wurde. Ausgangspunkt der Theorie ist, dass sämtliche Normen eines als Einheit gedachten Rechtssystems zueinander im Verhältnis einer geltungsbedingenden Über- und Nachordnung stehen. Kein Rechtssatz gilt aus sich selbst. Jede Norm bezieht ihren Geltungsgrund aus einer anderen, höherrangigen, mit derogatorischer Kraft ausgestatteten Norm der Rechtsordnung. Stehen zwei Normen zueinander in Widerspruch (sog. Normkollision, Wertungswiderspruch, Antinomie), gilt der Grundsatz des *„Lex superior derogat legi inferiori"* (das höhere Gesetz hebt das nachgeordnete auf).

Der die Normgeltung rechtfertigende Delegationszusammenhang kann allerdings nicht ad infinitum fortgesetzt werden. Er wird deshalb durch eine als ranghöchste und axiomatisch gedachte (Fiktion) sog. „Grundnorm" als den letzten Geltungsgrund des positiven Rechts begrenzt. Die Bedeutung der durch einen Kunstgriff kreierten Grundnorm erschöpft sich ausschließlich darin, die objektive Geltung einer bzw. jeder positiven Rechtsordnung zu begründen. Eine inhaltliche Einflussnahme der Grundnorm auf die ihr nachgeordneten Rechtsnormen findet nicht statt. Die würde nämlich dem normlogischen, neutralen, reinen Grundtenor der Lehre widersprechen („In der Voraussetzung der Grundnorm wird kein dem positiven Recht transzendenter Wert bejaht", Reine Rechtslehre, 2. Aufl. 1960, 204). In der Theorie der hypothetischen Grundnorm kommt die konsequente Absage an jede Rechtsmetaphysik, Ethik und Seinswissenschaft am reinsten zum Ausdruck, erreicht die Reine Rechtslehre als *positivistische Rechtstheorie* ihre höchste Stufe.

Kelsens streng logische, formale Analyse des Rechts war zwar geeignet, das Differenzierungsvermögen zwischen Sollensaussagen und nichtnormativen, metajuristischen Grundbedingungen der Normen entscheidend zu fördern. Sie ist jedoch in der Fiktion einer gedachten, „virtuellen" Grundnorm auch deshalb nicht unproblematisch, weil danach jeder beliebige Inhalt Recht sein kann. Die reine Rechtslehre ist bis heute heftig umstritten. Gleichwohl hat sie die Rechtstheorie außerordentlich beeinflusst; sie ist gegenwärtig eine internationale juristische Richtung. Zu ihren aktuellen Fortbildungen gehören die moderne „Rechtslogik" sowie die vor allem mit dem Instrument der Sprachtheorie arbeitende, „Analytische Rechtstheorie", wie sie z.B. von *H.L.A. Hart* entwickelt wurde.

**Schrifttum:** *J. Behrend*, Untersuchungen zur Stufenbaulehre Adolf Merkls und Hans Kelsens (1977) – *W. Schild*, Theorie und Praxis bei Hans Kelsen, Rechtstheorie 10 (1979), 199 ff. – *K. Larenz*, Methodenlehre der Rechtswissenschaft, 6. Aufl. (1991), 69 ff. – *H. Dreier*, Rechtslehre, Staatssoziologie und

Demokratietheorie bei Hans Kelsen, 2. Aufl. (1990) – *ders.*, Hans Kelsen, in: H. Heinrichs u.a. (Hg.), Deutsche Juristen jüdischer Herkunft (1993), 705 ff. – *K. Seelmann*, Rechtsphilosophie (1994), 40 ff. – *W. Naucke*, Rechtsphilosophische Grundbegriffe, 3. Aufl. (1996), 114 ff. – *B. Rüthers*, Rechtstheorie (1999), 274 ff.

## VI. Institutionelle Rechtslehren

Interessenjurisprudenz und Freirechtslehre hatten in ihrer Auseinandersetzung mit dem Rechtspositivismus die Gegensätze sichtbar gemacht, die für den Zustand der Rechtswissenschaft zu Beginn des 20. Jahrhunderts charakteristisch waren. Dem Rechtsdenken neue Impulse zu seiner Fortentwicklung zu geben, galt deshalb das Bestreben der sog. „Institutionellen Rechtsauffassung". Ziel dieser Lehre war es, den Inhalt und Sinn einer Rechtsregel aus der besonderen juristischen Substanz sowie Gesetzlichkeit abzuleiten, die den „Instituten" des Rechts sowie den „institutionellen" Gebilden des Soziallebens eigen ist. Nach der „Lehre von den institutionellen Garantien" (*Carl Schmitt*) dienen die Rechtsnormen der Erhaltung, Ausgestaltung oder Veränderung von Institutionen, wie Ehe und Familie, Eigentum und Erbrecht, Berufsbeamtentum oder Selbstverwaltung. Der Staat ist befugt, bestimmten öffentlichen oder privaten Einrichtungen zum Zwecke der Bestandssicherung die Schutzwürdigkeit verfassungsrechtlicher Institute zu verleihen.

Das institutionelle Rechtsdenken geht von der Annahme aus, dass die positiven „Rechtsnormen" in einem immanenten Sinnzusammenhang mit den „Institutionen" stehen, die ihrerseits wiederum im Gesamtgefüge der Rechtsordnung ganz bestimmte Funktionen besitzen und Werte verkörpern. Diese besondere Interdependenz zwischen Norm und Institution, verknüpft mit dem vorausgesetzten Primat des Institutionellen (Norm als bloßes *Mittel* der Ordnung), soll die tragenden Ideen und Inhalte des Rechts erschließen. Die Theorie will auch eine zuverlässige Feststellung des sozial Realen und Relevanten, d.h. des angewendeten und geltenden Rechts ermöglichen, weil die „Institution" über ihren vergeistigten Rechtsinhalt hinaus ein wahres Abbild der gesellschaftlichen Wirklichkeit darstellt. Nach juristischem Verständnis werden die inneren Strukturen der Institutionen primär als Auslegungshilfen verwendet. In extensiver Begriffsdeutung haben sie sogar den Rang einer Rechtsquelle.

Ansätze zum institutionellen Rechtsdenken finden sich bereits in der Lehre vom „Rechtsinstitut" der Historischen Rechtsschule. In gewisser Weise vorweggenommen hatte dieses Denken auch der von Savigny beeinflusste Rechtsphilosoph *Friedrich Julius Stahl* (1802–1862). Er forderte für das Privatrechtssystem die Orientierung an der sozialen Lebenswelt, die sich in den „Rechtsinstitutionen" manifestierte. Savigny verstand die Rechtsinstitute als Einheiten, die in ihrer Gesamtheit zu einer natürlichen Ordnung verbunden waren. In diesem System nahm jedes Rechtsinstitut einen ganz bestimmten Stellenwert ein und ließ sich wiederum nur aus dem Gesamtzusammenhang und der Wechselwirkung mit anderen Instituten in seinem Sinngehalt sowie seiner „organischen Natur" erschließen. Rechtsverständnis und Rechtsanwendung bedeuteten demnach Abstrahierung des Rechtssatzes aus den eigentümlichen juristischen Sinngehalten der Rechtsinstitute in ihrer Totalität.

**Schrifttum:** *W. Wilhelm*, Zur juristischen Methodenlehre im 19. Jahrhundert (1958), 46 ff., 63 ff. – *L. Raiser*, Rechtsschutz und Institutionenschutz im Privatrecht, in: Summum ius summa iniuria (1963), 145 ff. – *B. Rüthers*, Institutionelles Rechtsdenken im Wandel der Verfassungsepochen (1970) – *W. Fikentscher*, Methoden des Rechts I (1975), 522 ff. – *W. Krawietz*, Ansätze zu einem Neuen Institutionalismus in der modernen Rechtstheorie der Gegenwart, JZ 1985, 706 ff.

## 1. Rechtsphilosophische Institutionentheorie

Der französische Verwaltungs- und Verfassungsrechtler *Maurice Eugène Hauriou* (1856–1929) gilt als Begründer und Hauptvertreter einer rechtsphilosophischen Theorie der Institutionen. Sein Hauptwerk „La théorie de l'institution et de la fondation" (1925) ist stark vom anglo-amerikanischen Pragmatismus und Empirismus geprägt. Es beschäftigt sich mit der Wirklichkeit des Rechts, die sich ihrerseits in den sozialen Tatbeständen der „Institutionen" abspiegelt.

Hauriou versteht das Recht als Mittler im dualen Verhältnis zwischen personalem, auf den menschlichen Willen bezogenen „Subjektivismus" (Rechtsbewusstsein, Ideen der Gerechtigkeit) und sozial-kausalem „Objektivismus" (soziale Ordnung, Institutionen). Seinem „objektiven Idealismus" entspringt die Vorstellung von der Verwirklichung der subjektiven Leitideen in den objektiven, rechtlich verfassten Gebilden der sozialen Ordnung und des sozialen Lebens. Er unterscheidet dabei zwei Grundtypen: die körperschaftlichen oder Personeninstitutionen (*institutions-personnes/corps* – Familie, Gewerkschaften, Staat) sowie die dinglichen Institutionen (*institutions-choses* – Eigentum, Grundstücke, Vertragsverhältnisse u.ä.). Letztgenannte stehen in Diensten der Ersteren. Die Institution erscheint dabei als Idee eines sozialen Werks oder Unternehmens (*idée directrice*), die sich in einem sozialen Verband oder Milieu objektiv verwirklicht. Diese in ständiger Veränderung und Anpassung befindlichen dynamischen Institutionen schaffen Rechtsnormen und bilden das Recht fort.

Die Theorie erstrebte die Überwindung des bestehenden Dualismus zwischen der Subjektivität und Objektivität, allerdings im Wege einer wohl überzogenen Abhängigkeit des Normativen von der Realität der Institutionen. Ihre Ausstrahlung war außerordentlich.

**Schrifttum:** *R. Schnur* (Hg.), Die Theorie der Institution (1965) – *ders.* (Hg.), Institution und Recht (1968) – *H. Schelsky*, Das Jhering-Modell des sozialen Wandels durch Recht, Jahrbuch f. Rechtssoziologie u. Rechtstheorie III (1972), 77 ff. – *W. Fikentscher*, Methoden des Rechts I (1975), 504 ff. – *C.B. Gray*, A forgotten link in legal sociology, Rechtstheorie 15 (1984), 256 ff.

## 2. Soziologische Institutionentheorie

Die Institutionentheorie Haurious hat der italienische Staatsrechtler und Rechtstheoretiker *Santi Romano* (1875–1947) fortgesetzt und im Völkerrecht vertieft. Sein Buch „L'ordinamento giuridico" (1918) enthält eine kritische Revision der Grundlagen der Rechtsordnung. Orientiert am Modell der Völkergemeinschaft und des Völkerrechts als seiner rechtlichen Grundordnung gelangte Romano zur Identität von Institution und Rechtsordnung.

Nach seiner Lehre stellt der Begriff des Rechts die soziologisch notwendige Ergänzung zum Begriff der Gesellschaft dar. Damit wird das jeweilige Erscheinungsbild der menschlichen Gemeinschaften als soziales Phänomen zur Quelle der geltenden Rechtsgrundsätze, deren Ableitung auf empirischem Wege erfolgt. Romanos Ordinamento-Rechtsdenken ist als „soziologischer Positivismus" (*W. Fikentscher*) noch heute in der italienischen Rechtstheorie gegenwärtig.

**Schrifttum:** *R. Schnur* (Hg.), Die Rechtsordnung von Santi Romano (1975) – *W. Fikentscher*, Methoden des Rechts I (1975), 520 ff. – *N. Bobbio*, Teoria e ideologia nella dottrina di Santi Romano, und *G. Tarello*, La dottrina dell'ordinamento e la figura pubblica di Santi Romano, beide in: Le dottrine giuridiche di oggi e l'insegnamento di Santi Romano, a cura di P. Biscaretti di Ruffia (1977), 25 ff., 245 ff. – *M. Fuchs*, Die Allgemeine Rechtstheorie Santi Romanos (1979) – *M. Fioravanti*, Per l'interpretazione dell'opera giuridica di Santi Romano: Nuove prospettive della ricerca, Quaderni Fiorentini 10 (1981), 169 ff.

## 3. „Konkretes Ordnungsdenken"

Nach 1933 usurpierte in Deutschland die „völkische Rechtserneuerungsbewegung" der Nationalsozialisten die Modelle des institutionellen Denkens. Haurious Theorie von der Realität des Rechts erfuhr durch den in Berlin lehrenden Staatsrechtler *Carl Schmitt* (1888–1985) in der „Rechtslehre vom konkreten Ordnungs- und Gestaltungsdenken" eine berüchtigte Verlängerung.

Anstelle der „Institutionen" dienten nun „konkrete Ordnungen" der ideologischen Rechtfertigung des NS-Führerstaates und seiner „völkischen Rechtsordnung". In der programmatischen rechtstheoretischen Schrift „Über die drei Arten des rechtswissenschaftlichen Denkens" (1934) hatte sich Schmitt gegen die Methode des reinen juristischen Positivismus gewendet, der für sich die Eignung in Anspruch nahm, jede rechtliche Entscheidung wertneutral im Wege begrifflich-logischer Operationen aus dem Gesetz abzuleiten. An die Stelle des weltanschaulich freien und abstrakten Regel- oder Gesetzesdenkens (Recht als Regel – „*Normativismus*") und neben den Typus des autoritär-souveränen, machtbestimmten Entscheidungsdenkens (Recht als Entscheidung – „*Dezisionismus*") setzte er die „konkrete Ordnung", ihrem Wesen nach eine Synthese zwischen normativistischer und dezisionistischer Rechtstheorie. In ihr erkannte er die einzige, den politischen Gegebenheiten nach der Machtergreifung gemäße Denkform des Rechts. Der NS-Gesetzgeber wurde verpflichtet, die aus „konkreten inneren Ordnungen" ermittelten Wertungen in Rechtsnormen zu fassen.

Der Schlüsselbegriff der „konkreten Ordnung" in seiner Zuordnung zum Recht basiert auf der Annahme, dass jedes Gesetz und jede Rechtsnorm erst auf dem Boden und im Rahmen einer vorgegebenen realen Lebensordnung eine ganz bestimmte Geltung entfaltet und dabei (rechts-)politisch eindeutige Werte realisiert. Recht wird nicht im Wege eines rationalen, methodisch korrekten Ableitungsprozesses erkannt, sondern durch die konkrete Beobachtung der Lebenswirklich-

291

keit in ihren Ordnungen (den früheren „Institutionen") festgestellt. Aus ihnen bezieht das Recht seinen letzten Geltungsgrund und hat die Aufgabe, die vorgegebenen Ordnungen zu schützen (institutionelle Garantie).

Damit stellte sich die entscheidende Frage nach der inhaltlich-deskriptiven Bestimmung des Begriffs der Ordnung und ihrer methodischen Gestaltungskraft in bezug auf das Recht. Schmitts Programmschrift blieb hierzu eindeutige Antworten schuldig. Anstelle rationaler begrifflicher Festlegungen wurden vielmehr modellhaft sog. Teilgemeinschaften als konkrete Ordnungen vorgestellt. Dazu gehörten z.B. die mythisch verklärte Gefolgschaft, Familiengemeinschaft, Ehe, der Sippenverband, Staat und Ähnliche. Ihnen wurde die Fähigkeit zuerkannt, kraft ihrer ureigenen „immanenten Lebensprinzipien" organisch permanent Sonderordnungen hervorzubringen, die ganz spezifische juristische Substanzen und Rechtswesenheiten enthielten. Die Gesamtheit der Lebensordnungen war in die Wertewelt der NS-„Volksgemeinschaft" eingebunden und unterlag der totalen Verfügung des absoluten Führerstaates. Der das Regime verkörpernde faschistische Usurpator wurde zum beherrschenden obersten Ordnungsfaktor erhoben. Der Führerwille befand letztlich über die ideologisch richtige innere Verfassung einer jeden völkischen Lebensordnung.

Diese politisch vollständige Ausrichtung der konkreten Ordnungen auf den Diktator als Personifizierung des „Völkischen" reduzierte das Recht auf eine schlichte Funktion der unbeschränkten und unkontrollierbaren Macht. Es war Derivat des Führerwillens, der jenseits jeder Rationalität einer gerichtlichen Nachprüfung entzogen blieb. Alle den konkreten Ordnungen oder dem sog. „gesunden Volksempfinden" widersprechenden Rechtsnormen waren nicht bindend und mussten entfernt werden. In dem zu einem Entwurf gediehenen Volksgesetzbuch von 1942 sollte ein Redaktionsstab führender NS-Juristen (Rechtslehrer) diese in den verschiedenen völkischen Ordnungen beschlossenen Eigenrechte und Rechtswesenheiten kodifizieren.

Bei dieser Suche nach einem Ersatz für das „reaktionäre, innerlich bankerotte", normativistische bürgerliche Recht erfuhr Carl Schmitts konkreter Institutionenglaube eine zusätzliche Vertiefung durch Rückgriffe auf Naturrechtsgedanken. Als „junges deutsches nationalsozialistisches Naturrecht" kamen sie zu einer in der Geschichte des deutschen rechtsphilosophischen Denkens fragwürdigen Berühmtheit (*Hans-Helmut Dietze*, Naturrecht in der Gegenwart, 1936). Ein nationalsozialistisches Naturrecht „aus Blut und Boden" konnte nur „dynamisches" Recht sein. Es durfte weder den Führer noch den Gesetzgeber binden. Allein die Partei sollte es schaffen können. Die Erweiterung des mit Hilfe einer irrationalen Legitimation kreierten Ordnungsdenkens um naturrechtliche, imaginäre ideologische Programme lag in der Tat nahe, obwohl Schmitt anfänglich das Naturrecht als potentiell staatsuntergrabende Kraft abgelehnt hatte. Die nationalsozialistische Rechtstheorie hat deshalb eine identifizierende Gleichstellung beider Denkansätze versucht: „Natur-Recht in der deutschen Volksgemeinschaft, als germanisches Lebensrecht".

Die Erhebung der Gemeinschaft art- und rassegleicher Volksgenossen zum unverfügbaren und unwandelbaren Naturrechtsprinzip erlaubte eine hemmungslose, unkontrollierbare Positivierung abgeleiteter Fundamentalsätze, wie z.B. „Recht ist das, was arische Menschen für Recht befinden, Unrecht ist das, was sie verwerfen". Diese Form naturrechtlicher „Überhöhung" der totalitären Machtideologie gipfelte in der fundamentalen, pervertierten Erkenntnis, dass „reines Recht nur aus einem rassereinen Volk entstehen" kann (*Helmut Nicolai*, Rassengesetzliche Rechtslehre – Grundzüge einer nationalsozialistischen Rechtsphilosophie, 1932). In Wahrheit wurde auf diese Weise der Begriff „Recht" planmäßig zu einem naturhaften nationalistischen, elitären Rasserecht des Stärkeren missbraucht. Ein derartiger auf eine ausschließlich durch den Führerwillen legitimierte Gesetzgebung gestützter Rechtsnihilismus hatte mit Naturrecht tatsächlich nichts mehr gemeinsam. Der NS-Jurismus zeigt gerade an seinem Naturrechtsexzess, dass die gelegentliche Einordnung des NS-Staates als immerhin noch formaler Gesetzesstaat mit dem rechtsstaatlichen Gesetzesbegriff überhaupt nicht in Verbindung gebracht werden kann.

**Schrifttum:** *J. Gernhuber*, Das völkische Recht, in: Tübinger FS E. Kern (1968), 193 ff. – *E. Wolf*, Kritik der institutionellen Rechtsauffassung, in: Zur Theorie der Institutionen, Interdisziplinäre Studien I, hg. v. H. Schelsky (1970), 78 ff. (84 ff.) – *E. Fraenkel*, Der Doppelstaat (1974), 164 ff. (171 ff.) – *K. Anderbrügge*, Völkisches Rechtsdenken (1978), 106 ff., 179 ff. – *W. Fikentscher*, Methoden des Rechts I (1975), 532 f.; III (1976), 313 ff. – *I. Maus*, Bürgerliche Rechtstheorie und Faschismus, 2. A. (1980) – *A. Kaufmann*, Rechtsphilosophie und Nationalsozialismus, in: Beiträge zur Juristischen Hermeneutik (1984), 173 ff. (179, 184) – *J. Zischka*, Die NS-Rassenideologie (1986), 23 ff. – *B. Rüthers*, Entartetes Recht, 2. Aufl. (1989), 26 f., 59 ff.

## VII. Ökonomische Analyse des Rechts

Zu einem kritischen Überdenken des Gegenstandes ihrer Beschäftigung wurde die jüngere Privatrechtswissenschaft durch die „Ökonomische Analyse des Rechts" angeregt. Die vor rund zwei Jahrzehnten in den Vereinigten Staaten von Amerika von *Ronald H. Coase, Guido Calabresi* und *Richard A. Posner* entwickelte, sozialwissenschaftlich orientierte „Economic Analysis of Law" fand als Rechtstheorie rasche Verbreitung und wurde auch in Westeuropa rezipiert. Sie ist nur vordergründig eine weitere Variante jenes bekannten Denkens, das Konsequenzen aus den Wechselwirkungen von Recht und politischer Ökonomie zu ziehen versucht. Das Anliegen der ökonomischen Analyse des Rechts geht weiter. Erstrebt wird eine Veränderung sowohl der Grundlagen der Rechtsordnung, wie auch der Methoden bei der Setzung, Gewinnung und Anwendung von Recht mit Hilfe eines „ökonomischen Ansatzes". Wie in der Wirtschaft das Kosten-Nutzen-Kalkül Steuerungsfunktionen besitzt, muss aus Gründen der Gerechtigkeit auch das Recht solche Abwägungen vornehmen, um auf diesem Wege seine zeit- und interessengerechte Anpassung zu bewirken.

Die Umformung der rechtlichen Bedingungen aller Lebensverhältnisse erfolgt nach den ökonomischen Prinzipien der effizienten Rationalität: Effizienz als „Politik des Gesetzes" (*J. Taupitz*). Die Wirklichkeit wird nach wirtschaftlichen Kriterien umfassend analysiert und bewertet. Das Recht erscheint als eine Funktion im Kranz ökonomischer Daten, die als sichere Maßstäbe für eine „vernünftige" Gestaltung der Gesellschaftsordnung gelten. Die Folgenberücksichtigung rechtlicher Entscheidungen im Bereich der Rechtspolitik durch den Gesetzgeber sowie bei der Rechtsanwendung durch den Richter erlaubt die Herstellung größtmöglicher Gerechtigkeit im Kampf der widerstreitenden gesellschaftlichen Interessen.

Ausgangspunkt der ökonomischen Analyse ist die wirtschaftlich begründete Notwendigkeit einer optimalen Verwendung (begrenzt vorhandener) volkswirtschaftlicher Ressourcen angesichts naturgemäß grenzenloser individueller Bedürfnisse. Der Einsatzort von Ressourcen („Allokation") muss deshalb so gewählt werden, dass ein maximaler Nutzen für die Allgemeinheit – bei Minimierung der gesamtgesellschaftlichen Kosten – möglich wird. Das Recht hat dabei die Aufgabe, die Instrumente für die Steuerung zu entwickeln, die bei Knappheit der

Ressourcen die ökonomisch optimale Ausgewogenheit zwischen allgemeiner Wohlfahrt sowie Individualnutzen sicherstellen und zu ökonomisch erwünschten Ergebnissen führen („Allokationseffizienz"). Der wichtigste Faktor im Prozess der Transformation des Rechts nach ökonomischen Prinzipien ist der „Markt". Die Analyse des Geflechts von Rechtsbeziehungen der Privatrechtssubjekte innerhalb einer Güterordnung im Marktgeschehen erlaubt unmittelbare Aussagen über die Effizienz von Rechtsnormen (*property rights theory* – Theorie der Eigentums- bzw. Handlungsrechte).

Die ökonomische Analyse des Rechts trifft in der Rechtswissenschaft auf unterschiedliche Resonanz. Unbestritten ist sie keine universale Methode zur Erfassung und Bewertung des Rechts. Auch gibt es bisher keine Entscheidung eines Gerichtes, die ihr Ergebnis mit der ökonomischen Analyse des Rechts begründet hätte. Sie als „Irrweg" zu bezeichnen, „den zu beschreiten das Recht sich hüten sollte" (*K.-H. Fezer*), dürfte ebenfalls überzogen sein. Realistischerweise ist sie gegenwärtig nicht mehr als „ein Angebot an die Rechtswissenschaft" (*G. Kirchgässner*), das zu weiterem kritischen Nachdenken anregt und neue Erkenntnisse erwarten lässt. Die derzeitige Diskussion scheint diese Einschätzung zu bestätigen.

**Schrifttum:** *R.A. Posner*, Economic Analysis of Law (1. Aufl. 1972, 4. Aufl. 1992) – *N. Horn*, Zur ökonomischen Rationalität des Privatrechts. Die privatrechtstheoretische Verwertbarkeit der „Economic Analysis of Law", AcP 176 (1976), 307 ff. – *K.-H. Fezer*, Aspekte einer Rechtskritik an der economic analysis of law und am property rights approach, JZ 1986, 817 ff. – *C. Ott/H.-B. Schäfer*, Die ökonomische Analyse des Rechts – Irrweg oder Chance wissenschaftlicher Rechtserkenntnis?, JZ 1988, 213 ff. – *G. Kirchgässner*, Führt der homo oeconomicus das Recht in die Irre?, JZ 1991, 104 ff. – *H.-D. Assmann/ C. Kirchner/E. Schanze*, Ökonomische Analyse des Rechts (1993) – *P. Burow*, Einführung in die ökonomische Analyse des Rechts, JuS 1993, 8 ff. – *H.-B. Schäfer/C. Ott*, Lehrbuch der ökonomischen Analyse des Zivilrechts, 2. Aufl. (1995) – *J. Taupitz*, Ökonomische Analyse und Haftungsrecht, AcP 196 (1996), 114 ff. – *C. Kirchner*, Ökonomische Theorie (1997) – *H.-P., Schwintkowski*, Ökonomische Theorie des Rechts, JZ 1998, 561 ff. – *H. Eidenmüller*, Effizienz als Rechtsprinzip, 2. Aufl. (1998) – *M. Adams*, Ökonomische Theorie des Rechts, 2. Aufl. (2004).

## VIII. Gemeineuropäisches Privatrecht und Juristische Zeitgeschichte

Im Mai 1989 fasste das Europäischen Parlament den Beschluss, die das Zusammenwachsen Europas in der Europäischen Union (EU) begleitende Normenflut in einer Gesamtkodifikation des europäischen Privatrechts zu vereinigen. Für jede dem geltenden nationalen Recht verpflichtete Rechtswissenschaft war dies eine Herausforderung besonderer Art. Die Diskussion über Form und Wege zu einem solchen einheitlichen Gemeinschaftsrecht, das die nationalstaatlichen Kodifikationen gegenstandslos werden ließe, ist im Gange. Ein erster grundsätzlicher Konsens besteht bezüglich des Vorgehens. Nach einer langen Zeit einzelgegenständlicher Vereinheitlichungen auf dem Gebiet des Privatrechts (durch EU-Richtlinien und Verordnungen) soll das einheitliche europäische Gesetzbuch durch umfassende rechtsvergleichende Analysen der nationalstaatlichen Rechtsordnungen vorbereitet werden.

Eine solche Totalkodifikation stellt die Redaktoren vor eine Vielzahl schwierigster Probleme. Eines davon ist das „Wie" einer Zusammenführung von kontinentaleuropäischem Gesetzesrecht mit der Rechtstradition des angelsächsischen Fall- und Regelrechts des Common Law. Die EU ist kein National-Staat im herkömmlichen Sinne, allenfalls ein „Empire des Konsenses und des Rechts" (*U. Beck*). Bei der Herstellung eines solchen Rechtskonsenses durch Angleichung und Verbindung beider Rechtssysteme könnte der Rechtsgeschichte eine besondere Rolle zuwachsen. Sie erscheint bereits aufgrund der Verflechtung der nationalen Rechtsentwicklung mit der vom Ius commune getragenen, gesamteuropäischen und vermöge der traditionell internationalen Gegenstände ihrer Beschäftigung für diese Aufgabe bestens vorbereitet. Allerdings ist ihre Nutzbarmachung für das Großprojekt methodisch nicht unproblematisch. In der Abfolge wechselnder, das jeweilige Selbstverständnis und die Funktionen unterschiedlich definierender Positionsbestimmungen überwiegt gegenwärtig (noch) die Vorstellung, die Rechtsgeschichte sei eigentlich ein rechtlich geprägter Zweig der Geschichtswissenschaften und müsse deshalb ohne rechtsdogmatische Einengungen sowie frei von einer unmittelbaren Nutzanwendung für das geltende Recht betrieben und gelehrt werden.

Den Ausweg aus diesem Dilemma methodisch begründeter Abstinenz gegenüber den Gegenwartsaufgaben versucht derzeit eine neue Rechtsdisziplin. Sie nennt sich „Juristische Zeitgeschichte" und gleicht der „Zeitgeschichte", die als eigenes Wissenschaftsfach der politischen und Geschichtswissenschaft seit langem vertraut ist. Vor inzwischen rund 25 Jahren wurde die Rückbesinnung auf die „Zeitgeschichte" von Rechtshistorikern (z.b. *B. Diestelkamp*) als neues Arbeitsfeld der geschichtlichen Rechtswissenschaft – etwa im Dienst der aktuellen Gesetzgebung und Zivilrechtswissenschaft (*D. Klippel*) – angemahnt. Der Rechtgeschichte wurde vorgeworfen, sie habe es versäumt, die zeitlichen Obergrenzen ihres Forschungsgebietes inhaltlich klar zu markieren. Aber eigentlich erst nach der Beseitigung der politischen Teilung Europas sowie der beiden deutschen Staaten wurden deutlicher „Rückstände" beklagt, die der eigenen Zunft bei ihrer Auseinandersetzung mit dem 20. Jahrhundert, ganz im Gegensatz etwa zu den historischen Fächern, anzulasten waren (z.B. *R. Schulze*). Es wurde die Notwendigkeit einer sofortigen Aufnahme noch genau zu bestimmender Arbeiten betont, nunmehr jedoch durch eine auf die neuen Aufgaben methodisch und inhaltlich besser vorbereitete, neugewandete Rechtsgeschichte. 1993 erstmals (in Frankfurt a. Main) als lehrstuhlwürdiges Fach anerkannt, wurden der Zuschnitt der Juristischen Zeitgeschichte, sei es als eigene Disziplin oder nur als Teilgebiet der Rechtsgeschichte und damit der Geschichtswissenschaft sowie ihre Aufgaben, wie z.B. Servicefunktionen für das geltende Recht, kontrovers diskutiert.

Die von Rechtshistorikern als überfällig etikettierte „zeitgeschichtliche" Grundsatzdebatte überrascht nicht zuletzt deshalb, weil bereits 1970 der in Gießen lehrende Zivilrechtler *Thilo Ramm* die Neuentwicklung einer sog. „Rechtszeitgeschichte" als dringliche, aktuelle Aufgabe der Zivilrechtswissenschaft eingefordert hatte. Gleichwohl sind heute schon Konturen ihrer realistisch möglichen Forschungsgegenstände erkennbar. Das neu zu schaffende Gemeinrecht der EU soll durch eine dezidiert „geltungsbezogene Rechtsgeschichte" vorbereitet werden (*B. Schmidlin*). Der Zugang zu dem System eines gesamteuropäischen Privatrechts muss über die nationalen Kodifikationen gesucht werden, in denen die historisch gewachsenen Elemente und Grundwerte eines europäischen Rechts weiterleben. Die eine Säule der neuen Rechtsordnung wird deshalb in der Lehrtradition und Universalität des Ius commune einschließlich seiner doktrinären Fortentwicklung durch juristischen Humanismus, Usus Modernus, das Vernunftrecht und die auf das Ausland ausstrahlende deutsche Pandektistik gefunden. Daneben unverzichtbar erscheint als weiteres Fundament das Common Law.

Dissens besteht allerdings in der Bestimmung des konkreten historischen Modells, an dem sich das neue Gemeinschaftsrecht zu orientieren hätte. Die „Herausarbeitung der systematischen, begrifflichen, dogmatischen und ideengeschichtlichen Grundlagen (des) europäischen Rechts" als primäres Hauptziel, „die unter dem Geröll von zweihundert Jahren jeweils nationaler Rechtsfortbildung" als bislang verborgen identifiziert werden (*R. Zimmermann*), stößt auf Widerspruch. Gerügt wird, dass der Gegenstand propagierter Rückgriffe vage bleibt und dass sich die Vorwürfe letztlich in einer unbewiesenen Disqualifizierung der nationalstaatlichen Kodifikationen und monomanischen Denunzierung angeblicher nationaler Rechtsdeformationen, die es zu beseitigen gelte, erschöpfen. Zu unbestimmt sei das Postulat der Vorbildlichkeit einer gleichwie auch immer geläuterten Rechtstradition des Usus Modernus oder eines irgendwie neu rezipierten Ius commune. Nicht ohne Grund wird eine Renaissance neo-pandektistischen Rechtsdenkens (*P. Caroni*) als Gefahr beschworen und die sachlich durch nichts gerechtfertigte Privilegierung einer romanistischen Rechtswissenschaft bei der Erarbeitung des gemeineuropäischen Rechts beanstandet.

Ein Konsens dürfte gegenwärtig darin bestehen, dass die Rechtsgeschichte ohne Rücksicht auf die Frage der unmittelbaren Anwendungsrelevanz ihrer Methoden, Forschungsergebnisse und -erkenntnisse bei der Kodifikation eines gemeineuropäischen Privatrechts eine bedeutsame Rolle spielen könnte. Dabei ist es von eher untergeordneter Bedeutung, ob sie dabei im neuen Gewand einer reanimierten Idylle des römischen Rechts oder als eigenständige Juristische Zeitgeschichte agiert und ihre Wirkungen entfaltet.

Dass über eine mögliche Relevanz der Rechtsgeschichte für die aktuelle Rechtspolitik überhaupt wieder diskutiert wird, erscheint angesichts früherer Abschiedsorakel, die das Zukunftsbild dieser Rechtsdisziplin begleitet hatten, als Fortschritt. Zu hoffen ist dabei nur, dass die neu entdeckte Aktualität dieses Grundlagenfaches der Rechtswissenschaft auch in den Studienordnungen der Rechtsfakultäten ihren Niederschlag findet. Die Aussichten dafür sind in längerfristiger Sicht – nicht nur in der Bundesrepublik Deutschland – alles andere als günstig.

**Schrifttum:** *M. Stolleis*, HRG (Zeitgeschichte, jur.), 1642 ff. – *B. Diestelkamp*, Rechtsgeschichte als Zeitgeschichte, ZNR 1985, 181 ff. – *D. Klippel*, Juristische Zeitgeschichte (1985) – *P. Hommelhoff*, Zivilrecht unter dem Einfluss europäischer Rechtsangleichung, AcP 192 (1992), 71 ff. – *W. Wiegand*, Back to the future?, Rechtshistorisches Journal 12 (1993), 277 ff. – *U. Blaurock*, Europäisches Privatrecht, JZ 1994, 270 ff. – *R. Schulze*, Die Entstehung des Europäischen Gemeinschaftsrechts, ZNR 1994, 297 ff. – *B. Schmidlin*, Gibt es ein gemeineuropäisches System des Privatrechts?, Beiheft zur Zeitschrift für Schweizerisches Recht 16 (1994), 33 ff. – *P. Caroni*, Der Schiffbruch der Geschichtlichkeit. Anmerkungen zum Neo-Pandektismus, ZNR 1994, 85 ff. – *J. Rückert*, Zeitgeschichte des Rechts, SZGerm 115 (1998) 1 ff. – *Th. Ramm*, Rechtszeitgeschichte – eine neue Disziplin?, JuS 1998, 587 ff. – *H. Mohnhaupt*, Europäische Rechtsgeschichte als Zeitgeschichte, in: G. Bender u.a. (Hg.), Recht im Sozialismus III (1999), 197 ff. – *Th. Vormbaum*, Zur Juristischen Zeitgeschichte, in: Juristische Zeitgeschichte 1993, 69 ff. – *J. Basedow*, Das BGB im künftigen europäischen Privatrecht: Der hybride Kodex, AcP 200 (2000), 445 ff. – *R. Zimmermann*, Europa und das römische Recht, AcP 202 (2002), 243 ff. – *A. Bürge,* Das römische Recht als Grundlage für das Zivilrecht im künftigen Europa, in: Die Europäisierung der Rechtswissenschaft, hg. v. F. Ranieri (2002), 19 ff. – *U. Beck/E. Grande*, Das kosmopolitische Europa (2004).

# Anhang:
## Rechtskarte der Privatrechtsordnungen um 1870

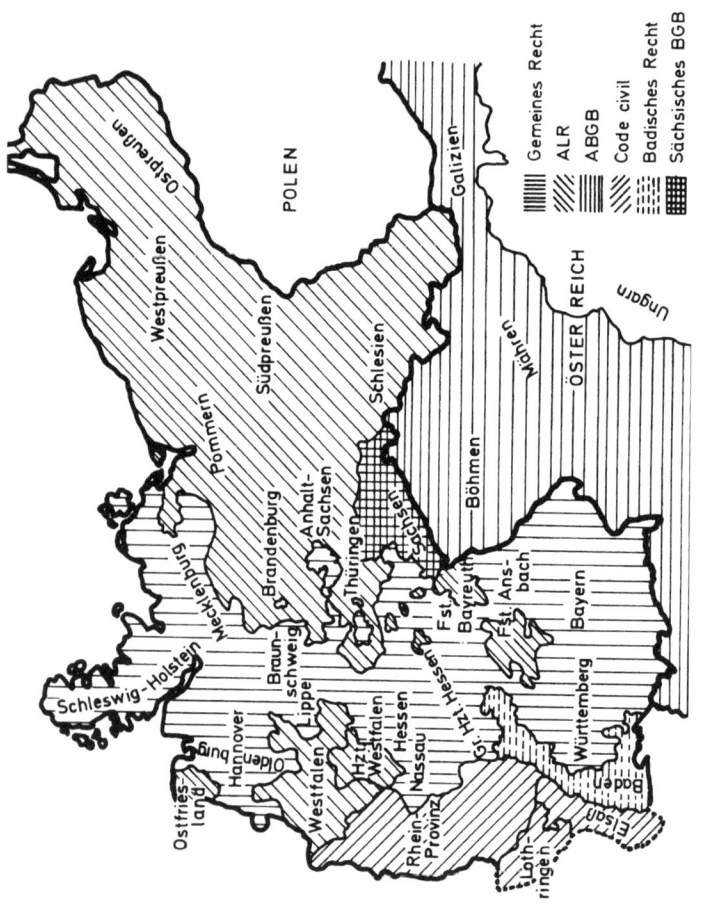

# Personenregister

# Sachregister